Raymond Vienneau

Apprentissage et enseignement

Théories et pratiques

gaëtan morin
éditeur

CHENELIÈRE ÉDUCATION

Apprentissage et enseignement
Théories et pratiques

Raymond Vienneau

© gaëtan morin éditeur ltée, 2005

Édition : Luc Tousignant
Coordination : Maryse Lavallée
Révision linguistique : Jean-Pierre Leroux
Correction d'épreuves : Isabelle Rolland
Conception graphique et infographie : Infoscan Collette

**Catalogage avant publication
de la Bibliothèque nationale du Canada**

Vienneau, Raymond, 1957-

Apprentissage et enseignement : Théories et pratiques

Comprend des réf. bibliogr. et un index.

ISBN 2-89105-891-7

1. Apprentissage. 2. Psychopédagogie. 3. Apprentissage,
Psychologie de l'. 4. Enseignement. 5. Projet éducatif. ı. Titre.

LB1060.V53 2004   370.15'23   C2004-940667-1

**gaëtan morin
éditeur**

CHENELIÈRE ÉDUCATION

7001, boul. Saint-Laurent
Montréal (Québec)
Canada H2S 3E3
Téléphone : (514) 273-1066
Télécopieur : (514) 276-0324
info@cheneliere.ca

ISBN 2-89105-891-7

Dépôt légal : 1er trimestre 2005
Bibliothèque nationale du Québec
Bibliothèque nationale du Canada

Imprimé au Canada

4   5   6   7   8   ITM   14   13   12   11   10

Nous reconnaissons l'aide financière du gouvernement du Canada
par l'entremise du Programme d'aide au développement de l'industrie
de l'édition (PADIÉ) pour nos activités d'édition.

Gouvernement du Québec — Programme de crédit d'impôt pour
l'édition de livres — Gestion SODEC

L'Éditeur a fait tout ce qui était en son pouvoir pour retrouver les
copyrights. On peut lui signaler tout renseignement menant à la
correction d'erreurs ou d'omissions.

Tableau de la couverture :
Les citoyens : strate 19
Œuvre de **Gisèle Normandin**

Militante engagée en milieu populaire durant plusieurs années, Gisèle Normandin est bachelière en Recherche culturelle, en Histoire de l'art et en Arts plastiques. Elle détient aussi un certificat en Arts d'impression. En 1991, elle recevait une bourse du Conseil des arts du Canada.

L'artiste expose ses œuvres dans le réseau des centres culturels, des galeries municipales et des centres d'artiste du Québec.

La présence humaine est toujours privilégiée dans l'univers de Gisèle Normandin : constat d'échec environnemental, errance et dérive des êtres, quête de spiritualité, incursions dans la mémoire des comportements, références aux sciences humaines et au cosmos.

DANGER

LE
PHOTOCOPILLAGE
TUE LE LIVRE

À ma cousine et amie Lise Poirier,
femme et enseignante de passion,
décédée en mars 2003, alors que
cet ouvrage était en cours de rédaction.

Je remercie Raymond Vienneau de la confiance et de l'honneur qu'il me fait en me demandant d'écrire la préface de son livre *Apprentissage et enseignement: théories et pratiques.* Maintenant professeur, à son tour, à la Faculté des sciences de l'éducation de l'Université de Moncton, où il fut en 1976 mon premier assistant de recherche, il a écrit le livre que j'aurais voulu écrire. Il est impressionnant de constater à quel point il a su s'inspirer de la structure d'un cours d'apprentissage auquel il participait comme étudiant en 1976. Toutefois, ce livre donne une nouvelle vie à cette structure grâce à un contenu riche et nuancé qui dépasse de loin celui qui fut présenté à la fin des années 1970. Dans une excellente fusion des traditions américaines et européennes dans les domaines de l'apprentissage et de l'enseignement, il livre un ouvrage unique et original autant par la diversité des théories et des concepts exposés que par ses nombreux schèmes intégrateurs et sa vision globale de la personne, de l'apprenant, de l'apprentissage et de l'enseignement.

Son livre me rappelle aussi le slogan inspiré du psychologue Kurt Lewin que je me plaisais à citer aux étudiants: «Il n'y a rien de plus pratique qu'une bonne théorie.» L'auteur de ce livre veut susciter la réflexion de ses lecteurs, leur démontrer la puissance pratique des théories et des concepts très variés qu'il décrit avec soin et précision. Mais pour lui, la pratique signifie beaucoup plus que la relation enseignement-apprentissage perçue dans son acception didactique traditionnelle. Les théories sont les assises d'une vision «actualisante» du processus enseignement-apprentissage, qui inspirent des pratiques visant l'être humain dans sa globalité, y compris son rôle de citoyen du monde. Il traite autant du «pourquoi» et du «comment» que du «quoi» de l'apprentissage.

Sans chercher à dissimuler la complexité du phénomène, l'auteur cherche à donner un sens à un éventail de conceptions de l'apprentissage, chacune de celles-ci nourrissant au moins quelques dimensions ou aspects du rôle de l'école. S'il vise à exploiter les convergences plus que les contradictions dans cette diversité conceptuelle d'un domaine très vaste, il n'en demeure pas moins ouvert aux constructions nouvelles et aux différentes façons de jumeler la théorie et la pratique.

Les personnes (surtout les étudiants et les enseignants) qui s'enrichiront par la lecture de ce livre y trouveront les fondements d'une pratique de l'enseignement éclairée et responsable. Elles devraient en dégager le message profond de ce livre, qui nous «apprend» que le but de l'école n'est pas l'enseignement, mais l'apprentissage, et que l'apprentissage n'est favorisé que lorsqu'on éprouve un respect profond pour la personne qui apprend.

Rodrigue Landry
professeur (1975-2002) et doyen (1992-2002)
de la Faculté des sciences de l'éducation de l'Université de Moncton
Directeur de l'Institut canadien de recherche sur les minorités linguistiques

L'apprentissage est au cœur de la mission de l'école. Quel que soit l'ordre d'enseignement – primaire, secondaire, collégial ou universitaire –, la raison d'être de toute institution d'enseignement est de transmettre des savoirs, des savoir-faire, des savoir-agir, des savoir-être, des savoir-vivre ensemble, voire des savoir-devenir, aux apprenants qui la fréquentent. Cette énumération de « savoirs » laisse déjà présager de nombreuses conceptions de l'apprentissage dont peuvent se prévaloir les concepteurs de programmes et les divers intervenants scolaires, dont, au premier rang, les enseignants.

Au moyen d'une présentation des *concepts de base en matière d'apprentissage et d'enseignement*, le chapitre 1 de cet ouvrage tentera de répondre à quelques-unes des questions de fond que soulève le processus enseignement-apprentissage. Tout d'abord, qu'est-ce qu'apprendre ? Quelles sont les diverses conceptions de l'apprentissage existantes ? Comment, de manière générale, peut-on définir l'apprentissage chez l'humain, mais surtout, à partir d'une perspective psychopédagogique, quelle définition de l'*apprentissage scolaire* peut-on proposer aujourd'hui ? Cet essai de définition sera suivi d'une présentation des objets de l'apprentissage, section qui visera à répondre à la question : qu'apprend-on au juste à l'école ? Évidemment, toute discussion entourant l'apprentissage scolaire ne saurait être complète si l'on n'abordait pas l'épineuse question des différences observées dans la qualité des apprentissages que réalisent les élèves. Pourquoi tel élève apprend-il mieux ou plus vite que tel autre ? Autrement dit, quels sont les principaux facteurs influençant l'apprentissage à l'école ? Après avoir distingué entre enseignement et apprentissage, les deux pôles du processus interactionnel qui unit ces deux concepts, nous terminerons ce chapitre en examinant le sujet des différents contextes de l'apprentissage, où, entre autres constats, nous conclurons que tout ce qui est appris à l'école n'est pas nécessairement enseigné et que tout ce qui y est enseigné n'est pas nécessairement appris. Enfin, comme il en va de l'apprentissage, nous verrons qu'il existe diverses définitions de l'enseignement.

Le chapitre 2 servira de pont entre cette introduction aux concepts de base de l'apprentissage et de l'enseignement et les trois chapitres qui composent le corps de cet ouvrage. Après avoir défini le concept de courant pédagogique et présenté quelques-unes des typologies qui en permettent la classification, nous proposerons un modèle construit à partir des trois grandes écoles de pensée en psychopédagogie : l'école behaviorale, l'école cognitive et l'école humaniste. Ce modèle retient cinq courants pédagogiques qui feront l'objet d'une présentation plus détaillée dans les chapitres subséquents : le courant behavioral, abordé au chapitre 3, le courant cognitif et le courant constructiviste, examinés au chapitre 4, et le courant humaniste et le courant transpersonnel, décrits au chapitre 5. Nous tenterons également de préciser la place qu'occupent ces courants à l'intérieur du discours pédagogique actuel en effectuant une analyse des principes directeurs, des compétences transversales et des résultats d'apprentissage ou domaines transversaux que préconisent les autorités scolaires du Québec, du Nouveau-Brunswick et de la France. La contribution complémentaire de ces courants sera aussi illustrée par la présentation d'un projet éducatif de nature éclectique, la pédagogie actualisante.

Signalons que l'ordre de présentation des courants pédagogiques des chapitres 3 à 5 est basé sur une certaine chronologie dans l'apparition de ceux-ci, pour autant que l'on puisse dater de manière précise l'implantation de tel ou tel courant dans les écoles. On conviendra néanmoins que le courant behavioral, associé à l'école dite traditionnelle, a précédé les premières applications pédagogiques du courant cognitif en éducation, applications que l'on peut situer dans les années 1970. Cela dit, le courant constructiviste, également abordé dans ce troisième chapitre, pour des raisons sur lesquelles nous reviendrons, devrait chronologiquement figurer à la toute fin de cet ouvrage. Il constitue en effet les plus récents prolongements pédagogiques des théories développementales, ce courant n'ayant fait son apparition que dans les années 1990. Pour ce qui est du courant humaniste, il est d'autant plus difficile à classer, chronologiquement parlant, que certaines de ses manifestations ont surgi très tôt (par exemple, la pédagogie libertaire de Neill, expérimentée dès le début du XXe siècle), alors que d'autres sont relativement plus récentes (par exemple, la pédagogie ouverte apparue dans les années 1970) et que d'autres applications, enfin, pourraient être considérées comme émergentes dans nos systèmes éducatifs (par exemple, la dimension de l'éducation planétaire associée au courant transpersonnel). Ainsi, ces trois derniers chapitres peuvent être lus dans n'importe quel ordre, l'objectif premier étant d'offrir au lecteur une perspective aussi vaste que possible des diverses théories de l'apprentissage véhiculées par ces courants pédagogiques, de même que des conceptions de l'enseignement et des pratiques éducatives qui en découlent.

Le chapitre 3 est consacré au courant behavioral. Ce courant, à l'évidence, n'occupe plus la position prédominante qui a déjà été la sienne dans les domaines de la psychologie et des sciences de l'éducation. Cependant, comme il sera souligné dans ce chapitre, le behaviorisme n'en continue pas moins de détenir une place de choix dans les ouvrages contemporains de psychopédagogie. Sa contribution à l'élaboration d'une théorie moderne de l'apprentissage est d'ailleurs de toute première importance. Les termes « punitions » (ou conséquences) et « renforcement positif » font désormais partie du langage quotidien des intervenants scolaires ; de même, certaines pratiques d'inspiration behaviorale, comme les contrats de comportements et les programmes de renforcement, ont été et continuent d'être de précieux outils pour la gestion de la classe de plusieurs enseignants.

Le choix de traiter des courants cognitif et constructiviste à l'intérieur du même chapitre, comme c'est le cas dans le chapitre suivant, peut soulever des interrogations, voire des oppositions. Pourtant, force est de reconnaître que ces deux courants se consacrent à l'étude des *processus internes de l'apprentissage*, chacun tentant à sa façon de répondre à la question du «comment» de l'apprentissage : comment l'apprenant traite l'information issue de son environnement (cognitivisme), comment il construit progressivement ses connaissances par ses interactions avec cet environnement (constructivisme), incluant l'environnement social et culturel (socioconstructivisme). C'est donc sous l'angle de la cognition, commun objet d'étude, qu'il faut interpréter ce regroupement.

Le chapitre 4 sera ainsi consacré aux courants cognitif et constructiviste, comprenant l'incontournable perspective socioconstructiviste en éducation. D'une part, nous verrons comment le modèle du traitement de l'information, issu de la psychologie cognitive, a inspiré diverses techniques ou stratégies visant à faciliter l'enregistrement sensoriel, le travail de la mémoire à court terme ainsi que la mémorisation et le rappel de la mémoire à long terme. D'autre part, nous examinerons comment les théories développementales de Piaget, de Vygotsky et de Bruner ont servi de tremplin à l'élaboration des théories constructivistes en éducation, en particulier leurs concepts d'assimilation, d'accommodation et d'équilibration (Piaget), de zone proximale de développement (Vygotsky) et les thèses de la psychologie culturelle (Bruner). Cette incursion dans les théories constructivistes nous permettra par ailleurs de distinguer entre les différents «niveaux» de constructivisme que l'on observe dans le domaine de l'éducation.

Enfin, un ouvrage consacré aux théories de l'apprentissage et aux pratiques actuelles en enseignement ne saurait, d'après nous, prétendre être complet s'il n'incluait l'apport de la vision humaniste à l'éducation. L'étude des fondements théoriques du courant humaniste et du courant transpersonnel nous permettra d'en dégager quatre dimensions complémentaires : les dimensions personnelle et sociale, principalement associées au courant humaniste et abordées dans l'étude des travaux de Maslow et de Rogers, ainsi que les dimensions citoyenne et spirituelle, accolées au courant transpersonnel et illustrées par les travaux de Freire, de Krishnamurti et de Steiner. Nous accorderons une attention particulière à la typologie des besoins fondamentaux proposée par Glasser, besoins qui serviront de cadre de présentation aux principales implications éducatives des courants humaniste et transpersonnel.

Cet ouvrage a été rédigé avant tout dans une perspective pédagogique. Nous avons cherché à rendre les plus compréhensibles possible les principales théories et pratiques de l'enseignement-apprentissage, à l'intention des étudiants universitaires inscrits à des programmes de formation initiale à l'enseignement. Nous avons tenté de rendre compte de la complexité du phénomène de l'apprentissage scolaire et de la diversité des éclairages proposés pour son étude. Nous avons également voulu établir des liens, trop souvent occultés, entre les théories de l'apprentissage et les stratégies d'enseignement ou pratiques éducatives des enseignants. Le futur enseignant, tout comme l'enseignant en exercice, ne peut que gagner à mieux connaître et comprendre les théories qui sous-tendent ses pratiques pédagogiques. Cette capacité à analyser et à évaluer ses stratégies et ses pratiques, les instruments de sa «boîte à outils professionnels», à la lumière des conceptions de l'apprentissage et de l'enseignement qui y sont véhiculées, devrait permettre au futur enseignant de dépasser le statut d'exécutant ou de technicien de l'éducation pour exercer pleinement son rôle de pédagogue, et ce, peu importent les «outils» qu'il aura choisis. Car précisons que nous ne préconisons pas le recours *exclusif* à l'un ou l'autre des courants pédagogiques présentés dans cet ouvrage. En définitive, il appartient à chaque enseignant «en devenir» (et lequel d'entre nous peut échapper à cette appellation?) de choisir les stratégies, les techniques et les pratiques éducatives susceptibles de répondre le mieux à sa propre conception de l'enseignement-apprentissage et d'actualiser le projet éducatif de son école. Nous espérons que cet ouvrage pourra contribuer à la réalisation de cet ambitieux objectif.

L'auteur tient à remercier tout d'abord son employeur, l'Université de Moncton, au Nouveau-Brunswick, pour l'année sabbatique qu'il lui a octroyée en 2002-2003, « congé » sabbatique sans lequel il lui aurait été impossible de rédiger cet ouvrage. Du même souffle, il remercie son ancien professeur et mentor en matière d'apprentissage, Rodrigue Landry, actuellement directeur de l'Institut canadien de recherche sur les minorités linguistiques, d'avoir généreusement accepté d'écrire la préface de ce livre, malgré un emploi du temps très chargé. De plus, l'auteur tient à souligner qu'il est redevable à son ancien professeur de psychopédagogie de la structure même du présent ouvrage, dont l'organisation des chapitres, sous trois grandes écoles de pensée, est essentiellement la même que la structure du cours d'apprentissage suivi comme étudiant en 1976. L'auteur témoigne aussi sa reconnaissance envers Omer Robichaud qui fut le premier titulaire du cours *Apprentissage et enseignement* dans sa forme actuelle.

D'autres remerciements s'imposent. Merci aux collègues qui ont bien voulu lire et commenter certains chapitres de ce livre : Clémence Michaud, pour ses précieux conseils sur le chapitre 4, Catalina Ferrer, pour son évaluation méticuleuse des chapitres 2 et 5, et Angèla Aucoin, spécialiste du courant humaniste, avec qui nous partageons le privilège de donner le cours *Apprentissage et enseignement* à l'Université de Moncton. Merci aux quelque 140 étudiantes et étudiants qui étaient inscrits à ce cours à l'automne 2003, qui furent nos premiers lecteurs et critiques.

Merci à Pauline Shea, secrétaire au Centre de recherche et développement en éducation (CRDE), pour l'indispensable travail de transcription et de mise en page de la version finale du manuscrit. Merci également à Germaine Girouard, adjointe administrative et collègue de travail, pour son soutien et sa compréhension au cours des « sprints » que constituèrent les dernières semaines de rédaction en novembre 2003, puis les quelques semaines consacrées aux corrections finales en mars 2004.

Enfin, merci aux évaluateurs sollicités par la maison d'édition pour la qualité et la pertinence de leur contribution : Sylvie Viola, professeure au Département d'éducation et pédagogie de la Faculté des sciences de l'éducation de l'Université du Québec à Montréal, qui a accepté de relire le texte à diverses étapes d'écriture, Louise Bélair, professeure titulaire à la Faculté d'éducation de l'Université d'Ottawa, et Fernand Gervais, professeur agrégé au Département d'études sur l'enseignement et l'apprentissage de la Faculté des sciences de l'éducation de l'Université Laval. Merci à toute l'équipe d'édition de Gaëtan Morin Éditeur, en particulier à Maryse Lavallée, chargée de projet, à Jean-Pierre Leroux, réviseur linguistique, et à Isabelle Rolland, correctrice d'épreuves, pour leur travail méticuleux. Merci enfin à Luc Tousignant, éditeur en sciences humaines et sociales, pour l'encadrement professionnel fourni tout au long du processus d'évaluation et d'édition.

Merci à tous et à toutes.

Raymond Vienneau

TABLE DES MATIÈRES

CHAPITRE 5

Le courant humaniste et le courant transpersonnel 233

Les concepts de base en apprentissage et enseignement

Pistes de lecture et contenu du chapitre

Après la lecture de ce chapitre, le lecteur devrait être en mesure de répondre aux questions suivantes :

- Quelles sont les diverses conceptions de l'apprentissage ?

- Quelle est la définition générale de l'apprentissage humain ?

- Quels sont les principes sous-jacents à la conception actuelle de l'apprentissage scolaire ?

- Comment peut-on classifier les apprentissages scolaires ?

- Quels sont les principaux facteurs qui influencent l'apprentissage scolaire ?

- Quels sont les liens entre l'apprentissage et l'enseignement ?

Qu'est-ce qu'apprendre? Comment définir l'apprentissage chez l'être humain? La réponse peut varier selon l'interlocuteur auquel on s'adresse. Ainsi, en songeant à son jeune enfant, une mère pourrait répondre qu'apprendre, « c'est se développer au contact du monde et des autres ». De son côté, un enseignant du secondaire, en se référant aux objectifs poursuivis par l'école, pourrait indiquer que l'apprentissage, « c'est le résultat atteint par l'enseignement des programmes d'études ». Une femme d'affaires pourrait, pour sa part, signaler que l'apprentissage est avant toute chose « le processus par lequel les humains s'adaptent à leur environnement et aux exigences de leur milieu d'étude ou de travail ».

Nous avons posé la même question à plusieurs groupes d'étudiants inscrits à un programme de formation initiale à l'enseignement. Leurs réponses ne différaient pas de manière importante de celles auxquelles on pourrait s'attendre du public en général. Pour plusieurs, l'apprentissage est tout simplement « l'acquisition de nouvelles connaissances ». D'autres, utilisant un langage propre aux sciences de l'éducation, parlaient de « l'acquisition de nouveaux savoirs, savoir-faire et savoir-être » ou de « l'actualisation du potentiel des apprenants ». Quelques-uns disaient qu'apprendre, « c'est avoir l'aptitude à intégrer de nouvelles connaissances, à appliquer celles-ci à la vie de tous les jours ». D'autres, enfin, insistant sur les dimensions sociale et affective, avançaient qu'apprendre, « c'est se développer en tant que personne et en tant que membre d'une collectivité ». Un étudiant a merveilleusement résumé le tout en affirmant qu'apprendre, « c'est tout simplement vivre », le processus d'apprentissage étant intrinsèquement lié à la vie elle-même.

Doit-on s'étonner du fait qu'un concept aussi fondamental, qui se trouve au centre de l'expérience humaine, puisse donner lieu à des interprétations aussi variées? Doit-on s'inquiéter de ce que l'activité d'apprendre, qui est au cœur de la mission de l'école et de la profession enseignante, puisse être définie de manières aussi diverses par les futurs membres d'une même profession? En fait, il n'y a rien d'étonnant à cela. Définir l'apprentissage humain, c'est en quelque sorte définir la finalité de la vie, de même que définir l'apprentissage scolaire nous entraîne à définir la finalité de l'école. Comme le conclut Reboul (1999): « Se poser la question qu'est-ce qu'apprendre revient en définitive à se demander qu'est-ce que l'homme? » (p. 17). La tentative pour définir l'apprentissage pose donc un problème philosophique, et l'on sait que, pour tout problème philosophique, de multiples réponses sont possibles.

Ce constat ne nous empêchera pas pour autant de proposer *une* définition de l'apprentissage scolaire (section 1.3), mais cela, seulement après avoir présenté une définition générale de l'apprentissage humain (section 1.2) ainsi que les principales conceptions de l'apprentissage qui prévalent actuellement (section 1.1). Les deux sections suivantes proposeront des classifications : d'une part, divers systèmes permettant de classifier les objets de l'apprentissage scolaire (section 1.4) et, d'autre part, un modèle constitué de quatre facteurs essentiels permettant de classifier la multitude de facteurs pouvant influencer l'apprentissage scolaire (section 1.5). Après avoir fait la distinction entre l'apprentissage, en tant que processus interne et individuel, et l'enseignement, en tant que processus externe et interactionnel (section 1.6), nous conclurons ce chapitre, comme ce sera d'ailleurs le cas pour tous les chapitres composant cet ouvrage, avec un résumé des principaux concepts présentés et une liste de lectures recommandées.

1.1 LES CONCEPTIONS DE L'APPRENTISSAGE

1.1.1 Les trois sens du verbe « apprendre »

Comme nous l'avons vu, il existe diverses conceptions de l'apprentissage qui mènent à des définitions tout aussi diversifiées. Pour Reboul (1999), une part de la confusion provient du fait que le verbe « apprendre » possède trois sens, qui dépendent « des diverses constructions syntaxiques dont le verbe « apprendre » est susceptible d'être l'objet » (p. 9). Tout d'abord, on peut « apprendre que », par exemple apprendre que 2 et 2 font 4, que le mot « apprendre » se traduit en anglais par *to learn* et que le roi aux échecs se déplace d'une seule case dans toutes les directions. Puis, on peut « apprendre à », par exemple apprendre à additionner des nombres avec des retenues, apprendre à parler l'anglais, apprendre à jouer aux échecs. Enfin, on peut « apprendre » tout court (sans complément d'objet), par exemple apprendre à l'école, apprendre en s'amusant ou apprendre le « métier d'élève ».

Notons que, pour Reboul, ce troisième sens du verbe « apprendre » se conjugue tantôt avec les expériences de la vie (apprendre de ses expériences), tantôt avec l'éducation ou l'étude (apprendre la linguistique). En fait, la distinction entre ces trois sens du verbe « apprendre » se clarifie lorsqu'on leur associe les actions correspondantes de l'apprenant et les résultats escomptés par l'enseignant (*voir le tableau 1.1 à la page suivante*).

Les deux premiers sens attribués ici au verbe « apprendre » sont les plus étroitement liés à la mission même de l'école : « apprendre que », c'est-à-dire transmettre une série de faits, de renseignements jugés utiles par l'école, informations que l'on qualifie aujourd'hui de connaissances déclaratives (*voir la section 1.4.3*) ; « apprendre à » correspond pour sa part aux nombreux savoir-faire sans lesquels l'information reçue resterait lettre morte, aux habiletés intellectuelles et autres que

TABLEAU 1.1 *Les trois sens du verbe « apprendre »*

Verbe	Action correspondante	Résultat escompté
Apprendre que	Information reçue	Renseignement mémorisé
Apprendre à	Apprentissage réalisé	Acquisition d'un savoir-faire
Apprendre	Transformation personnelle ou étude d'une discipline	Intégration d'un savoir-être ou compréhension approfondie d'une discipline

Source : Adapté de Reboul (1999, p. 10).

l'on désigne aujourd'hui sous le vocable de connaissances procédurales. Notons au passage que Reboul (1999) intègre dans ce deuxième sens ce que d'autres auteurs (par exemple, Tardif, 1992) considèrent comme un troisième type de connaissances, les connaissances conditionnelles, c'est-à-dire l'habileté à adapter une procédure quelconque (comme une technique de résolution de problèmes) à une situation donnée.

Nous avons pour notre part élargi le troisième sens donné au verbe « apprendre » pour y intégrer la dimension du savoir-être, dont Reboul traite séparément. En effet, alors que le savoir-faire est un savoir comment (*knowing how*), l'étude approfondie d'une discipline cherche à comprendre, à savoir pourquoi. La quête de ce savoir pur (Reboul, 1999) est une recherche de sens et, à ce titre, elle peut difficilement être dissociée du savoir-être. Le tableau 1.2 (*à la page suivante*) illustre ces trois « niveaux » du verbe « apprendre » à l'aide d'exemples tirés d'une même discipline, les mathématiques. On y précise également les principales exigences que comporte chaque type d'apprentissage.

1.1.2 Les deux moments de l'apprentissage

Les conceptions de l'apprentissage peuvent donc varier selon le sens que l'on attribue au verbe « apprendre », mais elles peuvent également varier selon que l'accent est placé sur la dynamique interne de l'apprentissage (la dimension du processus) ou sur les résultats de ce même processus (la dimension du produit). On peut déjà voir se profiler ces deux grandes conceptions dans les quelques définitions de l'apprentissage qui ont été évoquées dans l'introduction.

Les définitions qui présentent l'apprentissage comme « l'actualisation du potentiel des apprenants » ou comme l'action de « se développer au contact du monde et des autres » illustrent une conception de l'apprentissage perçu en tant

TABLEAU 1.2 *Les trois niveaux du verbe apprendre et leurs exigences*

Niveau	Exemple	Exigences pour l'apprenant
Apprendre que	2 + 2 = 4	Comprendre la nouvelle information, faire le lien avec les connaissances déjà assimilées, mémoriser la nouvelle information et la reproduire au besoin.
Apprendre à	Résoudre un problème écrit en mathématiques	Comprendre la procédure, faire les liens nécessaires avec les connaissances déclaratives et procédurales déjà assimilées, appliquer correctement la nouvelle procédure en l'adaptant au besoin.
Apprendre	Résoudre des problèmes de manière systématique	Comprendre et savoir apprécier la nature systématique d'une procédure de résolution de problèmes, l'intégrer comme schème mental pour résoudre divers problèmes intellectuels ou de la vie courante.

que *processus*. Par ailleurs, les définitions qui présentent l'apprentissage comme le « résultat atteint par l'enseignement des programmes d'études » ou comme « l'acquisition de nouveaux savoirs, savoir-faire et savoir-être » adoptent une conception de l'apprentissage perçu principalement en tant que *produit*. On pourra répliquer avec raison qu'aucun résultat ou produit n'est possible sans le processus qui l'a précédé ou qui l'accompagne, puisque le second (le produit) présuppose le premier (le processus). Il s'agit en fait de conceptions complémentaires, de deux « moments de l'apprentissage » que l'on peut situer sur un continuum (*voir la figure 1.1*).

FIGURE 1.1 *Les deux moments de l'apprentissage*

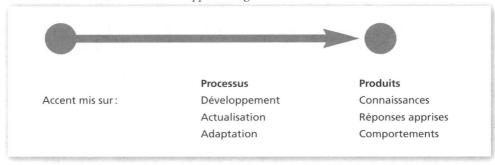

	Processus	Produits
Accent mis sur :	Développement	Connaissances
	Actualisation	Réponses apprises
	Adaptation	Comportements

1.1.3 Les conceptions de l'apprentissage selon les courants pédagogiques

En plus de pouvoir varier selon le sens que l'on attribue au verbe « apprendre » ou selon l'accent placé à un endroit ou à l'autre du continuum processus-produit, les conceptions de l'apprentissage peuvent enfin varier selon l'orientation que l'on désire privilégier, selon l'école de pensée à laquelle on adhère. On pourra, par exemple, parler de conceptions behaviorale, cognitive, constructiviste, socio-constructiviste, humaniste et transpersonnelle de l'apprentissage. Nous reviendrons en détail sur la plupart de ces courants pédagogiques dans les chapitres subséquents (chapitres 3, 4 et 5). Pour l'instant, contentons-nous d'exposer les diverses conceptions de l'apprentissage véhiculées par ces courants (*voir le tableau 1.3*).

TABLEAU 1.3 *Les conceptions de l'apprentissage selon divers courants pédagogiques*

Conception behaviorale	◆ Conception dite mécaniste, basée sur l'association stimulus-réponse ◆ L'apprentissage est directement lié aux conséquences fournies par l'environnement ◆ L'apprentissage est défini en fonction du produit (les bonnes réponses)
Conception cognitive	◆ Conception dite interactioniste, basée sur les interactions entre l'apprenant et son environnement éducatif ◆ L'apprentissage est directement lié à la capacité de traitement de l'information ◆ L'apprentissage met l'accent sur l'élaboration de stratégies cognitives et métacognitives
Conception constructiviste	◆ Conception personnalisée de l'apprentissage, où tout nouveau savoir s'intègre dans la structure cognitive unique de chaque apprenant ◆ L'apprentissage est déterminé par le sujet qui apprend, en fonction de ses expériences et de ses connaissances antérieures ◆ L'apprentissage est défini comme un processus de construction personnelle de la réalité
Conception socioconstructiviste	◆ Conception interactionnelle, où tout savoir est coconstruit par l'apprenant en interaction avec ses pairs et l'enseignant ◆ L'apprentissage est déterminé par la qualité du climat d'apprentissage et les conflits sociocognitifs vécus par l'apprenant ◆ L'apprentissage est défini comme un processus de construction collective de la réalité

TABLEAU 1.3 *Les conceptions de l'apprentissage selon divers courants pédagogiques (suite)*

Conception humaniste	◆ Conception dite personnalisée où l'on reconnaît la valeur subjective des connaissances
	◆ L'apprentissage est déterminé par la qualité de l'engagement personnel de l'élève (l'environnement joue un rôle secondaire)
Conception transpersonnelle	◆ L'apprentissage est défini avant tout comme un processus de développement personnel
	◆ Conception expérientielle, où l'on reconnaît une valeur primordiale à l'expérience intérieure
	◆ L'apprentissage est alimenté par la recherche de sens (par exemple le sens accordé à l'expérience individuelle et collective)
	◆ L'apprentissage est défini comme un processus de croissance continue qui se réalise au long de la vie

1.2 UNE DÉFINITION GÉNÉRALE DE L'APPRENTISSAGE

Sachant ce qui précède, on ne sera pas surpris d'apprendre qu'il existe de nombreuses définitions de l'apprentissage. Dans un fascicule au titre aussi simple qu'efficace, *Qu'est-ce qu'apprendre?*, Dalceggio (1991) propose toute une liste de définitions dans laquelle nous avons puisé pour alimenter le tableau 1.4 (*voir la page 11*). Malgré tout, trouve-t-on une définition plus souvent évoquée qui, à défaut de faire l'unanimité, entraîne néanmoins un certain consensus chez les spécialistes? Une telle définition existe bel et bien. C'est la définition qui a longtemps été enseignée et qui continue de l'être à des générations d'étudiants en éducation et en psychologie.

À quelques nuances près, on s'entend généralement avec Mikulas (1974) pour définir l'apprentissage comme *un changement relativement permanent dans le potentiel de comportement dû à l'expérience*. Cette définition traditionnelle de l'apprentissage, d'inspiration cognitivo-behaviorale, a l'avantage d'inclure les trois critères requis d'après Shuell (1986) dans l'élaboration de toute définition de l'apprentissage : l'idée de changement, l'idée d'un changement qui survient à la suite d'une expérience quelconque et, enfin, l'idée d'un changement qui présente une certaine durabilité.

1.2.1 Les quatre principes à la base de la définition générale

Examinons de plus près chaque composante de cette définition. Tout d'abord, l'apprentissage est un changement. Il ne peut en effet y avoir apprentissage sans changement ; toutefois, il faut reconnaître que ce changement, une fois réalisé, ne se manifeste pas nécessairement dans le comportement adopté par l'élève. Un état de fatigue peut, par exemple, empêcher un élève de manifester ce qu'il a appris. Dans certains cas, on peut même choisir de ne pas manifester ce que l'on a appris. Il suffit de penser, par exemple, au jeune enfant de trois ans qui, après avoir fait l'apprentissage de la propreté, « oublie » soudainement d'aller aux toilettes quelques semaines après l'arrivée d'un petit frère ou d'une petite sœur à la maison.

C'est pourquoi il apparaît comme essentiel de préciser que l'apprentissage est un *changement dans le potentiel de comportement*. Ce qui est transformé, ce qui est enrichi, c'est le potentiel de l'apprenant, changement qui se traduit par la possibilité de manifester un nouveau comportement, d'adopter une nouvelle attitude, d'effectuer une nouvelle opération mentale, etc. Dans sa définition de l'apprentissage, Driscoll (2000) souligne que « celui qui a appris est capable d'une action qu'il n'aurait pas été en mesure d'accomplir avant l'apprentissage, et cela demeure vrai, que l'apprenant ait ou non l'occasion de manifester ce nouvel apprentissage » (p. 11, traduction libre). Notons que la définition purement behaviorale de l'apprentissage, qui exclut de celui-ci tout ce qui n'est pas directement observable et mesurable, se contente de présenter l'apprentissage comme un changement *de comportement* dû à l'expérience.

Le changement qu'apporte tout apprentissage est un *changement relativement permanent*. Pour qu'un changement de potentiel puisse être considéré comme un apprentissage, il faut que ce changement se maintienne dans le temps. Sans que l'on puisse pour autant parler de permanence absolue (l'oubli est un phénomène naturel), les modifications de comportements observées doivent tout de même durer plus de quelques secondes pour être interprétées comme des apprentissages. Quoi qu'il en soit, personne n'ayant encore clarifié la notion de « permanence de l'apprentissage » (Hohn, 1995), il paraît plus prudent de la nuancer avec l'ajout de l'adverbe « relativement ».

Cette composante de la définition exclut également les performances dues à des facteurs accidentels tels que le hasard (par exemple, un élève qui répondrait correctement par chance à une question de l'enseignant) ou à des erreurs de mesure (Côté, 1987), performances qui ne pourraient être reproduites après un intervalle de temps. Elle exclut enfin les performances obtenues sous l'effet d'une drogue ou d'un état émotif passager. Dans leur définition de l'apprentissage, De Lannoy et Feyereisen (1999) établissent une liste plutôt exhaustive des conditions et des situations pouvant générer des changements qui ne constituent pas un apprentissage :

> On s'accorde généralement pour définir l'apprentissage comme ce qui entraîne un changement dans la conduite, changement qui ne soit dû ni à la croissance ni

à l'âge, la fatigue, la maladie, l'ingestion d'aliments ou de drogues, les variations d'éclairage ou de température, les fluctuations atmosphériques, climatiques ou saisonnières (p. 8).

Enfin, *l'apprentissage est dû à l'expérience* et non à l'effet de la simple maturation de l'organisme, comme le rappelle la définition qui précède. Il ne faut pas confondre apprentissage et développement. Ainsi, l'acquisition du contrôle moteur fin par le jeune enfant (par exemple, la capacité de préhension d'un objet vers l'âge de cinq mois) ne constitue pas un apprentissage en soi, mais la résultante de la croissance naturelle, génétiquement déterminée, de l'organisme. Évidemment, tout apprentissage humain est tributaire du niveau de développement atteint. Hohn (1995) rappelle une anecdote éloquente à ce sujet. Un jour, son fils de six ans, suspendu à la branche basse d'un arbre, l'interpella fièrement en criant : « Regarde, papa, ce que j'ai *appris* à faire ! » Songeant aux sept centimètres qui s'étaient ajoutés à la taille de son garçon au cours des derniers mois, le père répliqua : « Je crois que tu es également devenu plus grand et plus fort. »

L'apprentissage est donc le résultat de l'expérience ou de l'exercice (le garçon mentionné précédemment a probablement dû s'y prendre à plusieurs fois avant d'accomplir son tour de force). Mais qu'entend-on au juste par « expérience » ? L'expérience menant à l'apprentissage pourrait être définie comme toute interaction entre l'apprenant et son environnement physique (environnement naturel, environnement technologique, environnement familial, environnement scolaire, etc.) ou son environnement humain (parents, amis, enseignants, autres élèves, etc.).

On peut donc définir l'apprentissage, de manière générale, comme *un changement relativement permanent dans le potentiel de comportement dû à l'expérience*. Mais qu'en est-il de l'apprentissage scolaire ?

1.3 UNE DÉFINITION DE L'APPRENTISSAGE SCOLAIRE

1.3.1 L'apprentissage, le savoir et les connaissances

Il convient tout d'abord de préciser le sens que nous accordons à un terme associé de près à l'apprentissage scolaire, soit le savoir, et ses liens avec les deux autres membres du trio « apprentissage-savoir-connaissances ». Par « savoir », on entend, comme Legendre (1993), « l'ensemble des connaissances approfondies acquises par un individu, grâce à l'étude et à l'expérience » (p. 1134). L'une des classifications informelles des objets de l'apprentissage scolaire, aujourd'hui d'usage courant chez les enseignants, répartit d'ailleurs les divers types de savoirs visés par l'école en *savoirs* (connaissances déclaratives), *savoir-faire* (connaissances procédurales et conditionnelles), *savoir-être* (attitudes et valeurs), *savoir-devenir* (buts personnels), *savoir-vivre ensemble* (habiletés interpersonnelles et relations sociales) et *savoir-agir* (compétences disciplinaires et transversales). Nous reviendrons sur ces diverses catégories de connaissances et sur le concept de compétences (*voir la section 1.4.4*), mais, pour l'instant, retenons que « savoir » est un terme générique désignant un ensemble de connaissances, tel qu'on l'utilise, par exemple, dans l'expression « construire son savoir ». L'apprentissage est donc le processus par lequel l'apprenant construit son savoir (ou plus exactement ses savoirs), à l'aide des connaissances acquises par l'étude, l'observation ou l'expérience.

1.3.2 Quelques définitions de l'apprentissage

Alors, reposons la question qui ouvre ce chapitre : qu'est-ce qu'apprendre ? Nous avons déjà proposé une définition générale de l'apprentissage. Le tableau 1.4 (*à la page suivante*) en fournit 10 autres, relevant de divers horizons et orientations. La raison d'être de cette liste est précisément d'illustrer combien les définitions de l'apprentissage peuvent varier selon la perspective de l'auteur et sa discipline de référence (Gauquelin, 1973). Ainsi, il n'est pas surprenant que Marilyn Ferguson (1981), journaliste et auteure d'un ouvrage de vulgarisation scientifique intitulé *La révolution du cerveau* (1974), intègre une référence à celui-ci dans sa définition de l'apprentissage, qu'elle présente comme « la transformation qui se produit dans le cerveau lors de l'intégration d'une nouvelle information » (p. 216).

En fait, il existe autant de définitions de l'apprentissage qu'il existe de disciplines scientifiques qui s'intéressent directement ou indirectement à ce phénomène, que ce soit la biologie, la neurologie, la cybernétique, la philosophie, la psychologie, l'éducation, et ainsi de suite. Par exemple, pour un biologiste ou un neurologue, l'apprentissage pourrait être défini comme « le processus par lequel les réseaux neuroniques du cerveau se développent » (Robidas, 1989, p. 7). Pour un psychothérapeute humaniste comme Carl Rogers, l'accent sera placé sur le changement intégré dans la conduite de l'individu, menant à une plus grande autonomie personnelle et sociale. Pour un philosophe comme Krishnamurti, apprendre est avant tout introspection et ouverture. Dans une même discipline, la psychologie, les définitions varieront selon l'école de pensée ou l'approche utilisée : behaviorale (Forget, Otis et Leduc, 1988), cognitive (Raynal et Rieunier, 1997) ou psycho-éthologique (Doré, 1986). Enfin, force est de constater qu'il existe relativement peu de définitions de l'apprentissage qui, à l'instar de celles de Bower et Hilgard (1981) et de Bigge (1982), ne soient directement issues des sciences de l'éducation.

TABLEAU 1.4 *Quelques définitions de l'apprentissage*

« Apprendre est d'abord une métamorphose » (Giordan, 1998, p. 16).

« Apprendre, c'est modifier durablement ses représentations et ses schèmes d'action » (Raynal et Rieunier, 1997, p. 34).

« L'apprentissage est un processus inféré non directement observable qui se réfère à une modification du comportement durable, attribuable à l'expérience sensorielle et/ou à la pratique passée de l'organisme lui permettant d'assimiler l'organisation de son environnement, les conséquences de ses propres actions et d'accomplir l'autorégulation de ses comportements en fonction de cette assimilation » (Forget, Otis et Leduc, 1988, p. 19).

« [...] l'apprentissage est un processus cognitif qui permet à un animal, à partir de son expérience passée, d'assimiler l'organisation de son environnement et les conséquences de ses propres actions et d'accomplir l'autorégulation de ses comportements en fonction de cette assimilation. Ce processus se manifeste généralement par des modifications relativement durables du comportement » (Doré, 1986, p. 23).

« L'apprentissage correspond toujours à un changement systématique d'un comportement ou d'une disposition behaviorale qui survient comme conséquence d'une expérience dans une situation donnée » (Bigge, 1982, p. 1-2, traduction libre).

« L'apprentissage, c'est le changement produit dans le comportement ou le potentiel de comportement d'un sujet dans une situation donnée par suite d'expériences répétées du sujet dans cette situation, à condition que ce changement de comportement ne puisse s'expliquer par des tendances innées du sujet, la maturation ou des états temporaires [...] » (Bower et Hilgard, 1981, cité par Goupil et Lusignan, 1993, p. 9).

« Apprendre [...], c'est le processus par lequel nous avons posé chaque pas sur le chemin depuis notre premier souffle ; c'est la transformation qui se produit dans le cerveau lors de l'intégration d'une nouvelle information ou de la maîtrise d'une nouvelle habileté » (Ferguson, 1981, p. 215-216).

« Apprendre, c'est se construire une explication du monde et tenter d'y ajuster sa conduite » (Paré, 1977, cité par Dalceggio, 1991, p. 2).

« L'apprentissage authentique [...], c'est un apprentissage qui provoque un changement dans la conduite de l'individu, dans la série des actions qu'il choisit pour le futur, dans ses attitudes et dans sa personnalité, par une connaissance pénétrante ne se limitant pas à une simple accumulation de savoirs mais qui s'infiltre dans chaque part de son existence » (Rogers, 1976, p. 201).

« Apprendre est une grande joie. Il n'y a aucun désespoir à regarder en soi-même, parce que l'on ne se compare pas à ce que l'on voit, à un idéal, à ce que l'on devrait être ; il n'y a que *ce qui est*, et, dans l'observation de ce qui est, on apprend à l'infini : tout est en vous » (Krishnamurti, 1975, p. 137-138).

1.3.3 Les sept principes à la base de la conception actuelle de l'apprentissage scolaire

Nous n'avons pas la prétention, ici, de fournir une définition absolue et définitive de l'apprentissage scolaire. Nous visons plutôt à en proposer une conception qui soit cohérente par rapport aux principes directeurs de la pédagogie contemporaine et aux plus récentes données de la psychopédagogie, incluant l'incontournable contribution des théories constructivistes et socioconstructivistes. Avant de présenter cette définition, posons quelques jalons de celle-ci. Pour ce faire, nous nous sommes inspiré, entre autres sources, des principes de base d'une conception cognitive de l'apprentissage (Tardif, 1992), des corollaires suggérés par Dalceggio (1991), de la définition générale de l'apprentissage ainsi que des principes de l'apprentissage dans une perspective constructiviste proposés par Slavin (2000). Voici les sept principes qui mènent à notre définition de l'apprentissage scolaire:

1. *L'apprentissage est un processus.* Bien que le terme « apprentissage » puisse servir à désigner le contenu de ce qui est appris (par exemple, les apprentissages réalisés en mathématiques), l'apprentissage scolaire est avant tout un processus, lequel s'inscrit dans le temps et dont le résultat, l'apprentissage-produit, n'est que le moment final. Par « apprentissage », nous faisons donc référence au processus continu par lequel l'apprenant construit sa connaissance de soi et du monde.

2. *L'apprentissage est interne.* L'apprentissage scolaire est un processus interne, dont la manifestation n'est pas toujours directement observable (il ne faut pas confondre apprentissage et performance). En tant que processus interne, il n'est pas transmissible. Le meilleur médiateur du monde (comme un enseignant hors pair) peut emmener l'élève jusqu'aux portes de la connaissance, mais seul l'apprenant peut en franchir le seuil (Gibran, 1978).

3. *L'apprentissage est constructif.* L'apprentissage scolaire est un processus actif, dans lequel l'apprenant doit s'engager tout entier, aussi bien cognitivement qu'affectivement. Il nécessite un effort conscient au moment de la réception (par exemple, avec l'aide de l'attention sélective), du traitement (par exemple, en utilisant des stratégies d'apprentissage) et de l'emmagasinage de l'information (par exemple, en ayant recours à l'organisation des connaissances). L'apprentissage est quelque chose que l'on construit, et non quelque chose qui nous arrive (Dalceggio, 1991).

4. *L'apprentissage est interactif.* L'apprentissage scolaire est un processus interactif. La médiation entre l'apprenant et les contenus d'apprentissage s'effectue aussi bien par les interactions sociales (entre les élèves et l'enseignant) que par les ressources mises à la disposition de l'élève (telles qu'un didacticiel). On apprend avec les autres et par leur entremise.

5. *L'apprentissage est cumulatif.* L'apprentissage scolaire est une construction constante, dont l'un des principaux matériaux correspond aux connaissances antérieures de l'apprenant. Toute connaissance, qu'elle soit déclarative, procédurale ou conditionnelle, enrichit la structure cognitive de l'apprenant. Plus on apprend, plus on est en mesure d'apprendre.

6. *L'apprentissage est le produit d'une culture.* L'apprentissage scolaire, comme toute autre forme d'apprentissage, s'inscrit à l'intérieur d'une culture donnée. Tout savoir est par nature culturel et est « modelé par l'interaction avec les autres membres de notre culture » (Barth, 1993, p. 53). Le savoir est donc tributaire de la culture dont il émerge et il évolue dans le temps, telle une spirale (Bruner, 1991).

7. *L'apprentissage est multidimensionnel.* L'apprentissage scolaire est un processus qui fait appel à toutes les dimensions de la personne de l'apprenant. L'apprentissage ne se limite pas à la seule dimension cognitive (comme le savoir et le savoir-faire). Apprendre, c'est également progresser dans la connaissance de soi et des autres (savoir-être), c'est enrichir son monde affectif et ses relations sociales (savoir-vivre ensemble), c'est apprendre à intégrer tous ses savoirs (savoir-agir) au sein d'un projet de vie visant à la pleine actualisation de soi (savoir-devenir).

1.3.4 Une définition de l'apprentissage scolaire

L'apprentissage scolaire est le processus interne et continu par lequel l'apprenant construit par lui-même sa connaissance de soi et du monde. Il s'agit d'un processus interactif, alimenté par les interactions sociales entre pairs et par la médiation de l'adulte. L'apprentissage est un processus cumulatif, toute nouvelle connaissance venant enrichir la structure cognitive de l'apprenant. C'est aussi un processus de nature culturelle et multidimensionnelle dans lequel toutes les dimensions de la personne sont engagées en vue de l'acquisition de connaissances, d'habiletés, d'attitudes et de valeurs.

1.4 LES OBJETS DE L'APPRENTISSAGE SCOLAIRE

Si l'objet de l'apprentissage humain peut être considéré comme la vie elle-même, sur quels objets portera plus spécifiquement l'apprentissage scolaire? Mentionnons tout d'abord qu'il existe de nombreux systèmes de classification des objets de l'apprentissage scolaire. Nous en présenterons brièvement quelques-uns, parmi les plus connus et les plus utiles: les trois domaines de l'apprentissage scolaire (Bloom, 1969), les cinq grands types d'apprentissage (Gagné, 1972), les trois catégories de connaissances (Tardif, 1992), l'apprentissage en matière de compétences (MEQ, 2001), une conception nouvelle des objets de l'apprentissage découlant des théories socioconstructivistes, et, enfin, les apprentissages et les programmes d'études (Legendre, 1993).

1.4.1 Les trois domaines de l'apprentissage scolaire

En 1948, tandis qu'il enseigne à l'Université de Chicago, Benjamin Bloom se voit confier la mission d'organiser les examens nationaux des écoles secondaires américaines. Il constate alors le besoin d'un système qui lui permettrait de classifier les questions proposées par l'équipe d'examinateurs selon le domaine d'activité en cause (résoudre un problème mathématique et se tenir en équilibre sur une poutre sont deux habiletés fort différentes), puis à l'intérieur de chaque domaine, les habiletés mesurées selon leur niveau de difficulté (répondre à une question de compréhension littérale est autrement plus facile qu'analyser le contenu d'un texte littéraire).

C'est ainsi que Bloom et ses collègues en viendront à proposer une typologie permettant de classifier les objectifs ou résultats d'apprentissage poursuivis à l'école en trois grands domaines :

- *le domaine cognitif,* qui concerne tous les apprentissages relatifs aux connaissances et aux habiletés intellectuelles (par exemple, nommer les lettres de l'alphabet, extraire la racine carrée d'un nombre, expliquer les causes qui ont mené à la Seconde Guerre mondiale) ;

- *le domaine affectif,* également désigné sous le nom de *domaine socio-affectif,* qui inclut tous les apprentissages scolaires associés aux attitudes et aux valeurs (par exemple, adopter une attitude de respect envers les différences individuelles, valoriser la diversité) ;

- *le domaine psychomoteur,* qui porte sur les apprentissages scolaires impliquant la maîtrise d'une habileté motrice ou psychomotrice (par exemple, tracer les lettres de l'alphabet, dribbler un ballon de basket-ball, écrire 100 mots à la minute sur un clavier d'ordinateur).

Cette classification peut aujourd'hui paraître réductrice, voire trompeuse. En effet, il est parfois difficile, voire impossible selon certains, de ramener un apprentissage scolaire à un seul domaine. Par exemple, l'habileté à tracer les lettres de l'alphabet (domaine psychomoteur) s'accompagne dans les faits de l'habileté à nommer celles-ci (domaine cognitif). Ainsi, le plus souvent, les domaines sont imbriqués les uns dans les autres. En outre, comme le rappellent Raynal et Rieunier (1997), l'acte d'apprendre nécessite une attitude favorable de la part de l'apprenant ; tout apprentissage scolaire « présente donc, à des degrés variables, une composante affective » (p. 23). Malgré tout, ce premier effort de classification des objets de l'apprentissage en trois domaines aura eu le mérite d'apporter un certain éclaircissement au sujet des domaines de développement visés par l'apprentissage scolaire, tout en mettant en lumière l'existence de domaines autres que le domaine cognitif.

La contribution majeure des premiers travaux de Bloom restera sans conteste sa taxonomie du domaine cognitif, publiée en 1956, puis traduite en français en 1969. Aujourd'hui, le nom de Bloom est avant tout associé à cette taxonomie du domaine cognitif qui propose une classification des apprentissages du domaine intellectuel en six niveaux hiérarchisés, allant de l'habileté la plus simple (le niveau « connaissance ») à l'habileté la plus complexe (le niveau « évaluation »). Le tableau 1.5 présente les six niveaux de cette taxonomie, accompagnés d'exemples d'apprentissages tirés des ordres d'enseignement du primaire et du secondaire. Précisons que les trois premiers niveaux – connaissance, compréhension et application – constituent les niveaux inférieurs de la taxonomie, alors que les trois derniers niveaux – analyse, synthèse et évaluation – font appel à des processus cognitifs dits supérieurs.

TABLEAU 1.5 *La taxonomie des apprentissages du domaine cognitif*

Niveau	Exemple au primaire	Exemple au secondaire
1. Connaissance : capacité à mémoriser une information et à la restituer telle quelle	Nommer le produit de 4×8, de 8×4, de 3×5, etc.	Nommer les organes du système digestif chez l'humain
2. Compréhension : capacité à expliquer, dans ses propres mots, une information apprise	Expliquer dans ses mots ce que représentent les phrases mathématiques 4×8, 8×4, 3×5, etc.	Expliquer dans ses mots le fonctionnement du système digestif chez l'humain
3. Application : capacité à appliquer une règle apprise, à résoudre un problème	Résoudre un problème écrit impliquant une opération de multiplication	Expliquer ce qui se passe dans l'organisme au cours de l'ingestion d'un repas
4. Analyse* : capacité à classer des éléments ou des idées, à reconnaître des parties ou des idées	Parmi une série de problèmes écrits, relever ceux qui nécessitent une multiplication	Comparer les systèmes de digestion de l'humain et de la vache

TABLEAU 1.5 *La taxonomie des apprentissages du domaine cognitif (suite)*

5. Synthèse* : capacité à réunir ou à combiner des informations pour former un tout cohérent	Trouver les mots et les expressions clés qui, dans un problème écrit, indiquent le recours à une multiplication	Après avoir étudié les systèmes de digestion de divers mammifères, expliquer les mécanismes communs du processus de digestion
6. Évaluation* : capacité à porter un jugement et à le justifier	Évaluer l'utilité de la multiplication en la comparant à l'addition	Évaluer l'efficacité du système digestif humain en le comparant à celui d'autres mammifères

* Les capacités d'analyse, de synthèse et d'évaluation sont souvent sollicitées dans une même réponse (par exemple, «après avoir étudié les documents fournis, comparer et évaluer les arguments du point de vue sudiste aux arguments du point de vue nordiste lors de la guerre de Sécession américaine»). Raynal et Rieunier (1997) ajoutent que «devant l'impossibilité de différencier une tâche d'évaluation d'une tâche d'analyse ou de différencier une synthèse d'une évaluation» (p. 58), il est à la fois plus simple et plus pertinent de parler de *processus cognitifs supérieurs*.

La taxonomie du domaine cognitif de Bloom sera bientôt suivie de taxonomies des autres domaines du développement, comme des taxonomies du domaine affectif de Krathwohl, Bloom et Masia (1964) et de D'Hainault (1980) et de la taxonomie du domaine psychomoteur de Harrow (1977). Ces taxonomies demeurent fort utiles à l'élaboration de programmes d'études et à la construction d'items d'évaluation.

1.4.2 Les cinq grands types d'apprentissage

Dans un essai d'intégration des trois grands domaines d'apprentissage dans une même taxonomie, Robert M. Gagné (1972) propose une classification des cinq types de capacités ou d'apprentissage «qui peuvent produire la plupart des activités humaines» (Brien, 1992, p. 27) : les informations verbales, les habiletés intellectuelles, les habiletés motrices, les attitudes ainsi que les stratégies cognitives.

Les *informations verbales* constituent le «matériel mental» ou les schèmes utilisés pour représenter et communiquer la réalité. Ce sont des connaissances sémantiques qui permettent de nommer un objet ou une réalité, d'énoncer un fait, d'expliquer ou de décrire un phénomène, et ainsi de suite. Les informations verbales incluent des idées (par exemple, ce qu'est un arbre, ce qu'est une démocratie), des propositions (par exemple, les arbres feuillus perdent leurs feuilles à l'automne ; la liste des pays du monde qui ont actuellement un régime démocratique) et des ensembles de propositions qui sont liées (par exemple, le cycle des saisons, les modes de gouvernement partout dans le monde).

Quant aux *habiletés intellectuelles*, elles constituent les opérations mentales effectuées sur les informations verbales. Elles permettent de résoudre des problèmes, d'analyser un ensemble de données, etc. Dans la classification de Gagné (1972), les habiletés intellectuelles incluent la capacité à effectuer des discriminations (telle figure géométrique est ou n'est pas un carré), à faire un classement selon des concepts (reconnaître les figures géométriques qui sont des carrés parmi un ensemble de figures géométriques), à appliquer une règle (calculer le périmètre d'un carré) ou à appliquer une règle supérieure (déterminer la quantité de peinture nécessaire pour recouvrir toute une pièce).

Les *habiletés motrices* représentent les habiletés impliquant une activité physique simple (comme tracer une lettre) ou complexe (comme nager). Elles comprennent des sous-routines (comme tracer des traits verticaux et des traits horizontaux) et des routines maîtresses ou des règles qui gèrent l'exécution des sous-routines (comme tracer la lettre majuscule *E*).

Les *attitudes* sont « en quelque sorte les règles qui gèrent le comportement de l'individu dans toutes ses manifestations » (Brien, 1992, p. 38). Il s'agit des règles de nature sociale et affective qui déterminent des comportements tels que choisir de travailler seul plutôt qu'en équipe ou choisir un cours d'art dramatique plutôt qu'un cours de sciences.

Enfin, les *stratégies cognitives* correspondent aux capacités qui permettent d'acquérir de nouvelles capacités (informations verbales, habiletés intellectuelles, habiletés motrices et attitudes) et de gérer efficacement l'utilisation de ces capacités dans des opérations visant la compréhension, la résolution de problèmes, la rétention de l'information, etc. Selon Gagné (1972), les stratégies cognitives incluent les stratégies d'apprentissage (par exemple, les stratégies de lecture, les stratégies d'étude, les stratégies de mémorisation) et les stratégies de résolution de problèmes (par exemple, les stratégies de résolution d'un problème écrit en mathématiques, les stratégies de résolution d'un problème scientifique, les stratégies de rédaction d'une dissertation littéraire).

Le lecteur cognitivement actif aura probablement déjà tenté d'établir des liens entre, par exemple, les niveaux de la taxonomie du domaine cognitif de Bloom et certaines habiletés incluses dans la classification de Gagné. Ces liens existent, bien entendu, et méritent que l'on s'y arrête. Nous y reviendrons à la fin de cette section en faisant un parallèle entre les divers systèmes de classification qui auront été présentés. Pour l'instant, voyons une classification des objets de l'apprentissage préconisée à la fois par la psychologie cognitive et par les théories constructivistes dans le domaine de l'éducation.

1.4.3 Les trois catégories de connaissances

Bien que certains auteurs ne reconnaissent que deux catégories d'apprentissage et de mémoire, soit la mémoire déclarative et la mémoire procédurale, ou deux grandes catégories de connaissances (Anderson, 1983), plusieurs auteurs contemporains, à l'instar de Jacques Tardif (1992), distinguent aujourd'hui trois catégories de connaissances parmi les apprentissages visés en milieu scolaire : les connaissances déclaratives, les connaissances procédurales et les connaissances conditionnelles.

Les *connaissances déclaratives* correspondent aux divers types d'informations devant être mémorisées par l'apprenant (par exemple, associer le graphème d'une lettre ou d'un groupe de lettres avec le phonème correspondant ; nommer les capitales des 10 provinces et des 3 territoires canadiens ; expliquer le fonctionnement du système respiratoire chez l'humain).

Les *connaissances procédurales* consistent dans l'application d'une procédure ou d'un algorithme menant à la résolution d'un problème donné ou d'étapes permettant la réalisation d'une activité intellectuelle complexe (par exemple, résoudre un problème écrit en mathématiques ; effectuer un service au badminton ; résumer un texte informatif).

Pour ce qui est des *connaissances conditionnelles*, elles correspondent à la capacité à utiliser le contexte pour déterminer la réponse à apporter ou l'action à accomplir (par exemple, lire de manière expressive un texte narratif ; accorder les participes passés dans le contexte d'une production écrite ; adapter son niveau de langage à l'interlocuteur auquel on s'adresse).

Il n'est pas toujours facile de distinguer entre ces trois catégories de connaissances, en particulier entre les connaissances procédurales et les connaissances conditionnelles. En ce qui concerne les connaissances déclaratives, on pourrait résumer leur caractéristique fondamentale par le fait qu'elles peuvent être « déclamées », c'est-à-dire faire l'objet d'une réponse verbale de la part de l'apprenant. On peut vérifier la connaissance ou la compréhension des connaissances déclaratives (les deux premiers niveaux de la taxonomie cognitive) en demandant à l'élève de répondre oralement à une question.

Les connaissances procédurales touchent au troisième niveau de la taxonomie de Bloom, c'est-à-dire aux capacités d'application de l'information apprise (comme le fait d'appliquer les diverses règles de mise au pluriel dans un exercice écrit), à la capacité à appliquer une procédure déterminée pour résoudre un problème (comme le fait d'appliquer les étapes de la résolution d'un problème écrit en mathématiques) ou à la capacité à appliquer les étapes prescrites qui mènent à la réalisation d'une activité intellectuelle ou motrice (telles que les étapes permettant d'effectuer un service au badminton). Bien que les règles et les procédures doivent tout d'abord être mémorisées et comprises par l'apprenant, le véritable « test » pour celui-ci consiste en la capacité à appliquer les connaissances apprises dans le contexte d'une tâche signifiante, à démontrer un savoir-faire.

Les connaissances conditionnelles renvoient pour leur part aux processus cognitifs supérieurs de la taxonomie du domaine cognitif, c'est-à-dire à la capacité à analyser les conditions existantes afin de fournir une réponse appropriée (comme le fait de déterminer la règle de l'accord des participes passés qui s'applique à chaque cas dans le contexte d'une rédaction écrite), à la capacité à tenir compte d'un ensemble de conditions dans le choix, par exemple, d'une réponse sociale (comme le fait d'adapter sa façon de se présenter en tenant compte de l'âge de la personne, de sa personnalité, de l'effet désiré, etc.) ou à la capacité à juger de la valeur d'une information donnée (comme le fait de résumer un texte informatif en distinguant les idées principales des idées secondaires). Notons que les connaissances conditionnelles *ne peuvent pas être apprises à l'avance*, puisqu'elles sont tributaires de conditions variables ou changeantes.

Dans la discussion des trois catégories de connaissances qui précèdent, nous avons fait référence à quelques-uns des liens existant entre ce système de classification et le système proposé par Bloom pour les apprentissages de nature cognitive. La figure 1.2 (*à la page suivante*) établit quelques comparaisons entre les systèmes de classification des apprentissages présentés jusqu'ici dans cette section.

La comparaison la plus facile à établir entre ces divers systèmes de classification des objets de l'apprentissage est illustrée dans la partie A de la figure 1.2. Il s'agit de liens somme toute évidents entre les trois types de capacités ou d'apprentissage proposés par Gagné. La partie B tente un rapprochement entre les trois types de capacités d'ordre cognitif dégagés par Gagné et les six niveaux de la taxonomie du domaine cognitif de Bloom. La double appartenance des niveaux d'analyse et de synthèse est justifiée par le fait que ces processus cognitifs supérieurs peuvent intervenir aussi bien dans des habiletés intellectuelles que dans l'emploi de stratégies cognitives. Enfin, une comparaison similaire est établie dans la partie C et conclut à une répartition semblable des niveaux de la taxonomie du domaine cognitif entre les trois catégories de connaissances retenues par Tardif.

1.4.4 L'apprentissage en matière de compétences

Au cours des dernières années, une nouvelle approche cherchant à *nommer* les apprentissages visés par l'école s'est imposée. Cette approche, qui s'inspire à la fois des nouvelles conceptions constructivistes de l'apprentissage et de la mission réactualisée de l'école pour le XXIᵉ siècle, tente de définir les apprentissages

FIGURE 1.2 *Des comparaisons entre les systèmes de classification des apprentissages*

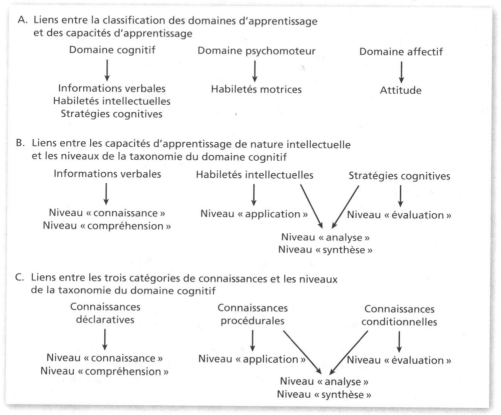

A. Liens entre la classification des domaines d'apprentissage et des capacités d'apprentissage

Domaine cognitif → Informations verbales / Habiletés intellectuelles / Stratégies cognitives

Domaine psychomoteur → Habiletés motrices

Domaine affectif → Attitude

B. Liens entre les capacités d'apprentissage de nature intellectuelle et les niveaux de la taxonomie du domaine cognitif

Informations verbales → Niveau « connaissance » / Niveau « compréhension »

Habiletés intellectuelles → Niveau « application »

Stratégies cognitives → Niveau « évaluation »

Niveau « analyse » / Niveau « synthèse »

C. Liens entre les trois catégories de connaissances et les niveaux de la taxonomie du domaine cognitif

Connaissances déclaratives → Niveau « connaissance » / Niveau « compréhension »

Connaissances procédurales → Niveau « application »

Connaissances conditionnelles → Niveau « évaluation »

Niveau « analyse » / Niveau « synthèse »

considérés comme essentiels à la formation des jeunes en matière de compétences. Cette nouvelle manière d'exprimer les intentions éducatives est au cœur des nouveaux programmes de formation, tant au primaire qu'au secondaire (MEQ, 2001, 2003).

Qu'est-ce qu'une compétence? De quelle façon se distingue-t-elle, par exemple, des divers types de connaissances qui ont été discutés précédemment? Pour résumer, la compétence intègre et transcende les savoirs et les savoir-faire d'ordre intellectuel associés aux connaissances déclaratives, procédurales et conditionnelles, de même qu'elle intègre un certain nombre d'attitudes et de valeurs associées aux savoir-être de l'apprenant. En bref, il s'agit d'un « savoir-agir fondé sur la mobilisation et l'utilisation efficaces d'un ensemble de ressources » (MEQ, 2001, p. 4).

Bien que les compétences ne constituent pas un objet d'enseignement proprement dit (Carbonneau et Legendre, 2002), elles permettent de classifier les apprentissages visés en deux catégories de compétences : les compétences disciplinaires, qui, comme leur nom l'indique, découlent directement des contenus spécifiques des programmes d'études (par exemple, la compétence consistant à utiliser la démarche scientifique préconisée par les sciences), et les compétences transversales, qui présentent un caractère davantage générique, « en raison du fait qu'elles se déploient à travers les divers domaines d'apprentissage » (MEQ, 2001, p. 12) et qu'elles relèvent d'une responsabilité collective des divers intervenants scolaires (Carbonneau et Legendre, 2002). En fait, d'après ces derniers auteurs, de telles compétences sont doublement transversales, puisque « leur évolution doit être soutenue par des interventions éducatives qui traversent non seulement l'ensemble des disciplines (dimension horizontale), mais aussi l'ensemble de la scolarité (dimension verticale) » (p. 13-14). Enfin, le développement des compétences transversales est un processus évolutif « qui se poursuit tant à l'intérieur qu'à l'extérieur des murs de l'école » (MEQ, 2001, p. 12).

Dans son *Programme de formation de l'école québécoise* pour l'éducation préscolaire et l'enseignement primaire, le ministère de l'Éducation du Québec retient neuf compétences transversales regroupées en quatre ordres : quatre compétences d'ordre intellectuel, deux compétences d'ordre méthodologique, deux compétences d'ordre personnel et social ainsi qu'une compétence de l'ordre de la communication (*voir le tableau 1.6 à la page suivante*). On cherchera à développer ces compétences par l'étude de diverses problématiques tirées de la vie contemporaine, sujets d'intérêt qui permettent de rapprocher les savoirs disciplinaires des préoccupations quotidiennes des élèves et que l'on fait correspondre à cinq domaines généraux de formation : santé et bien-être ; environnement et consommation ; médias ; orientation et entrepreneuriat ; vivre ensemble et citoyenneté.

Ces domaines généraux de formation transcendent les frontières disciplinaires traditionnelles. Ils favorisent l'intégration des apprentissages et servent de « points d'ancrage au développement des compétences transversales et des compétences disciplinaires » (MEQ, 2001, p. 42). Précisons que ces domaines généraux ne constituent pas des contenus d'apprentissage en tant que tels (on n'enseigne pas la santé et le bien-être comme on le ferait des contenus d'une matière scolaire). L'intention éducative dont chacun est porteur sert plutôt de fil conducteur, encourageant ainsi la continuité des interventions éducatives tout au long de la scolarité de base. Les domaines généraux servent également de toile de fond, ce qui facilite la cohérence et la complémentarité des interventions émanant des divers services offerts par l'école (enseignement, services particuliers, services complémentaires et services de garde). Enfin, toujours selon le ministère de

TABLEAU 1.6 *Les compétences transversales au préscolaire et au primaire*

Compétences d'ordre intellectuel	Compétences d'ordre méthodo-logique	Compétences d'ordre personnel et social	Compétence de l'ordre de la communication
1) Exploiter l'information	1) Se donner des méthodes de travail efficaces	1) Structurer son identité	1) Communiquer de façon appropriée
2) Résoudre des problèmes	2) Exploiter les technologies de l'information et de la communication	2) Coopérer	
3) Exercer son jugement critique			
4) Mettre en œuvre sa pensée créatrice			

Source: MEQ (2001).

l'Éducation du Québec (MEQ, 2001), les domaines généraux de formation agissent comme lieux de transfert des apprentissages.

En se basant sur une conception de l'apprentissage d'inspiration constructiviste, le *Programme de formation de l'école québécoise* (MEQ, 2001) destiné à l'éducation préscolaire et à l'enseignement primaire a choisi de mettre l'accent sur le développement de compétences plutôt que sur la seule mémorisation de savoirs. Ces compétences, tant disciplinaires que transversales, sont développées tout au long de la scolarisation par l'étude de cinq domaines d'apprentissage: le domaine des langues, le domaine de la mathématique, le domaine de la science et de la technologie, le domaine de l'univers social, le domaine des arts et le domaine du développement personnel. Chacun de ces domaines se subdivise en un certain nombre de programmes disciplinaires (par exemple, le français et l'anglais langue seconde pour le domaine des langues), programmes qui définissent les *compétences disciplinaires* visées et qui permettent de préciser les *savoirs essentiels* dans chacune des disciplines à l'étude (*voir la figure 1.3 à la page suivante*).

FIGURE 1.3 *Les compétences, domaines généraux de formation et domaines d'apprentissage*

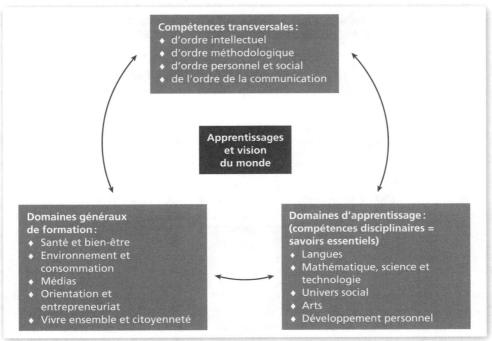

Source : Adaptée du schéma 1, MEQ (2001, p.8).

1.4.5 Les apprentissages et les programmes d'études

Il existe une dernière manière de classifier les apprentissages scolaires, qui correspond en quelque sorte à l'emballage sous lequel ils sont présentés aux apprenants, celui des matières scolaires (ou cours). Qu'est-ce qu'une matière scolaire ? Comment se distingue-t-elle d'une discipline d'enseignement et du champ d'études ? La figure 1.4 (*à la page suivante*) illustre la hiérarchie des termes utilisés pour classifier les apprentissages à l'intérieur d'un programme d'études.

Le sens donné ici à l'expression « programme d'études », également désigné par les termes « curriculum » ou « programme de formation » (MEQ, 2001) est celui d'un ensemble de disciplines incluses « dans toutes les classes d'un ordre d'enseignement » (Legendre, 1993, p. 1035). On parlera, par exemple, du programme d'études du primaire, du programme d'études du secondaire. On emploie également le terme « cursus » lorsque les cours composant celui-ci sont sanctionnés

FIGURE 1.4 *La classification des apprentissages à l'intérieur d'un programme d'études*

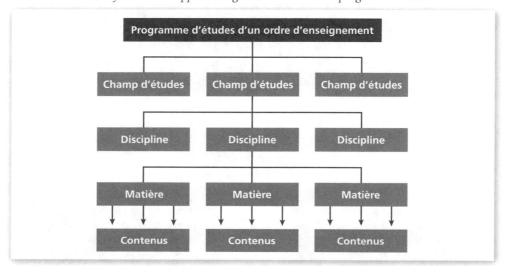

par des crédits ou par quelque autre unité de valeur conduisant à l'obtention d'un diplôme (par exemple, le cursus de l'école secondaire en Ontario, le cursus collégial au Québec). Nous avons opté ici pour le terme « programme d'études », d'emploi courant, qui s'applique aussi bien au primaire qu'au secondaire.

La mission de l'éducation publique et les objectifs généraux poursuivis par un ministère de l'Éducation mènent au choix des *champs d'études* ou des *domaines d'apprentissage* (MEQ, 2001) qui seront privilégiés à chaque ordre d'enseignement. Un champ d'études est défini ici comme un regroupement de disciplines apparentées, telles que les langues, les sciences et les mathématiques, les sciences humaines et sociales ou les arts.

Chaque champ d'études inclut une ou plusieurs *disciplines d'enseignement* ou un ou plusieurs *programmes disciplinaires* (un programme étalé sur plusieurs années, par exemple, couvrant toutes les classes d'un ordre d'enseignement). Notons que les mathématiques sont parfois considérées comme un champ d'études (elles incluent alors des disciplines telles que l'algèbre et la géométrie), mais, le plus souvent, elles sont vues comme une discipline associée aux autres sciences. Signalons que le *Programme de formation de l'école québécoise* inclut la technologie dans le même domaine d'apprentissage (champs d'études) que la mathématique et la science. Le nombre de disciplines enseignées à l'intérieur d'un champ d'études peut aussi varier selon l'ordre d'enseignement. Par exemple, l'enseignement des langues dans certaines classes du primaire comprend le français (langue maternelle) et l'anglais (langue seconde), alors qu'au secondaire d'autres disciplines peuvent s'y ajouter (comme l'espagnol).

Rappelons qu'une *matière scolaire* est en quelque sorte une « tranche » de la discipline ou du programme disciplinaire. Ainsi, un enseignant du secondaire peut enseigner une seule discipline, par exemple la biologie, mais être responsable de plusieurs matières scolaires, plusieurs *cours* différents de biologie. Dans certains cas, une matière peut regrouper des contenus d'apprentissage tirés de plusieurs disciplines. Par exemple, un cours de sciences de la nature pourrait intégrer des contenus des trois disciplines suivantes : la biologie, la physique et la chimie.

Enfin, les *contenus d'apprentissage* correspondent aux résultats d'apprentissage généraux et spécifiques prescrits dans le programme d'une matière donnée (le pluriel des noms, la mise au féminin des noms et des adjectifs, la conjugaison des verbes aux temps de l'indicatif, les pronoms et leurs fonctions dans la phrase, etc.). Ce sont les savoirs jugés essentiels ou les compétences disciplinaires visées par le programme d'études.

1.5 LES FACTEURS INFLUENÇANT L'APPRENTISSAGE SCOLAIRE

Quels facteurs peuvent influencer, positivement ou négativement, l'apprentissage scolaire des apprenants ? Lorsque la question est posée aux enseignants, elle suscite un grand nombre et une grande variété de réponses. On pourra répondre en énumérant des facteurs tels que le milieu familial, le niveau socioéconomique, le degré d'instruction des parents, la motivation ou l'intelligence de l'élève, son intérêt pour la matière ou la qualité de sa relation avec l'enseignant. À cette liste, déjà longue, on ajoutera aujourd'hui des variables comme la qualité des stratégies d'apprentissage utilisées, le type d'intelligence, le style cognitif ou le style d'apprentissage de l'apprenant, voire le degré de compatibilité entre style d'apprentissage et style d'enseignement ! La figure 1.5 (*voir la page suivante*) illustre quelques-unes des innombrables réponses susceptibles d'être apportées à la question : « Pourquoi tel élève apprend-il mieux que tel autre ? »

1.5.1 Les facteurs externes et les facteurs internes

Avant de tenter de répondre à la question précédente, il convient de distinguer entre facteurs externes et facteurs internes. Il est depuis longtemps convenu que de nombreux facteurs extérieurs à l'apprenant peuvent exercer une influence sur la qualité de son apprentissage (par exemple, les attitudes des parents à l'égard de l'école, le niveau socioéconomique de la famille ou l'influence des pairs). Par

FIGURE 1.5 *Certains facteurs influençant l'apprentissage scolaire*

« facteur externe », on entend tout aspect de l'environnement physique et humain qui exerce une influence directe (comme des parents analphabètes, incapables d'accompagner l'enfant dans ses apprentissages scolaires) ou indirecte (comme la pauvreté du milieu familial), influence exercée sur l'un ou l'autre des facteurs internes de l'apprentissage ou sur une combinaison de ces facteurs chez l'apprenant.

Il importe de souligner que la seule présence de facteurs externes non favorables n'entraîne pas irrévocablement des effets négatifs sur l'apprentissage. Par exemple, le fait que des parents soient analphabètes ou soient tout simplement incapables d'offrir à la maison un encadrement à la hauteur des exigences scolaires actuelles peut être compensé par le soutien d'un grand frère, d'amis ou par un service d'aide aux devoirs offert à l'école même.

Dans leur explication de l'étiologie de la déficience cognitive, Feurnstein et ses collaborateurs (1981) proposent une distinction similaire entre les causes dites distales (les stimuli de l'environnement, les facteurs culturels, etc.) et la seule cause proximale qui, en fin de compte, ferait toute la différence : la présence ou non d'expériences d'apprentissage médiatisé. De la même manière, nous ne considérerons pas l'ensemble des facteurs extérieurs à l'apprenant et nous nous consacrerons plutôt à l'étude des facteurs qui, en dernière analyse, sont les seuls à exercer une influence directe sur l'apprentissage scolaire : les facteurs internes.

1.5.2 Un modèle des facteurs essentiels de l'apprentissage scolaire

Quels sont ces facteurs internes ? Landry et Robichaud (1985) proposent à cet effet une synthèse pertinente qui se présente sous la forme d'un modèle regroupant les nombreuses variables répertoriées dans la littérature spécialisée en quatre facteurs essentiels de l'apprentissage scolaire : le facteur de l'aptitude, le facteur des apprentissages acquis, le facteur de la disposition affective et le facteur de la disposition cognitive, facteurs qui s'influencent les uns les autres (*voir la figure 1.6*).

FIGURE 1.6 *Le modèle des facteurs essentiels de l'apprentissage scolaire*

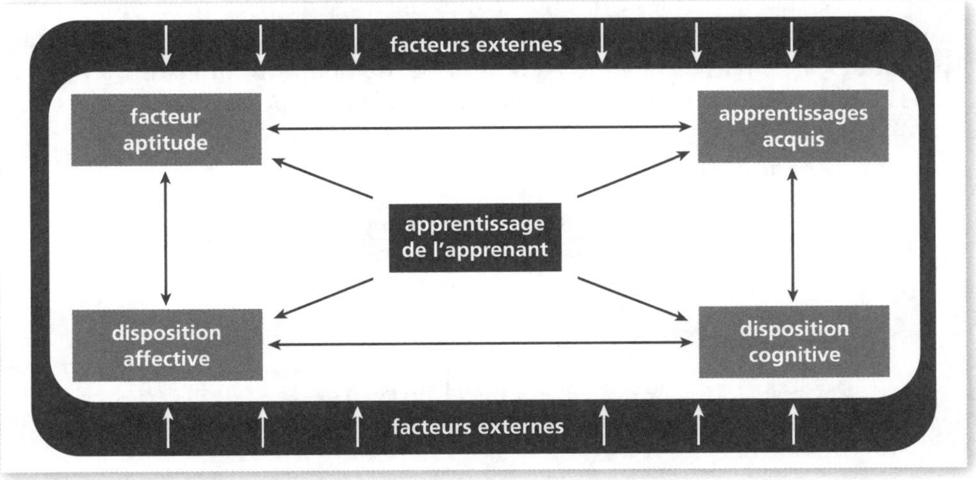

Le facteur de l'aptitude

Si l'on avait posé il y a 50 ans la question « Quel facteur exerce le plus d'influence sur l'apprentissage scolaire des élèves ? », il y a de fortes chances que les enseignants, les parents et les élèves eux-mêmes auraient répondu majoritairement : l'intelligence. Qu'on la désigne sous cette appellation ou sous une autre, l'intelligence ou le *facteur aptitude,* selon le terme de Landry et Robichaud (1985), se résume tout simplement, ainsi que le suggère Carroll (1963), au *temps nécessaire pour apprendre.* Bien que ce facteur ait perdu la place prépondérante qu'il occupait jadis, il faut reconnaître que certains apprenants apprennent plus facilement et plus rapidement que d'autres.

C'est d'ailleurs le sens qu'il faut donner au concept de rythme d'apprentissage qui est utilisé couramment et qui correspond ni plus ni moins au rapport existant entre le *temps prévu* ou le temps consacré par le groupe de référence et le *temps nécessaire* à un apprenant en particulier pour atteindre les résultats d'apprentissage prescrits. Considérons, par exemple, le cas de trois élèves de 11e année (5e secondaire) et imaginons un fonctionnement individualisé qui leur permette de progresser à leur propre rythme dans leur cours de biologie. Les résultats d'apprentissage de ce programme sont planifiés en fonction d'une période d'enseignement de cinq mois, soit la durée d'un semestre scolaire. La figure 1.7 illustre le cas d'un élève dont le rythme d'apprentissage correspond au rythme de progression prévu par les concepteurs du programme (Éric), celui d'une élève douée qui dépasse largement ce rythme (Léa) et celui d'une fille dont l'apprentissage est plus lent (Julie) et qui aurait besoin d'un peu plus de temps pour maîtriser véritablement les contenus d'apprentissage de ce cours. Notons qu'on pourrait arriver à des résultats comparables en utilisant le nombre de résultats spécifiques atteints par chaque élève à la fin du semestre, mais un tel calcul nécessiterait que des objectifs d'enrichissement soient proposés aux élèves doués.

FIGURE 1.7 *Le calcul du rythme d'apprentissage*

$$\text{Rythme} = \frac{\text{temps prévu (ou consacré par le groupe de référence)}}{\text{temps nécessaire à l'apprenant}}$$

$$\text{Éric:} \quad \frac{5 \text{ mois (temps prévu par l'école)}}{5 \text{ mois (temps nécessaire à Éric)}} = 1{,}00$$

$$\text{Léa:} \quad \frac{5 \text{ mois (temps prévu par l'école)}}{2 \text{ mois (temps nécessaire à Léa)}} = 2{,}50$$

$$\text{Julie:} \quad \frac{5 \text{ mois (temps prévu par l'école)}}{6 \text{ mois (temps nécessaire à Julie)}} = 0{,}83$$

Le facteur de l'aptitude a surtout été associé au concept de quotient intellectuel (QI), qui, faut-il le rappeler, n'était à l'origine et n'est toujours qu'un *indice* de la capacité à apprendre. Au début, le QI correspondait au quotient de l'âge mental (AM) sur l'âge chronologique (AC) multiplié par 100 ($QI = AM/AC \times 100$). Le quotient intellectuel correspond aujourd'hui à un score normalisé qui provient de la comparaison entre le score brut obtenu à un test d'intelligence, dûment standardisé, et les scores obtenus par des milliers de sujets du même âge chronologique.

Par exemple, un apprenant âgé de 11 ans et 6 mois qui obtient un score brut de 52 à l'Épreuve d'habileté mentale Otis-Lennon se verra attribuer un quotient intellectuel de 100 (intelligence dite normale, c'est-à-dire dans la norme), son résultat étant analogue à celui qui a été obtenu auparavant au même test par une majorité d'enfants du même âge (11 ans et 6 mois). Si le même garçon avait obtenu un score de 73 à ce test, score qui se compare avantageusement aux scores habituels de ses pairs, il aurait obtenu un QI de 125, alors que s'il n'avait obtenu qu'un score de 14, il se serait auparavant vu rétrograder au statut d'élève ayant une déficience intellectuelle légère avec un QI de 69 (*voir la note sous la figure 1.8*). Soulignons également que les diverses définitions données à la douance (élèves doués et talentueux) font varier son point de départ de 115 à 150!

FIGURE 1.8 *La courbe normale de distribution des QI* *

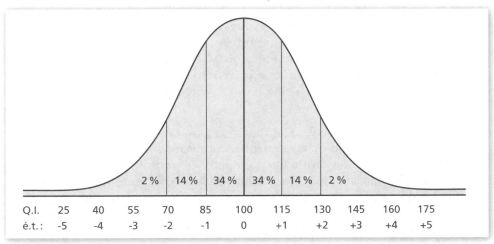

* La valeur de l'écart type (é. t.) peut varier d'un test à l'autre ; ici, il est de 15 points.

Note : Jusqu'au début des années 1980, l'American Association on Mental Retardation (AAMR) distinguait quatre niveaux de déficience intellectuelle à partir des scores de QI suivants : de 50-55 à 70 : déficience intellectuelle légère ; de 35-40 à 50-55 : déficience intellectuelle moyenne ; de 20-25 à 35-40 : déficience intellectuelle sévère ; en dessous de 20-25 : déficience intellectuelle profonde.

Aujourd'hui, l'AAMR et de nombreuses associations de défense militant pour les droits des personnes avec un handicap intellectuel préconisent plutôt de graduer les mesures de soutien à partir des besoins des personnes, et non à partir d'un score de QI.

Source : Doré, Wagner et Brunet (1996).

La conception quantitative traditionnelle du facteur de l'aptitude (mesure du QI et calcul du rythme d'apprentissage) a cependant tendance à céder la place à une conception davantage *qualitative* de l'intelligence : « ce n'est pas combien on est intelligent qui importe, mais comment on l'est » (Gardner, 1983, p. 34, traduction libre). D'une conception statique et étroite de l'intelligence, on est progressivement passé à une conception dynamique, où l'intelligence se construit, et à une conception multiforme et élargie du concept, où l'intelligence ne se limite pas aux seules compétences logicomathématiques et langagières, traditionnellement mesurées dans les tests d'intelligence. La théorie la plus connue et la plus largement diffusée qui représente le mieux ces nouvelles conceptions de l'intelligence est la *théorie des intelligences multiples* de Howard Gardner.

Avant de présenter brièvement les formes d'intelligence décrites par Gardner, mentionnons que plusieurs conditions doivent être réunies avant qu'une forme d'intelligence ne soit dûment reconnue et intégrée dans sa théorie (Armstrong, 1999). De plus, il n'est pas inutile de rappeler quatre éléments clés, souvent occultés, de cette théorie des intelligences multiples, à savoir que tout le monde possède les diverses formes d'intelligence, seul leur degré variant d'un individu à l'autre ; la plupart des personnes peuvent développer chaque forme d'intelligence jusqu'à un niveau satisfaisant de compétence ; les formes d'intelligence fonctionnent en interaction constante les unes avec les autres ; enfin, il existe de nombreuses façons de manifester chaque forme d'intelligence, et non un certain nombre d'attributs déterminés.

Gardner propose non seulement une conception dynamique de l'intelligence, mais aussi une théorie elle-même dynamique, puisque celle-ci pourrait s'enrichir de trois nouvelles formes d'intelligence depuis la parution de *Frames of Mind* en 1983. En effet, dans les premières versions de sa théorie, Gardner (1983) relevait sept formes d'intelligence ; en 1998, une huitième s'ajoutait, l'intelligence *naturaliste*, alors que deux autres, l'intelligence *existentielle* et l'intelligence *spirituelle*, sont à l'étude (Gardner, 1999). Les huit formes d'intelligence actuellement admises sont les suivantes :

- l'intelligence musicale : la sensibilité aux sons, à leurs combinaisons harmonieuses, la capacité à apprécier et à reproduire des œuvres musicales ;
- l'intelligence kinesthésique : la sensibilité aux mouvements du corps, la capacité à imiter une gestuelle, à produire et à coordonner des mouvements ;
- l'intelligence logicomathématique : la compréhension de symboles, la capacité à manipuler des concepts de logique et des données mathématiques ;
- l'intelligence langagière : la sensibilité aux divers aspects du langage, la capacité à comprendre et à communiquer un message oral ou écrit ;
- l'intelligence spatiale : la perception et l'organisation de l'espace, la capacité à visualiser, à représenter des données visuelles et à s'orienter dans l'espace ;

♦ l'intelligence interpersonnelle : la sensibilité au vécu de l'autre, la capacité à entrer en relation avec les autres, à comprendre autrui, à faire preuve d'empathie ;

♦ l'intelligence intrapersonnelle : la sensibilité à l'égard de son propre monde intérieur, la capacité à enrichir la connaissance introspective de soi ;

♦ l'intelligence naturaliste : la sensibilité au monde naturel, la capacité à reconnaître et à utiliser efficacement les éléments de la nature.

De nombreuses autres théories concernant le concept d'intelligence mériteraient d'être signalées, en particulier la théorie de l'intelligence émotionnelle avancée par Goleman (1998) et la théorie « triarchique » de l'intelligence proposée par Sternberg (1985). La théorie des intelligences multiples occupe néanmoins une place toute particulière dans le domaine de l'éducation, ne serait-ce qu'en raison de l'abondance des ouvrages qui sont consacrés à ses applications pédagogiques (par exemple, Armstrong, 1999).

Les apprentissages acquis

Les apprentissages acquis, qui constituent le deuxième facteur essentiel retenu par Landry et Robichaud (1985), correspondent dans le vocabulaire actuel aux connaissances antérieures de l'apprenant. On peut cependant reconnaître deux sens à ces apprentissages acquis : d'une part, un sens spécifique et limité où ils équivalent aux « apprentissages préalables » (anciennement dits prérequis), connaissances directement nécessaires à la maîtrise d'un nouvel apprentissage ; d'autre part, un sens général et ouvert où ils représentent l'ensemble des connaissances, des stratégies d'apprentissage et des outils intellectuels intégrés dans la structure cognitive de l'apprenant.

Traditionnellement, le monde de l'éducation s'est davantage intéressé au premier sens qu'au second, c'est-à-dire à l'exigence pédagogique consistant à assurer la maîtrise des connaissances préalables considérées comme nécessaires à la réalisation d'un nouvel apprentissage. Les exemples de la prépondérance du premier sens ne manquent pas, en particulier dans l'acquisition des compétences langagières (par exemple, le décodage des syllabes était envisagé comme un préalable à la lecture de mots entiers), en mathématiques (par exemple, il faut maîtriser les opérations de soustraction et de multiplication avant d'accéder à l'algorithme de la division) et en éducation physique (par exemple, le contrôle du ballon en position arrêtée est un préalable au contrôle du ballon en déplacement).

Bien que de nouvelles approches méthodologiques aient amené des didacticiens à contester, sinon à réfuter, la pertinence pédagogique de certains préalables (par exemple, en lecture), on continue d'admettre l'existence de connaissances préalables à d'autres. En fait, le concept d'apprentissages préalables occupe une place importante dans le modèle d'enseignement individualisé préconisé par Bloom, Carroll et autres défenseurs d'une « pédagogie de la réussite » ou « pédagogie de la maîtrise » (*mastery learning*). Nous y reviendrons au chapitre 3.

Le second sens attribué au facteur des apprentissages acquis occupe de plus en plus de place dans le domaine de la pédagogie. Les apprentissages acquis sont non seulement des connaissances particulières, jugées préalables à d'autres, mais surtout un ensemble de savoirs, de stratégies et d'outils intellectuels qui favorise tout nouvel apprentissage. Si l'on conçoit l'apprentissage comme un processus constructif et cumulatif (*voir la définition proposée dans la section 1.3*), les connaissances antérieures de l'apprenant en constituent le matériel de construction. Pour poursuivre l'analogie, la nouvelle brique que constitue le nouveau savoir pourra plus facilement être intégrée dans l'édifice (de la connaissance) si des fondations ont été solidement établies (au moyen d'un savoir organisé, de connaissances bien structurées) et si l'on utilise un mortier (les connaissances antérieures) pour fixer la brique en question.

Les stratégies développées par l'apprenant pour apprendre plus efficacement à l'école (stratégies d'apprentissage), pour faciliter le traitement, l'emmagasinage et le rappel d'informations (stratégies cognitives) et pour effectuer la gestion mentale de toutes ces opérations (stratégies métacognitives) peuvent être considérées comme des connaissances procédurales et conditionnelles de niveau « supérieur », des connaissances-outils qui favorisent l'acquisition de nouveaux apprentissages, comme le font les connaissances antérieures des apprenants. C'est à ce titre qu'elles font partie du facteur des apprentissages acquis.

Qu'on le considère sous l'angle des connaissances préalables ou sous celui des connaissances antérieures, le facteur des apprentissages acquis est aujourd'hui perçu comme un facteur davantage déterminant que le facteur aptitude : « La qualité des apprentissages qu'un étudiant est en mesure d'effectuer, à un moment donné, est bien davantage fonction des savoirs qu'il possède déjà que de son aptitude » (Bégin, 1978, p. 23). Bloom estimait pour sa part que jusqu'à 50 % de la variation observée dans le rendement scolaire était le résultat de différences entre les apprentissages acquis des élèves.

La disposition affective

La disposition affective est le troisième facteur retenu par Landry et Robichaud (1985). Ceux-ci distinguent deux aspects complémentaires à la disposition affective : le *désir d'apprendre,* qui correspond à la conception traditionnelle de la motivation scolaire, et les *attentes de succès,* un aspect à dimension cognitive puisqu'il fait appel aux croyances de l'apprenant. Lafortune et St-Pierre (1994) retiennent pour leur part cinq aspects de la dimension affective de l'apprentissage : les attitudes, les émotions (incluant l'anxiété), la motivation, l'attribution et la confiance en soi.

Les *attitudes*, que l'on définira ici comme les dispositions intérieures acquises à l'égard de l'école ou d'une discipline d'enseignement qui incitent l'apprenant à se comporter de manière favorable ou défavorable à l'égard de celles-ci (Legendre, 1993), pourraient être incluses dans l'aspect désir d'apprendre, tout comme les aspects *émotions* et *motivation* de Lafortune et St-Pierre (1994). Le désir d'apprendre peut en effet être considéré comme la résultante de divers facteurs, tels que les attitudes de l'apprenant (comme la disposition favorable ou non à l'égard du métier d'élève) et les émotions vécues par l'apprenant, qu'elles soient ou non attribuables à la situation d'apprentissage (comme la tristesse ressentie par l'enfant à la suite de la mort d'un animal favori).

Le troisième aspect retenu par Lafortune et St-Pierre, la *motivation*, correspond, comme nous l'avons déjà mentionné, à la définition même du désir d'apprendre. Ce désir d'apprendre peut être alimenté par deux sources : la motivation intrinsèque et la motivation extrinsèque (*voir le tableau 1.7*). On oppose souvent ces deux formes de motivation, alors que, dans la réalité, elles se complètent (Lafortune et St-Pierre, 1994). La motivation extrinsèque, souvent décriée, peut s'avérer nécessaire au début d'un nouvel apprentissage ou pour un apprentissage difficile. Elle donne des résultats immédiats et peut servir de bougie d'allumage à la motivation intrinsèque, aux résultats plus profonds et durables (Dufresne-Tassé, 1981).

TABLEAU 1.7 *Les caractéristiques de la motivation intrinsèque et de la motivation extrinsèque*

Motivation intrinsèque	Motivation extrinsèque
La personne répond à ses propres besoins, retire de la satisfaction et du plaisir de ses réalisations et considère la tâche à faire comme une fin en soi.	La personne répond aux demandes des autres, est récompensée pour ses réalisations et cherche à impressionner ou à plaire.
La motivation intrinsèque n'est pas présente au même degré chez chacun ; elle est fortement souhaitable mais pas indispensable ; ses effets sont profonds et durables.	La motivation extrinsèque peut être utilisée avec chacun ; elle est nécessaire dans certaines situations ; ses effets sont immédiats mais non durables.

Source : La partie « Motivation intrinsèque » est adaptée de Kolesnick (1978), cité par Dufresne-Tassé (1981).

Qu'elle soit de source interne et fasse appel à l'autorenforcement ou qu'elle soit de source externe et recoure à des renforçateurs externes, la motivation, ou le désir d'apprendre, joue évidemment un rôle crucial dans tout effort d'apprentissage volontaire. La motivation est en quelque sorte le carburant qui alimente le moteur de l'apprentissage.

Les deux derniers aspects de la dimension affective de l'apprentissage selon Lafortune et St-Pierre (1994), soit l'*attribution* et la *confiance en soi*, peuvent être intégrés dans la seconde composante de la disposition affective : les attentes de succès. Ces aspects sont de nature cognitive puisqu'ils s'appuient tous deux sur des croyances : les croyances de l'apprenant à l'égard de l'origine de ses échecs et de ses réussites et de sa capacité à contrôler ceux-ci (théorie de l'attribution) et ses croyances dans sa capacité ou non à répondre adéquatement aux attentes de l'école (confiance en soi en tant qu'apprenant).

Les premières formulations de Rotter (1966) se limitaient à distinguer entre le *locus de contrôle interne* (l'apprenant se perçoit comme la « cause » de ses réussites et de ses échecs) et le *locus de contrôle externe* (l'apprenant attribue ses réussites et ses échecs à des sources externes, telles que la chance ou son enseignant). Dans une version plus récente de sa théorie de l'attribution, Weiner (1985) intègre trois composantes : l'origine du pouvoir d'action (interne vs externe), la stabilité de cette source (stable vs instable) et la possibilité de contrôle de l'apprenant (contrôlable vs incontrôlable).

La figure 1.9 (*à la page suivante*) illustre cette théorie de l'attribution chez l'apprenant en situation d'évaluation sommative. Retenons que ces diverses croyances exercent une influence indéniable sur les attentes de succès d'un apprenant. Par exemple, un apprenant qui se perçoit comme ayant très peu d'aptitude pour les mathématiques (cause interne-stable-incontrôlable), associée à une croyance en sa malchance habituelle dans les tests de mathématiques (cause externe-instable-incontrôlable), risque d'investir moins d'efforts immédiats (cause pourtant interne-instable-contrôlable) et de recourir moins spontanément à l'aide ponctuelle de ses pairs (cause externe-instable-contrôlable). Les attentes de succès d'un tel apprenant sont influencées négativement par son système de croyances. Heureusement, l'inverse est également possible (des attentes de succès alimentées par des croyances favorables) et il revient aux enseignants d'intervenir « pour que les étudiants et les étudiantes attribuent autant leurs réussites que leurs échecs à la quantité d'efforts qu'ils ont consentis à la réalisation d'une tâche pour laquelle ils possèdent tous, par ailleurs, les aptitudes nécessaires pour réussir » (Lafortune et St-Pierre, 1994, p. 48).

Le dernier aspect de la dimension affective, la *confiance en soi*, peut également influer sur les attentes de succès : elle « naît de la représentation que l'individu a de lui-même par rapport à sa capacité d'accomplir la tâche » (Lafortune et St-Pierre, 1994, p. 49). La confiance en soi est un sous-produit du concept de soi,

FIGURE 1.9 *Les attributions causales*

Origine du pouvoir d'action :	INTERNE		EXTERNE	
Stabilité :	STABLE	INSTABLE	STABLE	INSTABLE
Contrôle : INCONTRÔLABLE	Aptitude	État de fatigue au moment du test	Difficulté de la tâche	Chance
CONTRÔLABLE	Efforts habituels	Étude pour ce test en particulier	Explications données par l'enseignant	Aide inhabituelle donnée par les pairs

Source : D'après Weiner (1985), adaptée de Noël (1997).

plus précisément de l'image que le jeune a de lui-même en tant qu'apprenant (*academic self-concept*). Cette confiance en ses capacités en tant qu'apprenant se construit au fil des expériences scolaires, d'où l'importance de vivre des situations de réussite dès l'entrée à l'école. William Glasser (1973) est de ceux qui ont mis les éducateurs en garde contre les effets dévastateurs d'expériences d'échecs répétées pendant les premières années de scolarisation. Tout jeune, l'enfant peut en effet développer une « identité d'échec », peu propice à ses efforts futurs, qui risque malheureusement de perdurer tout au long de sa vie d'écolier et au-delà.

Le manque de confiance en soi peut entraîner un sentiment d'impuissance tel que certains n'hésitent pas à qualifier celui-ci de syndrome. C'est ainsi que Seligman (1975) propose le concept d'*impuissance apprise* (*learned helplessness*), également traduit par l'expression « résignation apprise » (Lindsay et Norman, 1980), pour désigner « les conséquences négatives d'une expérience vécue par l'individu de la non-maîtrise de son environnement » (cité par Dubois, 1987, p. 20). Ces conséquences se manifestent sur le plan motivationnel (l'apprenant n'éprouve plus le désir de contrôler la situation), sur le plan cognitif (l'apprenant n'est plus capable d'établir de liens entre ses actions et les résultats de celles-ci) et, enfin, sur le plan émotionnel (l'apprenant éprouve un fort sentiment d'échec, proche du désespoir).

Les attributions causales et la confiance en soi peuvent donc être associées aux attentes de succès de l'apprenant, de même que les trois autres aspects de la dimension affective de l'apprentissage (Lafortune et St-Pierre, 1994) furent intégrés dans le premier sous-facteur de la disposition affective, le désir d'apprendre. La disposition affective est bien davantage que ce seul désir d'apprendre, habituellement désigné par le terme « motivation ». C'est d'ailleurs pour cette raison que Landry et Robichaud (1985) ont choisi l'expression « disposition affective », qui englobe tous les concepts étudiés : les attitudes, les émotions, la motivation intrinsèque et la motivation extrinsèque (les aspects du sous-facteur du désir d'apprendre) ; les attributions causales, la confiance en soi ou l'impuissance apprise (les aspects du sous-facteur des attentes de succès).

La disposition cognitive

Le dernier facteur essentiel de l'apprentissage retenu par Landry et Robichaud (1985) n'apparaissait pas dans la version antérieure du modèle (Robichaud et Landry, 1978). Ce « nouveau » facteur s'est imposé pour tenir compte des nouvelles données issues de la psychologie cognitive. Le modèle du traitement de l'information (*information processing*), d'inspiration cybernétique et dont la première formulation date de la fin des années 1960 (Atkinson et Shiffrin, 1968), est devenu *le* modèle de référence en psychologie au cours des années 1970 (Mahoney, 1974). La question qu'il soulève en éducation est la suivante : Existe-t-il des variables autres que les variables affectives (disposition affective), les capacités intellectuelles (facteur de l'aptitude) ou les connaissances antérieures (apprentissages acquis) qui puissent influencer l'apprentissage chez l'humain ? L'apport de la psychologie cognitive nous amène aujourd'hui à répondre par l'affirmative.

Par « disposition cognitive », on entend de manière générale « les étapes du traitement de l'information […] qui sont nécessaires à un apprentissage efficace » (Landry et Robichaud, 1985, p. 311). De manière plus spécifique, ce facteur inclut toutes les variables qui influent sur la qualité, la rapidité ou l'efficacité à long terme du traitement des stimuli aux diverses étapes du modèle. Rappelons que la première de ces étapes, l'enregistrement sensoriel, repose sur un fonctionnement adéquat des récepteurs sensoriels, en particulier des organes de la vue et de l'audition. Un mauvais fonctionnement de ceux-ci (par exemple, un handicap auditif) nuira évidemment au traitement de l'information issue de l'environnement. Comme ce modèle du traitement de l'information sera présenté en détail au chapitre 4, nous nous contenterons ici d'illustrer la contribution des principales variables associées à ce facteur de la disposition cognitive avec un exemple tiré du milieu scolaire.

Imaginons une scène somme toute familière dans une classe de 3ᵉ année. L'enseignante soumet oralement les données d'un problème de mathématiques à un apprenant. Celui-ci doit tout d'abord prêter attention aux stimuli sonores (les mots prononcés par l'enseignante) et concentrer cette attention sur les données jugées pertinentes pour la résolution du problème (enregistrement sensoriel). Une fois ces données transférées dans sa mémoire de travail (mémoire à court terme), il doit traiter celles-ci en puisant dans sa banque de connaissances (mémoire à long terme) les informations qui lui permettront de choisir l'opération adéquate (connaissance conditionnelle), d'effectuer mentalement l'algorithme nécessaire (connaissance procédurale) ou, s'il le peut, d'y associer directement la réponse préalablement mémorisée (connaissance déclarative). Il lui reste enfin à formuler une réponse appropriée et à la transmettre oralement à l'enseignante.

Le facteur de la disposition cognitive inclut donc tout d'abord les variables qui entourent le traitement efficace de l'information : les processus d'attention, de codage et d'entrée en mémoire, le traitement des données dans la mémoire de travail, le rappel de l'information emmagasinée dans la mémoire à long terme, etc.

Ce facteur peut cependant être élargi de manière à inclure les variables découlant du style cognitif de l'apprenant. Si l'on reprend l'exemple précédent, un élève de « style visuel », c'est-à-dire dont la modalité perceptuelle dominante est la modalité visuelle, aura vraisemblablement plus de difficulté à traiter efficacement les données transmises oralement par l'enseignante. Puisque la variable « modalité perceptuelle dominante » est susceptible d'influencer l'apprentissage, qu'elle n'est pas de nature affective, qu'elle ne relève pas de l'aptitude (l'élève à dominance visuelle est aussi intelligent que l'élève à dominance auditive) et qu'elle ne fait pas partie des apprentissages acquis, on peut conclure qu'il s'agit d'une variable de la disposition cognitive de l'apprenant.

En résumé, l'ensemble des variables pouvant influencer l'apprentissage scolaire ont été regroupées en quatre facteurs essentiels : le facteur de l'aptitude, le facteur des apprentissages acquis, le facteur de la disposition affective et le facteur de la disposition cognitive (*voir la figure 1.10 à la page suivante*).

Pour ce qui est du facteur de l'aptitude, il comprend deux sous-facteurs : un sous-facteur quantitatif, le *rythme d'apprentissage,* qui détermine la quantité d'apprentissages susceptibles d'être maîtrisés dans un temps donné, et un sous-facteur qualitatif, les *formes d'intelligence* dominantes (théorie des intelligences multiples). Rappelons que le quotient intellectuel n'est qu'une mesure ou un indice du rythme d'apprentissage.

Le facteur des apprentissages acquis comporte également deux sous-facteurs : les *apprentissages préalables,* qui exercent une influence directe sur la maîtrise d'apprentissages de nature séquentielle (connaissances déclaratives, procédurales et conditionnelles), et les autres *connaissances antérieures,* qui favorisent l'acqui-sition d'un nouvel apprentissage (stratégies d'apprentissage, stratégies cognitives et stratégies métacognitives).

Quant au facteur de la disposition affective, il comprend également deux sous-facteurs : le *désir d'apprendre,* auquel sont associées des variables telles que les

FIGURE 1.10 *Les facteurs et les sous-facteurs influençant l'apprentissage scolaire*

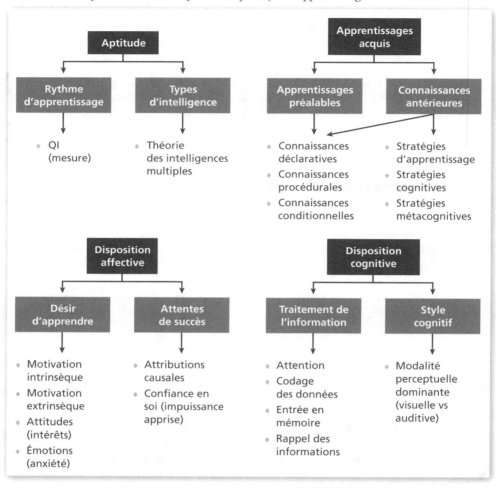

attitudes, les émotions, la motivation intrinsèque et la motivation extrinsèque, et les *attentes de succès,* qui incluent les variables des attributions causales et de la confiance en soi.

Enfin, le facteur de la disposition cognitive comporte aussi deux sous-facteurs : le *traitement de l'information* (variables de l'attention, du codage et de l'entrée en mémoire, du rappel des informations emmagasinées dans la mémoire à long terme, etc.) et le *style cognitif* (variable de la modalité perceptuelle dominante).

1.5.3 L'influence des facteurs essentiels sur l'apprentissage

Il nous reste à dire quelques mots sur l'ampleur de chacun de ces facteurs et sur l'influence qu'ils exercent sur l'apprentissage scolaire des apprenants. Comment la disposition cognitive de l'apprenant influence-t-elle cet apprentissage? Qu'en est-il de l'effet des apprentissages acquis sur le rendement scolaire? Quels sont en particulier les rapports entre le facteur de l'aptitude (l'intelligence) et l'apprentissage scolaire? entre la disposition affective (la motivation) et l'apprentissage à l'école?

La disposition cognitive et l'apprentissage scolaire

En ce qui concerne les rapports entre la disposition cognitive et l'apprentissage scolaire, ceux-ci sont difficiles à établir, particulièrement pour ce qui est de la dimension «traitement de l'information» pour laquelle on ne dispose pas de données comparatives. En ce qui a trait à la dimension «style cognitif», aucun profil en lui-même n'entraîne un apprentissage supérieur; ce serait plutôt l'agencement entre style d'enseignement et style cognitif qui aurait des effets positifs sur les apprentissages réalisés (Dunn, Beaudry et Klavas, 1989).

Les apprentissages acquis et l'apprentissage scolaire

En ce qui concerne les liens entre les apprentissages acquis et l'apprentissage scolaire, il a été mentionné qu'on estime que les apprentissages acquis sont responsables d'environ la moitié de la variation observée dans le rendement scolaire. Mais au-delà de cette estimation «généreuse», les enseignants d'expérience confirmeront que le degré de préparation de leurs élèves, c'est-à-dire leur niveau de maîtrise des contenus d'apprentissage enseignés au cours des années précédentes, exerce une influence déterminante sur leur capacité à maîtriser les nouveaux contenus qui leur seront enseignés. Une enseignante expérimentée de 2e année nous a confié un jour qu'elle était en mesure de prédire, avec une certaine exactitude, le rendement futur de chacun de ses élèves à partir des résultats d'un pré-test maison qu'elle faisait passer en début d'année scolaire, pré-test portant sur les apprentissages préalables à son programme en lecture, français et mathématiques. De fait, le meilleur prédicteur du rendement futur d'un élève n'est pas son intelligence (QI), comme certains seraient encore tentés de le croire, mais bien son rendement scolaire antérieur (indice de ses apprentissages acquis).

L'aptitude et l'apprentissage scolaire

Les rapports entre l'aptitude et l'apprentissage scolaire varient évidemment suivant la conception de l'intelligence adoptée. Si l'on se réfère au sous-facteur que constituent les formes d'intelligence (dimension qualitative du facteur aptitude), on peut émettre l'hypothèse que l'apprentissage sera d'autant plus facilité si la *nature* du résultat d'apprentissage poursuivi (par exemple, expliquer la fonction X dans une équation) et la *technique d'enseignement* utilisée (par exemple, l'approche logicomathématique) correspondent aux formes d'intelligence dominantes chez l'apprenant (par exemple, l'intelligence logicomathématique). Les rapports avec l'autre sous-facteur, le rythme d'apprentissage, vont dans la direction que définit lui-même ce concept, à savoir que plus le rythme est rapide (valeur supérieure à 1,00), plus la progression dans les apprentissages scolaires sera rapide.

Ce dernier aspect mérite que l'on s'y arrête. On a dit et on répète aujourd'hui *ad nauseam* qu'il faut respecter le rythme d'apprentissage des apprenants. Or, qu'en est-il vraiment ? La pratique actuelle consistant à accorder un peu plus de temps, lorsque cela est possible, à certains élèves un peu plus lents ou en difficulté, pour leur permettre d'atteindre les résultats d'apprentissage prescrits par leur programme d'études, constitue effectivement un pas dans la bonne direction. Toutefois, la seule manière de respecter *continuellement* le rythme de *chaque* élève serait d'instituer une formule de progrès continu ou d'écoles dites sans grades, soit sans regroupement par classes ou années. À l'intérieur de ces écoles, les élèves auraient la possibilité de reprendre, au début de chaque année scolaire, la progression de leurs apprentissages à partir des résultats atteints l'année précédente... et ainsi de suite jusqu'à l'obtention des résultats terminaux de leur ordre d'enseignement, qui pourrait d'ailleurs survenir dans un laps de temps moindre que celui qui est initialement prévu.

Il existe encore peu d'expériences de progrès continu à l'école, cela étant probablement dû au fait que l'école sans grades entraîne, parmi d'autres exigences et défis, une programmation individualisée pour chaque apprenant. Notons toutefois qu'il existe des variantes de cette formule à l'école secondaire, telles que la progression par matière, qui permet un « processus de cheminement continu où l'élève franchit, matière par matière, les paliers successifs du programme » de sa discipline pour cet ordre d'enseignement (Legendre, 1993, p. 1040), ainsi que les cheminements dits particuliers destinés aux élèves présentant des retards de plus d'une année scolaire en langue maternelle et en mathématiques.

En ce qui concerne le primaire, on constate une tendance à regrouper en cycles les années scolaires de cet ordre d'enseignement. En adoptant son programme de formation axé sur le développement de compétences, le Québec a du même coup adopté un programme pour le primaire qui fonctionne par cycles de deux ans. L'organisation de l'enseignement en trois cycles de deux ans permet à l'école de s'adapter davantage au rythme et au style d'apprentissage de chaque élève. Ainsi, l'élève qui commence sa première année disposera de deux ans pour effectuer les apprentissages prévus pour ce premier cycle. Le fait que ce nouveau programme indique avec précision les résultats devant être atteints à la fin de chacun des cycles, et ce, pour chacune des compétences visées, permettra par ailleurs à l'enseignant, qui accompagne le même groupe d'élèves pendant deux ans, d'avoir une meilleure vue d'ensemble des progrès réalisés par chaque élève (MEQ, 2001).

La disposition affective et l'apprentissage scolaire

On aurait tendance à imaginer qu'il existe, comme pour le rythme d'apprentissage, une fonction quasi linéaire entre la motivation et le rendement scolaire (plus on est motivé, plus on apprend). Ce n'est pas tout à fait le cas. De toute évidence, une bonne dose de motivation, qu'elle soit de source intrinsèque ou extrinsèque, est indispensable à tout apprentissage volontaire (Nuttin, 1985); cependant, un excès de motivation peut causer de l'anxiété et, conséquemment, une baisse dans le rendement scolaire. Ainsi, pour toute tâche, il existerait un point optimal de motivation; plus la tâche est difficile, plus le rendement serait affecté par cet excès de motivation. Il s'agit en fait des deux propositions d'une même «loi», la loi de Yerkes-Dodson (Bowd, McDougall et Yewchuk, 1998). Quoi qu'il en soit, pour plusieurs, la motivation à apprendre demeure *le* facteur capital du rendement scolaire, alors que d'autres soutiennent que plus cette motivation est autodéterminée, plus l'apprentissage sera profond et riche (Grolnick et Ryan, 1987).

1.6 L'APPRENTISSAGE ET L'ENSEIGNEMENT

1.6.1 Le processus enseignement-apprentissage

Après avoir défini l'apprentissage et, de manière plus spécifique, l'apprentissage scolaire, il nous reste maintenant à définir l'enseignement. Qu'est-ce au juste qu'enseigner? En quoi l'activité d'enseignement diffère-t-elle de l'apprentissage? Quels liens à la fois conceptuels et fonctionnels unissent ces deux composantes d'un même processus, le processus enseignement-apprentissage? Tout d'abord, précisons ce que l'on entend par cette dernière expression, qui a remplacé celles de processus d'enseignement et de processus d'instruction. Comme on le sait, ces concepts mettaient l'accent sur la composante «enseignement» du processus, au détriment de la composante «apprentissage». Avec une école désormais centrée sur l'apprentissage, et non plus sur l'enseignement, un rééquilibrage s'imposait, autant dans le choix des termes que dans celui des *stratégies d'enseignement-apprentissage,* expression qui sera également définie plus loin.

Le processus enseignement-apprentissage désigne l'ensemble des activités d'enseignement et d'apprentissage vécues en milieu scolaire. Cette expression suggère une interaction dynamique entre les résultats d'apprentissage poursuivis par les intervenants scolaires, les activités d'apprentissage permettant d'atteindre ces résultats et les méthodes de rétroaction et de mesure servant à évaluer la réalisation de ceux-ci.

1.6.2 Les contextes de l'apprentissage

Si la culture est ce qui nous reste lorsque l'on a tout oublié, ne pourrait-on pas dire que l'apprentissage est ce qui nous reste lorsque l'on a oublié tout ce qui nous a été enseigné? Cette pirouette ne règle en rien notre problème de définition, mais elle permet de mettre en lumière un vieux préjugé qui persiste en milieu scolaire, à savoir que, *pour qu'il y ait apprentissage scolaire, il doit y avoir enseignement*. Or, on sait qu'il n'en est rien. Bon nombre d'apprentissages de nature scolaire (les habiletés de lecture, la compréhension des nombres et des opérations, les connaissances dans le domaine des sciences sociales, les habiletés dans le domaine des technologies, etc.) ont bel et bien lieu hors de tout contexte d'apprentissage formel. Un premier constat s'impose donc: l'école n'est pas le seul lieu des apprentissages, y compris des *apprentissages formels* (*voir la figure 1.11*). Cela dit, l'école n'en demeure pas moins un lieu privilégié pour la diversification et l'approfondissement de ces connaissances et de ces habiletés, et surtout pour favoriser l'accessibilité à celles-ci pour tous.

FIGURE 1.11 *Les contextes d'apprentissage*

	École	Hors de l'école
Apprentissages formels	◆ Programmes d'études prescrits (mathématiques, français, etc.)	◆ Sports organisés ◆ Leçons de musique ◆ Scouts, guides, etc.
Apprentissages informels	◆ Respect des autres ◆ Politesse ◆ Ponctualité	◆ Comportement social ◆ Affirmation de soi ◆ Autonomie sociale

La figure 1.11 permet d'attirer l'attention sur un autre constat d'importance: tout ce qui est appris à l'école n'est pas nécessairement enseigné, ou, tout au moins, ne fait pas toujours partie du programme d'études officiel. On utilise l'expression « curriculum caché » (Perrenoud, 1990) pour désigner ces *apprentissages informels*, auxquels bien des enseignants accordent d'ailleurs tout autant d'importance qu'aux apprentissages formels (les programmes d'études).

Voici un autre constat: non seulement l'école n'est pas le seul lieu des apprentissages formels, mais les apprentissages formels hors de l'école (cours de musique, sports organisés, clubs d'échecs) occupent une place de plus en plus importante, et ce, pour un nombre de plus en plus grand d'élèves. Les activités d'enseignement des enseignants se voient ainsi compléter (concurrencer?) par celles d'instructeurs en tout genre, d'animateurs de mouvements de jeunes, etc.

Enfin, et surtout, non seulement tout ce qui est appris à l'école n'a pas été enseigné, mais tout ce qui est enseigné est loin d'être appris. Enseigner n'est pas apprendre. Pourtant, un vieux préjugé perdure auprès d'un grand nombre d'intervenants scolaires selon lequel il suffit d'enseigner de manière efficace pour que l'élève apprenne. Giordan (1998, p. 23) a, mieux que quiconque, illustré les limites de cette conception d'une pédagogie « à sens unique » à l'aide d'une savoureuse anecdote.

> *Il n'y a qu'à bien donner son cours pour que l'élève apprenne!* Voici quelque temps, un ministre de la République française voulut illustrer cette rude conception pédagogique. S'étant saisi d'une carafe, il s'exclama: « Voilà le savoir! » Puis, désignant un verre, il proféra: « Ceci est l'élève. » Il versa le contenu de la carafe, tout fier de préciser ce qu'enseigner veut dire. Hélas! Emporté par son élan, il aspergea la table... Voilà ce qui arrive souvent quand on soutient qu'enseigner, c'est « dire » ou « montrer » et quand on oublie que l'apprenant récupère une très petite partie du savoureux savoir qu'on lui glisse dans le gosier.

Loin de nous l'idée de vouloir minimiser la valeur de l'acte pédagogique: mieux vaut évidemment un bon enseignement qu'un enseignement de piètre qualité... ou que pas d'enseignement du tout; cependant, il faut extraire de la culture pédagogique la conception erronée selon laquelle *une chose a été apprise parce qu'elle a été enseignée*. On peut définir la démarche pédagogique de l'enseignant comme l'ensemble des interventions éducatives (de source externe) qui ont pour buts d'alimenter et de soutenir la démarche d'apprentissage de l'apprenant (processus interne). Répétons-le: on n'apprend pas à la place de l'élève, mais l'enseignement, dans le meilleur des cas, mène à la réalisation de ce processus interne.

1.6.3 Les termes associés au processus enseignement-apprentissage

Nous conclurons cette dernière section avec quelques définitions de termes et d'expressions associés au processus enseignement-apprentissage, accompagnées d'une figure illustrant les liens entre ceux-ci (*voir la figure 1.12 à la page suivante*) et, enfin, avec quelques définitions et conceptions de l'enseignement (*voir le tableau 1.8 à la page 46*).

La *démarche pédagogique* désigne l'ensemble des interventions éducatives de l'enseignant qui ont pour buts d'alimenter et de soutenir la démarche d'apprentissage de l'élève. La démarche pédagogique comporte elle aussi trois étapes, qui se déroulent parallèlement à cette démarche d'apprentissage. Le premier

FIGURE 1.12 *Le processus enseignement-apprentissage*

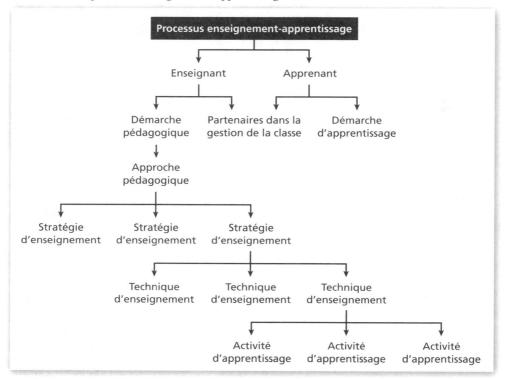

temps de cette démarche est consacré à la préparation de la situation d'apprentissage (l'enseignant facilite le retour sur la situation d'apprentissage précédente, rend les résultats d'apprentissage significatifs et accessibles pour l'élève, facilite l'organisation de l'environnement pédagogique, etc.). Le deuxième temps de la démarche pédagogique correspond à la réalisation de la situation d'apprentissage (l'enseignant guide la recherche de l'information ou des sources de données, fait prendre conscience à l'élève de la démarche utilisée dans la recherche de l'information, fournit des pistes de présentation des résultats, etc. Enfin, le troisième temps de la démarche pédagogique vise à l'intégration des apprentissages effectués (l'enseignant facilite le retour sur la situation d'apprentissage, guide l'élève dans l'objectivation de la situation d'apprentissage, l'aide à dégager des règles et des principes, etc.). Notons la distinction qui existe entre «stratégie d'enseignement» et «démarche pédagogique», la seconde, d'ordre plus général, pouvant faire appel à diverses stratégies d'enseignement pour accompagner la démarche d'apprentissage de l'élève.

La *démarche d'apprentissage* désigne la « manière utilisée par l'élève pour apprendre, qui implique l'utilisation de ses ressources internes en interaction avec son environnement » (Legendre, 1993, p. 320). Il s'agit donc essentiellement d'un processus interne chez l'apprenant, alimenté par les stimuli externes offerts par l'environnement pédagogique. On reconnaît généralement trois temps dans cette démarche. Il y a tout d'abord un temps de mise en situation ou d'activation de la disposition cognitivo-affective (l'élève effectue le rappel en mémoire de ses connaissances antérieures, il formule ses propres résultats d'apprentissage ou s'approprie les résultats prescrits, etc.). Vient ensuite le temps de réalisation, pendant lequel l'apprenant effectue le traitement du contenu d'apprentissage (il recherche et explore les données rattachées à la situation pédagogique, organise cette information, choisit et traite l'information nécessaire, etc.). Il y a enfin le temps d'intégration de cette nouvelle connaissance, habileté, attitude ou valeur, où l'apprenant effectue l'objectivation de l'apprentissage accompli (il tire ses propres conclusions, dégage des règles et des principes, etc.), suivie de son réinvestissement affectif et cognitif (il agrandit son répertoire d'attitudes, d'habiletés et de connaissances, prend confiance en lui-même, devient disponible pour réinvestir ses efforts dans une autre situation d'apprentissage, etc.).

L'*approche pédagogique* est l'« orientation qui guide l'organisation de la situation pédagogique pour atteindre une ou plusieurs finalités » (Legendre, 1993, p. 91). Les approches pédagogiques « représentent des démarches pédagogiques globales pour la pratique de l'enseignement et l'apprentissage des élèves » (MES, 1993, p. 63). Il ne faut pas confondre approches pédagogiques et stratégies d'enseignement, les premières se situant sur un plan plus général. Voici quelques exemples d'approches pédagogiques : approche crowdérienne (enseignement programmé), approche écologique, approche globale (ou intégrale), approche informatique, approche multisensorielle, approche par problèmes (ou par résolution de problèmes), approche transdisciplinaire.

La *stratégie d'enseignement-apprentissage* est un terme générique qui correspond au mode d'organisation d'une activité d'apprentissage ou d'une série d'activités d'apprentissage définissant les interactions entre le sujet qui apprend (l'élève), l'objet enseigné ou la matière enseignée (les résultats d'apprentissage poursuivis) et l'agent d'éducation qui sert de soutien à l'apprentissage (par exemple, l'ordinateur) ou qui guide le processus enseignement-apprentissage (l'enseignant). On utilise le plus souvent l'expression « stratégies d'enseignement » pour désigner les stratégies utilisées à l'intérieur de la démarche pédagogique de l'enseignant.

Notons la distinction qui existe entre *technique* d'enseignement et *stratégie* d'enseignement, une même statégie d'enseignement pouvant faire appel à plusieurs techniques complémentaires. Par exemple, l'apprentissage coopératif, stratégie d'enseignement, peut inclure diverses techniques visant la formation des équipes, le développement de l'esprit d'équipe, la communication des idées entre les élèves, la consolidation des apprentissages ou l'élaboration et la schématisation des connaissances (voir Howden et Martin, 1997, pour une présentation détaillée de ces structures et techniques coopératives).

L'*activité d'apprentissage* est un terme générique qui désigne toute activité vécue en milieu scolaire visant à l'obtention d'un résultat d'apprentissage spécifique. Elle correspond donc à l'ensemble des activités de nature pédagogique réalisées par les apprenants. Voici des exemples d'activités d'apprentissage : recherche au centre de ressources de l'école, projection d'une vidéo, expérience en laboratoire, exercice à l'ordinateur, travaux effectués en équipe.

TABLEAU 1.8 *Des conceptions et définitions de l'enseignement*

« Certains croient naïvement qu'enseigner consiste à informer, *à donner des cours* ; bien entendu, il n'est pas d'enseignement sans contenu, mais un contenu ne fait pas plus un enseignement qu'un tas de briques une maison […] Enseigner est une activité qui vise à susciter une activité. Ceux qui réduisent l'enseignement à une transmission de savoirs le méconnaissent totalement » (Reboul, 1999, p. 33 et 101).

« On considère l'enseignement comme l'ensemble des conditions, externes ou extérieures à l'apprenant, mises en place de façon à favoriser l'expérience consciente du processus d'apprentissage. Le choix des activités et des interventions pédagogiques doit donc être fait en fonction des phases d'intégration du processus d'apprentissage significatif » (Côté, 1998, p. 98).

« Enseigner, c'est proposer à l'apprenant un certain nombre de situations qui visent à provoquer l'apprentissage visé » (Raynal et Rieunier, 1997, p. 128).

Du point de vue de la pédagogie, l'enseignement est un « processus de communication en vue de susciter l'apprentissage ; ensemble des actes de communication et de prises de décision mis en oeuvre intentionnellement par une personne ou un groupe de personnes qui interagit en tant qu'agent dans une situation pédagogique » (Legendre, 1993, p. 507).

Enseigner, c'est « communiquer un ensemble organisé d'objectifs, de savoirs, d'habiletés ou de moyens, et prendre les décisions qui favorisent au mieux l'apprentissage d'un sujet dans une situation pédagogique » (Legendre, 1993, p. 540).

« Nous concevons l'enseignement comme un processus par lequel enseignants et étudiants créent et partagent ensemble un environnement comprenant un ensemble de valeurs et de croyances qui, en retour, colorent leur vision de la réalité » (Joyce et Weil, 1980, p. 1, traduction libre).

« Processus par lequel l'environnement d'un individu ou de plusieurs individus est modifié pour les mettre en mesure d'apprendre à produire des comportements déterminés, dans des conditions spécifiées, ou de répondre adéquatement à des situations spécifiées » (De Landsheere, 1979, p. 99).

TABLEAU 1.8 *Des conceptions et définitions de l'enseignement (suite)*

« Apprendre, c'est découvrir que tu sais déjà. Faire, c'est démontrer que tu le sais. Enseigner, c'est rappeler aux autres qu'ils savent aussi bien que toi. Vous êtes tous apprenants, faisants et enseignants » (Bach, 1978, p. 50).

« Ensemble des événements planifiés pour initier, activer et supporter l'apprentissage chez l'humain » (Gagné, 1976, p. 16).

« On ne peut rien enseigner à autrui. On ne peut que l'aider à le découvrir lui-même » (Galilée) ; « On n'enseigne pas seulement ce que l'on sait, on enseigne ce que l'on est » (Jean Jaurès) ; « Enseigner, c'est apprendre deux fois » (Joseph Joubert) ; cités dans Gagnière, 2000, p. 175.

RÉSUMÉ

Les conceptions et définitions de l'apprentissage (sections 1.1 et 1.2)

- On peut distinguer trois sens au verbe « apprendre » : « apprendre que », « apprendre à » et « apprendre ».

- L'apprentissage peut être conçu ou défini en fonction de *processus* ou en fonction de *produits*.

- Les conceptions de l'apprentissage varient selon les courants pédagogiques dont elles s'inspirent (par exemple, les conceptions behaviorale, cognitive, constructiviste, socioconstructiviste, humaniste et transpersonnelle).

- L'apprentissage est défini comme un changement relativement permanent dans le potentiel de comportement de l'apprenant dû à l'expérience.

Une définition de l'apprentissage scolaire (section 1.3)

- L'apprentissage est un processus continu par lequel l'apprenant construit sa connaissance de soi et du monde.

- L'apprentissage est un processus interne, non transmissible, dont la manifestation n'est pas toujours observable.

- L'apprentissage est un processus constructif dans lequel l'apprenant doit s'engager cognitivement et affectivement.

- L'apprentissage est un processus interactif qui comprend une médiation effectuée par l'intermédiaire des interactions sociales et par l'interaction avec les ressources mises à la disposition de l'apprenant.

- L'apprentissage est un processus cumulatif, toute nouvelle connaissance venant enrichir la structure cognitive de l'apprenant.

♦ L'apprentissage est un processus de nature culturelle, tout savoir développé s'inscrivant à l'intérieur d'une culture donnée.

♦ L'apprentissage est un processus multidimensionnel qui intègre le savoir, le savoir-faire, le savoir-être, le savoir-vivre ensemble, le savoir-agir et le savoir-devenir.

Les objets de l'apprentissage scolaire (section 1.4)

♦ Les trois domaines de l'apprentissage scolaire sont le domaine cognitif, le domaine socio-affectif et le domaine psychomoteur.

♦ La taxonomie du domaine cognitif de Bloom comprend six niveaux : les niveaux « connaissance », « compréhension » et « application » (niveaux inférieurs) et les niveaux « analyse », « synthèse » et « évaluation » (niveaux supérieurs).

♦ Gagné dégage cinq types de capacités : les informations verbales, les habiletés intellectuelles, les habiletés motrices, les attitudes et les stratégies cognitives.

♦ Tardif distingue trois catégories de connaissances : les connaissances

déclaratives, les connaissances procédurales et les connaissances conditionnelles.

♦ Les résultats d'apprentissage visés par l'école peuvent s'exprimer en fonction de compétences ou savoir-agir : les compétences disciplinaires, qui découlent directement des disciplines enseignées, et les compétences transversales, qui intègrent les savoir-être et peuvent être déployées dans plusieurs disciplines.

♦ Le programme d'études d'un ordre d'enseignement inclut divers champs d'études qui se subdivisent en disciplines, lesquelles se subdivisent à leur tour en matières scolaires, qui comprennent des contenus d'apprentissage.

Les facteurs influençant l'apprentissage scolaire (section 1.5)

♦ Les facteurs externes (par exemple, le milieu familial, les pairs, l'accès aux technologies) sont des variables situées en dehors de l'apprenant, mais qui influencent les facteurs internes de celui-ci.

♦ Les nombreuses variables internes qui influencent l'apprentissage peuvent

être regroupées en quatre facteurs essentiels : le facteur de l'aptitude, le facteur des apprentissages acquis, le facteur de la disposition affective et le facteur de la disposition cognitive.

♦ Le facteur aptitude comprend deux sous-facteurs : le rythme d'apprentissage (aspect quantitatif) et les formes d'intelligence (aspect qualitatif).

♦ Le facteur des apprentissages acquis comprend deux sous-facteurs : les apprentissages préalables et les connaissances antérieures, incluant les stratégies d'apprentissage et les stratégies cognitives.

♦ Le facteur de la disposition affective comprend deux sous-facteurs : le désir d'apprendre (attitudes et émotions, motivation intrinsèque et motivation extrinsèque) et les attentes de succès (attributions causales et confiance en soi).

♦ Le facteur de la disposition cognitive comprend deux sous-facteurs : le traitement de l'information (attention, codage et entrée en mémoire, rappel des informations) et le style cognitif (modalité perceptuelle dominante).

L'apprentissage et l'enseignement (section 1.6)

♦ On distingue quatre lieux et types d'apprentissage : les apprentissages formels à l'école (programmes d'études) et hors de l'école (apprentissages structurés extra-scolaires) de même que les apprentissages informels à l'école (curriculum caché) et hors de l'école (apprentissage social en famille et dans la communauté).

♦ L'école n'est pas le seul lieu d'apprentissage ; tout ce qui est appris à l'école n'est pas enseigné ; les apprentissages formels hors de l'école occupent une place de plus en plus importante ; ce qui est enseigné n'est pas nécessairement appris.

♦ Le processus enseignement-apprentissage se concrétise pour l'enseignant par le choix d'une démarche et d'une approche pédagogiques, qui entraîne le choix de diverses stratégies d'enseignement, menant elles-mêmes à l'organisation d'activités d'apprentissage.

♦ Comme dans le cas de l'apprentissage, il existe diverses conceptions et définitions de l'enseignement.

LECTURES RECOMMANDÉES

BOUCHER, M. et A. MARSOLAIS (2002). « Dossier Les compétences : un premier regard sur le comment », *Vie pédagogique*, nº 123, p. 11-49.

CÔTÉ, R.L. (1987). « Module 1 : Nature de l'apprentissage », *Psychologie de l'apprentissage et enseignement. Une approche modulaire d'autoformation.* Boucherville, Gaëtan Morin Éditeur, p. 1-37.

DALCEGGIO, P. (1991). « La notion d'apprentissage », *Qu'est-ce qu'apprendre?*, Montréal, Service d'aide à l'enseignement, Université de Montréal, p. 1-10.

GOUPIL, G. et G. LUSIGNAN (1993). « Chapitre 1 : Les définitions et les objets de l'apprentissage », *Apprentissage et enseignement en milieu scolaire*, Boucherville, Gaëtan Morin Éditeur, p. 5-14.

LANDRY, R. et O. ROBICHAUD (1985). « Un modèle heuristique pour l'individualisation de l'enseignement », *Revue des sciences de l'éducation*, vol. XI, n° 2, p. 295-317.

MEQ (MINISTÈRE DE L'ÉDUCATION DU QUÉBEC) (2001). *Programme de formation de l'école québécoise. Éducation préscolaire. Enseignement primaire*, [en ligne]. [http://www.meq.gouv.qc/lancement/prog_formation/index.htm]

MJENR (MINISTÈRE DE LA JEUNESSE, DE L'ÉDUCATION NATIONALE ET DE LA RECHERCHE) (2002). *Qu'apprend-on à l'école élémentaire? Les nouveaux programmes*, [en ligne]. [http://www.cndp.fr/ecole/quapprend/pdf/755A0212.pdf]

RAYNAL, F. et A. RIEUNIER (1997). *Pédagogie : dictionnaire des concepts clés. Apprentissage, formation et psychologie cognitive*, Paris, ESF Éditeur.

2

Les courants pédagogiques et la pédagogie actualisante

Pistes de lecture et contenu du chapitre

Après la lecture de ce chapitre, le lecteur devrait être en mesure de répondre aux questions suivantes:

◆ Quelles sont les principales écoles de pensée en psychopédagogie et les courants pédagogiques qui en sont issus?

◆ Quels sont les principaux courants pédagogiques qui ont inspiré et qui inspirent actuellement les pratiques pédagogiques?

◆ Quelle est la place occupée par les différents courants pédagogiques à l'intérieur des compétences (les savoir-agir) visées par l'école?

◆ Comment, en puisant dans les divers courants pédagogiques, une pédagogie dite actualisante peut-elle contribuer au développement intégral des apprenants?

Le projet de bâtir une « école nouvelle », de repenser l'éducation offerte aux enfants et aux jeunes dans les écoles, ne date pas d'hier. L'éducation est probablement l'une des activités humaines les plus sujettes à l'auto-questionnement, aux remises en question et aux chambardements de toutes sortes. Certains soutiendront cependant que rien n'a véritablement changé sous le soleil, que de réforme en réforme, de « révolution pédagogique » en « révolution pédagogique », l'institution scolaire est restée fondamentalement la même depuis l'avènement de l'école-usine au XIXᵉ siècle. Et pourtant ! Si certains aspects organisationnels ont peu évolué (par exemple, la journée scolaire divisée en périodes d'enseignement, les groupes-classes composés d'élèves du même âge) et si certaines expériences pédagogiques demeurent relativement marginales (par exemple, l'école « sans grades », les groupes multi-âges), il n'en demeure pas moins que le vécu quotidien des élèves et de leurs enseignants s'est considérablement transformé au cours des dernières décennies. Enseigner et être élève dans les années 2000 ont très peu à voir avec la profession enseignante et le métier d'élève vécus dans les années 1920, 1950, voire 1970 ; les lecteurs qui, comme l'auteur, ont connu cette époque dans l'un ou l'autre de ces rôles le confirmeront sans aucun doute.

Ces changements ou ces transformations pédagogiques semblent parfois aller dans des directions opposées, tantôt s'orientant vers une individualisation accrue des activités d'apprentissage (comme avec l'enseignement programmé), tantôt s'appuyant sur des objectifs de socialisation des apprenants (comme avec l'apprentissage coopératif), tantôt visant à rendre plus efficace l'enseignant qui « enseigne » (comme avec l'enseignement de précision), tantôt valorisant l'élève qui apprend avec un minimum d'accompagnement de la part d'un enseignant-guide (comme avec l'apprentissage par découverte), tantôt misant sur l'enrichissement cognitif (comme avec le développement de stratégies d'apprentissage), tantôt mettant en avant la dimension affective et la gestion collaborative du processus enseignement-apprentissage (comme avec la pédagogie ouverte).

S'agit-il de contradictions ou de nécessaires complémentarités ? Nous optons pour la seconde interprétation. L'école moderne est à la fois projet d'« autonomisation » et de socialisation (Landry et Robichaud, 1985), lieu d'enseignement efficace et d'apprentissage significatif, prétexte à la mise au point d'outils cognitifs et au développement affectif des apprenants. L'école d'aujourd'hui est tout cela, et plus encore. Comment concilier ces apparentes contradictions à l'intérieur de projets éducatifs personnels et collectifs qui tiennent compte des objectifs de la mission de l'éducation publique ainsi que des valeurs et des convictions pédagogiques qui animent chaque enseignant et chaque école ?

La première étape à franchir consiste à nommer les valeurs qui sont les nôtres et celles de notre école, à déterminer les objectifs de formation que nous désirons privilégier au-delà des résultats d'apprentissage contenus dans les programmes d'études. Il s'agit en quelque sorte de mettre à jour (actualiser) et de mettre au jour (révéler) notre « curriculum caché » (Perrenoud, 1990). Comme le dit Paquette (1995) : « Il n'y a pas de neutralité en éducation » (p. 13).

Ce principe de non-neutralité est le principe sur lequel repose ce que Paquette (1995) désigne comme étant sa deuxième règle préparatoire au changement en éducation, celle de *l'association du pourquoi avec le comment*. Avant de choisir le « comment », par exemple les diverses stratégies d'enseignement, il faut connaître le « pourquoi », c'est-à-dire les objectifs de formation et les valeurs qui seront privilégiées. Nous ne saurions insister suffisamment sur ce point : il n'y a pas de choix neutres en éducation. Aussi, avant de se lancer dans l'élaboration puis dans l'implantation d'un projet éducatif, il convient de se poser une question de fond, à savoir : « Quel type d'école désirons-nous pour les élèves du primaire et du secondaire ? » Cette question d'apparence anodine soulève en fait la nécessité de réfléchir à l'orientation de nos choix pédagogiques, choix qui vont « colorer » le projet éducatif d'un enseignant, d'une école, tout autant d'ailleurs que celui d'une société.

Quel type d'école désirons-nous... en vue de quel type de société ? Par exemple, l'école doit-elle avant tout servir à la transmission des valeurs culturelles et sociales dominantes ou doit-elle plutôt enseigner et promouvoir la pensée critique ? Doit-on privilégier l'autonomie intellectuelle des jeunes ou leur capacité d'expression affective ; l'habileté à travailler seul, de manière indépendante, ou l'habileté à travailler en équipe, de manière collaborative ; les habiletés de communication orale et écrite ou la maîtrise des technologies modernes ? Et si tous ces objectifs de formation sont retenus, comme ils sont susceptibles de l'être, quelle place accorderons-nous à chacun ?

Avant toute chose, il importe ici de réfléchir à la portée de nos choix pédagogiques. En effet, si l'on accepte le principe selon lequel il n'y a pas de choix neutres en éducation, il est alors de toute première importance de prendre conscience des valeurs véhiculées par telle et telle stratégie d'enseignement ou par telle et telle approche éducative. C'est peut-être dans cet effort d'appropriation de notre démarche pédagogique que réside en définitive la différence entre la position où l'on se contente d'être des techniciens de l'enseignement et la position où l'on accepte de jouer pleinement notre rôle d'éducateur.

Les courants pédagogiques proposent des grilles qui peuvent s'avérer utiles pour l'analyse des choix pédagogiques d'un enseignant ou d'une école. La prochaine section de ce chapitre aura pour objectif de définir ce que l'on entend par « courant pédagogique » et de présenter quelques typologies servant à la classification de ces courants (section 2.1). Par la suite, un modèle sera décrit (section 2.2). Celui-ci inclut cinq courants pédagogiques, représentatifs à la fois des courants les plus souvent cités dans la littérature (Bertrand, 1998 ; Bertrand et Valois, 1992) et des tendances actuelles dans le domaine de l'éducation. Ce sont les courants behavioral, cognitif, humaniste, constructiviste et transpersonnel.

L'éclairage fourni par ces courants pédagogiques peut également s'avérer utile pour l'analyse des orientations générales d'un système scolaire. On pourrait, par exemple, les mettre en relation avec les compétences visées pour un ordre d'enseignement donné (primaire, secondaire, collégial), et ce, dans l'une ou l'autre des régions à l'étude (Nouveau-Brunswick, Ontario, Québec, France, etc.). La section 2.3 exposera une analyse de ce genre, en mettant en lumière les grandes orientations que l'on peut déceler à l'intérieur des compétences transversales du *Programme de formation de l'école québécoise* pour l'éducation préscolaire et l'enseignement primaire au Québec, les principes directeurs de l'école primaire au Nouveau-Brunswick et les domaines d'apprentissage de l'école élémentaire en France.

La dernière section sera consacrée à la présentation du concept de pédagogie actualisante (section 2.4) mis en avant par la Faculté des sciences de l'éducation de l'Université de Moncton. De construction éclectique, ce *projet éducatif* (Landry, Ferrer et Vienneau, 2002) constitue en quelque sorte un essai de « synthèse de courants pédagogiques issus du mouvement de l'École nouvelle, amorcé à la fin du XIXe siècle [...] et de certains courants pédagogiques contemporains » (Vienneau et Ferrer, 1999, p. 8). Après cette introduction au concept, on présentera les propositions pédagogiques véhiculées par ses huit volets complémentaires. Enfin, une discussion entourant les principales sources de la pédagogie actualisante permettra de faire le lien avec le modèle des courants pédagogiques décrit à la section 2.2 et de suggérer quelques réflexions sur la portée et les limites de ce projet éducatif éclectique.

2.1 UNE DÉFINITION DE COURANT PÉDAGOGIQUE ET QUELQUES TYPOLOGIES

Précisons tout d'abord qu'il existe plusieurs définitions de ce que nous avons choisi de nommer « courant pédagogique » et que de nombreux auteurs désignent sous les termes de modèles d'enseignement (Joyce et Weil, 1996), de modèles pédagogiques (Legendre, 1993) ou de paradigmes éducationnels (Bertrand et Valois, 1992). Voici quelques-unes de ces définitions :

Les modèles représentent le niveau le plus général de l'enseignement. Chacun représente une orientation philosophique de l'enseignement. Ils permettent de sélectionner et de structurer les stratégies, les méthodes et les techniques d'enseignement ainsi que les activités des élèves dans une situation pédagogique bien précise (MES, 1993, p. 13).

Modèle présentant un agencement spécifique d'activités et d'interventions, et constituant une représentation d'un type particulier d'enseignement ; ensemble d'activités pédagogiques interreliées, basé sur une représentation de l'être humain, de l'apprentissage et de la société ; guide ou plan qui peut être utilisé pour élaborer un programme d'études ou un cours, pour choisir le matériel pédagogique et pour guider l'enseignant dans sa tâche (Legendre, 1993, p. 868).

Un modèle d'enseignement correspond à un plan d'ensemble dont on peut s'inspirer pour élaborer des curriculums (programmes d'études à long terme) et du matériel didactique et pour guider l'apprentissage en classe ou en tout autre milieu d'apprentissage (Joyce et Weil, 1980, p. 1, traduction libre).

2.1.1   Une définition de courant pédagogique

Pour notre part, nous avons opté pour la définition suivante, inspirée des travaux de Bertrand et Valois (1992) et du modèle systémique de Landry et Robichaud (1985).

Le courant pédagogique est un terme générique qui correspond au cadre théorique (paradigme éducationnel) et idéologique (paradigme socioculturel) déterminant l'orientation générale donnée au processus enseignement-apprentissage dans un contexte d'apprentissage donné (par exemple, un système scolaire, une école).

Un courant pédagogique exerce une influence :

♦ sur la finalité et les objectifs généraux poursuivis par l'école (par exemple, l'énoncé de mission, le choix et l'importance relative des disciplines d'enseignement, le contenu et l'orientation des programmes d'études) ;

♦ sur les moyens mis en place pour atteindre ces objectifs et mesurer leur réalisation (par exemple, les stratégies d'enseignement, les méthodes de mesure et d'évaluation des apprentissages) ;

♦ sur les rôles que sont appelés à jouer les agents d'éducation du milieu scolaire (ressources humaines, ressources pour l'apprentissage, ressources physiques et environnementales, ressources administratives), y compris le rôle et les attentes de l'école à l'égard des apprenants (par exemple, les relations enseignant-élève, les relations élève-élèves, les relations élève-contenus d'apprentissage).

En fait, qu'on le nomme « modèle d'enseignement », « modèle pédagogique » ou « paradigme éducationnel », un courant pédagogique correspond en quelque sorte à un certain modèle de l'école, modèle général qui s'inspire d'une certaine philosophie (d'aucuns diront d'une certaine idéologie) de l'éducation. L'expression « paradigme éducationnel », utilisée par Bertrand et Valois (1992), correspond également, à quelques nuances près (voir Legendre, 1993), à celle de courant pédagogique définie précédemment. Le concept de paradigme, d'usage de plus en plus courant en milieu scolaire, renvoie à la notion de cadre conceptuel (ensembles de croyances et de valeurs) qui détermine et délimite les actions accomplies et les résultats attendus (pratiques pédagogiques et attentes du système).

2.1.2 Quelques typologies des courants pédagogiques

Il existe un très grand nombre de systèmes de classification qui permettent d'inventorier les divers courants pédagogiques et de les situer les uns par rapport aux autres. En effet, Bertrand et Valois (1992) relèvent pas moins de 18 typologies différentes – incluant la leur –, qu'ils regroupent selon le nombre de catégories utilisées par les différents auteurs (c'est-à-dire allant des classifications à deux catégories aux classifications à cinq catégories et plus). À titre d'illustration, nous retiendrons cinq typologies, représentatives de l'ensemble de ces typologies :

- les deux grandes conceptions de l'éducation du Conseil supérieur de l'éducation du Québec (1971) :
  - la conception mécaniste ;
  - la conception organique ;
- les quatre familles de modèles d'enseignement de Joyce et Weil (1980) :
  - les modèles de la famille du traitement de l'information ;
  - les modèles de la famille behaviorale ;
  - les modèles de la famille personnelle (développement personnel) ;
  - les modèles de la famille sociale (interaction sociale) ;
- les quatre courants pédagogiques de Paquette (1976, 1995) :
  - la pédagogie encyclopédique ;
  - la pédagogie fermée et formelle ;
  - la pédagogie libre ;
  - la pédagogie ouverte et informelle ;
- les paradigmes éducationnels de Bertrand et Valois (1992) :
  - le paradigme rationnel ;
  - le paradigme technologique ;
  - le paradigme humaniste ;
  - le paradigme socio-interactionnel ;
  - le paradigme inventif ;

- les cinq orientations du curriculum d'Eisner et Vallance (1974) :
  - ◇ le curriculum du rationalisme académique ;
  - ◇ le curriculum du développement des processus cognitifs ;
  - ◇ le curriculum technologique ;
  - ◇ le curriculum d'autodéveloppement ;
  - ◇ le curriculum de reconstruction sociale.

2.1.3 Les liens entre les écoles de pensée et les courants pédagogiques

Le lecteur peut consulter Bertrand et Valois (1992, p. 54-69) pour une présentation sommaire de chacune de ces typologies. Nous nous contenterons ici de formuler quelques observations générales et de spécifier les critères ayant servi au choix de la typologie des courants pédagogiques retenue aux fins du présent ouvrage. Une caractéristique commune à ces cinq typologies est la référence explicite ou implicite aux trois grandes écoles de pensée en psychopédagogie, à savoir l'école behaviorale, l'école cognitive et l'école humaniste (*voir la figure 2.1 à la page suivante*). Alors que certaines typologies proposent des courants correspondant essentiellement à des idéologies éducatives (par exemple, les paradigmes éducationnels de Bertrand et Valois), d'autres se fondent sur le style d'enseignement privilégié (par exemple, les courants pédagogiques de Paquette), d'autres encore sur le contenu des programmes d'études (par exemple, les orientations du curriculum d'Eisner et Vallance). Cependant, peu importe le point de départ, ces divers systèmes de classification peuvent être interprétés en fonction des conceptions de l'apprentissage qu'ils véhiculent et de la finalité de l'éducation qui y est préconisée.

Nous avons donc opté pour une typologie basée sur ces trois grandes écoles de pensée, écoles qui ont l'avantage de recouvrir les principaux modèles d'enseignement connus et qui correspondent également aux courants pédagogiques les plus fréquemment cités dans les typologies existantes : l'école behaviorale (le courant behavioral), l'école cognitive (le courant cognitif et le courant constructiviste) et l'école humaniste (le courant humaniste et le courant transpersonnel). La typologie choisie devait également pouvoir s'adapter à la définition retenue en fournissant des indications sur la finalité de l'école, sur les modalités du processus enseignement-apprentissage et sur les rôles attribués aux différents agents d'éducation. Les critères qui ont présidé au choix de la typologie des courants pédagogiques proposée dans le cadre de cet ouvrage sont donc l'exhaustivité (la représentativité des principaux courants pédagogiques existants), l'accessibilité (une terminologie adaptée à la culture scolaire) et la pertinence (permettant de préciser les orientations en fonction de la finalité et des modalités éducatives).

FIGURE 2.1 *Les typologies des courants pédagogiques et les écoles de pensée*

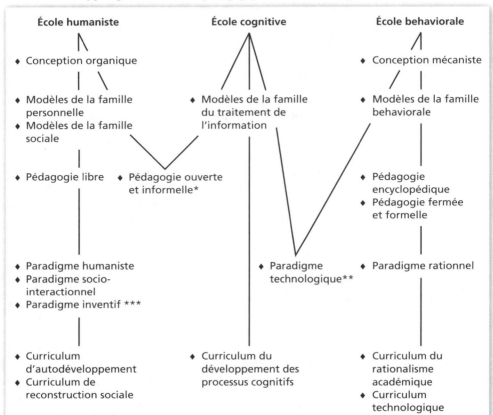

* La pédagogie ouverte et informelle, telle que décrite par Paquette (1976), emprunte à la fois à l'école humaniste, vu son souci du respect de l'élève (respect de son rythme et de son style d'apprentissage, possibilité de faire des choix, actualisation de son potentiel humain) et à l'école cognitive, vu son approche constructiviste et la place accordée à la médiation des apprentissages.

** Le paradigme technologique de Bertrand et Valois (1992) emprunte à la fois à l'école behaviorale, vu son souci de la transmission d'un savoir préétabli et à l'école cognitive, vu sa fonction générale d'organisation efficace de la communication et des apprentissages scolaires.

*** Le paradigme inventif de Bertrand et Valois (1992) s'apparente à l'éducation transpersonnelle préconisée par certains auteurs (par exemple, Ferguson, 1981), éducation qui constitue en quelque sorte un prolongement des idéaux humanistes des premières vagues (Combs, Rogers, etc.).

2.2 LE MODÈLE DE CLASSIFICATION DES COURANTS PÉDAGOGIQUES

Le modèle que nous avons retenu pour la classification des courants pédagogiques est en bonne partie basé sur la typologie des quatre familles de modèles d'enseignement de Joyce et Weil (1996), à laquelle nous avons ajouté une cinquième dimension associée au paradigme inventif de Bertrand et Valois (1992), soit celle du courant transpersonnel. Cette version adaptée comprend donc les cinq courants suivants:

- le courant behavioral, centré sur les produits de l'apprentissage;
- le courant cognitif, centré sur le traitement de l'information par l'élève;
- le courant constructiviste, centré sur la construction d'un savoir personnel;
- le courant humaniste, centré sur le développement personnel de l'élève;
- le courant transpersonnel, centré sur le développement intégral de l'élève.

Avant d'examiner chacun de ces cinq courants pédagogiques, une mise en garde s'impose. Les brefs textes de présentation et les tableaux qui suivent n'ont nullement la prétention de fournir une description complète des diverses écoles de pensée représentées par chaque courant. Un ouvrage entier, voire quelques livres, n'y suffirait pas. Nous avons plutôt opté pour une présentation synthétique de chaque courant, en nous concentrant sur les composantes de notre définition, à savoir la finalité de l'école associée à chaque courant pédagogique, les conceptions de l'enseignement et de l'apprentissage ainsi que les valeurs qui y sont véhiculées, de même que les conceptions des rôles de l'enseignant et de l'apprenant. Au bas de chaque encadré faisant la synthèse des différentes composantes se trouve une citation fictive d'un enseignant qui défend les conceptions et les valeurs du courant en question.

2.2.1 Le courant behavioral

Bien qu'il ait perdu sa position prépondérante en psychologie et en éducation, le behaviorisme occupe toujours une place importante en psychopédagogie, ne serait-ce qu'en raison de sa contribution essentielle à la compréhension de certains mécanismes de l'apprentissage humain (par exemple, le rôle du renforcement). Le courant behavioral se préoccupe essentiellement des aspects quantitatifs de l'apprentissage (le « combien » j'ai appris) et il propose divers moyens pour intervenir efficacement dans la gestion externe du processus enseignement-apprentissage. Le chapitre 3 sera consacré au courant behavioral.

	LE COURANT BEHAVIORAL
Finalité de l'école	• Transmission d'un savoir préétabli en vue d'une participation optimale au marché du travail et de l'intégration sociale des individus
Conception de l'enseignement	• Conception très interventionniste, basée sur le contrôle des contingences de renforcement • Organisation d'un environnement éducatif qui vise l'acquisition de comportements observables et mesurables • Préconise l'analyse de tâche (*task analysis*) morcelant le contenu des programmes et précisant les préalables à la réalisation des résultats d'apprentissage
Conception de l'apprentissage	• Conception dite mécaniste, basée sur les associations stimulus-réponse et réponse-conséquence • Apprentissage lié directement aux conséquences fournies par l'environnement • Apprentissage défini en fonction de produits (bonnes réponses)
Valeurs véhiculées	• Adaptation et conformité sociales, rapidité et efficacité du système d'enseignement
Rôle de l'enseignant	• Rôle central • Il est responsable de la planification de l'enseignement et de l'administration des contingences de renforcement qui y sont associées (récompenses et punitions)
Rôle de l'apprenant	• Rôle essentiellement passif • Il réagit aux stimuli fournis par l'environnement et par l'enseignant • Sa motivation est contrôlée par des renforçateurs de source externe

Eh bien, pour moi, on dira ce qu'on voudra, je crois que l'apprentissage scolaire, c'est également l'apprentissage de « bonnes réponses », qui nécessite parfois certains automatismes, comme avec les fameuses tables de multiplication apprises au primaire. Bien sûr, on doit viser à la motivation intrinsèque, mais cela n'empêche pas que les programmes de renforcement, les récompenses de toutes sortes, soient encore bien utiles avec nos élèves. Et puis, qu'on les appelle « conséquences » ou « punitions », il faut quand même jouer notre rôle dans la gestion de la classe...

2.2.2 Le courant cognitif

Le cognitivisme a détrôné le behaviorisme dans le domaine de l'éducation vers le milieu des années 1970 en posant la question du « comment » : Comment l'être humain apprend-il ? Quels sont les processus internes de l'apprentissage ? Qu'est-ce qui se passe « entre les deux oreilles » de l'apprenant lorsqu'il traite l'information captée dans son environnement ? Le courant cognitif propose un modèle du traitement de l'information et diverses stratégies cognitives et métacognitives pour faciliter les processus internes de l'apprentissage.

	LE COURANT COGNITIF
Finalité de l'école	♦ Développement des capacités d'apprentissage de chaque apprenant (par un traitement efficace de l'information)
Conception de l'enseignement	♦ Conception interventionniste, basée sur la médiation des processus internes de l'apprentissage ; ♦ Organisation d'un environnement éducatif qui vise le développement de stratégies cognitives et métacognitives ♦ Préconise un enseignement stratégique tenant compte des connaissances antérieures et favorisant l'organisation des connaissances
Conception de l'apprentissage	♦ Conception interactive et individuelle, basée sur la capacité à décoder, à organiser et à mémoriser les stimuli offerts par l'environnement ♦ Apprentissage lié au degré de contrôle cognitif (métacognition) exercé par l'apprenant ♦ Apprentissage défini en fonction d'habiletés cognitives
Valeurs véhiculées	♦ Contrôle du processus d'apprentissage par l'élève et unicité de chaque apprenant (dimension cognitive)
Rôle de l'enseignant	♦ Rôle très important en tant que facilitateur de l'apprentissage ♦ Il est responsable de la planification des situations d'apprentissage ; il favorise des tâches significatives (rattachées au vécu et aux centres d'intérêt des élèves) et globales (plutôt que des activités morcelées)
Rôle de l'apprenant	♦ Rôle essentiellement actif ♦ Il développe sa banque de connaissances et enrichit sa structure cognitive

Rôle de l'apprenant (*suite*)	♦ Il interagit continuellement avec les stimuli fournis par l'environnement et par l'enseignant; il est cognitivement engagé dans ses apprentissages
	♦ Sa motivation est contrôlée par la valeur qu'il attribue à la tâche, par le degré de contrôle qu'il croit exercer et par ses croyances

Je crois que l'exposé formel de l'enseignant, dans sa forme interactive et participative, a encore sa place en éducation. Sauf qu'aujourd'hui on sait beaucoup mieux comment le jeune apprend; alors on peut, non, on doit en tenir compte dans la manière dont on présente une leçon. Et puis, il faut aussi essayer de l'outiller, de développer ses stratégies d'apprentissage. Ça, c'est important!

2.2.3 Le courant constructiviste

Deux branches sont issues de l'école de pensée cognitive : le traitement de l'information, ou psychologie cognitive, et le cognitivisme développemental ou épistémologique (étude de la connaissance). Le courant constructiviste en éducation constitue en quelque sorte le prolongement pédagogique des thèses développementales, d'un cognitivisme épistémologique qui tente d'expliquer la construction des connaissances. Ce courant suggère des moyens d'appliquer diverses théories développementales (par exemple, celle de Piaget) en situation d'enseignement-apprentissage. Le socioconstructivisme adopte le même postulat de base que le constructivisme, à savoir que tout apprentissage est construit par chaque apprenant, et ce, à partir des matériaux de base que constituent leurs expériences, leurs connaissances et leurs conceptions antérieures. Toutefois, ce courant met également en valeur un autre « matériel » jugé essentiel dans la construction du savoir, celui des interactions sociocognitives vécues avec les pairs et avec l'enseignant. Certains socioconstructivistes (comme Bruner) feront aussi valoir l'influence déterminante qu'exerce l'environnement social et culturel dans cette entreprise de co-construction du savoir. Le constructivisme est aujourd'hui considéré par plusieurs comme *le* courant pédagogique prédominant. Le chapitre 4 sera consacré aux courants cognitif et constructiviste dans le domaine de l'éducation.

LE COURANT CONSTRUCTIVISTE	
Finalité de l'école	◆ Développement de la capacité à résoudre des problèmes de manière autonome
Conception de l'enseignement	◆ Enseignement conçu comme un moyen de favoriser le développement intellectuel des élèves ◆ Organisation de situations d'apprentissage ancrées le plus possible dans l'environnement naturel et dans la réalité sociale des élèves ◆ Préconise l'apprentissage par la découverte et la mise en commun des savoirs et des savoir-faire
Conception de l'apprentissage	◆ Conception interactive et sociale, le savoir se construisant par l'interaction avec l'environnement (expériences significatives) et par les interactions entre élèves ◆ Apprentissage déterminé par le degré d'engagement cognitif et affectif des élèves ◆ Apprentissage défini en fonction d'habiletés à résoudre des problèmes
Valeurs véhiculées	◆ Autonomie cognitive, pensée critique, coopération
Rôle de l'enseignant	◆ Rôle de médiateur dans la démarche d'apprentissage de l'élève ou du groupe ◆ Il est responsable de la planification de situations et d'activités d'apprentissage centrées sur l'apprenant; il favorise des tâches complexes faisant appel à la zone proximale de développement
Rôle de l'apprenant	◆ L'élève individu et le groupe occupent tous deux une position importante; l'élève est responsable de ses propres apprentissages et peut servir de guide aux autres élèves (modelage cognitif) ◆ L'élève interagit avec l'environnement réel et avec ses pairs ◆ Il apprend avec et par le groupe ◆ Sa motivation est essentiellement interne, alimentée par son désir d'apprendre de même que par son désir de contribuer aux apprentissages du groupe

L'apprentissage, c'est quelque chose qui se construit entre élèves. C'est pour cela que je suis convaincue de l'importance cruciale du travail d'équipe et d'activités d'apprentissage vraiment stimulantes, qui offrent un certain défi aux élèves. Les élèves doivent être amenés à réfléchir intensément, à confronter leurs idées, à expérimenter, à résoudre des problèmes complexes. Moi, je me vois surtout comme un guide pour l'apprentissage.

2.2.4 Le courant humaniste

L'humanisme en sciences humaines est apparu dans les années 1960 sous la forme d'une psychologie, la psychologie humaniste ou psychologie perceptuelle, en réaction au behaviorisme et à la psychanalyse, qui occupaient alors tout l'espace psychologique. Maslow a d'ailleurs surnommé l'humanisme « la troisième force en psychologie ». Le courant humaniste en éducation reprend à son compte plusieurs des idées de penseurs tels que Maslow, Rogers ou Neill et cherche à implanter les conditions qui favoriseront le développement personnel de chaque élève : la valorisation des relations humaines, le respect des apprenants, l'acceptation inconditionnelle de l'autre, la liberté de choix, l'expression personnelle et la créativité, etc.

	LE COURANT HUMANISTE
Finalité de l'école	◆ Transmission d'un savoir-être visant la pleine actualisation de soi
Conception de l'enseignement	◆ Conception plus ou moins libertaire, prônant des valeurs de liberté et du respect inconditionnel des enfants ◆ Organisation avec les élèves d'un environnement éducatif visant à offrir le maximum de choix et répondant aux besoins exprimés par les enfants ◆ Préconise le développement personnel de l'élève-individu
Conception de l'apprentissage	◆ Conception dite personnalisée, la valeur subjective des connaissances étant reconnue ◆ Apprentissage déterminé par la qualité de l'engagement personnel de l'élève (l'environnement jouant un rôle secondaire) ◆ Apprentissage défini avant tout comme un processus de développement personnel
Valeurs véhiculées	◆ Autonomie affective, liberté (capacité à prendre et à assumer des choix), respect des différences individuelles
Rôle de l'enseignant	◆ Rôle d'animateur, de guide pour l'apprentissage de l'élève ◆ Il est coresponsable (avec l'élève) de la planification des situations et des activités d'apprentissage
Rôle de l'apprenant	◆ Il occupe la position centrale ; il est engagé dans la gestion de sa classe et, à des degrés divers, dans la

Rôle de l'apprenant (*suite*)	gestion du processus enseignement-apprentissage (résultats, activités et évaluation)
	♦ Il interagit avec l'environnement pédagogique de la classe ; il est engagé au point de vue affectif dans ses apprentissages
	♦ Sa motivation est essentiellement interne, issue de ses besoins de croissance personnelle

À quoi ça sert de transformer nos élèves en d'efficaces machines à traiter l'information et à construire des savoirs complexes s'ils ne se sentent pas bien dans leur peau ? Non, d'après moi, ce qui compte par-dessus tout, c'est d'aider chaque élève à grandir comme personne, à développer ses talents. Il faut être attentif aux besoins personnels des élèves, développer leur créativité, leur donner le plus de liberté possible... et d'amour !

2.2.5 Le courant transpersonnel

L'éducation transpersonnelle intègre, mais transcende, c'est-à-dire dépasse, la dimension personnelle visée par l'humanisme ; c'est pourquoi on peut parler d'éducation *trans*personnelle. Ce nouveau courant reflète à la fois les découvertes de la science moderne (comme le fonctionnement du cerveau), la sagesse traditionnelle et les avancées dans le domaine de la transformation personnelle (Ferguson, 1980). Aux dimensions personnelle (humanisme) et sociale (socio-humanisme) s'ajoute une dimension « planétaire » : l'élève est un citoyen du monde, appelé à participer à la construction d'un monde meilleur. En poursuivant l'analogie avec les adverbes, si le behaviorisme s'intéresse au « combien », le cognitivisme au « comment », l'humanisme et l'éducation transpersonnelle se passionnent pour le « pourquoi » de l'apprentissage. Ce « pourquoi » se traduit en une quête de sens, individuelle et collective. Le chapitre 5 sera consacré aux courants humaniste et transpersonnel dans le domaine de l'éducation.

LE COURANT TRANSPERSONNEL	
Finalité de l'école	♦ Transmission d'un savoir-devenir visant la pleine actualisation du potentiel humain
Conception de l'enseignement	♦ Conception symbiosynergique, prônant des valeurs d'ouverture sur le monde et d'unité
	♦ Organisation avec les élèves d'un environnement éducatif favorisant le développement de valeurs universelles (paix, respect des droits humains, respect des différences individuelles et culturelles, etc.)

Conception de l'enseignement (*suite*)	◆ Préconise le développement intégral de l'élève (incluant la dimension psychique et spirituelle)
Conception de l'apprentissage	◆ Conception expérientielle, l'expérience intérieure étant reconnue comme une valeur primordiale ◆ Apprentissage alimenté par la recherche de sens (par exemple, sens accordé à l'expérience individuelle et collective) ◆ Apprentissage défini comme un processus de croissance continue se réalisant au long de la vie
Valeurs véhiculées	◆ Respect de soi, de l'autre et de l'environnement, ouverture sur le monde, conscience planétaire
Rôle de l'enseignant	◆ Rôle d'animateur, mais il est également en situation d'apprentissage ◆ Il est coresponsable (avec l'élève et le groupe) de la planification des situations et des activités d'apprentissage
Rôle de l'apprenant	◆ L'élève et le groupe occupent des positions d'égale importance au sein de la classe ◆ Différences de vécu et de personnalité perçues comme une source d'enrichissement pour la communauté d'apprenants ◆ L'élève participe tout entier (cœur, corps et âme) à l'édification de sa sagesse ◆ Sa motivation est essentiellement interne, issue de son besoin inné de connaissance de soi, de l'autre et de l'univers

Enseigner aujourd'hui requiert un acte de foi. Il faut croire dans le potentiel quasi illimité des élèves, croire en leurs capacités de transformation personnelle, croire en notre capacité à construire ensemble un monde meilleur, croire en la Vie, quoi ! L'école doit répondre à la quête de sens des enfants, des jeunes... et des adultes. Elle doit susciter ou alimenter un projet de vie !

Ces cinq courants pédagogiques constituent autant d'éclairages différents, mais *complémentaires*, qui devraient aider l'enseignant à mieux « voir » l'élève, à mieux le comprendre et, éventuellement, à mieux intervenir auprès de l'« enfant total », puisque cet apprenant vient à l'école non seulement avec un cerveau, mais avec tout son être (*voir la figure 2.2 à la page suivante*).

FIGURE 2.2 *Les courants pédagogiques et l'apprentissage : des éclairages complémentaires*

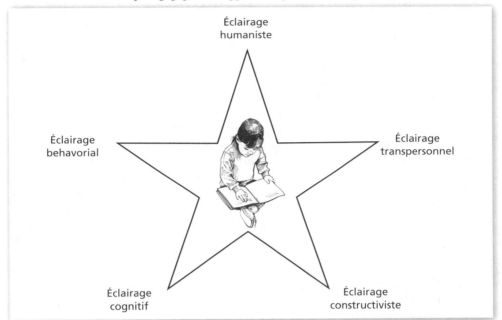

2.3 LES COURANTS PÉDAGOGIQUES ET LES COMPÉTENCES VISÉES PAR L'ÉCOLE

Quel est, ou plutôt, quels sont les courants pédagogiques qui définissent l'école d'aujourd'hui ? L'apprentissage y est-il toujours conçu dans une perspective behaviorale (en fonction de « bonnes réponses ») ou en favorise-t-on une conception davantage constructiviste ? Le rôle de l'enseignant est-il perçu comme celui d'un « transmetteur de connaissances » ou d'un guide pour l'apprentissage ? Et quelles sont nos attentes à l'égard du rôle de l'élève ? Nous attendons-nous à ce que celui-ci se conforme aux règles d'un jeu préétablies ou qu'il en invente de nouvelles avec un enseignant également apprenant ? En fait, comme on pouvait s'y attendre, l'école nord-américaine, voire l'école occidentale, est le lieu de rencontre et de cohabitation de plusieurs courants pédagogiques.

Ces courants pédagogiques sont rarement nommés dans les documents officiels des ministères de l'Éducation. Dans sa présentation du *Programme de formation de l'école québécoise* pour l'éducation préscolaire et l'enseignement primaire, le ministère de l'Éducation du Québec (MEQ, 2001) rappelle néanmoins la contribution de deux courants de pensée qui « ont marqué et marquent encore nos conceptions de l'apprentissage » (p. 5) : le behaviorisme et le constructivisme. Qu'en est-il des autres courants pédagogiques, par exemple du courant cognitif (traitement de l'information), du courant humaniste et de son parent idéologique, le courant transpersonnel ? Quelle place leur est attribuée dans le discours pédagogique contemporain ?

Pour répondre à cette question, il peut être utile d'analyser les grands objectifs de formation que se donnent les ministères de l'Éducation à l'intérieur de leurs énoncés de mission respectifs. Pour ce faire, nous avons choisi un ordre d'enseignement, le primaire (cela aurait tout aussi bien pu être le secondaire), deux provinces canadiennes qui ont en commun d'avoir un système scolaire francophone distinct, le Québec et le Nouveau-Brunswick, et un pays francophone, la France. Bien que ces objectifs de formation puissent être désignés sous diverses appellations (« compétences transversales » au Québec, « principes directeurs » au Nouveau-Brunswick, « domaines disciplinaires et transversaux » en France) et que leur formulation puisse différer sensiblement, on constate, d'une part, des liens de parenté évidents entre ces grands objectifs de formation et, d'autre part, la présence, sous une forme ou une autre, de certaines valeurs et conceptions de l'apprentissage et de l'enseignement associées aux cinq courants pédagogiques évoqués précédemment.

Le Québec a retenu neuf compétences transversales pour l'enseignement primaire (MEQ, 2001), alors que le Nouveau-Brunswick a opté pour six principes directeurs (MENB, 1995) devant guider la pédagogie à cet ordre d'enseignement (*voir le tableau 2.1 à la page suivante*). La France, de son côté, a dégagé sept domaines d'apprentissage au cycle des apprentissages fondamentaux (grande section de l'école maternelle, cours préparatoire et cours élémentaire première année) et six domaines au cycle des approfondissements (cours élémentaire deuxième année et les deux années du cours moyen), dont deux domaines transversaux à ce dernier cycle (maîtrise du langage et éducation civique). Des similarités évidentes apparaissent, notamment, entre les compétences intellectuelles et les compétences d'ordre personnel et social avancées par ces autorités scolaires, et quant à l'importance qu'elles accordent toutes trois aux habiletés de communication.

Dans le tableau 2.1, nous avons tenté d'associer les compétences transversales (Québec) avec les principes directeurs (Nouveau-Brunswick) selon notre perception des liens de parenté existant entre ceux-ci. Pour poursuivre notre analyse des *compétences transversales* (nous emploierons désormais cette appellation générale), en ce qui a trait à l'influence des courants pédagogiques qu'on peut y déceler, nous les avons regroupées sous quatre thèmes : le développement intellectuel, la démarche d'apprentissage, le développement personnel et social de même que les habiletés de communication.

TABLEAU 2.1 *Les compétences transversales et les principes directeurs de l'école primaire*

Compétences transversales (Québec)	Principes directeurs (Nouveau-Brunswick)
Compétences d'ordre intellectuel	
1. Exploiter l'information.	1. La démarche de résolution de problèmes favorise le développement d'habiletés de niveau supérieur.
2. Résoudre des problèmes.	2. Tout élève peut et veut apprendre ; chacun apprend à son rythme et selon des modalités qui lui sont propres.
3. Exercer son jugement critique.	
4. Mettre en œuvre sa pensée créatrice.	
Compétences d'ordre méthodologique	
5. Se donner des méthodes de travail efficaces.	3. L'élève doit être amené à se responsabiliser face à ses apprentissages.
6. Exploiter les technologies de l'information et de la communication.	
Compétences d'ordre personnel et social	
7. Structurer son identité.	4. Les situations d'apprentissage doivent viser le développement global et intégral de l'enfant.
8. Coopérer.	5. Le développement personnel et social s'effectue au contact des autres ; les interactions sociales au sein de la classe jouent un rôle de premier plan dans l'apprentissage.
Compétence de l'ordre de la communication	
9. Communiquer de façon appropriée.	6. L'habileté à communiquer est à la base de l'apprentissage et est essentielle pour vivre en société.

2.3.1 Le développement intellectuel et le courant constructiviste

De part et d'autre, on reconnaît que l'école doit faire davantage que transmettre des connaissances toutes faites ; elle doit surtout développer des compétences intellectuelles. Même avec les plus jeunes élèves, on doit dépasser « la mémorisation superficielle des contenus […] et viser l'acquisition de capacités supérieures » (MEQ, 2001, p. 14), ces habiletés de niveau supérieur constituant autant d'outils intellectuels qui leur permettront d'apprendre toute leur vie durant (MENB, 1995).

Le ministère de la Jeunesse, de l'Éducation nationale et de la Recherche rappelle pour sa part que si le cycle des apprentissages fondamentaux est le moment où doivent se construire les savoirs élémentaires de l'élève, le cycle des approfondissements (équivalent de la 3e à la 5e année) «transforme ces savoirs en instruments intellectuels qui permettent de s'informer, de construire des connaissances solides, de se cultiver» (MJENR, 2002, p. 24).

Ces ministères de l'Éducation reconnaissent tous trois le rôle crucial de la compétence à résoudre des problèmes qui, dans une perspective constructiviste, correspond à l'une des principales fins de l'école. Ce courant pédagogique se préoccupe de maximiser le développement intellectuel et d'assurer un maximum d'autonomie cognitive (capacité à apprendre à apprendre) chez tous les apprenants. À ce titre, la démarche de résolution de problèmes constitue une stratégie d'apprentissage générique favorisant le développement des habiletés d'analyse, de synthèse et d'évaluation (habiletés cognitives de niveau supérieur). Les compétences à exploiter l'information, à exercer son jugement critique et à mettre en œuvre sa pensée créatrice (MEQ, 2001) sont également des valeurs chères au courant constructiviste appliqué à l'éducation.

Le développement de compétences d'ordre intellectuel, de savoir-faire du domaine cognitif, n'exclut pas pour autant le besoin d'assurer une certaine base de connaissances déclaratives, de savoirs. Certains apprentissages visés par l'école bénéficieront de «pratiques d'inspiration behavioriste axées, notamment, sur la mémorisation de savoirs au moyen d'exercices répétés» (MEQ, 2001, p. 5). De plus, la reconnaissance de différents rythmes d'apprentissage chez les élèves (MENB, 1995) permet de rappeler que certaines initiatives issues du courant behavioral visent l'individualisation du processus enseignement-apprentissage (comme l'enseignement programmé) et préconisent la prise en considération des apprentissages acquis de l'élève (la pédagogie de la maîtrise). Nous reviendrons sur ces pratiques pédagogiques dans le prochain chapitre, consacré au courant behavioral. Pour l'instant, retenons que les compétences transversales orientées vers le développement intellectuel des élèves s'inscrivent principalement dans le courant constructiviste, alors que la transmission des apprentissages de base, «dont la réalisation constitue une condition essentielle à la réussite de parcours scolaire au-delà du primaire» (MEQ, 2001, p. 3), peut aussi s'inspirer de pratiques issues du courant behavioral.

2.3.2   La démarche d'apprentissage et le courant cognitif

L'école vise également à ce que les élèves puissent s'approprier leur démarche d'apprentissage grâce au développement de compétences d'ordre méthodologique et « de certaines attitudes telles que le sens des responsabilités et du travail bien fait » (MEQ, 2001, p. 25) qui permettront à l'élève de « se prendre en charge en tant que personne en situation constante d'apprentissage » (MENB, 1995, p. 5). Bien que l'on puisse de nouveau évoquer le courant constructiviste, qui partage ce souci de responsabiliser les élèves face à leur apprentissage, c'est avant tout le courant cognitif qui s'est préoccupé du développement de stratégies cognitives chez l'apprenant (les stratégies de mémorisation, les stratégies de compréhension en lecture, etc.) et de ses habiletés à contrôler son propre processus d'apprentissage (les stratégies métacognitives).

Dans sa composante du traitement de l'information, la psychologie cognitive tente en effet de comprendre les processus internes de l'apprentissage et de traduire cette connaissance en diverses stratégies et méthodes de travail utiles à l'élève-apprenant. Le courant cognitif en éducation reconnaît également l'existence de divers styles d'apprentissage dont la connaissance peut s'avérer utile, autant à l'enseignant, qui tentera d'en tenir compte dans sa démarche d'enseignement, qu'à l'apprenant, qui pourra en tenir compte dans sa démarche d'apprentissage, par exemple dans le choix de ses méthodes d'études.

La compétence relative aux technologies de l'information et de la communication à développer chez les élèves (MEQ, 2001), compétence qui lui permettra de découvrir le monde (MJENR, 2002), peut être associée à la fois au courant behavioral, parce que ce courant se préoccupe « de faciliter leur intégration sociale et professionnelle » (MEQ, 2001, p. 3) et au courant cognitif, qui a pour fonction de faciliter le traitement efficace de l'information. Nous retiendrons pour notre part que les compétences et les principes visant la responsabilisation de l'apprenant à l'égard de sa démarche d'apprentissage s'inscrivent principalement dans le courant cognitif.

2.3.3 Le développement personnel et social et les courants humaniste, transpersonnel et constructiviste

L'école d'aujourd'hui s'entend pour accorder une place importante aux domaines d'apprentissage autres que le domaine cognitif en rappelant que « les situations d'apprentissage doivent viser le développement global et intégral de l'enfant » (MENB, 1995, p. 3), que « tous les domaines d'apprentissage contribuent à développer l'identité personnelle, sociale ou culturelle de l'élève » (MEQ, 2001, p. 37) et que le savoir-vivre ensemble doit permettre à l'élève de « continuer à construire sa personnalité au sein de la communauté scolaire, de se construire comme Sujet et prendre sa place dans le groupe » ainsi que de « dépasser l'horizon de l'école » en s'ouvrant au monde (MJENR, 2002, p. 15).

Les partisans de l'école humaniste ont été parmi les premiers à rappeler que l'enfant vient à l'école non seulement avec sa tête, mais avec tout son être. Qui dit « développement global et intégral » dit « école de pensée humaniste », et plus particulièrement son courant transpersonnel, lequel place l'« enfant total » au centre de ses préoccupations. Les valeurs que véhicule ce courant pédagogique sont le respect de l'enfant en tant que personne (incluant ses dimensions cognitive, affective, sociale, physique, psychique et spirituelle) et la valorisation de la place centrale que cet « enfant total » occupe dans le processus enseignement-apprentissage.

Le courant humaniste, davantage centré sur le développement personnel de l'élève, s'est également préoccupé de sa dimension sociale (rappelons, par exemple, les assemblées de classe proposées par Glasser ou les réunions d'élèves à l'école « libre » de Summerhill). En fait, il existe un courant qu'on pourrait qualifier de sociohumaniste à l'intérieur de la grande école de pensée humaniste (Vienneau, 1997). Aujourd'hui, le courant constructiviste a repris à son compte la compétence de coopération, en affirmant que « les interactions sociales contribuent de façon importante à la construction des savoirs » (MENB, 1995, p. 4) et que « la réalisation de certains objectifs serait beaucoup plus difficile sans la conjugaison des forces de chacun » (MEQ, 2001, p. 34).

Les compétences d'ordre personnel et social s'inscrivent donc dans plusieurs courants pédagogiques, soit les courants humaniste (et sociohumaniste), transpersonnel et constructiviste, auxquels on pourrait même ajouter le courant behavioral qui s'est fait le champion de l'intégration sociale des élèves en difficulté au groupe-classe. Mentionnons cependant que la « structuration de l'identité » et le « développement intégral » relèvent essentiellement, mais non exclusivement, du courant transpersonnel, alors que le « développement personnel » et le « développement social » (la coopération) peuvent être associés respectivement au courant humaniste et au courant constructiviste.

2.3.4 Les habiletés de communication et les courants constructiviste, humaniste et transpersonnel

L'importance accordée par les trois ministères de l'Éducation aux compétences de l'ordre de la communication n'est sans doute pas étrangère à la place qu'occupent le langage et les capacités d'expression orale dans le courant constructiviste, courant qui domine aujourd'hui le discours pédagogique. L'habileté à communiquer est perçue comme essentielle, puisque « pour s'approprier de nouveaux concepts, l'élève doit pouvoir exprimer ce qu'il en comprend » (MENB, 1995, p. 4) et que cette compétence « permet de partager de l'information avec les autres » (MEQ, 2001, p. 37), ces deux fonctions de la communication étant nécessaires à la construction individuelle et collective des nouveaux savoirs. La maîtrise du langage et de la langue française est même présentée comme l'objectif essentiel de l'école primaire (MJENR, 2002), cette dernière étant «la base de l'accès à toutes les connaissances, qui permet d'ouvrir de multiples horizons et assure à l'enfant toute sa place de futur citoyen» (p. 4). Ainsi, l'enseignant «qui donne la parole à ses élèves accroît leurs chances de s'approprier les concepts, de clarifier leur pensée et de la faire évoluer» (MENB, 1995, p. 4). L'impact de la compétence à communiquer est donc majeur «tant sur la réussite scolaire que sur la réussite sociale et professionnelle» (MEQ, 2001, p. 37).

Les compétences en matière de communication jouent au moins sur deux autres plans. Tout d'abord, on conviendra que l'habileté générale à communiquer, et ce, à travers divers langages (oral, écrit, plastique, musical, médiatique, gestuel et symbolique), favorise l'expression personnelle et le développement de l'élève en tant que personne (courant humaniste). Ensuite, est-il nécessaire de rappeler que la langue maternelle «est l'outil par excellence et le premier véhicule d'accès à la culture» (MEQ, 2001, p. 38)? Or, l'appropriation de sa propre culture constitue une condition préalable à l'accès aux autres cultures et à l'ouverture sur le monde, au développement d'une conscience planétaire (courant transpersonnel).

Les habiletés de communication s'inscrivent donc, elles aussi, à l'intérieur de plusieurs courants pédagogiques. Signalons l'influence déterminante du courant constructiviste sur la valorisation actuelle des habiletés langagières en tant que compétence instrumentale de développement intellectuel (Vygostsky, 1985); par ailleurs, en tant que moyen d'expression et moyen d'accès à la culture du monde, les habiletés de communication s'inscrivent dans le discours des courants humaniste et transpersonnel en éducation.

2.4 LES VOLETS, PROPOSITIONS, SOURCES ET LIMITES DE LA PÉDAGOGIE ACTUALISANTE

2.4.1 Un projet éducatif de nature éclectique

Si les courants pédagogiques fournissent un éclairage complémentaire pour nous permettre de comprendre le phénomène de l'apprentissage scolaire et pour guider nos interventions éducatives, ne peut-on pas en déduire qu'il suffirait d'additionner ces différentes perspectives pour s'assurer d'une vision globale du processus enseignement-apprentissage? Un quart de behaviorisme, un quart de cognitivisme, un quart de constructivisme, un quart d'humanisme, saupoudrez le tout d'un soupçon de transpersonnel, et voilà, le tour est joué! Évidemment, la recette n'est pas aussi simple. Le fait de reconnaître, d'une part, la complexité des objectifs de formation poursuivis par l'école et, d'autre part, les éléments de réponse susceptibles d'être apportés par chacun des courants pédagogiques nous amène néanmoins à conclure à la nécessité d'une approche éclectique.

L'éclectisme consisterait dans ce cas-ci à emprunter des éléments à plusieurs systèmes existants (les courants pédagogiques) pour, éventuellement, aboutir à une synthèse originale (un nouveau concept), qui, tout en puisant dans les systèmes originaux, s'en distinguerait suffisamment pour constituer une nouvelle conception de l'enseignement-apprentissage. C'est précisément l'objectif que s'est donné le corps professoral de la Faculté des sciences de l'éducation de l'Université de Moncton en proposant le concept intégrateur de *pédagogie actualisante* comme axe de ses activités de formation et de recherche en éducation (voir Vienneau et Ferrer, 1999, pour un historique de ce projet intégré dans les programmes de formation initiale à l'enseignement).

La pédagogie actualisante constitue donc un projet éducatif commun, porteur d'une vision globale de la pédagogie intégrée dans la mission même d'une Faculté des sciences de l'éducation, d'une vision qui se veut «assez englobante pour servir de cadre conceptuel et tenir compte d'enjeux multiples, assez flexible pour respecter une multitude de points de vue relatifs à l'apprentissage et à l'enseignement [et] assez universelle pour intégrer de nouvelles valeurs sociétales et de nouvelles perspectives sur le changement en éducation» (Landry, 2002a, p. 2). Enfin, cette vision se veut assez mobilisatrice pour amener formateurs universitaires, étudiants en éducation et enseignants en exercice à «vouloir cheminer ensemble dans leur développement professionnel et œuvrer ensemble à améliorer le système éducatif» (Landry, 2002a, p. 2).

Vision idéaliste? Assurément! Vision utopique? Probablement. Mais comme le formule l'écrivain uruguayen Eduardo Galeano, cité et traduit librement par Ferrer (1997):

> L'utopie est à l'horizon. Je m'en approche de deux pas, elle s'éloigne de deux pas. Je fais dix pas de plus, et l'horizon s'éloigne de dix pas. Peu importe combien de temps je marche, je ne m'y rendrai jamais.
>
> Alors, à quoi peut-elle bien servir, l'utopie?
>
> Eh bien, elle sert à cela: à marcher (p. 35).

Sur cette note poétique, nous introduirons la définition du concept de pédagogie actualisante, tel que proposé par la Faculté des sciences de l'éducation de l'Université de Moncton (FSE, 1999):

> La pédagogie actualisante est un processus interactif de socialisation-autonomisation qui s'adapte aux caractéristiques individuelles de chaque apprenante ou apprenant et

qui vise à actualiser le plein potentiel de chaque élève dans ses dimensions intra-personnelle, interpersonnelle et sociale. Cette pédagogie comprend plusieurs volets interdépendants et complémentaires qui, réunis, constituent une conception de vie et une philosophie éducative (p. 12).

2.4.2 Les dimensions de la pédagogie actualisante

Les volets interdépendants et complémentaires de la pédagogie actualisante sont au nombre de huit; cependant, le concept étant ouvert aux modifications, ce nombre pourrait être appelé à changer. La figure 2.3 présente ces huit volets regroupés en trois «étages», d'après la dimension *principale* que touche le volet. Ainsi, les volets de l'unicité, intégratif et réflexif, de la participation et de l'auto-nomie ainsi que de la maîtrise de l'apprentissage et du dépassement de soi touchent particulièrement, mais non exclusivement, à la dimension intrapersonnelle de l'apprenant. En outre, les volets de l'accueil et de l'appartenance, de la coopération de même que de l'inclusion tiennent surtout compte, mais encore une fois non exclusivement, de la dimension interpersonnelle. Enfin, le volet de la conscienti-sation et de l'engagement permet l'ouverture sur la dimension sociale et planétaire. Rappelons cependant que ce dernier volet intègre sur le plan conceptuel les trois dimensions – intrapersonnelle, interpersonnelle et sociale et planétaire –, auxquelles il ajoute une dimension environnementale (Ferrer et Allard, 2002a).

FIGURE 2.3 *Les dimensions et les volets de la pédagogie actualisante*

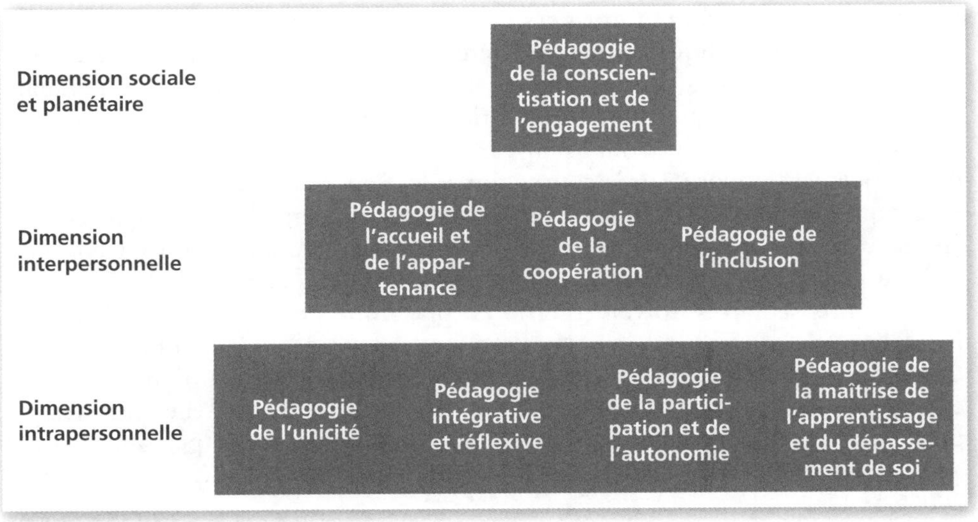

2.4.3 Les volets de la pédagogie actualisante

Dans le contexte de cet ouvrage, nous présenterons brièvement chacun de ces huit volets, en dégagerons quelques propositions pédagogiques et, enfin, préciserons la principale contribution de chaque courant pédagogique dans la construction de ce concept intégrateur. Pour une discussion plus détaillée de chaque volet, le lecteur est invité à consulter le numéro thématique de la revue scientifique virtuelle *Éducation et francophonie* (2002) consacré entièrement à la pédagogie actualisante (Landry, Ferrer et Vienneau, 2002). Après en avoir tracé les fondements, des auteurs y proposent leur conception de chaque volet et de ses implications éducatives : le volet de l'unicité (Landry, 2002b), le volet de l'accueil et de l'appartenance (Michaud, 2002), le volet de la conscientisation et de l'engagement (Ferrer et Allard, 2002a, 2002b), le volet de la participation et de l'autonomie (Gravel et Vienneau, 2002), le volet de la maîtrise de l'apprentissage et du dépassement de soi (Landry et Richard, 2002), le volet de la coopération (Gamble, 2002), le volet intégratif et réflexif (Lowe, 2002 ; Pruneau et Lapointe, 2002) et le volet de l'inclusion (Vienneau, 2002). Un dernier article (Gaudet et Lapointe, 2002) « discute de la pédagogie actualisante dans une perspective d'équité en éducation » (Landry, Ferrer et Vienneau, 2002, p. 4).

Une pédagogie de l'unicité

Le volet de l'unicité est véritablement au cœur du concept de pédagogie actualisante (Landry, 2002b). Puisque celle-ci vise rien de moins que la pleine actualisation du potentiel de chacun, il faut tout d'abord reconnaître que ce potentiel varie beaucoup d'une personne à l'autre. D'après Landry (2002b), les facteurs pouvant expliquer l'unicité (l'hérédité, la transmission culturelle, etc.) se traduisent par une multitude de traits et de caractéristiques qui font que deux élèves dotés, par exemple, du même quotient intellectuel sont aussi différents l'un de l'autre que deux élèves dont les niveaux d'intelligence se situent à des endroits diamétralement opposés sur la courbe normale. Cependant, les implications de ce volet vont bien au-delà de la seule reconnaissance du caractère unique de chaque élève. À la suite du constat selon lequel « chaque être humain, tout en étant unique, est capable d'autorégulation et d'autonomie » (Landry, 2002b, p. 2), les intervenants scolaires doivent mettre en place une pédagogie à l'intérieur de laquelle cette « différence » trouvera sa place, une pédagogie favorisant l'auto-détermination de l'élève, la prise de conscience de sa propre unicité et du rôle exercé par l'autre dans la construction de son individualité. Le tout devrait déboucher sur une forme quelconque d'individualisation ou de personnalisation de l'enseignement, dans lequel l'élève devient « agent de son éducation » (Landry, 2002b, p. 12).

Une pédagogie de l'accueil et de l'appartenance

La pédagogie actualisante est une pédagogie qui accueille et célèbre la contribution unique et irremplaçable de chacun à l'intérieur d'une communauté d'apprenants, « où il est possible de développer un sentiment de bien-être » (FSE, 1999, p. 12). L'accueil des savoirs des élèves, de leurs expériences et de leurs points de vue permet de créer « des environnements éducatifs stimulants, vivants, viables et passion-nants et de développer un sentiment d'appartenance dans le respect de la diversité » (Michaud, 2002, p. 2). Le climat pédagogique est fonction des diverses conceptions du savoir qui interagissent dans la salle de classe (Michaud, 2002). L'herméneutique éducative, c'est-à-dire l'interprétation des conceptions et des interactions en éducation (rapports avec le savoir, relation enseignant-élève, etc.), conduit Michaud (2002) à relever quatre types d'accueil et d'appartenance, associés à autant d'herméneutiques (conceptions éducatives) différentes : l'accueil du savoir commun menant à l'appartenance à une communauté scientifique ; l'accueil du « non-semblable » et l'appartenance à une communauté de délibérants ; l'accueil de sa condition de majorité dominée et l'appartenance à une commu-nauté de « résistants » ; enfin, l'accueil de la multiplicité et l'appartenance à une communauté d'« inter-agissants ». La connaissance de sa propre conception du savoir est présentée comme une condition préalable à l'accueil du savoir de l'autre (Michaud, 2002).

Une pédagogie de la conscientisation et de l'engagement

La pédagogie actualisante n'est pas un « projet neutre » du point de vue des valeurs véhiculées (Vienneau et Ferrer, 1999). Au contraire, elle prend résolument parti pour des valeurs telles que celles-ci : « appréciation de la vie, respect de la dignité humaine, épanouissement personnel, autonomie, liberté, conscience critique, reconnaissance d'autrui, empathie, coopération, ouverture à la diversité, paix, justice, égalité, solidarité, respect des droits humains, sens de la démocratie pluraliste et de la coresponsabilité sociale, respect de la nature » (Ferrer et Allard, 2002a, p. 3). Ces valeurs s'inscrivent dans un cadre pédagogique, *l'éducation à la citoyenneté démocratique dans une perspective planétaire*, approche en pleine gestation qui s'offre comme l'une des réponses aux défis de la modernité (Ferrer et Allard, 20002a). Ferrer et Allard (2002b) soutiennent par ailleurs qu'« une pédagogie de la conscientisation et de l'engagement peut contribuer aussi bien au développement intégral de la personne qu'à la construction d'une société de paix, de liberté, de solidarité et de justice sociale » (p. 25). En tant que « pédagogie critique, holistique et engagée » (Ferrer et Allard, 2002b, p. 4), ce volet tient compte de quatre dimensions interdépendantes et complémentaires : une dimension intrapersonnelle (construction de soi comme sujet de sa propre existence), une dimension interpersonnelle et intergroupe (reconnaissance de l'autre en tant que sujet), une dimension sociale (conscience sociale planétaire et engagement social) et une dimension environnementale (conscience planétaire et engagement face à l'avenir de la planète). Enfin, comme le conclut Landry (2002a) dans son article d'introduction au numéro thématique de la revue *Éducation et francophonie,* la pédagogie actualisante « fait le pari que le développement de la pensée critique et la mise en œuvre d'une culture du dialogue auront pour effet de sensibiliser les apprenants et les apprenantes à leurs rôles et à leurs responsabilités sociales », et ce faisant, de « les inciter à s'engager dans un projet de société visant la création d'un monde de paix, de justice et de solidarité » (p. 19).

Une pédagogie de la participation et de l'autonomie

Ce volet de la pédagogie actualisante met l'accent sur l'établissement des conditions qui permettront à l'élève de prendre une part active à la gestion de la classe ainsi qu'à la gestion de son apprentissage (FSE, 1999). Cette participation peut revêtir diverses formes, dont les suivantes : l'élève exécutant (l'élève qui participe en exécutant les tâches assignées), l'élève décideur (l'élève qui participe en effectuant des choix), l'élève assistant (l'élève qui participe à la gestion du groupe-classe) et l'élève gestionnaire (l'élève qui participe à la gestion de l'ensemble du processus enseignement-apprentissage), ce dernier niveau constituant en soi un objectif à long terme (Gravel et Vienneau, 2002). En plus de viser au développement de l'autonomie personnelle (affective et sociale) et de l'autonomie du groupe-classe, ce volet « incite également l'élève à s'engager activement dans le processus métacognitif d'apprendre à apprendre, l'invitant de ce fait à développer son autonomie cognitive » (Gravel et Vienneau, 2002, p. 3). La pédagogie de la participation et de l'autonomie s'articule autour de « trois axes principaux qui orientent et donnent un sens à tout le processus éducatif : l'engagement, la relation éducative et l'intention pédagogique » (Gravel et Vienneau, 2002, p. 11). Les conditions recherchées par ces axes (ouverture, responsabilisation, etc.) favorisent l'actualisation de soi, et mènent à l'humanisation de la société (Gravel et Vienneau, 2002).

Une pédagogie de la maîtrise de l'apprentissage et du dépassement de soi

La pédagogie actualisante est également un appel au dépassement de soi. Elle invite à adopter des croyances positives à l'égard de la capacité de chaque apprenant à maîtriser les résultats d'apprentissage prescrits par les programmes d'études (Landry et Richard, 2002). Indépendamment de la nature et de la formulation des objectifs poursuivis, ainsi que des moyens mis en branle pour les atteindre, l'emploi systématique de l'évaluation formative doit permettre de réguler le processus d'apprentissage de chaque apprenant et d'assurer sa maîtrise d'objectifs établis préalablement. En plus de l'importance accordée à la démarche évaluative, les partisans modernes de cette approche insistent aujourd'hui sur le rôle complémentaire d'une pédagogie adaptée : « Il faut des pédagogies qui amènent les élèves à être aussi actifs et engagés dans leur apprentissage que s'ils avaient accès à un enseignement personnalisé offert par une enseignante ou un enseignant qui leur serait exclusivement affecté » (Landry et Richard, 2002, p. 10). Les cinq principaux éléments d'une pédagogie de la maîtrise, ou pédagogie de la réussite, sont les suivants : une définition claire de l'apprentissage visé, la spécification d'un seuil de maîtrise, le recours à une évaluation formative à base critériée, des activités correctives et d'enrichissement, et, enfin, l'accès à une reprise de l'évaluation (Landry et Richard, 2002).

Une pédagogie de la coopération

La pédagogie actualisante accorde une place importante au « savoir-vivre ensemble » et à la dimension coopérative incluse dans le processus même d'apprentissage. Outre qu'elle soutient la construction des savoirs grâce aux interactions sociales entre apprenants (perspective socioconstructiviste), la coopération « encourage la création d'une communauté d'apprenantes et d'apprenants qui peut à la fois entreprendre collectivement les défis de l'apprentissage et favoriser la responsabilisation individuelle » (FSE, 1999, p. 14). D'après Gamble (2002), « l'école est l'une des institutions les mieux placées pour inspirer chez les jeunes la gratuité, le don de soi et la capacité de travailler avec d'autres dans le respect de la contribution de chacun selon ses aptitudes » (p. 1). Parmi les outils qui permettent la mise en pratique de ce volet, Gamble (2002) propose une stratégie d'enseignement reconnue pour son efficacité, sous l'une ou l'autre de ses nombreuses formes, soit l'apprentissage coopératif ; une stratégie pour la gestion du groupe-classe, soit le conseil de coopération ou assemblée de classe ; enfin, une technique d'intervention, soit la résolution non violente des conflits. Une pédagogie de la coopération vise en quelque sorte à développer « un réflexe communautaire » (Francœur, 1998), réflexe qui appuie l'émergence d'une solidarité locale et internationale, et contribue ainsi à une éducation à la citoyenneté démocratique (Gamble, 2002).

Une pédagogie intégrative et réflexive

La pédagogie actualisante vise « l'intégration des savoirs et l'interdisciplinarité [et] est axée sur l'expérientiel et le réflexif » (FSE, 1999, p. 14). L'un des problèmes majeurs auxquels l'enseignement fait face aujourd'hui, tant à l'ordre du primaire qu'à l'ordre du secondaire, est la fragmentation des connaissances (Lowe, 2002). Parmi les divers modèles d'intégration des disciplines d'enseignement visant à favoriser l'*intégration des savoirs* chez l'apprenant (processus interne), l'interdisciplinarité présente de nombreux avantages, dont le développement de la capacité à résoudre des problèmes de tous les jours et le développement d'habiletés cognitives supérieures (Lowe, 2002). Ce volet de la pédagogie actualisante favorise également un *apprentissage expérientiel* qui implique un contact direct avec la réalité étudiée (Pruneau et Lapointe, 2002) et qui correspond au processus dynamique « durant lequel les participants façonnent leurs connaissances et leurs conceptions par le biais de transactions affectives et cognitives avec leurs milieux biophysique et social » (p. 2). L'interdisciplinarité et l'apprentissage expérientiel privilégient tous deux une pédagogie active : par exemple, un projet de recherche thématique tissant des liens entre plusieurs disciplines d'enseignement (Lowe, 2002) ou une expédition sur le terrain permettant aux apprenants de vivre un contact significatif avec leur environnement naturel (Pruneau et Lapointe, 2002). Dans chaque cas, on favorise la réflexion et l'intégration des savoirs chez l'apprenant.

Une pédagogie de l'inclusion

Cohérente par rapport au volet de l'unicité et au volet de l'accueil et de l'appartenance, la pédagogie actualisante préconise enfin une pédagogie de l'inclusion, qui « reconnaît le droit fondamental de l'élève à l'éducation dans un milieu qui accueille toutes les personnes » (FSE, 1999, p. 14). Héritière des mouvements de la normalisation et de l'intégration scolaire (*mainstreaming*), la pédagogie de l'inclusion s'inscrit aujourd'hui à l'intérieur d'un vaste courant qui balaie la plupart des pays occidentaux et qui vise l'intégration pédagogique en classe ordinaire de tous les élèves avec handicaps et en difficulté d'apprentissage ou d'adaptation. L'intégration scolaire devient une véritable pédagogie de l'inclusion lorsque tous les élèves, avec ou sans handicaps et difficultés, appartiennent de droit à la même communauté d'apprenants (philosophie dite du rejet zéro) et bénéficient d'une éducation adaptée à leurs besoins et à leurs caractéristiques propres. La pédagogie de l'inclusion ne peut devenir réalité que par l'emploi généralisé de stratégies d'enseignement et de pratiques pédagogiques qui permettront l'individualisation du processus enseignement-apprentissage (Vienneau, 2002).

La présentation qui précède laisse entrevoir des liens évidents entre les huit volets de la pédagogie actualisante. On vient de mentionner les liens existant entre, d'une part, le volet de l'inclusion et, d'autre part, le volet de l'unicité et le volet de l'accueil et de l'appartenance. Les auteurs précités en établissent de nombreux autres, par exemple entre, d'un côté, le volet de l'unicité et, de l'autre, le volet de l'accueil et de l'appartenance, le volet de la coopération, le volet de la participation et de l'autonomie ainsi que le volet de la conscientisation et de l'engagement (Landry, 2002b). Ces liens, de nature conceptuelle, n'ont rien d'étonnant et reflètent la cohérence interne du concept de pédagogie actualisante. Prenons un autre exemple. Afin de participer pleinement aux activités d'apprentissage de son groupe-classe (volet de la participation et de l'autonomie), l'apprenant doit éprouver un certain bien-être à l'intérieur de ce groupe, doit s'y sentir accepté (volet de l'accueil et de l'appartenance), ce qui ne saurait être accompli sans qu'on l'ait tout d'abord accepté comme personne, avec ses caractéristiques personnelles et ses propres capacités d'autodétermination (volet de l'unicité), et ce, indépendamment du potentiel qu'il affiche (volet de l'inclusion).

En plus des liens conceptuels, un autre type de liens mérite d'être souligné. Il s'agit des liens entre les différentes implications éducatives des approches ou des stratégies qu'on utilise pour implanter un ou plusieurs volets de la pédagogie actualisante. En effet, une même approche pédagogique ou une même stratégie d'enseignement peut contribuer à implanter plus d'un volet, plus d'un aspect de la pédagogie actualisante. Pruneau et Lapointe (2002) font valoir ces liens « opérationnels » en démontrant comment, par exemple, l'apprentissage expérientiel appliqué à l'éducation relative à l'environnement contribue à la mise en place non seulement du volet intégratif et réflexif de l'apprentissage, mais également du volet de la conscientisation et de l'engagement (par exemple, l'engagement dans la protection de l'environnement) et du volet de l'accueil et de l'appartenance des apprenants (par exemple, l'appartenance commune à un environnement naturel).

Gaudet et Lapointe (2002) empruntent une voie similaire en faisant ressortir les liens existant entre un concept, l'équité en éducation, et les rôles que l'enseignant est appelé à exercer à l'intérieur de chacun des huit volets de la pédagogie actualisante : « Les enseignantes et les enseignants qui partagent cette vision ont la responsabilité d'appliquer le principe d'équité s'ils veulent donner les mêmes chances d'épanouissement et de succès à toutes les apprenantes et à tous les apprenants », puisque, avancent-elles, « l'équité en éducation consiste à tenir compte des besoins et des préoccupations de tous, y compris des groupes en marge du système » (p. 7).

2.4.4 Les propositions de la pédagogie actualisante

Ce principe d'équité constitue l'une des propositions qui émergent de la pédagogie actualisante, proposition qui vient s'ajouter à celles que nous avons présentées dans une publication antérieure (Vienneau et Ferrer, 1999, p. 8-9). Ces cinq propositions pourraient se résumer ainsi :

1. *Un véritable milieu de vie* La pédagogie actualisante propose de faire de l'école un véritable milieu de vie, où le caractère unique de chaque élève et de chaque adulte est reconnu et valorisé (pédagogie de l'unicité), où chacun, indépendamment des particularités de son fonctionnement (pédagogie de l'inclusion), est accueilli au sein d'une même communauté d'apprenants (pédagogie de l'accueil et de l'appartenance).

2. *Une dynamique de socialisation/autonomisation* La pédagogie actualisante propose d'engager l'école dans une action dialectique qui fait de l'apprentissage scolaire une dynamique de socialisation/autonomisation, où l'on vise tout autant le développement d'habiletés nécessaires au travail d'équipe et au savoir-vivre ensemble (pédagogie de la coopération) que la prise en charge de son apprentissage et de celui du groupe-classe (pédagogie de la participation et de l'autonomie).

3. *Un développement intégral* La pédagogie actualisante préconise le développement intégral de chaque apprenant, en visant simultanément l'intégration des savoirs, des savoir-faire et des savoir-être nécessaires à l'actualisation maximale de son potentiel humain (pédagogie intégrative et réflexive) et l'engagement personnel et collectif dans un projet de société basé sur la paix, la justice et la solidarité (pédagogie de la conscientisation et de l'engagement).

4. *Une conception de l'excellence pour tous* La pédagogie actualisante est une pédagogie de l'excellence pour tous, où chaque apprenant est responsabilisé et mis au défi de réaliser pleinement son potentiel d'apprentissage, quel qu'il soit (pédagogie de la maîtrise de l'apprentissage et du dépassement de soi).

5. *Un climat d'équité* La pédagogie actualisante sous-entend des pratiques équitables en éducation (Gaudet et Lapointe, 2002), où l'on s'efforce de « connaître les caractéristiques particulières de chaque élève (p. 7) » (pédagogie de l'unicité), où l'on refuse « les propos et les attitudes racistes ou sexistes (p. 8) » (pédagogie de l'accueil et de l'appartenance), où l'on s'efforce de « promouvoir la fierté culturelle dans le respect de la diversité (p. 8) » (pédagogie de la conscientisation et de l'engagement), où l'on invite chaque élève à participer tout en étant « attentif aux caractéristiques des élèves liées à leur culture, à leur genre et à leur classe sociale (p. 8) » (pédagogie de la participation et de l'autonomie), où l'on s'assure « que les contenus des activités correctives et d'enrichissement respectent la diversité et qu'ils comportent des exemples susceptibles de valoriser l'expérience de tous les élèves (p. 8-9) » (pédagogie de la maîtrise de l'apprentissage et du dépassement de soi), où l'on s'assure que « lors des activités coopératives, les groupes sont mixtes et diversifiés en fonction de la culture, du genre et des aptitudes (p. 9) » (pédagogie de la coopération), où l'on veille à ce que les activités proposées comprennent des expériences et des références qui soient significatives pour tous les élèves (pédagogie intégrative et réflexive) et, enfin, où l'on accorde « une attention particulière aux élèves issus de milieux ou de populations qui sont en situation d'inégalité (p. 10) » (pédagogie de l'inclusion).

La pédagogie actualisante n'est pas un fait accompli, c'est *un projet en devenir* (Vienneau et Ferrer, 1999 ; Landry, 2002a), un projet qui nous incite à marcher vers un idéal. C'est également *un projet porteur de sens*, qui s'inspire largement des valeurs véhiculées par le modèle d'éducation à la citoyenneté démocratique dans une perspective planétaire (Ferrer et Allard, 2002a, 2002b). C'est enfin un concept qui propose *une vision cohérente de l'éducation*, un concept qui intègre l'essentiel de la contribution de divers courants pédagogiques.

En dépit de certaines réserves et préoccupations, nous souscrivons à ce projet en devenir, porteur de sens et aux visées intégratrices. Nous conclurons d'ailleurs ce chapitre en proposant une réflexion critique sur la portée réelle et sur les limites d'un tel projet. Pour l'instant, nous préciserons les principales sources de la pédagogie actualisante, en liaison avec le modèle des courants pédagogiques proposé (*voir la section 2.2*).

2.4.5 Les sources de la pédagogie actualisante

Rappelons tout d'abord la nature éclectique du concept de pédagogie actualisante et sa dimension de « projet éducatif collectif », construit à même la contribution de nombreuses personnes : professeurs d'université, étudiants en sciences de l'éducation et autres partenaires du milieu scolaire (FES, 1999 ; Landry, 2002a ; Vienneau et Ferrer, 1999). D'après Vienneau et Ferrer (1999), « la pédagogie actualisante se nourrit essentiellement de l'apport des écoles de pensée humaniste et cognitive » (p. 8), alors que Landry (2002a) résume les nombreuses sources énumérées en concluant qu'à la base « nous trouvons une pédagogie d'inspiration humaniste, fondée sur une approche phénoménologique » (p. 4).

Il est vrai que la pédagogie actualisante pose comme prémisse l'unicité de l'apprenant, cherchant à décrire les conditions relatives à la réalisation de soi comme personne (Rogers, 1961) et à l'actualisation du potentiel humain de la personne apprenante (Maslow, 1962), d'où le terme « actualisante » (Landry, 2002a). La pédagogie actualisante adopte en fait l'un des postulats de la psychologie perceptuelle, ou la psychologie humaniste, soit celui d'une tendance innée à l'actualisation (Saint-Arnaud, 1974) : « Dans des conditions d'apprentissage idéales, les êtres humains auront tendance à vouloir se réaliser pleinement et accepteront de prendre en charge leur développement personnel » (Landry, 2002a, p. 4).

Les sources d'inspiration humaniste

Le volet de l'unicité, qui est au cœur du concept intégrateur de pédagogie actualisante, renvoie donc à un fondement essentiellement humaniste. Il intègre par ailleurs dans cette vision « autonomisante » des éléments de responsabilité sociale, empruntés au courant transpersonnel, « dont la dimension conscientisation et engagement propre à une orientation planétaire qui éveille aux rôles et aux responsabilités sociales de la personne et qui invite la personne à vouloir participer à un projet de société fondé sur la paix, la justice et la solidarité »

(Landry, 2002a, p. 4). Voilà, pour l'essentiel, la contribution de l'école de pensée humaniste, telle que cette école a été définie précédemment (courant humaniste et courant transpersonnel).

Ouvrons ici une parenthèse concernant cette dernière dimension évoquée, celle de l'éducation à la citoyenneté responsable et démocratique. Les ministères de l'Éducation provinciaux ont longtemps refusé d'inclure une telle dimension dans leur énoncé de mission ou à l'intérieur des objectifs de formation poursuivis dans leurs programmes d'études. Cela ne semble plus être le cas si l'on en juge, par exemple, par cet extrait de l'énoncé de base de la mission de l'éducation publique au Nouveau-Brunswick (MENB, 1995):

> Le but de l'éducation publique est de favoriser le développement de personnes autonomes, créatrices et épanouies, compétentes dans leur langue, fières de leur culture, sûres de leur identité et désireuses de poursuivre leur éducation toute leur vie. Elles sont ainsi prêtes à jouer leur rôle de citoyens libres et responsables, capables de coopérer avec d'autres dans la construction d'une société juste, intégrée dans un projet de paix mondiale fondée sur le respect des droits humains et de l'environnement (MENB, 1995, p. 1).

Le ministère de l'Éducation du Québec n'est pas en reste. Dans son *Programme de formation de l'école québécoise* cité précédemment (*voir les sections 1.4.4, 1.4.5 et 2.3*), ce ministère relève cinq domaines généraux de formation qui favorisent l'intégration des savoirs et «servent de points d'ancrage au développement des compétences transversales et des compétences disciplinaires» (MEQ, 2001, p. 42). Rappelons que ces cinq domaines sont les suivants: santé et bien-être; orientation et entrepreneuriat; environnement et consommation; médias; vivre-ensemble et citoyenneté. Plusieurs intentions éducatives précisées dans ce document vont dans le sens d'une éducation à la citoyenneté responsable et démocratique, approche associée au courant transpersonnel. Parmi ces intentions éducatives visant à la responsabilisation sociale, citons les trois suivantes:

> Amener l'élève à entretenir un rapport dynamique avec son milieu tout en gardant une distance critique à l'égard de l'exploitation de l'environnement, du développement technologique et des biens de consommation (MEQ, 2001, «Environnement et consommation», p. 47).

> Développer chez l'élève un sens critique et éthique à l'égard des médias et lui donner des occasions de produire des documents médiatiques en respectant les droits individuels et collectifs (MEQ, 2001, «Médias», p. 49).

> Permettre à l'élève de participer à la vie démocratique de l'école ou de la classe et de développer des attitudes d'ouverture sur le monde et de respect de la diversité (MEQ, 2001, «Vivre-ensemble et citoyenneté», p. 50).

Les sources d'inspiration cognitive

Nous avons conclu précédemment à l'apport important de l'école cognitive au concept de pédagogie actualisante (Vienneau et Ferrer, 1999). Landry (2002a) abonde dans ce sens en soulignant que «l'élément constructiviste [...] du paradigme cognitiviste y est très présent» (p. 4). Parmi ces nombreuses sources d'influences cognitives, dont plusieurs sont citées par Landry (2002a), mentionnons les travaux portant sur le traitement de l'information et la métacognition (Brien, 1997 ; Gagné, 1985 ; Lafortune et St-Pierre, 1994 ; Tardif, 1992), les programmes d'entraînement aux stratégies cognitives (Pressley, 1990) et aux stratégies d'apprentissage (Gagné, 1999 ; Gianesin, 2001), les écrits relatifs à la dimension concrète et expérientielle de l'apprentissage (Bourassa, Serre et Ross, 1999 ; Brown, Collins et Duguid, 1989 ; Pruneau, Breau et Chouinard, 1997), la contribution relative à l'intégration des savoirs par les divers modes d'intégration des disciplines (Lenoir et Sauvé, 1998 ; Lowe, 1998) et la contribution portant sur la pensée réflexive (Schön, 1983).

Comment résumer cette contribution multiple ? Les courants pédagogiques cognitif et constructiviste issus de l'école cognitive se reflètent plus particulièrement dans le volet de la pédagogie intégrative et réflexive, qui, comme nous l'avons expliqué, met l'accent sur l'intégration des savoirs et la dimension expérientielle de l'apprentissage. Étant donné l'importance accordée à la participation active de l'élève à cette construction des connaissances et au développement de ses stratégies cognitives, on serait également tenté d'associer le volet de la participation et de l'autonomie à ces mêmes courants de l'école cognitive. Évidemment, la participation des élèves et le développement de leur autonomie, incluant leur autonomie cognitive, ne sont pas des préoccupations exclusives aux cognitivistes et aux constructivistes. Plusieurs partisans de l'approche humaniste (comme Freinet et Dewey) en ont aussi fait l'un de leurs chevaux de bataille.

Au risque de faire une simplification abusive, nous résumerons l'essentiel de la contribution des courants pédagogiques de la manière suivante. À l'école cognitive (incluant le courant constructiviste), sont associés plus particulièrement les volets de la pédagogie intégrative et réflexive, de la participation et de l'autonomie ainsi que de l'unicité, ce dernier volet partageant une double appartenance avec les courants humaniste et transpersonnel. À l'école humaniste, en plus du volet de l'unicité, sont associés les volets de la coopération, de l'accueil et de l'appartenance, de la conscientisation et de l'engagement ainsi que de l'inclusion, ce dernier volet partageant lui aussi une double appartenance, cette fois avec le courant behavioral. Enfin, à l'école behaviorale, en plus du volet de l'inclusion, est associé le volet de la maîtrise de l'apprentissage et du dépassement de soi (*voir la figure 2.4 à la page suivante*).

FIGURE 2.4 *La contribution des courants pédagogiques à la pédagogie actualisante*

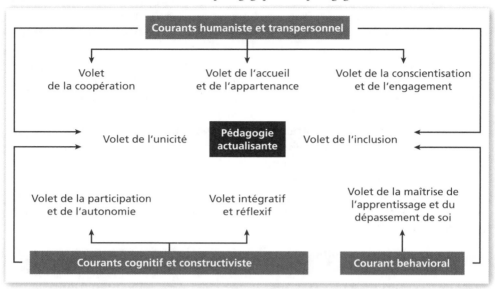

Les sources d'inspiration behaviorale

Les emprunts à l'école behaviorale sont évidemment moins nombreux que ceux que l'on peut rapprocher des écoles cognitive et humaniste. Les travaux, d'inspiration behaviorale, entourant le modèle de la maîtrise de l'apprentissage (*mastery learning*) entrepris par Benjamin Bloom (1968, 1976, 1984) ont bien sûr été déterminants dans la définition du volet de la maîtrise de l'apprentissage et du dépassement de soi (Landry, 2002b). De plus, certaines techniques behaviorales, telles que l'analyse de tâche, le façonnement, l'apprentissage par modèle, et certaines stratégies d'enseignement, telles que le tutorat par les pairs, ont facilité les premières expériences d'intégration pédagogique des élèves avec handicaps ou en difficulté, menant progressivement à la pédagogie de l'inclusion (Vienneau, 2002). Devant l'impossibilité de conclure de manière définitive aux fondements empiriques de l'inclusion scolaire (Vienneau, 2004), il faut bien admettre que les arguments moraux et éthiques, d'inspiration humaniste, y jouent encore un rôle essentiel, d'où la double appartenance, behaviorale et humaniste, du volet de l'inclusion (*voir la figure 2.4*).

Pour terminer, rappelons que l'école du XXIe siècle est loin d'être monolithique comme certains discours pourraient le laisser croire. L'analyse du discours pédagogique de diverses autorités scolaires nous a permis de constater que l'école d'aujourd'hui est plurielle, s'inspirant principalement, mais non exclusivement, du courant constructiviste dans le domaine de l'éducation, puisant également dans le courant cognitif, dans les courants humaniste et transpersonnel, et conservant même certaines caractéristiques du courant behavioral. Dans une perspective éclectique, la pédagogie actualisante tente précisément d'intégrer, à l'intérieur d'un projet éducatif, l'essence même de chacune des trois grandes écoles de pensée en psychopédagogie, écoles dont sont issus les cinq courants pédagogiques introduits dans ce chapitre.

2.4.6 Les limites de la pédagogie actualisante

Comme nous l'avons vu, le projet de pédagogie actualisante emprunte à divers courants pédagogiques. Cet éclectisme de bon aloi pourrait laisser croire que toute intervention éducative est susceptible de trouver sa place à l'intérieur d'un tel projet éducatif, qu'elle soit par exemple d'inspiration behaviorale (comme le morcellement extrême des résultats d'apprentissage disciplinaires et l'enseignement direct) ou d'inspiration constructiviste (comme l'approche globale proposant à l'élève une activité de résolution d'un problème de nature transdisciplinaire). Les concepteurs n'ayant pas choisi de prendre fermement et exclusivement parti pour l'une ou l'autre des écoles de pensée en psychopédagogie, l'enseignant non averti pourrait être tenté de croire que toute intervention et son contraire sont tout aussi valables et tout aussi actualisants!

Bien entendu, il n'en est rien. Les tenants de la pédagogie actualisante ont fait le pari, que certains pourront qualifier de «beau risque», de mettre plutôt en avant un certain nombre de principes éducatifs qui devraient servir de phare dans le choix des interventions éducatives et d'étalon dans l'évaluation de leur efficacité pédagogique. Ainsi, l'enseignant réflexif et critique devrait être amené à se poser des questions comme celle-ci: «Dans cette situation précise, en tenant compte à la fois de la nature des résultats d'apprentissage poursuivis (mon intention éducative) et des caractéristiques cognitives et affectives de cet apprenant en particulier (son unicité), quel est le type d'intervention le plus susceptible de contribuer à l'actualisation optimale de son potentiel?»

À la suite de ce questionnement, l'«enseignant actualisant» pourrait en venir à choisir, pour *certains apprenants* en difficulté, une approche davantage morcelée et linéaire en vue d'assurer la maîtrise de *certains apprentissages* de base, jugés essentiels; toutefois, ce choix ne devrait en aucun cas être dicté par une position dogmatique de sa part. Ainsi, force est d'admettre qu'un enseignant qui privilégierait en tout temps et pour tous ses élèves une telle approche, essentiellement behaviorale, pourrait difficilement prétendre à une pédagogie intégrative et réflexive. De la même façon, en ce qui concerne le choix des stratégies d'enseignement, l'enseignant qui n'aurait recours qu'au seul exposé formel, aussi interactif et pédagogiquement efficace soit-il, se priverait et du même coup priverait ses élèves du précieux apport d'une pédagogie de la coopération, les interactions entre pairs constituant, comme nous le verrons au chapitre 4, l'une des ressources les plus puissantes dans la co-construction des savoirs scolaires (socioconstructivisme).

L'un des risques potentiels associés à l'éclectisme préconisé par la pédagogie actualisante consiste donc à tomber dans le piège du « fourre-tout pédagogique », où se côtoieraient des pratiques aux intentions éducatives diamétralement opposées. Cette limite, ou plutôt cette difficulté du « choix éclairé » que doit constamment effectuer l'enseignant soucieux de contribuer à l'actualisation du potentiel de chacun de ses élèves, est un des enjeux dans les efforts actuels qui visent à la professionnalisation de l'enseignement (Vienneau et Ferrer, 1999). Cette professionnalisation accrue des enseignants, condition *sine qua non* de l'implantation d'une véritable pédagogie actualisante dans les écoles, sera caractérisée, d'après Bourdoncle (1991), par le passage d'une démarche intuitive (stade artisanal) à une démarche rationnelle (stade scientifique).

Ce passage du stade artisanal au stade scientifique en éducation suppose à son tour une connaissance approfondie des diverses théories de l'apprentissage issues des principaux courants pédagogiques contemporains. Il nous reste ainsi à examiner de plus près la contribution originale de chacun de ces courants, qu'il s'agisse de l'éclairage théorique qu'ils fournissent pour une meilleure compréhension du phénomène de l'apprentissage scolaire que des pratiques pédagogiques qu'ils ont su inspirer. Ce sera l'objet des trois prochains chapitres, consacrés respectivement au courant behavioral (chapitre 3), aux courants cognitif et constructiviste (chapitre 4) et aux courants humaniste et transpersonnel (chapitre 5).

RÉSUMÉ

Une définition de courant pédagogique et quelques typologies (section 2.1)

◆ Un courant pédagogique est le cadre théorique et idéologique qui détermine l'orientation générale donnée au processus enseignement-apprentissage dans un système d'éducation ou dans tout autre contexte donné (par exemple, une école).

◆ Il existe de nombreuses manières de regrouper les courants pédagogiques, mais la plupart des courants, modèles ou paradigmes retenus peuvent être classés selon leur appartenance à l'une ou l'autre de trois grandes écoles de pensée, soit l'école behaviorale, l'école cognitive et l'école humaniste.

Le modèle de classification des courants pédagogiques (section 2.2)

- Le modèle proposé repose sur les trois grandes écoles de pensée en psychopédagogie et comprend cinq courants pédagogiques : l'école behaviorale (courant behavioral) ; l'école cognitive (courant cognitif et courant constructiviste) ; l'école humaniste (courant humaniste et courant transpersonnel).

- Le courant behavioral propose divers moyens pour gérer l'apprentissage et le comportement des élèves ; ce courant se préoccupe surtout des aspects quantitatifs de l'apprentissage (le « combien » l'élève a appris).

- Le courant cognitif présente un modèle du traitement de l'information ; ce courant tente d'expliquer et d'améliorer les processus internes de l'apprentissage (« comment » l'élève apprend).

- Le courant constructiviste repose sur les théories développementales ; ce courant s'intéresse à la construction des connaissances (comment l'élève construit son savoir, par ses expériences et ses interactions sociales).

- Le courant humaniste met l'accent sur le développement personnel de chaque apprenant ; ce courant valorise les relations humaines, la liberté de choix, l'expression personnelle et la créativité des élèves.

- Le courant transpersonnel est axé sur le développement intégral de la personne de l'apprenant et intègre une dimension d'éducation planétaire ; ce courant répond à la quête de sens des élèves (au « pourquoi » de l'apprentissage).

Les courants pédagogiques et les compétences visées par l'école (section 2.3)

- L'orientation donnée aux compétences transversales (Québec), aux principes directeurs (Nouveau-Brunswick) et aux domaines d'apprentissage poursuivis par l'école élémentaire (France) peut être analysée en utilisant la grille des courants pédagogiques.

- Les compétences transversales relevant du développement intellectuel sont principalement associées au courant constructiviste en éducation.

- Les compétences transversales découlant de la démarche d'apprentissage préconisée s'inscrivent principalement dans le courant cognitif.

- Les compétences transversales visant au développement personnel et social relèvent principalement des courants constructiviste, humaniste et transpersonnel.

- Les compétences transversales touchant aux habiletés de communication s'inscrivent également dans les courants constructiviste, humaniste et transpersonnel.

Les volets, propositions, sources et limites de la pédagogie actualisante (section 2.4)

♦ La pédagogie actualisante est un projet éducatif qui tente de s'adapter aux caractéristiques individuelles de chaque apprenant en vue d'actualiser son plein potentiel.

♦ Le concept de pédagogie actualisante comprend huit volets qui touchent à la dimension intrapersonnelle de l'apprenant (unicité, intégratif et réflexif, participation et autonomie de même que maîtrise de l'apprentissage et dépassement de soi), à sa dimension interpersonnelle (accueil et appartenance, coopération de même qu'inclusion) et à sa dimension sociale (conscientisation et engagement).

♦ Le volet de l'unicité rappelle le caractère unique de chaque apprenant, mais également la place de l'autre dans la construction de cette individualité ; ce volet mise sur les capacités d'autodétermination de l'apprenant et préconise l'individualisation de l'enseignement.

♦ Le volet de l'accueil et de l'appartenance reconnaît la contribution irremplaçable de chaque élève à l'intérieur d'une communauté d'apprenants, où chacun est membre à part entière et peut se sentir accueilli et valorisé dans son unicité.

♦ Le volet de la conscientisation et de l'engagement vise à la responsabilisation personnelle dans la construction de soi comme sujet de sa propre existence et dans la reconnaissance de l'autre comme sujet, ainsi qu'à la responsabilisation collective des apprenants face à leur rôle de citoyens conscientisés et engagés.

♦ Le volet de la participation et de l'autonomie vise à la participation optimale des apprenants dans leur processus d'apprentissage et dans la gestion du groupe-classe, de même qu'au développement de l'autonomie personnelle (affective et cognitive) et sociale des apprenants.

♦ Le volet de la maîtrise de l'apprentissage et du dépassement de soi s'appuie sur la capacité de chaque apprenant à réaliser des apprentissages de qualité en accordant une attention particulière à l'évaluation formative et à la maîtrise des objectifs préalables nécessaires à la réalisation de nouveaux apprentissages.

♦ Le volet de la coopération est orienté vers le développement des habiletés sociales qui permettront aux élèves de construire ensemble leurs savoirs et qui contribueront au développement du savoir-vivre ensemble, incluant la participation des apprenants à la gestion du groupe-classe.

♦ Le volet intégratif et réflexif recherche l'intégration des savoirs chez l'apprenant à travers diverses formes d'intégration des disciplines (comme l'interdisciplinarité) et à travers un apprentissage expérientiel qui favorise la réflexion approfondie et le développement d'habiletés cognitives supérieures.

◆ Le volet de l'inclusion reconnaît le droit fondamental de chaque apprenant à recevoir son enseignement en classe ordinaire, dans un milieu qui accueille et valorise la différence, et qui offre les conditions d'apprentissage permettant à chacun d'actualiser son potentiel, quel qu'il soit.

◆ Les huit volets de la pédagogie actualisante peuvent être résumés sous la forme de cinq propositions :

◇ faire de l'école un véritable milieu de vie ;

◇ engager l'école dans une dynamique de socialisation/autonomisation ;

◇ viser au développement intégral de chaque apprenant ;

◇ adopter une conception de l'excellence pour tous ;

◇ assurer l'équité dans tous les domaines et à tous les niveaux d'intervention.

◆ De construction éclectique, la pédagogie actualisante s'inspire de multiples sources, mais principalement des écoles de pensée humaniste et cognitive (incluant le courant constructiviste).

◆ Les volets de la coopération, de l'accueil et de l'appartenance de même que de la conscientisation et de l'engagement ont été associés principalement aux courants humaniste et transpersonnel.

◆ Les volets de la pédagogie intégrative et réflexive et de la participation et de l'autonomie sont associés principalement aux courants cognitif et constructiviste.

◆ Le volet de la maîtrise de l'apprentissage et du dépassement de soi est associé au courant behavioral.

◆ Deux volets présentent une double appartenance : le volet de l'unicité, associé aussi bien aux courants humaniste et transpersonnel qu'aux courants cognitif et constructiviste, et le volet de l'inclusion, associé principalement au courant humaniste, mais aussi au courant behavioral.

◆ L'un des dangers potentiels pour l'enseignant non averti qui tente d'implanter la pédagogie actualisante dans sa classe est que ce concept, de construction éclectique (empruntant à plusieurs courants pédagogiques), serve de « fourre-tout pédagogique ».

LECTURES RECOMMANDÉES

BERTRAND, Y. (1998). *Théories contemporaines de l'éducation,* 4ᵉ édition, Montréal, Éditions Nouvelles.

BERTRAND, Y. et P. VALOIS (1992). « Chapitre 1 : La structure dialectique du paradigme éducationnel », *École et sociétés,* Ottawa, Éditions Agence d'Arc, p. 35-81.

FSE (FACULTÉ DES SCIENCES DE L'ÉDUCATION) (1999). *Vers une pédagogie actualisante : mission de la Faculté des sciences de l'éducation,* 2ᵉ édition, Moncton, Université de Moncton.

JOYCE, B.R. et M. WEIL (1996). *Models of Teaching,* 5ᵉ édition, Boston, Mass., Allyn & Bacon.

LANDRY, R., C. FERRER et R. VIENNEAU (2002). *La pédagogie actualisante,* numéro thématique de la revue *Éducation et francophonie,* vol. XXX, n° 2, [en ligne]. [http://www.acelf.ca/revue/30-2/index.html]

PAQUETTE, C. (1995). *Vers une école primaire renouvelée. Référentiel de mise en oeuvre. Monographie 1,* Fredericton, Direction des services pédagogiques, Ministère de l'Éducation du Nouveau-Brunswick.

TARDIF, J. (1992). « Chapitre I : Introduction à la psychologie cognitive », *Pour un enseignement stratégique. L'apport de la psychologie cognitive,* Montréal, Les Éditions Logiques, p. 25-85.

VIENNEAU, R. et C. FERRER (1999). « En route vers une pédagogie actualisante : un projet intégré de formation initiale à l'enseignement », *Éducation et francophonie,* vol. XXVII, n° 1, [en ligne].
[http:www.acelf.ca/revue/XXVII/articles/Vienneau.html]

Le courant behavioral

Pistes de lecture et contenu du chapitre

Après la lecture de ce chapitre, le lecteur devrait être en mesure de répondre aux questions suivantes :

♦ Quels sont les principaux fondements théoriques du behaviorisme en tant que psychologie du comportement ?

♦ Quelle est la conception behaviorale de l'apprentissage et de l'enseignement ?

♦ Quelles sont les principales retombées éducatives, techniques d'intervention et limites que l'on peut associer à l'approche behaviorale ?

♦ Quels sont les éléments pédagogiques du modèle de la maîtrise de l'apprentissage, modèle d'enseignement issu du courant behavioral en éducation ?

Au début de l'année scolaire, Mme Lirette en avait plein les bras! Sa classe de première année était pour le moins bruyante et pleine d'énergie… (une manière positive de nommer des comportements qui frisaient alors, selon elle, l'hyperactivité!) Dès les premières journées de classe, elle s'est néanmoins attelée à la tâche avec pour objectif ultime de canaliser toute cette belle énergie dans la production d'apprentissages de qualité. Après quelques mois, elle était plutôt fière des résultats et de ses «petits bouts de choux», comme elle les appelle affectueusement. D'abord, les élèves avaient tous appris à lever la main avant de prendre la parole lors d'une discussion de groupe, et plusieurs avaient dû apprendre à parler d'un ton de voix approprié, plutôt que de donner leurs réponses en criant. Ensuite, certains élèves avaient augmenté de façon importante le temps qu'ils pouvaient rester assis à leur pupitre et le temps qu'ils consacraient à une tâche scolaire.

Pour ce qui était d'apprendre aux enfants à attendre leur tour avant de parler, l'intervention de l'enseignante avait été simple. Elle leur avait expliqué que pour que ses oreilles puissent les entendre pendant une discussion de groupe, elle avait besoin d'un signal. Ce signal, c'était une main levée. «Pas de main levée, oreilles fermées», tel était devenu le slogan compris et adopté par tous! Avec les élèves qui parlaient trop fort, elle avait convenu d'un rappel visuel, soit des doigts qui font semblant de baisser le volume. Les enfants avaient si bien intégré ce rappel qu'ils l'utilisaient spontanément entre eux au cours d'activités réalisées en équipe.

Pour augmenter le temps consacré à la tâche chez certains élèves grouillants et facilement distraits, Mme Lirette avait eu recours à des graphiques illustrant les progrès réalisés par chacun des trois enfants en cause. Sur un histogramme dont les colonnes étaient graduées en minutes, l'élève pouvait colorier à la fin de la journée le résultat de sa meilleure performance (*voir la figure 3.1 à la page suivante*). Au début, Mme Lirette chronométrait elle-même chaque enfant, au moins une fois par jour; après un certain temps, elle avait remis à chacun un petit chronomètre de poche, facile d'emploi, que l'enfant pouvait utiliser pour mesurer lui-même ses performances. Le programme avait eu un tel succès que plusieurs enfants qui n'avaient pas de problème particulier de ce côté avaient eux aussi réclamé graphique et chronomètre pour augmenter leur temps de travail! Heureusement, ces demandes étaient survenues alors que les objectifs que l'enseignante avait fixés avec les élèves avaient déjà été atteints, et le programme avait pris fin.

Enfin, le besoin de s'exprimer était tel chez quelques-uns de ses élèves que l'enseignante avait mis sur pied un système permettant à chacun de pouvoir s'exprimer en premier, au moins à deux reprises chaque jour. Chaque enfant

FIGURE 3.1 *Le temps consacré sans interruption par Julien à son travail scolaire**

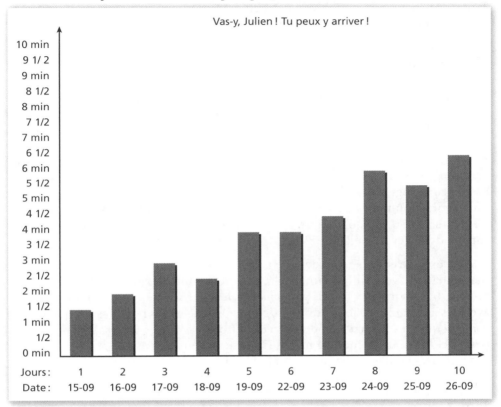

* Meilleure performance de Julien par jour, arrondie à la demi-minute ; objectif visé par Julien et par Mme Lirette : 10 minutes consécutives !

avait reçu deux petits cartons rouges, de forme hexagonale, sur lesquels étaient inscrits les mots «URGENT ET IMPORTANT». L'enfant qui brandissait ce carton recevait en priorité le droit de parole ; si plus d'un enfant levait simultanément son carton, il revenait à ces élèves de désigner celui qui aurait droit à la parole en premier, ce qui donnait parfois lieu à de touchantes transactions entre les enfants. Une fois un carton utilisé, l'élève avait la responsabilité de le ranger dans son pupitre. Ce programme avait également rencontré un vif succès et avait pu être délaissé après quelques mois, sauf pour deux élèves qui continuaient à éprouver des difficultés à cet égard.

Si l'on demandait à Mme Lirette comment elle se perçoit en tant qu'enseignante, elle répondrait sans hésitation que ce qui la caractérise avant tout, c'est son amour des enfants. Si on l'invitait à situer ses convictions vis-à-vis des courants behavioral[1], cognitif, constructiviste ou humaniste, elle répondrait avec enthousiasme qu'elle « croit beaucoup dans le courant humaniste en éducation ».

Et pourtant, cela n'a pas empêché cette enseignante de recourir à des techniques behaviorales éprouvées telles que le « renforcement du comportement incompatible » (ignorer le comportement inapproprié, soit le fait de parler sans avoir levé la main, et renforcer le comportement contraire). Elle n'a pas hésité non plus à utiliser un « signal discriminatif » (le geste de baisser le volume) en guise de rappel aux enfants bruyants, sans oublier la « technique du façonnement » (ou renforcement des approximations successives) couplée avec l'utilisation d'un programme de renforçateur informationnel (le graphique) pour aider les enfants à augmenter le temps consacré à leurs activités d'apprentissage individuelles. Et que dire de l'astucieux programme cherchant à faciliter la gestion des discussions de groupe... sans avoir à punir les élèves ! Y aurait-il un behaviorisme... à visage humain ? Là-dessus, voici un slogan que proposaient jadis les behavioristes : Tâchez de surprendre l'élève à bien faire ! Visez à RENFORCER plutôt qu'à PUNIR !

On associe encore trop facilement le behaviorisme avec une attitude froide, manipulatrice, voire inhumaine, de la part de l'adulte « expérimentateur ». Après tout, les behavioristes n'ont-ils pas construit leur théorie de l'apprentissage humain avec des animaux de laboratoire ? Le behaviorisme ne vise-t-il pas uniquement à *conditionner* les humains, à en faire des citoyens soumis, obéissants et en tous points conformes au modèle imposé ? Ne se servent-ils pas à la fois de la carotte (les renforçateurs) et du bâton (la punition) pour arriver à *leurs* fins ? Ne risque-t-on pas de créer une *dépendance* aux récompenses chez les élèves à force de les gaver de M&M, ces bonbons chocolatés fort prisés par certains behavioristes des années 1960 et 1970 ?

Ces interrogations résument assez bien les principales critiques qui ont été adressées et que l'on continue de formuler à l'égard de l'approche behaviorale. Nous y reviendrons d'ailleurs dans la section 3.3 de ce chapitre. Toutefois, si l'on a accusé le behaviorisme d'adopter une vision réductrice du comportement humain (critique qui, dans une certaine mesure, est justifiée), il ne faudrait pas non plus adopter la même attitude pour juger de l'apport des théories behaviorales dans les domaines de la psychologie et des sciences de l'éducation.

---

1. Les adjectifs « behavioral » et « behavioriste » sont deux termes acceptés dans la terminologie du conditionnement (Malcuit et Pomerleau, 1980). Pour notre part, nous emploierons le terme « behavioriste » pour désigner la personne (le behavioriste) ou comme adjectif associé à la personne qui pratique le behaviorisme (par exemple, l'enseignant behavioriste). Dans tous les autres cas, l'adjectif « behavioral » sera utilisé (par exemple, le courant behavioral).

En réalité, le behaviorisme propose un éclairage, *parmi d'autres*, pour nous aider à comprendre le comportement humain, incluant bien sûr le comportement des élèves. L'« éclairage behavioral » est-il dépassé ? Évidemment, il faut convenir que le *règne* du behaviorisme comme école de référence en psychologie et en sciences de l'éducation est révolu. Les modèles cognitifs du traitement de l'information et du constructivisme développemental lui ont succédé à ce titre ; cependant, « bien qu'il soit tentant de le renier à cause de sa centration sur le stimulus et le contrôle externe, il ne faut pas oublier que plusieurs habiletés à apprendre et à développer peuvent profiter du behaviorisme » (Boulet, 1999, p. 16). Notons également que l'on continue, avec raison, de lui accorder une place importante dans les ouvrages de psychopédagogie, comme nous le faisons dans celui-ci. À titre d'indication, dans 10 ouvrages parus au cours de la dernière décennie, on constate que tous ces auteurs accordent une place de choix aux théories behaviorales : Bigge et Shermis (1999), Bowd, McDougall et Yewchuk (1998), Dembo (1994), Eggen et Kauchak (1992), Gage et Berliner (1998), Goupil et Lusignan (1993), Hergenhahn et Olson (1997), Ormrod (2000), Slavin (2000), Snowman et Biehler (2000).

Il demeure donc pertinent de rappeler les fondements théoriques du behaviorisme (section 3.1) ainsi que la conception behaviorale de l'apprentissage et de l'enseignement (section 3.2). L'étude des principales implications éducatives de la théorie behaviorale nous amènera à aborder quelques techniques d'enseignement issues du behaviorisme (section 3.3), mais également à en préciser les limites dans le contexte éducatif actuel. Bien qu'on l'associe tout d'abord à la gestion de la classe, l'approche behaviorale a également inspiré un modèle d'enseignement visant rien de moins que la réussite pour tous, la *pédagogie de la maîtrise* ou *pédagogie de la réussite* (section 3.4), modèle associé, comme on le sait, au volet de la maîtrise de l'apprentissage et du dépassement de soi de la pédagogie actualisante.

3.1 LES FONDEMENTS THÉORIQUES DU BEHAVIORISME

Voyons tout d'abord l'origine et les principes de base du behaviorisme. Le behaviorisme, nom tiré du mot anglais *behavior*, également désigné comme la *psychologie du comportement*, est la théorie qui fait du comportement observable l'objet même de la psychologie et dans laquelle l'environnement est l'élément clé de la détermination et de l'explication des conduites humaines (Raynal et Rieunier, 1997). Deux termes sont au centre de cette définition : comportement et environnement.

On peut faire remonter la naissance de la psychologie, en tant que science expérimentale, au milieu du XIXe siècle (Dubé, 1986), avec les travaux de Wilhelm

Wundt (1832-1920) en physiologie humaine. Premier à porter le titre de psycho-logue, ce psychologue-physiologiste allemand est également le premier chercheur à ouvrir un laboratoire de psychologie expérimentale en Allemagne, en 1879. Pour Wundt, la psychologie doit être l'étude scientifique de l'expérience immédiate : « Wundt s'efforce de bâtir une science qui repose sur les faits ; or les faits ont besoin d'être vérifiés, expérimentés, mesurés » (Dubé, 1986, p. 42). Toutefois, il ne conçoit pas encore que la méthode expérimentale puisse être suffisante en psychologie ; aussi, « il croit nécessaire d'y joindre l'introspection » (p. 42). Par son approche scientifique, Wundt prépare donc le terrain pour le behaviorisme, qui deviendra la *science du comportement*, mais il s'en distingue par son recours à l'introspection, approche décriée par les psychologues behavioristes.

Rappelons que l'introspection, cette observation méthodique de la vie inté-rieure effectuée par un sujet qui s'étudie lui-même, est le principal moyen d'investigation utilisé par la psychanalyse, psychologie dite « des profondeurs » qui se consacre à l'étude de la vie psychique et de l'inconscient. À la fin du XIXe siècle, on commence à remettre en question la validité scientifique de l'introspection, surtout si l'on veut faire de la psychologie une véritable science, une science objective, dans la tradition empirique. Dans une certaine mesure, on peut dire que le behaviorisme est né en opposition aux théories analytiques, théories « non scientifiques », qui régnaient alors en psychologie. Nous reviendrons sur la naissance officielle du behaviorisme (en 1913), mais disons d'abord quelques mots sur l'un de ses plus éminents précurseurs, le psychologue américain Edward Lee Thorndike (1874-1949).

3.1.1 Les premières lois de Thorndike

Dès la fin du XIXe siècle, Edward Lee Thorndike se consacre à l'étude du compor-tement animal ; à partir de ses travaux, il élaborera certaines lois qui régissent l'apprentissage humain. À la base de sa théorie, on trouve le lien ou l'association entre un stimulus (S) et une réponse (R). Plus spécifiquement, le connexionnisme thorndikien pourrait se résumer en « la connexion entre des stimuli physiques déterminés et des réactions observables données », ces liens « pouvant être soit renforcés, soit affaiblis, selon l'effet de leurs conséquences » (St-Yves, 1986, p. 14). Dans un article intitulé « Animal intelligence : An experimental study of the associative processes », publié en 1898, Thorndike présente les résultats de ses expériences avec ses célèbres « boîtes à problèmes ». La situation expérimentale est la suivante (Dubé, 1986, p. 75) :

> Un chat affamé est placé dans une cage munie d'une porte qui empêche l'accès à la nourriture. Cette porte peut être ouverte par le chat en manipulant avec la patte le système de fermeture, un levier qui commande l'ouverture de la porte. Thorndike

observe que dans la cage l'animal émet une série de comportements : il mordille, il gratte, se dresse sur ses pattes arrière, miaule... jusqu'au moment où au hasard de cette exploration, il pèse sur le levier avec sa patte, ce qui ouvre la porte et lui donne accès à la nourriture. Si l'on replace le chat dans les mêmes conditions dans une séquence d'essais successifs, on constate que le temps mis par l'animal pour sortir diminue régulièrement pour arriver à la performance maximum. Celle-ci s'obtient donc au départ par essais et erreurs et s'améliore en éliminant les comportements inadéquats. La courbe d'acquisition ainsi obtenue démontre qu'un comportement efficace s'acquiert progressivement lorsqu'il est récompensé par ses conséquences.

Le connexionnisme thorndikien est une théorie de l'*apprentissage par essais et erreurs* dont on retiendra deux lois majeures : la loi de l'effet et la loi de l'exercice. La loi de l'effet stipule tout simplement que « la conséquence de la réponse renforce le lien entre le stimulus et la réponse » (Forget, Otis et Leduc, 1988, p. 7). Dans une première version écrite (1908), Thorndike la formule ainsi : « Tout comportement qui conduit à un état satisfaisant de l'organisme a tendance à se reproduire ; tout comportement qui conduit à un état insatisfaisant de l'organisme a tendance à s'éteindre » (Raynal et Rieunier, 1997, p. 362). Autrement dit, la loi de l'effet soutient qu'un comportement qui est suivi d'une conséquence agréable aura tendance à se reproduire dans une situation similaire alors qu'un comportement qui est suivi d'une conséquence désagréable tendra à diminuer. Dans l'expérience qui précède, la conséquence agréable reçue par le chat, soit avoir accès à la nourriture, renforce le comportement consistant à peser sur le levier qui commande l'ouverture de la porte. Le lien entre le « levier » (S) et la « nourriture » (R) est ainsi renforcé.

Si le chat est placé plusieurs fois dans la même situation, il répétera autant de fois le comportement conditionné, à savoir peser sur le levier, ce qui renforce le lien conditionné entre stimulus et réponse. C'est la seconde loi de Thorndike, la loi de l'exercice, qui stipule qu'un lien S-R est renforcé par la répétition de l'association. Après que ce conditionnement a été établi, qu'arriverait-il si l'on remplaçait la conséquence agréable, c'est-à-dire la nourriture, par une conséquence désagréable, disons une décharge électrique ? Eh oui, comme on pouvait s'y attendre, le comportement consistant à peser sur le levier diminuera rapidement jusqu'à l'extinction de ce comportement (loi de l'effet).

Ces lois de Thorndike peuvent nous paraître un peu simples aujourd'hui, voire naïves. Mais il faut se reporter à l'époque où elles ont été formulées, à la fin du XIXᵉ siècle, alors qu'elles tranchaient nettement avec la façon de concevoir la psychologie. Par son approche expérimentale et son étude méthodique du comportement animal, Thorndike est sans nul doute un précurseur du behaviorisme.

3.1.2 Pavlov et le conditionnement classique

À peu près à la même époque, mais sur un autre continent, le physiologiste russe Ivan Petrovitch Pavlov (1849-1936) poursuit ses recherches en physiologie ; il obtiendra d'ailleurs pour ses travaux le prix Nobel de physiologie ou médecine en 1904. Le nom de Pavlov est bien connu dans le monde de la psychologie et reste avant tout associé aux réflexes conditionnés et à ses fameuses expériences avec des chiens qui salivaient. Sa théorie du conditionnement fut rien de moins que la première théorie moderne de l'apprentissage, d'où son nom de « classique » (Gage et Berliner, 1998). Bonnot (1981) rappelle la stature scientifique de ce grand personnage : « Ivan Petrovitch Pavlov apparaît de nos jours comme le vrai prophète de toute psychologie scientifique [...] nul n'a compris comme lui la nécessité d'une science de l'esprit, aperçu son rôle historique, défini ses méthodes » (p. 21).

« Il ne faut pas posséder une grande imagination pour avoir une idée du nombre infini de réflexes conditionnés qui se forment continuellement dans le système le plus complet : l'homme, qui affronte non seulement la nature environnante, mais un système social spécifique[2]. »

Ivan Pavlov (1849-1936)

Le type d'apprentissage mis en lumière par Pavlov est également un apprentissage par association comme celui de la théorie de l'apprentissage par essais et erreurs de Thorndike. Il s'agit cette fois de l'association *en contiguïté*, c'est-à-dire en même temps ou dans un temps très rapproché, d'un stimulus neutre avec un stimulus inconditionnel, le stimulus neutre, en arrivant à avoir la même propriété de déclencher une réponse donnée après son association en contiguïté avec le stimulus inconditionnel. Le processus de conditionnement classique ou pavlovien comporte trois étapes : l'étape qui précède le conditionnement, l'étape pendant laquelle s'opère le conditionnement et l'étape qui suit le conditionnement.

---

2. Citation extraite de l'article « Le réflexe conditionné » de la *Grande encyclopédie médicale russe* de 1935 (Bonnot, 1981, p. 31).

Résumons, avec l'expérience type du conditionnement classique, l'expérience par laquelle on « apprend » à un chien à saliver au son d'une cloche. À la première étape, après avoir privé un chien de nourriture, on vérifie les propriétés de deux stimuli, le son d'une cloche et la nourriture pour chien. On fait donc sonner une cloche. On constate que la cloche est un stimulus neutre (SN) qui n'entraîne aucune réponse de salivation chez le chien. Si, par contre, on présente de la nourriture au chien affamé, on observe que la nourriture, un stimulus non conditionné ou inconditionnel (SI), entraîne une réponse automatique non apprise, une réponse inconditionnelle (RI) de salivation.

On passe ensuite à la deuxième étape, le conditionnement comme tel. En même temps qu'on fait sonner la cloche (SN), l'expérimentateur présente de la nourriture (SI) au chien affamé. On remarque la même réponse de salivation du chien, qu'on continue de désigner comme une réponse inconditionnelle (RI) étant donné la présence de la nourriture (SI). On répète un certain nombre de fois cette association en contiguïté entre stimulus neutre (le son de la cloche) et stimulus inconditionnel (la nourriture), et ce, jusqu'à ce que la troisième étape soit atteinte, soit l'étape suivant le processus de conditionnement, où le seul son de la cloche, devenu maintenant un stimulus conditionné (SC), suffit à déclencher la réponse de salivation chez le chien, une réponse devenue conditionnée (RC) ou apprise. La figure 3.2 résume ces trois étapes.

FIGURE 3.2 *Les trois étapes du conditionnement classique*

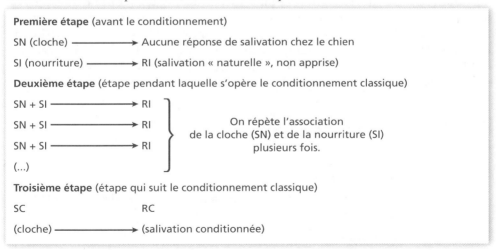

Une autre expérience célèbre illustre les principes du conditionnement classique, cette fois chez un être humain. John Broadus Watson et sa collègue

Rosalie Rayner entreprennent de conditionner un petit garçon de 11 mois, Albert, à avoir peur d'un rat blanc. Voici comment ils s'y prennent. Tout d'abord, comme l'avait fait Pavlov, ils vérifient les propriétés de deux stimuli : un rat blanc et un bruit intense. Un rat de laboratoire est introduit dans la pièce où se trouve Albert, sans entraîner aucune réaction de crainte chez Albert (rat = SN), alors que si l'on provoque un bruit intense, le petit Albert se met à pleurer (bruit = SI).

Un rat blanc de laboratoire est introduit de nouveau dans la pièce où se trouve Albert. Aussitôt que celui-ci tend les mains pour jouer avec le rat, l'expérimentateur placé derrière lui frappe violemment une pièce de métal avec un marteau, provoquant un bruit intense qui fait pleurer Albert. Après exactement sept couplages rat-bruit (SN + SI = RI), la seule vue de l'animal (SC) suscite la peur chez Albert (RC). Cette expérience décrite dans le *Journal of Experimental Psychology* (Watson et Rayner, 1920), citée entre autres par St-Yves (1986) et Goupil et Lusignan (1993), permet d'introduire deux concepts clés du conditionnement classique : la généralisation du stimulus conditionné et le recouvrement spontané d'une réponse conditionnée.

La généralisation du stimulus conditionné

Dans l'expérience avec le petit Albert, expérience qu'il serait aujourd'hui impossible de reproduire pour des raisons éthiques évidentes, la réaction de peur d'Albert, initialement provoquée par la vue d'un rat blanc, a commencé à apparaître lorsqu'Albert se trouvait en présence d'animaux (comme un lapin) ou d'objets (comme un col de fourrure blanche) qui présentaient une certaine similarité avec le rat blanc (*voir la figure 3.3*). On parle alors de généralisation du stimulus conditionné (SC). À l'opposé, imaginons qu'Albert ne réagisse qu'au seul rat blanc utilisé pendant la procédure de conditionnement. On parlerait alors de discrimination du stimulus conditionné.

FIGURE 3.3 *La généralisation du stimulus conditionné*

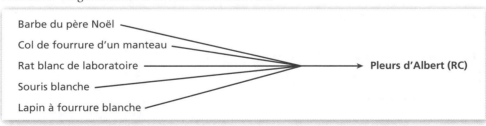

Le recouvrement spontané d'une réponse conditionnée

On peut, à juste titre, se demander ce qu'il est advenu du petit Albert. Dans les faits, une psychologue behavioriste a plus tard tenté de lui «désapprendre» sa peur des lapins, mais sans succès. Comme le rapportent Alberto et Troutman (1986), non sans un certain humour : «Il est possible qu'Albert ait encore peur des rats blancs, ce qui peut avoir créé un certain nombre de problèmes dans sa vie, y compris celui de ne pouvoir être engagé comme psychologue behavioriste» (cités par Goupil et Lusignan, 1993, p. 24). Pour clore l'histoire d'Albert, nous avons appris par nos lectures qu'il était effectivement devenu psychologue (nos sources ne précisent pas s'il a adopté l'approche behaviorale), et un rapide calcul nous permet de supposer qu'il est à la retraite depuis bon nombre d'années.

Revenons à la question initiale. Qu'advient-il d'une réponse apprise par conditionnement classique ? Est-ce que les chiens de Pavlov continueront de saliver toute leur vie durant au son d'une cloche ? Est-ce que la réaction de crainte d'Albert à l'égard des rats et des lapins (par généralisation du stimulus conditionné) se maintiendra également toute sa vie ? En ce qui concerne la salivation des chiens, Pavlov, qui était un scientifique très rigoureux, a tout d'abord démontré qu'une réponse apprise par conditionnement classique pouvait s'éteindre d'elle-même. Une fois le conditionnement atteint (le point A dans la figure 3.4, *voir la page suivante*), il a continué de faire sonner une cloche devant un chien affamé en comptant le nombre de gouttes de salive produites par le chien à chaque essai (Pavlov était aussi précis que méthodique). Il a constaté que le nombre de gouttes allait en diminuant, jusqu'à ce que la réponse devienne totalement éteinte (aucune salivation) après un certain nombre d'essais (le point B). Puis, surprise ! en poursuivant l'expérience, il s'est rendu compte que le chien se mettait à saliver de nouveau (le point C), mais avec moins d'intensité qu'auparavant, jusqu'à ce que la réponse conditionnée s'éteigne encore (le point D). Ce phénomène du recouvrement spontané d'une réponse conditionnée demeure inexpliqué.

Une réponse conditionnée peut donc s'éteindre d'elle-même, le stimulus conditionné (SC) perdant graduellement son «pouvoir d'association» avec le stimulus inconditionnel (SI). Mais peut-on accélérer ce processus de déconditionnement ? La réponse est oui. C'est d'ailleurs ce qu'a tenté de faire la psychologue qui s'est occupée quelques années plus tard d'Albert et de sa peur des lapins. La technique utilisée, la *désensibilisation systématique*, fait partie de l'arsenal des thérapies behaviorales (Ladouceur, Granger et Bouchard, 1977) pour éliminer les phobies. D'abord, on établit «une hiérarchie de situations qui vont des moins aux plus anxiogènes» (Seron, Lambert et Van der Linden, 1977), puis ces situations sont présentées «au patient pendant qu'il émet une réponse incompatible avec la réponse d'anxiété» (p. 118). Avec Albert, on pourra commencer par lui présenter

FIGURE 3.4 *L'extinction et le recouvrement spontané d'une réponse conditionnée*

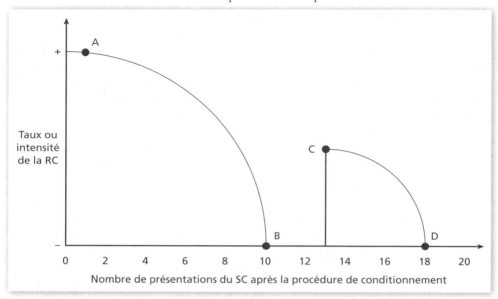

des photos de lapins dans un livre, puis projeter un film où l'on voit des lapins, poursuivre en le mettant en présence d'un lapin vivant, placé dans une cage au fond de la pièce, toujours en s'assurant qu'Albert demeure détendu à chacune de ces étapes de désensibilisation. Si tout s'était bien passé, à la fin de la procédure, Albert aurait pu flatter le lapin, lui donner à manger et, qui sait, le tenir affectueusement dans ses bras!

Mais, direz-vous, à quoi rime cette belle théorie dans la vie de tous les jours? Quelles sont la fréquence et l'importance réelle du conditionnement classique dans le répertoire comportemental des élèves? Quelles sont les implications éducatives des théories behaviorales? Nous aborderons ces questions pratiques dans les sections qui suivent, mais avant toute chose, nous compléterons notre tour d'horizon des fondements théoriques du behaviorisme en présentant la contribution de trois autres auteurs clés: John Broadus Watson, Burrhus Frederic Skinner et Albert Bandura.

3.1.3 Watson et le manifeste du behaviorisme

« L'intérêt du behavioriste pour le comportement humain est plus grand que celui du spectateur : il veut contrôler les réactions humaines, comme le physicien veut contrôler et manipuler un autre phénomène naturel. Le travail de la psychologie behavioriste est de pouvoir prédire et contrôler l'activité humaine » (cité par Calvi, 1981, p. 58).

John Watson (1878-1958)

Il existe différentes manières de regrouper et de nommer les différentes générations de théoriciens du behaviorisme (Forget, Otis et Leduc, 1988), mais à peu près tout le monde s'entend pour désigner John Broadus Watson (1878-1958) comme le père du behaviorisme (St-Yves, 1986) ou comme le fondateur de la psychologie du comportement (Guérin, 1998). Pourquoi ce titre ?

C'est qu'il revient à John Broadus Watson, psychologue américain né au Canada, d'avoir synthétisé un certain nombre d'idées qui commençaient à poindre en psychologie au début du XXᵉ siècle, alors dominé par la psychologie introspective. Son article, intitulé « La psychologie telle que la conçoit un behavioriste » (traduction libre de *Psychology as the behaviorist views it*), fut publié en 1913 dans la revue *Psychological Review* et connut dès lors un succès retentissant. Notons que le mot « behavioriste » utilisé dans le titre est un néologisme introduit par Watson et qu'il apparaît pour la première fois dans cet article, aujourd'hui désigné comme le *manifeste du behaviorisme*. Voici en bref les idées nouvelles dont Watson se fit le porte-parole et le défenseur inconditionnel :

♦ La psychologie doit devenir une science objective et faire appel à des méthodes empiriques.

♦ La vie mentale (par exemple, la conscience) existe, mais elle ne doit pas être l'objet d'étude d'une psychologie scientifique.

♦ L'objet d'étude de la psychologie est le comportement observable et mesurable.

Watson fait partie de ceux qu'on surnomme les behavioristes radicaux. Sa position pourrait se résumer dans son affirmation selon laquelle « l'homme se construit, il ne naît pas tel quel » (« *Man is built, not born* »). Il croyait fermement dans les capacités à façonner l'esprit humain à l'aide du conditionnement, comme en témoigne cet extrait célèbre tiré de son livre *Behaviorism*, publié en 1924 :

> Donnez-moi une douzaine d'enfants sains, bien constitués, et l'espèce de monde qu'il me faut pour les élever, et je m'engage, en les prenant au hasard, à les former de manière à en faire un spécialiste de mon choix, médecin, commerçant, juriste et même mendiant ou voleur, indépendamment de leurs talents, penchants, tendances, aptitudes, ainsi que de la profession et de la race de leurs ancêtres (cité par Robidas, 1989, p. 66).

3.1.4   Skinner et le conditionnement opérant

Si l'on accorde à Watson le titre de père ou de fondateur du behaviorisme, on attribuera sans peine le titre de behavioriste émérite à Burrhus Frederic Skinner (1904-1990), sans doute le nom le plus couramment associé au behaviorisme. Il n'est pas étonnant que les éditions Robert Laffont (1981) aient retenu son nom parmi *Les dix grands de la psychologie*, à côté, entre autres, de Pavlov et de Watson (encore eux) ! Figure de proue parmi les psychologues contemporains et l'un des plus souvent cités par ses pairs, Skinner a obtenu en 1990 un prix prestigieux décerné par l'Association américaine de psychologie pour sa contribution exceptionnelle. Sur la plaque qu'on lui a remise, une semaine avant sa mort, on peut lire le témoignage suivant :

« Votre analyse incisive des contingences de renforcement et la manière articulée dont vous avez présenté ses implications pour la théorie de l'évolution de l'espèce et pour la philosophie behaviorale, vos innovations méthodologiques en recherche et l'étendue des applications pratiques de vos travaux scientifiques sont sans égales parmi les psychologues contemporains. Vous avez changé fondamentalement et à jamais notre perception de l'apprenant chez l'être humain » (cité par Fowler, 1990, p. 1203, traduction libre).

B.F. Skinner (1904-1990)

Quelle est donc cette contribution exceptionnelle de Skinner qui en fait « le représentant le plus célèbre et le plus important du courant néobehavioriste aux États-Unis et dans le monde » (Raynal et Rieunier, 1997, p. 340) ? En nous inspirant du texte qui précède, nous résumerons cette contribution sous trois volets : premièrement, le modèle théorique du conditionnement opérant (*analyse des contingences de renforcement*); deuxièmement, la perception de l'apprenant, de l'apprentissage et de l'enseignement sous l'éclairage behavioral (*voir la section 3.2*); troisièmement, les applications du behaviorisme à l'apprentissage scolaire (*voir la section 3.3*).

Le conditionnement opérant

Tous les comportements appris par un individu ne peuvent évidemment pas s'expliquer par le conditionnement classique. En fait, ce type de conditionnement ne correspond qu'à une très faible partie des comportements appris qui composent le répertoire comportemental d'une personne, c'est-à-dire l'ensemble de ses comportements observables et mesurables. Plus que tout autre chercheur, Skinner a mis en valeur un second type de conditionnement, le conditionnement opérant, ainsi que le rôle crucial exercé par les contingences de renforcement dans ce type de conditionnement.

Si Pavlov s'est rendu célèbre avec ses chiens, Skinner est tout aussi connu pour ses expériences avec des rats de laboratoire et pour l'invention de la « boîte de Skinner » dans laquelle il les faisait évoluer. S'inspirant des travaux de Thorndike sur les chats, Skinner a conduit plusieurs séries d'expériences dans les années 1930-1940 dont le protocole original est le suivant.

Un rat affamé est placé dans une boîte pourvue d'un petit levier (stimulus antécédent). Le rat appuie sur le levier (réponse) et une boulette de nourriture (stimulus renforçateur) tombe dans la mangeoire. Assez rapidement, le rat apprend à appuyer sur le levier pour se procurer de la nourriture. Le comportement consistant à appuyer sur le levier a donc été conditionné grâce à l'ajout d'une conséquence renforçante (SR ou stimulus renforçateur).

Skinner appelle ce type de procédure le conditionnement *opérant,* car l'organisme (ici le rat) opère un choix (celui de peser ou non sur le levier), même si ce choix est en bonne partie déterminé par la conséquence que lui offre l'environnement (recevoir une boulette de nourriture alors qu'il est affamé)! Ce dispositif scientifique, la *boîte de Skinner,* exercera un rôle prédominant sur l'élaboration des lois du conditionnement opérant (Snowman et Biehler, 2000). En effet, Skinner en a modifié le protocole original pour apprendre au rat, par exemple, à effectuer une *discrimination du stimulus* (ne peser sur le levier que lorsqu'un certain son se fait entendre) ou pour démontrer les effets d'un programme de renforcement à intervalle fixe sur le comportement (le rat attend la fin de l'intervalle avant de se remettre à peser sur le levier).

Certains pourront être surpris, voire scandalisés, qu'on songe ainsi à élaborer les lois de l'apprentissage humain à partir d'expériences effectuées avec des animaux de laboratoire. C'est que pour les behavioristes de cette époque, qui adoptent à cet égard une perspective psycho-éthologique (Doré, 1986), les principes et les lois régissant le comportement humain (la psychologie) et le comportement animal (l'éthologie) sont essentiellement les mêmes. Les résultats de recherches effectuées auprès d'animaux peuvent donc servir à expliquer *certains* aspects du comportement humain, la plupart des behavioristes (mis à part, peut-être, Watson!) n'ayant pas la prétention d'expliquer la *totalité* de l'expérience humaine à partir de comportements observés chez des animaux. En fait, Skinner était encore plus prudent à ce sujet, soutenant que les lois découvertes en laboratoire avec ses rats devaient, *en principe*, s'appliquer aux humains, mais qu'elles devraient néanmoins être testées sur des sujets humains avant d'être adoptées. Ce fut effectivement le cas pour toutes les lois du conditionnement opérant.

Le conditionnement classique, comme nous l'avons vu, met en scène des comportements involontaires : le sujet se contente de réagir, de *répondre* à des stimuli, d'où le nom de conditionnement *répondant* proposé par Skinner pour ce type de conditionnement (Richelle, 1977). Le conditionnement opérant décrit par Skinner s'intéresse à un tout autre type de comportement humain : les comportements volontaires, soit des comportements suivis de conséquences offertes par l'environnement (physique ou humain), conséquences qui influenceront la probabilité d'apparition de ceux-ci dans l'avenir. Le modèle du conditionnement opérant peut être résumé par les lettres :

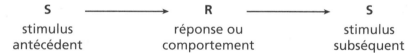

où le premier S représente le stimulus ou la situation stimulus qui *précède* immédiatement ou qui fournit à l'organisme l'occasion de produire la réponse volontaire, comportement qui sera *suivi* d'un second stimulus (le deuxième S de l'équation), agissant comme *conséquence* du comportement. Il est à noter qu'on utilise également les lettres S-R-C (C pour « conséquences ») pour désigner le modèle du conditionnement opérant. Il existe trois types de conséquences possibles de tout comportement : des conséquences renforçantes (SR), neutres (SN) et punitives (SP).

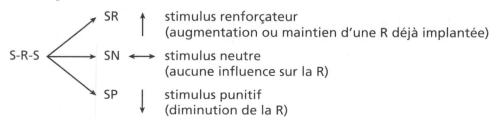

Les classes de contingences

On parle de contingence de renforcement ou de contingence punitive lorsque la conséquence qui suit un comportement a pour effet d'augmenter ou de diminuer l'apparition de ce comportement. Dans ce contexte, le terme « contingence » est plus ou moins synonyme de « conséquence » (Goupil et Lusignan, 1993). Les classes de contingences excluent donc la catégorie des stimuli neutres qui n'exercent aucun effet sur le comportement. On distingue quatre classes de contingences en matière de conditionnement opérant : le *renforcement positif* (une conséquence ajoutée qui a pour effet de maintenir un comportement déjà établi ou d'augmenter l'apparition du comportement), le *renforcement négatif* (une conséquence soustraite qui a également pour effet de maintenir un comportement ou d'augmenter son apparition), la *punition par addition* (une conséquence ajoutée qui a pour effet de diminuer la manifestation du comportement) et la *punition par soustraction* (une conséquence soustraite qui a également pour effet de diminuer la manifestation du comportement).

En ce qui concerne les deux classes de contingences de renforcement, soulignons que les termes « positif » et « négatif » doivent être compris dans le sens mathématique d'*addition* (renforcement positif), c'est-à-dire de l'ajout d'une conséquence « agréable », et de *soustraction* (renforcement négatif), c'est-à-dire du retrait d'une conséquence « désagréable ». Il ne faut pas confondre punition et renforcement négatif, ce que font bon nombre de personnes (Snowman et Biehler, 2000), le renforcement négatif ayant bel et bien un effet de renforcement. La seule différence que le renforcement négatif présente par rapport au renforcement positif, c'est qu'on procède en enlevant un stimulus aversif, ou conséquence désagréable, plutôt qu'en ajoutant un stimulus appétitif, ou conséquence agréable. L'exemple le plus simple d'un renforcement négatif en milieu scolaire est le congé de devoirs et de leçons (le retrait d'un stimulus considéré comme désagréable, du moins par la plupart des élèves). La figure 3.5 illustre ces quatre classes de contingences à l'aide d'exemples tirés du milieu scolaire.

FIGURE 3.5 *Les quatre classes de contingences en matière de conditionnement opérant*

	Addition d'un stimulus (+)	Soustraction d'un stimulus (−)
Augmentation du comportement	**RENFORCEMENT POSITIF** (par exemple, un renforçateur verbal)	**RENFORCEMENT NÉGATIF** (par exemple, un congé de devoirs et de leçons)
Diminution du comportement	**PUNITION PAR ADDITION** (par exemple, un devoir supplémentaire)	**PUNITION PAR SOUSTRACTION** (par exemple, la perte d'un privilège)

3.1.5 Bandura et l'apprentissage vicariant

Un troisième type de conditionnement sera mis en lumière par les chercheurs que Dubé (1986) appelle les « modeleurs de comportement ». Ces chercheurs, tels que Bandura, Premack et Staats, se distinguent des deux premières générations de behavioristes, celle des pionniers (Thorndike, Pavlov, Watson) et celle des behavioristes orthodoxes (Guthrie, Hull, Skinner, etc.), par le fait qu'ils tiennent compte de facteurs internes et personnels pour expliquer l'apprentissage de comportements humains. La réponse comportementale n'est plus aussi mécanique que dans le modèle S-R, où un stimulus donné entraîne une réponse donnée.

Albert Bandura est le principal représentant de cette troisième génération de behavioristes (Dubé, 1986), ou de néo-behavioristes (St-Yves, 1986). Il est même qualifié de behavioriste-cognitiviste « pour avoir redéfini le schéma S-R de l'apprentissage [...] à partir de variables telles que l'autorégulation, l'interaction sociale, l'affectivité, l'autodirection, la motivation » (Raynal et Rieunier, 1997, p. 54). En 1976, Bandura publie sa théorie du développement social dans laquelle il fait intervenir les concepts d'anticipation et de planification, processus internes davantage associés à la psychologie cognitive. Dix ans plus tard (1986), il propose même une théorie sociale cognitive qui tente d'expliquer les composantes de l'efficacité personnelle, c'est-à-dire les croyances de base qui animent une personne efficace. Mais revenons à une de ses premières contributions : l'apprentissage vicariant.

Albert Bandura (1925 - ...)

« L'apprentissage s'effectue non seulement par le biais du conditionnement mais aussi à partir de l'observation des autres. Lord Chesterfield (1694-1773) en eut le premier l'intuition : "Plus de la moitié de ce que nous sommes provient en vérité de l'imitation." »

« L'apprentissage serait épouvantablement laborieux, pour ne pas dire hasardeux, si les gens devaient compter uniquement sur les effets de leurs propres actions pour les informer de ce qu'ils doivent faire » (Bandura, 1977, cité par Myers, 1995, p. 281).

Théoricien de l'apprentissage social (*social learning theory*), Bandura met l'accent sur un troisième type d'apprentissage : l'apprentissage vicariant ou l'apprentissage par imitation. Dans les deux premiers types de conditionnement, les comportements sont appris par les interactions directes du sujet avec son environnement. Dans l'apprentissage vicariant, le sujet joue le rôle d'un observateur ; il observe à la fois le comportement adopté par un « modèle » et les conséquences de ce comportement fournies par l'environnement. Selon ces conséquences (renforcement ou punition), il choisira ou non d'adopter le même comportement. Notons que, dans un tel cas cas, certains auteurs (par exemple, Robidas, 1989) n'hésitent pas à parler de conditionnement vicariant, de la même manière qu'on peut parler de conditionnement classique et de conditionnement opérant.

Voici un exemple d'un apprentissage vicariant : un élève qui n'est pas assis droit à son pupitre entend l'enseignante complimenter son voisin pour sa bonne posture ; l'élève en question se redresse immédiatement sur son siège. Cet élève aurait-il imité son voisin s'il n'avait observé la conséquence agréable qu'a reçue celui-ci ? Probablement que non. Ce qui distingue l'apprentissage vicariant de la simple imitation, c'est l'observation de la conséquence reçue par le modèle observé.

Le conditionnement classique et le conditionnement opérant

Pour compléter cette présentation des fondements théoriques du behaviorisme, nous proposons un tableau récapitulatif (*voir le tableau 3.1*) qui établit une comparaison entre le conditionnement classique et le conditionnement opérant, en incorporant certains éléments des sections qui suivent. Rappelons que le conditionnement classique, ou conditionnement pavlovien, est également connu

TABLEAU 3.1 *Une comparaison entre le conditionnement classique et le conditionnement opérant*

Conditionnement classique	Conditionnement opérant
◆ Modèle S-R	◆ Modèle S-R-C (ou S-R-S)
◆ Théoricien principal : Pavlov	◆ Théoricien principal : Skinner
◆ Accent mis sur les stimuli qui *précèdent* (S) le comportement ou la réponse	◆ Accent mis sur les *conséquences* (C) fournies par l'environnement
◆ Comportements involontaires (réflexes ou réactions émotives) : la personne ne fait que *répondre* aux stimuli présentés (conditionnement *répondant*)	◆ Comportements volontaires (comportements de tous types) : la personne *opère* un choix, suivant la valeur accordée aux conséquences reçues (conditionnement *opérant*)
◆ Intervenants habituels : psychologues ou spécialistes des thérapies behaviorales	◆ Intervenants habituels : enseignants et parents (mais les pairs peuvent aussi être entraînés à intervenir)
◆ Technique utilisée : désensibilisation systématique (pour déconditionner une phobie)	◆ Techniques utilisées : techniques de punition, techniques de renforcement, techniques pour implanter un nouveau comportement, etc.

sous le nom de conditionnement *répondant*, car dans ce type de conditionnement l'organisme se contente de *répondre* à un stimulus. Raynal et Rieunier (1997) résument ainsi la distinction entre le conditionnement répondant et le conditionnement opérant : « Pavlov conditionne un réflexe, Skinner conditionne un comportement volontaire » (p. 346).

3.2 LA CONCEPTION BEHAVIORALE DE L'APPRENTISSAGE ET DE L'ENSEIGNEMENT

Quel impact le behaviorisme a-t-il eu et, dans une certaine mesure, continue-t-il d'avoir en milieu scolaire ? Quelles conceptions de l'apprentissage et de l'enseignement se dégagent des théories du conditionnement ? Quels rôles accordera-t-on à l'apprenant et à l'enseignant dans un modèle d'école behaviorale ? Cette section tentera de répondre aux questions précédentes en prenant pour appui le tableau de synthèse du courant behavioral présenté dans la section 2.2.1 du chapitre 2. Elle servira essentiellement de pont entre, d'une part, la présentation des fondements théoriques du behaviorisme (section 3.1) et, d'autre part, celle des retombées éducatives et des techniques behaviorales (section 3.3).

3.2.1 La finalité et les valeurs de l'école behaviorale

Si le behaviorisme de Watson proposait une certaine conception de l'apprentissage humain (*l'homme se construit*), le behaviorisme skinnérien débouche carrément sur une *philosophie behaviorale*, une interprétation de la vie qui remet en question les conceptions traditionnelles de la liberté et de la dignité humaines. C'est pourquoi les psychologues et les éducateurs humanistes, parmi d'autres groupes, se sont opposés si violemment aux thèses de Skinner, thèses défendues dans plusieurs ouvrages, en particulier dans son roman didactique *Walden Two* (1948) et dans *Par-delà la liberté et la dignité* (1972, pour la traduction française, la version originale ayant été publiée en 1971).

Empruntant à l'opérationnisme le principe méthodologique suivant lequel il refuse le concept de cause, s'inspirant du positivisme et de l'empirisme, Skinner en arrive à adopter la position selon laquelle toute proposition qui n'est pas vérifiée par l'observation ne peut avoir de valeur en sciences expérimentales (Dubé, 1986). Avant tout autre facteur (l'hérédité joue un rôle, mais secondaire), ce sont les contingences de l'environnement qui structurent la façon de se comporter des êtres humains. Ainsi que le résume Dubé (1986, p. 130), « il suffit de contrôler ces contingences pour forger des conduites », comme l'expérimentateur contrôle le débit des boulettes de nourriture (stimulus appétitif) et les décharges électriques (stimulus aversif) que reçoit le rat dans sa cage pour en arriver à façonner les comportements de l'animal. Dans cette perspective, le monde devient une immense boîte de Skinner qui façonne l'individu.

Quel impact aura la philosophie behaviorale sur la finalité que poursuit l'institution scolaire et sur les valeurs qu'adopte celle-ci? Disons tout d'abord que Skinner s'intéressait beaucoup aux applications du conditionnement opérant, et en particulier à celles qui concernent l'éducation. Après avoir visité la classe de l'école secondaire que fréquentait l'une de ses filles, il en arrive à la conclusion que l'école gaspille l'intelligence de ses élèves. Ses objectifs sont mal définis et ses méthodes d'enseignement s'avèrent inefficaces; de plus, on ne semble pas avoir appris à utiliser les contingences de renforcement pour façonner le comportement et l'apprentissage des élèves. Skinner propose alors que l'on recoure aux principes du conditionnement opérant pour améliorer l'apprentissage scolaire, comme l'explique Dubé (1986):

> Chaque fois que l'enfant émet une bonne réponse, il faut lui donner un renforcement positif. La manière de procéder consiste donc à découvrir le mieux connu de l'élève, puis à fractionner la matière à apprendre de manière à faire cheminer l'élève à l'aide de questions suffisamment simples pour qu'il trouve lui-même la bonne réponse. Cela suppose qu'un cours de chimie, par exemple, soit complètement décortiqué en ses notions élémentaires et gradué de telle sorte que l'élève soit peu à peu conduit à l'intérieur de la discipline (p. 135).

L'école d'inspiration behaviorale est donc le lieu de transmission d'un savoir préétabli, d'un savoir que l'on décortique pour en faciliter la « digestion », où l'on vise à la fois à transmettre les connaissances utiles à une participation optimale au marché du travail et à amener les élèves à adopter les comportements nécessaires à leur adaptation sociale. Il n'est pas surprenant qu'une telle école privilégie des valeurs d'adaptation et de conformité sociales, mais également d'autres valeurs chères au paradigme socioculturel industriel dont elle s'inspire (Bertrand et Valois, 1992): la rapidité et l'efficacité du système d'enseignement-apprentissage. On peut presque entendre en écho le leitmotiv des paroles du chansonnier québécois Jacques Michel: « efficacité-rentabilité-productivité; efficacité-rentabilité-productivité[3] ».

3.2.2 Les conceptions de l'enseignement et de l'apprentissage

L'école behaviorale n'est certes pas une école du laisser-faire; elle propose une conception très interventionniste de l'enseignement (l'enseignant occupe le rôle

---

3. Ces paroles sont tirées de la chanson « Horosco Referens » (1971) qu'on trouve dans l'album intitulé *Chansons d'impatience et d'espoirs*.

central), basée sur le contrôle des contingences de renforcement (renforçateurs) et, en cas de besoin, des contingences punitives (punitions) données le plus souvent par l'enseignant (l'élève peut cependant être amené à y jouer un rôle). En vue de faciliter l'apprentissage scolaire, on préconise l'emploi de l'analyse de tâche pour décortiquer les contenus d'apprentissage et s'assurer de la maîtrise des préalables nécessaires.

Évidemment, la conception de l'apprentissage scolaire hérite des conceptions mécanistes du conditionnement opérant (telle réponse entraîne telle consé-quence) et du conditionnement répondant (associations stimuli-réponses). Défini en fonction de produits, c'est-à-dire de « bonnes réponses », l'apprentissage dépendra de l'efficacité des contingences fournies par l'environnement éducatif, y compris par le matériel d'enseignement programmé que préconise Skinner.

3.2.3 Les rôles de l'enseignant et de l'apprenant

Comme nous l'avons dit, l'enseignant occupe le rôle central dans une telle école. Skinner voyait d'ailleurs l'enseignant comme un genre d'ingénieur du comportement. Il est la personne responsable de la planification méticuleuse de l'enseignement et de la mise en place des contingences de renforcement associées à un apprentissage efficace. Le rôle de l'élève est essentiellement passif ; il se contente de réagir aux stimuli fournis par l'environnement. Sa motivation est de type extrinsèque, contrôlée par les renforçateurs externes que lui offre l'enseignant.

Avant d'aborder les retombées positives du courant behavioral dans le domaine de l'éducation, nous conclurons cette section avec quelques-unes des critiques (*voir le tableau 3.2 à la page suivante*), parfois exagérément sévères, qui furent jadis adressées au behaviorisme radical, et en particulier à son chef de file, le théoricien behavioriste le plus empiriste (Dubé, 1986), soit Skinner.

3.3 LES RETOMBÉES ÉDUCATIVES, LES TECHNIQUES BEHAVIORALES ET LEURS LIMITES

Malgré la virulence des attaques et l'ampleur des critiques adressées au beha-viorisme et plus précisément à la *philosophie behaviorale*, il faut reconnaître que le courant behavioral a eu des retombées positives, somme toute considérables, dans le domaine de l'éducation. Slavin (2000) retient 10 éléments ou principes associés à l'apprentissage dans une perspective behaviorale : le rôle des conséquences, les renforçateurs, les renforcements intrinsèques et extrinsèques, les punitions,

TABLEAU 3.2 *Quelques critiques adressées à B. F. Skinner*

« Au nom d'une psychologie dite néo-behavioriste de pur comportement, un certain Skinner, psychologue d'Harvard, appelle à la robotisation. [...] Toutes les radios se font un honneur d'inviter ce fou dangereux qui, proche des pavloviens soviétiques, affirme que l'homme n'est pas un état particulier de la nature, que c'est un animal parmi les autres animaux et que, comme tel, il faut le dresser afin qu'il réagisse comme les autres animaux à un certain nombre de stimuli extérieurs de l'environnement » (Michel Lancelot, *Le jeune lion dort avec ses dents*, 1974).

« [...] la plus grande réalisation de Skinner dans le domaine de la technologie du comportement a été de dresser deux pigeons à pousser une balle en avant et en arrière, l'un vers l'autre. Ce succès demandait sans doute beaucoup d'imagination et de persévérance, mais il suffit à peine à justifier la prétention d'être pris au sérieux en tant qu'expert de la civilisation et de la politique » (Stanislas Andreski, *Les sciences sociales, sorcellerie des temps modernes*, 1975).

« [La pensée de Skinner] invite à consolider l'ordre ; elle fournit une réponse aux critiques formulées contre la culture et la société. Elle prône le contrôle afin d'assurer la survie, donc la reproduction de ce qui existe. En regard, la liberté et la dignité – idées-force des extrémistes – font figure de bulles du passé, s'appuyant sur des théories préscientifiques » (Serge Moscovici, « Sommes-nous des Rats ? », *Le Nouvel Observateur*, 1973).

« Considérons un camp de concentration bien organisé, dont les détenus s'espionnent mutuellement, avec ses chambres à gaz fumant aux alentours, et éventuellement une allusion verbale occasionnelle qui rappelle la signification de ce comportement. Cela apparaîtrait comme un monde quasi parfait. [...] Dans la conception de Skinner, il n'y aurait aucune objection à cet ordre social. Au contraire, il semblerait proche de l'idéal » (Noam Chomsky, « Psychology and ideology », *Cognition*, 1972, traduction libre).

Source : Extraits du premier chapitre intitulé « Qui n'aurait peur de Burrhus Frederic Skinner ? », dans Richelle (1977, p. 7-10).

les conséquences immédiates, le façonnement, l'extinction, les programmes de renforcement, le maintien des comportements acquis et le rôle des antécédents.

Ces éléments ou principes peuvent être regroupés en trois catégories de retombées éducatives : les principes et les programmes de renforcement (les renforçateurs, les renforcements intrinsèques et extrinsèques, les conséquences immédiates, les programmes de renforcement, le maintien des comportements acquis), l'analyse et la modification du comportement (le rôle des conséquences et le rôle des antécédents) ainsi que les techniques de modification de comportement (les punitions, le façonnement et l'extinction). Nous avons ajouté à celles-ci une quatrième catégorie de retombées éducatives d'une importance capitale, soit *l'analyse de tâche*, technique qui se révèle particulièrement utile pour faciliter l'enseignement et l'apprentissage d'objectifs complexes.

3.3.1 Les principes et les programmes de renforcement

Nous amorcerons la présentation de ces retombées éducatives par ce que le behaviorisme a probablement de plus « positif » à offrir au milieu scolaire : ses programmes et ses techniques de renforcement. Rappelez-vous le mot d'ordre des behavioristes : tâchez de surprendre les élèves à bien faire… et renforcez ces comportements !

On constatera l'emploi du terme « renforcer » et non celui de « récompenser ». C'est que « récompenser » n'est pas synonyme de « renforcer ». Plus exactement, on peut dire que la récompense qui est octroyée par l'enseignant n'a pas toujours l'effet de renforcement escompté ; donc, techniquement parlant, ce n'est pas un renforçateur. Rappelons qu'un renforçateur (par addition ou par soustraction) se définit par le fait que cette conséquence a pour effet de maintenir ou d'augmenter l'apparition d'un comportement. Or, on sait que certaines récompenses n'ont pas cet effet.

Nous y reviendrons plus loin au cours de la présentation des six principes de base du renforcement, mais tout d'abord il convient de préciser qu'il existe deux catégories de renforçateurs : les renforçateurs primaires et les renforçateurs secondaires ou renforçateurs conditionnés.

Les renforçateurs primaires

Le renforçateur primaire ou, plus exactement dans la terminologie behaviorale, l'agent de renforcement primaire ou inconditionnel « est un stimulus possédant des propriétés de renforcement sur le comportement indépendamment de tout apprentissage antérieur » (Malcuit et Pomerleau, 1980, p. 59). Ces renforçateurs primaires répondent aux besoins physiologiques de l'organisme, par exemple le besoin de nourriture (pour quelqu'un qui a faim), le besoin de sommeil (répondant au besoin de repos), le besoin de chaleur (pour se protéger du froid). À ces besoins d'ordre physiologique on pourrait ajouter le besoin d'affection, qui se manifeste très tôt dans la vie des humains, comme le besoin de contact physique qu'éprouve le nourrisson. Évidemment, les renforçateurs primaires ne sont pas appelés à jouer un rôle important en milieu scolaire, à moins que les enseignants n'entreprennent d'affamer leurs élèves ou de les priver de sommeil…

Les renforçateurs secondaires ou renforçateurs conditionnés

La quasi-totalité des renforçateurs entrent dans cette seconde catégorie. Les renforçateurs secondaires sont des renforçateurs dont la valeur de renforcement a été « apprise » ou conditionnée. Par exemple, le clin d'œil que l'enseignant adresse à un élève sera perçu ici comme une marque d'amitié ou de complicité, alors qu'il pourrait être interprété tout autrement dans une autre culture. Un renforçateur matériel tel qu'un « autocollant » aura aujourd'hui une très grande valeur de renforcement chez de jeunes enfants, en particulier s'ils en font la collection, mais allez donc leur donner une image pieuse comme celles que recevaient leurs grands-parents !

On peut répertorier les renforçateurs disponibles à l'école sous cinq catégories : les renforçateurs matériels (par exemple, les petits prix offerts aux élèves du primaire, les livres offerts en récompense aux élèves du secondaire), les renforçateurs par privilège ou activité (par exemple, le privilège d'effacer le tableau pour un jeune élève, une période d'activités libres pour des élèves plus âgés), les renforçateurs symboliques (par exemple, les certificats de mérite, les noms inscrits au tableau d'honneur de l'école), les renforçateurs sociaux (par exemple, le renforçateur verbal, un signe non verbal d'approbation) et les renforçateurs informationnels (par exemple, un graphique qui illustre les progrès, un commentaire qui décrit les améliorations d'un élève dans un travail).

Tous ces renforçateurs sont évidemment de nature extrinsèque ; cependant, certains d'entre eux se rapprochent davantage de la motivation intrinsèque. Par exemple, le renforçateur informationnel que reçoit un élève ne fait que mettre en lumière les progrès qu'il a réalisés et l'amène à s'autorenforcer : « Wow ! c'est vrai que je m'améliore, je suis vraiment fier de mes progrès ! » Ainsi, certains auteurs (comme Forness, 1973) ont établi une hiérarchie des renforçateurs. La figure 3.6 propose une hiérarchie de ce genre qui situe les cinq catégories de renforçateurs sur un continuum, allant des renforçateurs les plus extrinsèques (les renforçateurs matériels) aux renforçateurs se rapprochant le plus de la motivation intrinsèque (les renforçateurs informationnels).

FIGURE 3.6 *La hiérarchie des renforçateurs*

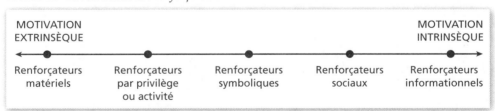

Les renforçateurs généralisés

Parmi les renforçateurs secondaires, on trouve une catégorie particulière de renforçateurs, dont la caractéristique première est de donner accès à une variété d'agents de renforcement. Ce sont les renforçateurs généralisés. Dans la vie de tous les jours, l'argent constitue l'exemple le plus évident de renforçateur généralisé : « L'argent est un agent de renforcement généralisé dans le sens que sa valeur renforçante a été acquise en association avec de la nourriture, des vêtements, des loisirs, etc. » (Malcuit et Pomerleau, 1980, p. 60). Existe-t-il l'équivalent d'un renforçateur généralisé en milieu scolaire, soit un agent de renforcement qui pourrait être échangé contre différents renforçateurs, essentiellement des renforçateurs matériels et des renforcements par privilège ou activité ?

De tels renforçateurs existent ; il s'agit des systèmes de jetons (sous une forme tangible, comme les jetons de couleur du jeu de bingo) ou des systèmes de points de mérite (un simple crochet sur la fiche de l'élève), lesquels sont remis individuellement aux élèves consécutivement à des comportements spécifiques précisés à l'avance, puis sont échangés après une période déterminée (par exemple, tous les vendredis après-midi) et à un taux d'échange également préétabli (par exemple, 5 jetons ou 5 points pour tel renforçateur, 10 jetons pour tel autre). Le « menu des récompenses » (*voir la figure 3.7*) est ainsi susceptible de comprendre une grande variété de renforçateurs et de taux d'échange, certains renforçateurs pouvant nécessiter l'épargne des jetons gagnés pendant plusieurs semaines.

FIGURE 3.7 *Le menu des renforçateurs utilisés avec un système de jetons au primaire*

Un petit autocollant	Un grand autocollant	Un fruit	Un crayon de couleur	Une mini-calculatrice
1 jeton	2 jetons	3 jetons	5 jetons	25 jetons

Nourrir les poissons (une semaine)	S'occuper du calendrier (une semaine)	Dix minutes de musique (coin écoute)	Dix minutes à l'ordinateur (jeux libres)
5 jetons	5 jetons	10 jetons	15 jetons

Les chercheurs behavioristes ont amplement démontré l'efficacité de tels systèmes, tout d'abord auprès de clientèles ayant des besoins particuliers, mais également auprès de groupes d'élèves de tous les âges, y compris au secondaire. Le principal avantage d'un système de jetons réside dans le fait qu'il permet le *renforcement immédiat* du comportement cible, sans qu'on ait à attendre la fin de l'activité en cours ou de la journée scolaire pour renforcer un «bon» comportement ou pour souligner un travail bien fait. Ce principe de base doit d'ailleurs être observé dans l'application d'une procédure de renforcement. Voici la formulation qu'on pourrait lui donner ainsi que quelques autres principes de base dont il faut tenir compte :

1. Le renforcement doit *suivre* immédiatement ou le plus tôt possible le comportement que l'on désire renforcer.

2. La valeur renforçante d'un renforçateur *dépend des personnes*. Il n'existe pas de renforçateur universel ; il est possible que ce qui renforce une personne ne renforce pas une autre personne, et agisse même comme une «punition».

3. Tout renforçateur autre que social doit être accompagné d'un *renforcement social* ; un renforçateur informationnel, par exemple, aura beaucoup plus d'impact s'il est accompagné d'un renforçateur verbal approprié.

4. Un renforçateur *trop souvent utilisé*, tel que le même renforçateur verbal («C'est bien!»), peut perdre sa valeur renforçante.

5. Le *principe de Premack*, du nom de son auteur, David Premack (1959), a avantage à être appliqué lorsque cela s'avère possible. Il s'agit tout simplement d'utiliser une activité préférée de l'élève (par exemple, dessiner) comme renforçateur pour une activité moins aimée (par exemple, un exercice de mathématiques). L'efficacité de ce principe a été démontrée auprès de tous les groupes d'âge (Spiegler, 1983).

6. À long terme, on doit viser à l'autodiscipline des élèves, en choisissant des renforçateurs qui s'approchent de plus en plus de la motivation intrinsèque et en diminuant progressivement la quantité ou la fréquence des renforçateurs externes donnés par l'enseignant.

Les programmes de renforcement

Le dernier principe évoqué, qui consiste à viser à l'autodiscipline et au développement de la motivation intrinsèque, nous amène à aborder les divers programmes de renforcement existants. Là encore, on peut diviser ces programmes en deux catégories : les programmes continus et les programmes intermittents. Le programme continu est un programme par lequel on renforce un comportement cible chaque fois que celui-ci est observé (ratio de 1/1). On suggère d'utiliser un programme continu dans le cas d'un apprentissage difficile pour l'élève ou au début d'un apprentissage nouveau. Par exemple, on pourra choisir de renforcer une enfant très timide de la maternelle chaque fois qu'elle s'adresse à une compagne ou à un compagnon de classe ou à son enseignante. Dès que cela est possible, il est recommandé de passer à une forme ou l'autre de programme intermittent.

Les programmes intermittents varient selon deux facteurs. Ils peuvent varier, en premier lieu, selon qu'ils sont donnés en fonction d'un critère de temps (les programmes à intervalle) ou encore d'un critère de quantité de comportements mesurés (les programmes à proportion), et, en second lieu, selon que cet intervalle ou cette proportion reste le même (les programmes fixes) ou change d'un renforçateur à l'autre (les programmes variables). Le croisement de ces deux variables produit quatre types de programmes de renforcement intermittents, comme l'indique le tableau 3.3.

TABLEAU 3.3 *Les quatre types de programmes de renforcement intermittents*

	Fixe	Variable
Programme à proportion	Proportion fixe : un renforçateur pour X comportements : par exemple, un point de mérite est attribué chaque fois qu'un élève a terminé 3 fiches de lecture.	Proportion variable : un renforçateur est donné après un nombre de comportements qui varie, mais autour d'une moyenne : un élève est félicité après avoir terminé 4 fiches de lecture, puis après avoir terminé 2 fiches de lecture (moyenne = 3).
Programme à intervalle	Intervalle fixe : le comportement appliqué du groupe-classe est renforcé toutes les semaines, comme le vendredi après-midi.	Intervalle variable : le comportement d'un élève au travail est renforcé après un intervalle variant de 10 à 20 minutes (moyenne de 15 minutes).

3.3.2 L'analyse et la modification du comportement

Pour plusieurs auteurs (notamment Glover et Bruning, 1987), la principale implication du behaviorisme en milieu scolaire réside dans les outils fournis pour la discipline et la gestion de la classe. Ces outils de gestion sont regroupés sous l'expression « analyse et modification du comportement », expression qui correspond d'ailleurs au titre de l'ouvrage que Côté et Plante (1976) ont consacré à ce sujet. On sait que le groupe-classe est le lieu d'une infinité d'interactions sociales et de comportements de toutes sortes, aux conséquences parfois positives, parfois un peu moins positives. Le climat d'apprentissage de la classe est la résultante de toutes ces interactions entre les élèves, entre les élèves et l'enseignant, entre les élèves et les ressources fournies pour l'apprentissage, et ainsi de suite.

Pourquoi un élève se comporte-t-il d'une certaine façon dans une circonstance donnée? Pourquoi un autre élève a-t-il modifié son comportement à l'égard de ses apprentissages scolaires? Pourquoi tel élève répond-il plus favorablement qu'un autre aux conséquences agréables que lui offre l'enseignant? La liste de ces « pourquoi » pourrait s'allonger indéfiniment. Pour quiconque a déjà enseigné, ce questionnement incessant sur les raisons susceptibles d'expliquer les comportements des élèves est une réalité devant laquelle il se trouve placé quotidiennement. Le processus d'analyse et de modification du comportement est l'outil proposé par les behavioristes pour aider les enseignants à comprendre la dynamique des interactions entre les membres du groupe-classe et pour les assister dans la gestion des contingences de renforcement des performances et des comportements scolaires.

Les cinq étapes d'une procédure d'analyse et de modification du comportement, adaptées de Seron, Lambert et Van der Linden (1977), étapes auxquelles nous en avons ajouté une sixième ou un objectif à long terme, l'autocontrôle, se résument ainsi :

1. Préciser le comportement cible ;
2. Déterminer les contingences environnementales ;
3. Mesurer le comportement avant d'intervenir (niveau de base) ;
4. Intervenir systématiquement et mesurer les effets de l'intervention ;
5. Évaluer l'efficacité de l'intervention ;
6. Viser à l'autocontrôle du comportement.

1. *Préciser le comportement cible* L'un des premiers soucis du modificateur de comportement est de désigner clairement le comportement que l'on désire modifier, dans un sens ou dans l'autre (augmentation ou diminution). Cela constitue le *comportement cible*. Il n'est pas inutile de rappeler à cet effet que l'intervenant behavioriste doit adopter une attitude objective, excluant toute donnée de nature subjective ou toute interprétation du comportement. Les étiquettes (élève hyperactif, élève paresseux, etc.) ne sont pas des comportements *observables* et *mesurables*. Ces deux derniers adjectifs font partie du credo du behavioriste, tout comme l'invitation à éviter les étiquettes qui stigmatisent les élèves! De plus, à cette étape où l'on précise le comportement cible, il serait superflu d'essayer d'expliquer ou d'interpréter ce comportement (par exemple, il est souvent distrait et il n'écoute pas l'enseignant parce qu'il est préoccupé par le récent divorce de ses parents). Ainsi, plutôt que de dire qu'un élève est hyperactif, il faudrait noter les comportements qu'il présente ; plutôt que de dire qu'un autre élève est paresseux, il faudrait noter les comportements ou les actions qu'il omet de faire.

2. *Déterminer les contingences environnementales* Supposons que le comportement cible est un comportement jugé inapproprié par l'intervenant scolaire, un comportement dont il désire diminuer l'apparition, voire éliminer celle-ci, comme le comportement d'un élève qui bouscule les autres et les frappe

occasionnellement. L'intervenant doit d'abord déterminer les stimuli antécédents ou les situations stimuli dans lesquelles le comportement se manifeste habituellement (<u>S</u>-R-C) en répondant aux questions pertinentes. Dans ce cas-ci, ce pourraient être les questions suivantes : quand ces comportements se produisent-ils (à quels moments de la journée), où (à quels endroits dans l'école), avec qui (quels sont les élèves concernés) et dans quelles circonstances ? L'intervenant doit ensuite prendre note des conséquences actuellement reçues par l'élève (S-R-<u>C</u>) pour ces comportements : quelles sont les réactions des autres élèves et des autres enseignants de l'école ? Les conséquences actuellement attribuées par l'enseignant (les réprimandes verbales) ne semblent avoir aucun impact sur le comportement cible de l'élève, puisque ce dernier maintient son comportement inapproprié.

3. *Mesurer le comportement avant d'intervenir* On peut invoquer au moins deux bonnes raisons pour mesurer le comportement cible avant le début de l'intervention. Premièrement, ce niveau de base du comportement cible permettra par la suite à l'enseignant d'évaluer objectivement les effets de l'intervention. Deuxièmement, cette étape permet à l'intervenant d'évaluer la gravité ou l'importance réelle du comportement qu'il désire modifier (Côté et Plante, 1976).

   Cette dernière remarque mérite que l'on s'y arrête. On pourrait accuser les behavioristes de vouloir dicter outre mesure aux élèves leurs comportements, sans laisser de place à l'enfance ou de droit à la « dissidence ». Tel n'est pas le cas. Juger un comportement inapproprié, c'est précisément porter un jugement, lequel peut parfois s'avérer hâtif. L'enseignant qui prend le temps de mesurer objectivement un tel comportement dans l'étape initiale de sa démarche de modification (étape d'une durée habituelle de cinq jours) en viendra peut-être à constater qu'après tout les comportements inappropriés ne sont pas aussi fréquents que ce qu'il lui semblait (par exemple, le comportement n'a été observé que deux fois en cinq jours).

   La mesure de base du comportement cible permet ainsi d'évaluer la pertinence du recours à une démarche élaborée d'analyse et de modification du comportement. Cela ne supprime pas pour autant le besoin d'intervenir ponctuellement... ou de remettre le « problème » entre les mains des principaux intéressés (nous reviendrons à cette approche « responsabilisante » dans le chapitre 5 portant sur les courants humaniste et transpersonnel).

4. *Intervenir systématiquement et mesurer les effets de l'intervention* Dans le cas où l'enseignant a jugé nécessaire de procéder à une intervention systématique à l'aide d'une technique de modification de comportement de son choix (*voir la section 3.3.3*), il devra ensuite s'assurer de mesurer le plus exactement possible les effets de cette intervention. En fait, la mesure du comportement

cible aura été entreprise pendant les premiers jours de sa démarche de modification du comportement, sauf dans le cas d'un comportement particulièrement violent ou dangereux, où l'on passe immédiatement à l'étape de l'intervention, sans exécuter une mesure de base. Pour reprendre l'exemple du garçon qui bouscule et frappe occasionnellement les autres élèves, il s'agira de choisir la technique de mesure la plus appropriée, en l'occurrence le calcul de la fréquence à laquelle se produit ce comportement chaque jour. Le tableau 3.4 présente les principales techniques de mesure behaviorale d'un comportement cible. Côté et Plante (1976) ajoutent à cette liste deux autres techniques d'enregistrement par observation : l'observation continue et

TABLEAU 3.4 *Les principales techniques de mesure d'un comportement cible*

Technique de mesure	Objet mesuré	Exemples
Produit permanent	Un produit qui demeure, le travail d'un élève qu'on peut conserver et compter	◆ Le nombre d'additions effectuées en une minute ◆ Le nombre de fiches terminées dans une semaine
Mesure de la fréquence	Un comportement que l'on peut observer et dont on peut compter le nombre de fois qu'il se manifeste pendant une période donnée	◆ Le nombre de fois par période qu'un élève parle sans permission ◆ Le nombre de fois par semaine qu'un élève arrive en retard à son cours
Mesure de la durée	Un comportement que l'on peut observer et dont on peut mesurer la durée (le comportement observé a un début et une fin)	◆ Le temps consacré à la lecture par un élève pendant la période du matin ◆ Le temps consacré à l'étude et aux devoirs à la maison
Échantillonnage de temps	Un comportement que l'on ne peut pas observer de manière continue ; on note si le comportement se manifeste à chacune des observations et on exprime le résultat en pourcentage	◆ Le pourcentage de temps consacré à la tâche pendant une période de travail (par exemple, cet élève a consacré environ 40 % de son temps à la tâche assignée durant son cours d'histoire) ; il accomplissait donc la tâche 4 fois sur 10
Mesure de latence	Mesure de la durée, mais l'objet mesuré ici est le temps qui *précède* la manifestation du comportement souhaité	◆ Le temps nécessaire à un élève ou au groupe-classe pour se mettre au travail après en avoir reçu la consigne de l'enseignant

l'observation par intervalle. Ils suggèrent de plus d'illustrer ces résultats à l'aide de graphiques, lesquels pourront éventuellement servir de renforçateurs informationnels pour les élèves en cause (rappelez-vous l'intervention effectuée par Mme Lirette et relatée dans l'introduction de ce chapitre).

5. *Évaluer l'efficacité de l'intervention* La dernière étape d'une démarche d'analyse et de modification du comportement consiste à évaluer les effets de l'intervention en comparant les résultats obtenus au cours de l'intervention à ceux de la mesure du comportement cible à l'étape qui précède la démarche de modification du comportement (niveau de base). L'enseignant pourra choisir de continuer d'attribuer les conséquences choisies (renforcement ou punition) en diminuant progressivement celles-ci, puisqu'il vise à long terme à l'autocontrôle des comportements et à l'autodiscipline de la part des élèves.

6. *Viser à l'autocontrôle du comportement* L'autocontrôle est effectivement l'objectif ultime recherché par de nombreux behavioristes, dont certains ont préconisé très tôt le recours aux techniques d'autorenforcement, l'élève déterminant lui-même le nombre de réponses requises pour s'octroyer un renforcement (Glynn, 1970) ou s'appliquant lui-même ses propres renforçateurs. Les autres composantes comportementales à prendre en considération dans les techniques d'autocontrôle (Seron, Lambert et Van der Linden, 1977) sont les suivantes : le choix du comportement cible (la participation à la détermination des comportements à modifier), l'enregistrement (l'automesure du comportement cible) et l'autoévaluation (par exemple, poser soi-même ou avec l'adulte un jugement sur la pertinence la modification d'un comportement). Le fait d'envisager l'autocontrôle « sous l'angle d'un continuum le long duquel le contrôle extérieur est réduit ou rendu intermittent » (Seron, Lambert et Van der Linden, 1977, p. 256) reste la façon la plus simple d'aborder l'autocontrôle.

Du point de vue behavioral, l'autocontrôle survient donc lorsque l'élève « manipule délibérément son environnement pour modifier la fréquence d'une ou de plusieurs réponses de son répertoire » (Malcuit et Pomerleau, 1980, p. 109). Aujourd'hui, l'objectif de l'autocontrôle a tendance à être remplacé par celui, plus englobant, de l'autogestion du comportement, c'est-à-dire la capacité d'une personne « à gérer, à moduler ou à diriger son propre comportement, sans que des conséquences *externes ou immédiates* le déterminent[4] » (Archambault et Chouinard, 2003, p. 281). Par exemple, un élève pourra choisir d'étudier avant de regarder la télévision (accepter un délai dans la gratification) ou d'aménager l'environnement de sa chambre pour favoriser son comportement d'étude (Archambault et Chouinard, 2003). Cette forme

---

4. C'est nous qui soulignons.

d'autogestion du comportement s'apparente au concept d'autorégulation (voir également Landry et Richard, 2002).

Le pédagogue et philosophe américain John Dewey (1859-1952) soutenait pour sa part que « l'idéal qu'on se doit de poursuivre en éducation est le développement de l'autocontrôle » (Dewey, 1938, p. 12, traduction libre).

3.3.3 Les techniques de modification du comportement

Le behaviorisme a donné naissance à un ensemble de techniques éprouvées qu'on regroupe sous l'appellation « modification du comportement ». Il faut reconnaître que la majorité de ces techniques behaviorales, en particulier les techniques visant la diminution d'un comportement cible, relèvent davantage de la gestion de la classe que du processus enseignement-apprentissage proprement dit. On pourrait de ce fait s'interroger sur leur pertinence dans un ouvrage consacré aux théories de l'apprentissage et aux pratiques de l'enseignement. Or, s'il est vrai que le concept de gestion de la classe tend à s'élargir « pour englober maintenant l'ensemble des actes réfléchis, séquentiels et simultanés qu'effectuent les enseignants pour établir et maintenir un bon climat de travail et un environnement favorable à l'apprentissage » (Nault et Fijalkow, 1999, p. 451), il est probablement tout aussi vrai d'affirmer que l'efficacité du processus d'enseignement est lié très étroitement à la qualité de la disposition générale à l'apprentissage, et en particulier à la disposition affective des apprenants. Voici, regroupées en trois listes, les principales techniques d'intervention proposées par les behavioristes comme outils visant à faciliter la gestion de la classe et à améliorer l'apprentissage des élèves.

A. La diminution d'un comportement inapproprié	B. La « création » d'un nouveau comportement	C. Le renforcement d'un comportement
1. Punition par addition	1. Façonnement ou renforcement des approximations successives	1. Renforcement positif
2. Punition par soustraction		2. Renforcement négatif
3. Extinction	2. Modelage ou apprentissage par modèle	
4. Contre-conditionnement		
5. Satiation	3. Estompage ou atténuation des stimuli	
6. Surcorrection		
7. Temps mort	4. Incitation	
8. Coût de la réponse		

Précisons que, hormis peut-être les techniques de l'extinction (ignorer le comportement inapproprié), du contre-conditionnement (renforcer le comportement contraire) et du coût de la réponse (prévoir des conséquences pour certains comportements), les techniques punitives de la liste A s'adressent plus particulièrement aux élèves présentant des problèmes de comportement. Par contre, les techniques de la liste B, qui visent la création d'un nouveau comportement, touchent directement au processus d'apprentissage des élèves. Ainsi, on peut utiliser le façonnement dans l'apprentissage de la calligraphie (Goupil et Lusignan, 1993). Qui n'a pas en mémoire ces cahiers d'écriture dans lesquels de belles lettres, quasi toutes tracées, n'attendaient qu'un trait de crayon pour être complétées? Puis, l'espace entre les parties déjà tracées de la lettre augmentait, jusqu'à ce que seuls des points soient fournis comme indices de l'endroit où devait débuter chaque trait. Quel enseignant n'a pas déjà eu recours au modelage, par exemple en demandant à l'un de ses élèves d'agir comme modèle dans l'exécution d'une tâche quelconque (comme la démonstration d'un service au badminton)? De même, l'incitation verbale et l'estompage peuvent s'avérer fort utiles dans l'entraînement à certaines compétences disciplinaires (comme la maîtrise de l'algorithme de la multiplication).

Étant donné que nous avons déjà abordé les principes et les programmes de renforcement (liste C), il nous reste à décrire brièvement les principales techniques servant à la diminution d'un comportement cible (liste A) – à l'exception de la punition par addition et de la punition par soustraction, techniques que nous avons déjà examinées – et les techniques visant la création d'un nouveau comportement (liste B).

Les techniques visant la diminution d'un comportement inapproprié

1. *L'extinction* est probablement la technique de punition la plus simple. Il s'agit simplement de «cesser de renforcer une réponse instrumentale un nombre suffisant de fois» (Robidas, 1989, p. 77). L'extinction consiste la plupart du temps à ignorer le comportement inapproprié (cesser de le renforcer au moyen de notre attention) jusqu'à ce que la réponse s'éteigne d'elle-même.

2. *Le contre-conditionnement* ou *renforcement d'un comportement incompatible* combine deux techniques : l'extinction ainsi que le renforcement d'un comportement incompatible avec le comportement cible. En bref, il s'agit d'ignorer le comportement inapproprié (par exemple, un élève qui rêvasse au lieu de travailler) et de renforcer le comportement contraire (par exemple, féliciter l'élève lorsqu'il travaille). Évidemment, pour qu'il y ait contre-conditionnement, il faut que le comportement inapproprié puisse être ignoré

sans que cela cause un préjudice à l'élève, à ses pairs ou à son environnement ; ainsi, on ne recommande pas le recours au contre-conditionnement pour diminuer un comportement de vandalisme ! Le contre-conditionnement est considéré à juste titre comme la technique de punition la plus positive (surprendre l'élève à bien faire !), d'où la suggestion des behavioristes d'utiliser cette technique de punition toutes les fois que les conditions le permettent.

3. *La satiation* ou *satiété du stimulus* consiste à présenter un stimulus ou à faire vivre un très grand nombre de fois une situation stimulus jugée attrayante par l'élève, mais considérée comme inappropriée par l'enseignant (par exemple, lancer un avion de papier), jusqu'à ce que l'élève se lasse de ce comportement, c'est-à-dire jusqu'à ce qu'il ait atteint son point de satiété : « Ce qui était drôle une première fois devient pénible après trop de répétitions » (Robidas, 1989, p. 86).

4. *La surcorrection* (*overcorrection*) consiste à exiger que l'élève non seulement répare les dégâts qu'il a causés, mais qu'il fasse une correction excédentaire (d'où le terme « surcorrection »). Par exemple, on demandera à un élève qui a griffonné au crayon des graffitis sur un mur de sa classe de les effacer et de laver le mur en question, puis de laver tous les autres murs de sa classe.

5. *Le temps mort* (*time out*) ou *isolement* consiste à retirer l'élève du milieu où il a présenté le comportement inapproprié (par exemple, la salle de classe) et de l'envoyer pour une période déterminée à l'avance (par exemple, 15 minutes) à un endroit prévu à cet effet (comme un local vide de l'école). La technique du temps mort, qui ne s'improvise pas, implique les trois règles suivantes :

   ♦ Le comportement pour lequel l'élève sera envoyé en temps mort a été clairement désigné et a été présenté à l'avance aux élèves.

   ♦ Le lieu utilisé pour le temps mort doit être le plus possible dépourvu de stimulations ; ainsi, les corridors d'une école correspondent rarement à ce critère.

   ♦ Le temps pendant lequel l'élève restera isolé est également déterminé à l'avance, la durée d'un temps mort ne devant pas dépendre de l'humeur de l'enseignant.

6. *Le coût de la réponse* (*response cost*) est une variation de la technique de la punition par soustraction. Cette technique est utilisée dans le cadre d'un programme de renforcement (comme un système de jetons) à l'intérieur duquel les élèves peuvent gagner des points ou des jetons lorsqu'ils adoptent des comportements précisés à l'avance (par exemple, un gain de trois points pour chaque devoir remis à temps). Elle consiste à désigner un comportement

cible pour lequel les élèves auront à débourser un certain nombre de points ou de jetons, également fixé à l'avance (par exemple, la perte de deux points pour chaque devoir remis en retard).

Les techniques visant la « création » d'un nouveau comportement

1. *Le façonnement* (*shaping*) ou *renforcement des approximations successives* est probablement la technique behaviorale la plus célèbre, celle qui a permis à Skinner d'apprendre à des pigeons à jouer au ping-pong. Cette technique consiste à décomposer un comportement cible en plusieurs étapes et à renforcer systématiquement la réalisation de chacune de ces étapes. On renforce ainsi les « approximations successives » menant au comportement visé.

2. *Le modelage* ou *apprentissage par modèle* (*modeling*) est à la base du développement psychosocial des enfants (Bandura, 1976). Krumboltz et Brandhorst-Krumboltz (1975) rappellent que « les modèles, bons ou mauvais, peuvent influencer plusieurs comportements variés » (p. 41). En tant que technique behaviorale, le modelage consiste donc à enseigner un nouveau comportement en effectuant une démonstration de ce comportement (ou en attirant l'attention de l'élève sur un pair qui présente le comportement désiré). Bien que l'apprentissage par modèle soit utilisé principalement pour l'acquisition de nouveaux comportements moteurs, il peut également favoriser l'acquisition de comportements sociaux (par exemple, un comportement à adopter au cours d'une entrevue) et même de « comportements » cognitifs (par exemple, une démarche de résolution de problèmes). Soulignons que le modelage est souvent utilisé de pair avec l'estompage.

3. *L'estompage* ou *atténuation des stimuli* (*fading*) consiste à diminuer progressivement l'assistance apportée à l'élève dans la création du comportement désiré ou à atténuer graduellement les stimuli qui servent d'indices ou de support au comportement. On emploie souvent l'estompage de pair avec le modelage (par exemple, l'enseignant amorce une démonstration et laisse l'élève poursuivre ce comportement) et comme complément à une technique d'incitation (par exemple, l'enseignant utilise l'incitation physique pour apprendre à une jeune élève à tenir correctement son crayon, puis il diminue progressivement son assistance jusqu'à ce que l'élève puisse reproduire le comportement de manière autonome).

4. *L'incitation* (*prompting*) correspond à un soutien direct donné à l'élève en vue de permettre l'émission de la réponse ou l'adoption du comportement désiré. On distingue trois types d'incitation: l'incitation physique, par laquelle l'enseignant assiste physiquement l'élève dans l'exécution d'un comportement moteur (comme la posture correcte de la main pour la prise de la raquette au

badminton), l'incitation verbale, par laquelle il procure des indices verbaux de la réponse attendue (par exemple, « La capitale du Canada est Otta... »), et l'incitation gestuelle, par laquelle il fournit un indice ou effectue un rappel à l'aide d'un geste (comme un signe de la main indiquant la direction d'un déplacement pendant une partie de soccer).

3.3.4 L'analyse de tâche

Il nous reste à examiner une dernière incidence, non négligeable, du courant behavioral, soit l'analyse de tâche. Il s'agit d'une technique par laquelle on dissèque une tâche ou un contenu d'apprentissage afin de déterminer ses différentes composantes ou les étapes de son exécution et d'en faciliter l'apprentissage chez les élèves ou l'évaluation par l'enseignant. Il est à noter que l'analyse de tâche est également connue sous les noms de hiérarchie d'apprentissage ou de description de tâche (*task description*). On peut définir plus précisément cette technique de la façon suivante : l'analyse de tâche consiste à décortiquer un apprentissage scolaire en déterminant, d'une part, les préalables qui lui sont nécessaires et, d'autre part, les étapes qui permettront d'arriver à l'habileté terminale visée.

L'analyse de tâche constitue une habileté fondamentale pour l'enseignant soucieux d'intervenir efficacement, en particulier auprès d'élèves en difficulté d'apprentissage. Par exemple, en présence d'un élève incapable d'accorder les participes passés dans une production écrite, l'enseignant vérifiera tout d'abord si l'élève est en mesure de *reconnaître* les participes passés dans un texte et s'il maîtrise les règles de mise au pluriel et de mise au féminin qui lui seront nécessaires ; en effet, il n'est pas impossible qu'un élève puisse déjà avoir un blocage à cette étape. Ensuite, il s'assurera que l'élève *connaît* les diverses règles associées aux différents cas d'accord des participes passés (avec l'auxiliaire avoir, l'auxiliaire être et sans auxiliaire). Une fois cette étape franchie, il reste à développer l'habileté à *distinguer* entre ces trois cas, toujours à l'intérieur d'un texte. À la fin de toutes ces étapes, l'enseignant pourra s'attaquer à l'habileté terminale visée, consistant à *appliquer la règle appropriée*, dans le contexte d'une production écrite. L'enseignant ne devra pas hésiter à « reculer » d'autant de « pas » qu'il s'avérera nécessaire pour rejoindre l'élève à l'étape où il se trouve et le guider systématiquement vers l'apprentissage visé.

L'analyse de tâche pose une question valable pour tout élève et pour tout apprentissage le moindrement complexe : quelles étapes mènent à la maîtrise de cette habileté (savoir-faire) ou, pour formuler la question autrement, qu'est-ce que l'élève doit être en mesure de faire et de comprendre pour arriver à ce résultat final, à l'apprentissage visé ? Les behavioristes sont devenus les champions de l'analyse de tâche et, ce faisant, ils ont contribué à améliorer l'apprentissage de nombreux élèves. Signalons en particulier leur apport déterminant à l'amélioration des apprentissages réalisés par les élèves ayant une déficience intellectuelle ; il est d'ailleurs étonnant de constater le nombre d'étapes nécessaires à des apprentissages d'apparence aussi simples que se brosser les dents ou faire un appel téléphonique.

Étant donné son approche analytique, qui peut apparaître comme incompatible avec la *pédagogie de situation* ou *pédagogie par problème* actuellement préconisée (Scallon, 2000), l'analyse de tâche est relativement absente des ouvrages récents de psychopédagogie. Gagné (1968, 1977) a été parmi les premiers chercheurs à proposer des hiérarchies d'apprentissage, notamment pour l'enseignement des habiletés de décodage en lecture ou d'algorithmes mathématiques (Bower et Hilgard, 1981 ; Good et Brophy, 1986). Alors que Goetz, Alexander et Ash (1992) rappellent les deux fonctions principales de l'analyse de tâche, soit définir les apprentissages préalables à un nouvel apprentissage et déterminer les étapes qui mèneront à celui-ci, Dembo (1994) illustre une troisième fonction : l'analyse des erreurs de l'élève (*voir le tableau 3.5*).

TABLEAU 3.5 *L'analyse d'erreurs en mathématiques à l'aide de l'analyse de tâche*

Erreurs	Cause possible	Interventions
$1/2 \div 1/2 = 1/4$	L'élève n'a pas inversé le diviseur avant de multiplier.	Vérifier si l'élève comprend le sens des termes « inverser » et « diviseur ».
$1/4 \div 3/8 = 1\,1/2$	L'élève a inversé le dividende.	Vérifier si l'élève comprend ce qu'est le diviseur.
$5/8 \div 2/3 = 15/18$	L'élève a fait une multiplication incorrecte (erreur de calcul).	Inviter l'élève à réviser son travail.
$7/8 \div 1/8 = 3/4$	L'élève a fait une soustraction plutôt qu'une multiplication.	Vérifier si l'élève connaît le sens du symbole indiquant une division.

3.3.5 Les limites de l'approche behaviorale

La dernière partie de cette section aurait aussi bien pu s'intituler « Considérations éthiques », « Dangers potentiels » ou « Dérives possibles du behaviorisme ». Nous avons évoqué tout au long de ce chapitre certaines limites de l'approche behaviorale, lesquelles découlent d'une application aveugle de ces thèses en milieu scolaire. Il convient d'apporter des précisions supplémentaires.

Tout d'abord, en ce qui a trait à la gestion de la classe, une considération éthique s'impose. Rappelons que l'analyse et la modification du comportement impliquent un jugement de valeur de la part de l'intervenant, jugement qui l'amènera à décider, parfois unilatéralement, des comportements et des conduites en classe qui seront considérés comme inappropriés. Puisque l'on admet aujourd'hui que la gestion de la classe doit être une entreprise réalisée conjointement par l'enseignant et les élèves (Archambault et Chouinard, 2003 ; Caron, 1994 ; Nault et Fijalkow, 1999), ne va-t-il pas de soi que ces derniers puissent s'exprimer sur les règles qui seront celles de leur milieu de vie à l'école ? En fait, l'enseignant à l'écoute de ses élèves et respectueux des besoins qu'ils expriment n'emploiera pas les techniques de modification du comportement pour répondre à *son* besoin de contrôle des élèves, mais il mettra plutôt celles-ci au service de ses élèves, pour les amener graduellement vers un autocontrôle accru.

Dans un survol historique des modèles de gestion de la classe, Lusignan (2001) rappelle que l'approche behaviorale « se situe dans la lignée des approches autoritaires et interventionnistes de la gestion de classe » (p. 20). Bien entendu, lorsque l'approche behaviorale est employée de cette manière autoritaire et unilatérale, elle est difficilement compatible avec le modèle de gestion participative et démocratique actuellement préconisé dans les écoles.

Toujours en ce qui touche à la gestion de la classe, rappelons certaines critiques adressées traditionnellement à la punition. D'abord, la punition n'entraîne souvent qu'un effet temporaire sur le comportement visé. De plus, elle risque de provoquer des séquelles affectives chez l'élève (par exemple, une image de soi négative) et de contribuer à la détérioration de la relation entre l'enseignant-punisseur et l'élève-puni. Enfin, quand la punition est utilisée sans « complément éducatif », elle n'enseigne pas le comportement approprié ; l'élève apprend plutôt à éviter la punition. Pour illustrer cette dernière critique, on peut donner comme exemple l'enseignant qui se contente d'envoyer un élève en temps mort, sans lui fournir l'occasion de réfléchir à son comportement et sans l'amener à chercher une alternative possible à son comportement perturbateur. Archambault et Chouinard (2003) suggèrent à cet effet le recours à une feuille de réflexion, ayant pour objectif « d'aider l'élève à prendre en charge son propre comportement » (p. 132). De fait, lorsque les techniques de modification du comportement sont utilisées sans intention éducative autre que celle qui consiste à faire cesser un comportement jugé inapproprié, elles conduisent dans une certaine mesure à la déresponsabilisation des apprenants, ce qui va à l'encontre d'une pédagogie de la participation et de l'autonomie (Gravel et Vienneau, 2002).

En ce qui concerne le processus enseignement-apprentissage, les techniques du façonnement, du modelage, de l'estompage et de l'incitation s'avèrent efficaces uniquement pour certains types d'apprentissages, par exemple pour mémoriser des connaissances déclaratives (apprendre les tables de multiplication, les capitales des pays européens, les éléments chimiques du tableau périodique, etc.) ou encore pour maîtriser certaines connaissances procédurales (exécuter des algorithmes mathématiques, appliquer des règles grammaticales, résoudre une équation algébrique, etc.). Ces techniques behaviorales peuvent difficilement prétendre au développement de compétences disciplinaires plus complexes (par exemple, analyser des textes littéraires) et encore moins au développement de compétences transversales (par exemple, mettre en œuvre sa pensée créatrice). Toutefois, cette limite dans la portée pédagogique des techniques behaviorales ne devrait pas empêcher l'enseignant de recourir à ces dernières, ne serait-ce qu'en vue de développer les connaissances nécessaires à l'émergence de ces compétences disciplinaires et transversales plus complexes. En outre, les techniques visant la création d'un nouveau comportement pourront être fort utiles auprès d'élèves en difficulté, lesquels nécessitent un soutien plus actif dans leur processus d'apprentissage.

3.4 UN MODÈLE D'INSPIRATION BEHAVIORALE : LA PÉDAGOGIE DE LA MAÎTRISE

En plus des principes et des programmes de renforcement (section 3.3.1), de l'analyse et de la modification du comportement (section 3.3.2), des techniques de modification du comportement (section 3.3.3) et de l'analyse de tâche (section 3.3.4), au moins deux stratégies d'enseignement découlent directement du courant behavioral dans le domaine de l'éducation : l'enseignement programmé et l'enseignement modulaire (Marquis et Lavoie, 1998 ; Bruillard, 1997). Toutefois, c'est à un modèle d'enseignement que reviendra la tâche d'illustrer l'application des thèses behaviorales en pédagogie : le modèle de la maîtrise de l'apprentissage (*mastery learning*).

La pédagogie de la maîtrise ou pédagogie de la réussite (Legendre, 1993) se fonde sur les résultats de recherches effectuées par Benjamin Bloom et ses collègues (voir Anderson, 1995), recherches qui tendent à démontrer que « le facteur le plus déterminant des apprentissages futurs n'est pas l'intelligence ou la motivation, mais le degré de maîtrise des apprentissages préalables » (Landry et Richard, 2002, p. 2). Parmi les deux autres variables retenues par Bloom (1973), soit la motivation de l'élève et la qualité de l'enseignement offert, notons que cette dernière variable fait également partie de l'*environnement pédagogique* de l'élève, ce qui rapproche Bloom de la position environnementaliste des behavioristes (Rieben, 1988).

En bref, l'hypothèse de la pédagogie de la maîtrise, qui « est assez radicale et optimiste », postule que « dans des conditions appropriées d'enseignement, presque tous les élèves (95 %) peuvent maîtriser la matière enseignée, et ceci jusqu'à la fin de la scolarité obligatoire » (Huberman, 1988, p. 13). C'est pourquoi il importe d'assurer la maîtrise des apprentissages préalables nécessaires et d'offrir un enseignement d'excellente qualité.

Précisons que la pédagogie de la maîtrise n'est pas une stratégie d'enseignement, mais plutôt un modèle d'enseignement qui peut intégrer « une multitude d'approches à l'apprentissage » (Landry et Richard, 2002, p. 2). De plus, malgré leurs origines behaviorales, les thèses véhiculées par ce modèle ne sont pas totalement incompatibles avec une perspective constructiviste (Rieben, 1988) ou avec la prise en considération de variables telles que le style cognitif des élèves (Beauchamp, 1981). Landry et Richard (2002) retiennent cinq éléments pédagogiques normalement présents dans la mise en œuvre de la pédagogie de la maîtrise, éléments que nous résumons ci-après.

1. *La définition de l'apprentissage visé* D'après Landry et Richard (2002), « il est impossible d'implanter des pratiques conformes à la pédagogie de la maîtrise sans avoir une vision claire des apprentissages que visent ces pratiques » (p. 11). En cela, ils rejoignent Richelle (1977) pour qui « définir des objectifs en termes de conduite est une exigence *sine qua non* d'une pédagogie scientifique » (p. 158). Bien que cette définition de l'apprentissage visé se soit tout d'abord exprimée sur le mode behavioral, alors que l'on a plutôt tendance aujourd'hui à l'exprimer en fonction de résultats d'apprentissage ou de compétences transversales, il n'en reste pas moins qu'enseignants et élèves « devraient avoir clairement à l'esprit le potentiel de comportement que vise l'activité d'apprentissage » (Landry et Richard, 2002, p. 12). Brandt et Perkins (2000) rappellent d'ailleurs que la pratique consistant à définir un résultat d'apprentissage en fonction de comportements ne va pas nécessairement de pair avec un enseignement de type behavioral : « Les deux sont historiquement liés, mais ne désignent pas la même chose » (p. 162, traduction libre).

2. *La spécification d'un seuil de maîtrise* Dans sa stratégie d'enseignement programmé, Skinner souhaitait pour ainsi dire supprimer l'erreur de l'élève. Bloom préfère pour sa part un système scolaire autocorrectif, c'est-à-dire un système d'éducation à erreur minimale (Rieben, 1988). La pédagogie de la maîtrise tire précisément son nom de l'objectif consistant à assurer à chaque élève une véritable maîtrise des résultats d'apprentissage poursuivis (et non pas la seule note de passage), d'autant plus « qu'un haut degré d'apprentissage est un meilleur garant de l'apprentissage subséquent qu'un apprentissage incomplet ou partiel » (Bloom, 1976, cité par Landry et Richard, 2002, p. 13). Concrètement, les seuils de rendement visés par la pédagogie de la maîtrise se situent entre 80 % et 90 %, le seuil typique étant de l'ordre de 85 %.

3. *Le recours à une évaluation formative à base critériée* La pédagogie de la maîtrise accorde une place prépondérante à l'évaluation formative, tant à sa fonction de régulation qu'à sa fonction de rétroaction, ces deux fonctions étant nécessaires pour guider enseignants et élèves (Scallon, 2000). On peut encore une fois faire un rapprochement avec l'enseignement programmé qui visait à fournir une rétroaction et un renforcement immédiats. L'évaluation formative préconisée par la pédagogie de la maîtrise va cependant beaucoup plus loin et exige non seulement que la rétroaction soit offerte le plus tôt possible, mais que les informations reçues par l'élève au sujet de sa performance soient «explicatives et parfois même prescriptives» (Landry et Richard, 2002, p. 13). En plus d'apprendre qu'il n'a pas réussi ou qu'il a fait une erreur, l'élève doit être informé des aspects de sa performance qu'il doit améliorer pour atteindre les critères de maîtrise spécifiés.

4. *Des activités correctives ou d'enrichissement* Peu importe la qualité de l'enseignement mis en place, certains élèves n'atteindront pas le seuil de maîtrise visé à la première évaluation. En adoptant la conception du facteur de l'aptitude proposée par Carroll (1963), qui le définissait comme une variation dans le temps nécessaire pour apprendre, les tenants de la pédagogie de la maîtrise ont également adopté son corollaire pédagogique, à savoir que si l'on désire accroître le degré d'apprentissage des élèves plus lents, il faut leur accorder le temps qui leur est nécessaire. Les activités correctives s'imposent donc d'elles-mêmes dans un tel modèle et, idéalement, ces occasions supplémentaires devraient être «différentes des conditions initiales d'apprentissage et adaptées aux particularités et aux besoins de chaque élève» (Landry et Richard, 2002, p. 14). Les élèves qui ont un rythme d'apprentissage supérieur au rythme moyen du groupe ne doivent pas être en reste ; on doit leur offrir les activités d'enrichissement auxquelles ils ont aussi droit.

5. *L'accès à la reprise des évaluations sommatives* Enfin, malgré une évaluation formative régulière et les activités correctives prévues, certains élèves ne pourront sans doute pas atteindre les mêmes seuils de réussite dans l'évaluation sommative des apprentissages, d'où la nécessité de prévoir une ou plusieurs reprises de cette évaluation à l'aide d'épreuves équivalentes (Landry et Richard, 2002).

La pédagogie de la maîtrise permet de mettre en lumière certaines incohérences de nos systèmes éducatifs et fournit l'occasion de dénoncer certains mythes relatifs à l'apprentissage scolaire (Landry et Richard, 2002). Elle nous rappelle également au moins trois principes pédagogiques de base que n'aurait probablement pas désavoués Skinner lui-même : premièrement, la nécessité de formuler clairement les résultats d'apprentissage poursuivis (et ce, peu importe l'approche pédagogique privilégiée) ; deuxièmement, l'importance d'offrir une rétroaction immédiate et de mettre en œuvre une évaluation formative tout au long de l'apprentissage ; troisièmement, la reconnaissance du rôle déterminant que jouent les apprentissages préalables dans la maîtrise d'apprentissages subséquents.

Vu la réaffirmation de ces principes fondamentaux, vu la profession de foi des concepteurs de ce modèle qui soutenaient que la grande majorité des élèves est en mesure de maîtriser les résultats d'apprentissage poursuivis, pour toutes ces raisons et d'autres encore, la pédagogie de la maîtrise nous apparaît comme l'un des joyaux de l'héritage behavioral.

Pour conclure, nous croyons à l'utilité et à la pertinence de l'éclairage behavioral quant à la compréhension du phénomène de l'apprentissage scolaire. Bien que l'approche behaviorale comporte des limites évidentes dans le contexte scolaire actuel et que le behaviorisme ne soit plus LA référence en sciences de l'éducation, il ne faudrait pas pour autant « jeter le bébé avec l'eau du bain » et tomber dans le piège du réductionnisme idéologique (par exemple, « Les behavioristes sont inhumains ») ou dans celui de la pensée dichotomique, ce que Lieberman et Miller (2000) qualifient de mentalité du « soit ceci/soit cela ».

Parmi la longue liste des travaux théoriques et pratiques à l'actif du courant behavioral, il importe de retenir ceux qui permettront de répondre aux besoins particuliers de chacun des élèves et d'implanter les conditions d'une pédagogie actualisante pour tous. Parmi cette liste, citons les théories de l'apprentissage, les principes du conditionnement opérant, les programmes et les techniques de renforcement, l'analyse de tâche de même que la pédagogie de la maîtrise.

RÉSUMÉ

Les fondements théoriques du behaviorisme (section 3.1)

- Le behaviorisme ou psychologie du comportement a pour objet d'étude et d'intervention les comportements observables et mesurables des individus.

- Thorndike est un précurseur du behaviorisme. En 1898, il établit la loi de l'effet suivant laquelle un comportement suivi d'une conséquence agréable aura tendance à se reproduire dans une situation similaire.

- Pavlov (1907) établit les lois du conditionnement classique ou répondant (modèle S-R) avec ses expériences portant sur la salivation des chiens : un stimulus neutre, associé en contiguïté avec un stimulus inconditionnel, finit par provoquer la même réponse que celui-ci ;

le stimulus neutre est devenu un stimulus conditionné, provoquant une réponse, elle-même devenue conditionnée.

◆ Watson est le fondateur du behaviorisme. En 1913, il publie un article qui propose les fondements d'une nouvelle école en psychologie, le behaviorisme.

◆ Skinner a établi les bases du conditionnement opérant (modèle S-R-C). La probabilité de manifester un comportement dépend des conséquences offertes à ce comportement : une conséquence qui augmente ou maintient un comportement déjà établi est un renforcement ; une conséquence qui le diminue est dite punitive.

◆ Les quatre classes de contingences dans le conditionnement opérant sont le renforcement positif, le renforcement négatif, la punition par addition et la punition par soustraction. Il ne faut pas confondre renforcement négatif et punition.

◆ L'apprentissage vicariant survient lorsque l'on imite le comportement d'un modèle, comportement qui a précédemment été renforcé par son environnement.

La conception behaviorale et les retombées éducatives (sections 3.2 et 3.3)

◆ La philosophie behaviorale élaborée par Skinner propose une conception de la liberté et de la dignité humaines qui a été fortement critiquée.

◆ Le courant behavioral suggère une conception très interventionniste du rôle de l'enseignant (rôle central) et une conception mécaniste de l'apprentissage.

◆ On distingue deux catégories de renforçateurs : les renforçateurs primaires et les renforçateurs secondaires ou conditionnés. Par ailleurs, on trouve cinq types de renforçateurs secondaires ou conditionnés : les renforçateurs matériels, par privilège ou activité, symboliques, sociaux et informationnels.

◆ La valeur d'un renforcement dépend de la personne. Un renforcement social doit accompagner tout autre type de renforçateur. Un renforçateur peut perdre sa valeur renforçante s'il est trop souvent utilisé.

◆ On distingue deux catégories de programmes de renforcement : les programmes continus (chaque comportement est renforcé) et quatre types de programmes intermittents : à proportion fixe, à proportion variable, à intervalle fixe et à intervalle variable.

◆ Les six étapes d'une démarche d'analyse et de modification d'un comportement sont les suivantes : préciser le comportement cible ;

déterminer les contingences environnementales; mesurer le comportement avant d'intervenir (niveau de base); intervenir systématiquement et mesurer les effets de l'intervention; évaluer l'efficacité de l'intervention; enfin, viser l'autocontrôle des comportements.

- Les principales techniques de mesure behaviorale sont: les produits permanents, la fréquence, la durée, l'échantillonnage de temps et la latence.

- Les principales techniques visant la diminution d'un comportement inapproprié sont la punition, l'extinction, le contre-conditionnement, la satiation, la surcorrection, le temps mort et le coût de la réponse.

- Les principales techniques visant l'adoption d'un nouveau comportement sont le façonnement, le modelage, l'estompage et l'incitation.

- L'analyse de tâche consiste à décortiquer un apprentissage scolaire en déterminant, d'une part, les préalables qui lui sont nécessaires et, d'autre part, les étapes qui permettront d'arriver à l'habileté terminale visée.

- Bien qu'encore utile, l'approche behaviorale présente certaines limites dans le contexte scolaire actuel.

Un modèle d'inspiration behaviorale: la pédagogie de la maîtrise (section 3.4)

- La pédagogie de la maîtrise ou pédagogie de la réussite postule que, dans des conditions appropriées d'enseignement, la presque totalité des élèves peuvent maîtriser les contenus enseignés dans les programmes d'études.

- Les cinq éléments nécessaires à la mise en œuvre d'une pédagogie de la maîtrise sont la définition de l'apprentissage visé, la spécification d'un seuil de maîtrise, le recours à une évaluation formative à base critériée, des activités correctives ou d'enrichissement et, enfin, un accès à la reprise de l'évaluation.

LECTURES RECOMMANDÉES

ARCHAMBAULT, J. et R. CHOUINARD (2003). *Vers une gestion éducative de la classe*, 2e édition, Montréal, Gaëtan Morin Éditeur.

B.F. SKINNER FOUNDATION, [en ligne]. [http://bfskinner.org/index.asp]

BUCKLEY, N.K. et H.M. WALKER (1974). *Comment modifier les comportements en classe. Manuel de procédures pour les professeurs*, 2e édition, Sainte-Foy, Les Éditions Saint-Yves.

DUBÉ, L. (1986). *Psychologie de l'apprentissage de 1880 à 1980*, Sillery, Presses de l'Université du Québec.

ENCYCLOPÉDIE DE L'AGORA (L'). *Béhaviorisme*, [en ligne]. [http://agora.qc.ca/mot.nsf/ Dossiers/Behaviorisme]

GOUPIL, G. et G. LUSIGNAN (1993). « Chapitre 2 : L'approche behaviorale », *Apprentissage et enseignement en milieu scolaire*, Boucherville, Gaëtan Morin Éditeur, p. 15-42.

LANDRY, R. et J.-F. RICHARD (2002). « La pédagogie de la maîtrise des apprentissages : une invitation au dépassement de soi », *Éducation et francophonie*, vol. XXX, no 2, [en ligne]. [http://www.acelf.ca/revue/30-2/articles/06-richard.html]

MALCUIT, G., A. POMERLEAU et P. MAURICE (1995). *Psychologie de l'apprentissage : termes et concepts*, Saint-Hyacinthe, Édisem.

4

Le courant cognitif et le courant constructiviste

Pistes de lecture et contenu du chapitre

Après la lecture de ce chapitre, le lecteur devrait être en mesure de répondre aux questions suivantes :

♦ Quels sont les principaux fondements théoriques du cognitivisme et du constructivisme dans le domaine de l'éducation ?

♦ Quelle est la conception cognitive de l'apprentissage et de l'enseignement ?

♦ Quelles sont les principales implications éducatives du modèle cognitif du traitement de l'information ?

♦ Pourquoi les thèmes de la métacognition, du transfert des apprentissages et de la résolution de problèmes sont-ils chers aux cognitivistes et aux constructivistes ?

♦ Quelles stratégies et quels modèles d'enseignement répondent aux conceptions cognitives et constructivistes de l'enseignement-apprentissage ?

Monsieur Rousseau enseigne à une classe de 5e année depuis plus de 20 ans. Une question l'a toujours fasciné : qu'est-ce qui se passe dans la tête de ses élèves lorsqu'ils tentent de comprendre un problème de mathématiques ou de se rappeler une règle de grammaire ? Son intuition, qui s'est confirmée avec les années, est qu'une meilleure compréhension des processus internes de l'apprentissage ne peut que contribuer à faire de lui un meilleur enseignant, un enseignant stratégique, comme il aime bien se qualifier. Son premier cheval de bataille fut celui de l'attention. Il s'agissait d'amener les élèves non seulement à prêter attention à ses explications ou au contenu de leurs lectures, mais surtout à focaliser cette attention sur les concepts importants, les mots clés, les indices nécessaires à la résolution d'un problème. Il lui semblait que cette condition s'avérait essentielle pour que ses élèves puissent devenir des apprenants stratégiques.

Dès ses premières années d'enseignement, M. Rousseau a institué la règle très simple des « 15 secondes pour réfléchir ». Lorsqu'une question posée requiert un minimum de réflexion, il commence sa demande en disant « Réfléchissons », puis il poursuit l'interrogation qui peut s'adresser à toute la classe ou à un élève en particulier. À ce signal, tout le monde sait qu'on doit penser avant de répondre. On doit faire une pause-réflexion de 15 secondes. Même les élèves les plus rapides de la classe doivent se prêter au jeu. Cette petite technique s'avère particulièrement efficace auprès de certains élèves impulsifs et de quelques autres pour lesquels la vitesse est le critère absolu de rendement.

« Réfléchissons. » M. Rousseau prend le ton un peu mystérieux que ses élèves aiment tant. « Un matin d'hiver, vous vous levez pour aller à l'école. Il fait encore très sombre dans votre chambre. Vous vous étirez pour faire de la lumière. Tiens, pas de lumière ! Il doit y avoir une panne... ou l'ampoule est grillée. Enfin, peu importe. Tout endormi, vous vous dirigez vers la commode et vous ouvrez le tiroir dans lequel se trouvent vos chaussettes. Vos chaussettes ne sont pas assemblées en paires. C'est l'une de vos tâches, mais vous avez oublié de le faire. Oups ! Comment s'y prendre pour retirer deux chaussettes de la même couleur de votre tiroir ? Vous savez que vous avez seulement deux couleurs de chaussettes, des rouges et des bleues. De plus, votre père vient de faire le lavage. Il devrait donc y avoir exactement 24 chaussettes non assemblées dans votre tiroir, la moitié des chaussettes rouges, l'autre moitié des chaussettes bleues. Dans l'obscurité de votre chambre, vous vous demandez soudainement combien de chaussettes vous devez retirer du tiroir pour être absolument certain d'avoir une paire de chaussettes appareillées, c'est-à-dire deux chaussettes de la même couleur. Pensez-y bien. Quel est le plus petit nombre de chaussettes que vous devez sortir du tiroir pour vous assurer d'avoir deux chaussettes de la même couleur?»

Les 15 secondes sont écoulées. Plusieurs mains levées s'agitent frénétiquement.

«Oui, Robert.» Robert est un élève plutôt intelligent, mais encore un peu trop impulsif; il a un problème d'attention sélective, d'après M. Rousseau.

«La réponse est 13, monsieur. Exactement 13 chaussettes.»

«Parce que...», l'invite à poursuivre M. Rousseau.

«... parce que 24 chaussettes, ça fait 12 paires: 12 chaussettes rouges et 12 chaussettes bleues. Si les 12 premières sont de la même couleur, la 13e sera nécessairement de l'autre couleur. Donc la réponse est 12 + 1 = 13.»

M. Rousseau voit plusieurs élèves approuver de la tête.

«Et quelle était la question au juste, Robert?» demande M. Rousseau, qui songe qu'il devra revenir sur cette étape de la résolution d'un problème, qui consiste à s'assurer qu'on a bien compris la question. En effet, beaucoup d'élèves se sont laissé prendre au piège et ont utilisé une donnée inutile, le nombre total de chaussettes...

«La question était...» Devant l'expression de Robert, M. Rousseau constate que l'élève vient de comprendre sa méprise.

M. Rousseau poursuit l'activité en demandant à un autre élève de répondre à la question et d'illustrer sa réponse au tableau. Puis, pour s'assurer de la compréhension de tous, l'enseignant sort une boîte contenant X chaussettes rouges et Y chaussettes bleues, et demande à la classe de faire ses prédictions. Tout fier de lui, Robert en arrive le premier à la conclusion que le nombre total de chaussettes est une donnée inutile pour la résolution de ce problème. Puis, un autre élève suggère que le nombre de paires de chaussettes rouges et de chaussettes bleues n'a pas à être identique (la réponse demeure 3). M. Rousseau continue la leçon avec un autre problème du même genre. Cette fois, il est sûr que Robert et tous ses camarades de classe ne tomberont pas dans le piège. Leur attention est aiguisée à souhait, leurs connaissances antérieures sur la résolution de problèmes ont été activées...

M. Rousseau est conscient que l'apprentissage de ses élèves va bien au-delà des réponses qu'ils produisent. Ce qui l'intéresse avant tout, comme guide de leur apprentissage, ce n'est pas tant le produit final (la bonne réponse) que la démarche utilisée par ses élèves pour en arriver à cette réponse. C'est pourquoi il insiste auprès d'eux pour qu'ils expliquent leurs réponses ou justifient leurs solutions. Ainsi, quelles questions se sont-ils posées pour choisir d'accorder ce participe passé? Quel raisonnement ont-ils fait pour en arriver à cette conclusion en sciences? Quelles étapes ont-ils suivies pour parvenir à ce résultat en mathématiques?

Un autre aspect qui colore sa conception de l'apprentissage scolaire, c'est son attitude à l'égard de l'erreur. Pour M. Rousseau, l'erreur des apprenants n'est pas à proscrire; elle doit plutôt devenir le point de départ d'un nouvel apprentissage. Dans certains cas, elle peut entraîner une réorganisation des concepts ou un ajustement de ceux-ci (par exemple, toutes les données qui apparaissent dans un problème ne sont pas forcément utiles à sa résolution). De plus, M. Rousseau aime bien mettre ses élèves en situation de déséquilibre... cognitif. Certains problèmes peuvent s'avérer impossibles à résoudre (par exemple, des données sont manquantes); parfois, la solution se trouve à l'intérieur d'un autre cadre de référence (par exemple, un jour il a affirmé en classe que $1 + 1 = 10$, ce qui est tout à fait exact dans la base numérique de deux).

Dans sa conception de l'enseignement, M. Rousseau accorde beaucoup d'importance à l'activité des élèves. Sa classe de 5e année pourrait être décrite comme une véritable petite ruche où s'activent une trentaine d'abeilles, butinant sans répit les fleurs de la connaissance et partageant entre elles ce nectar, à partir duquel elles fabriquent chacune leur propre miel, leur propre savoir, grâce à un procédé qui leur est propre. En un mot, il y a beaucoup de mouvement dans la classe de M. Rousseau, mais pas nécessairement au point de vue de l'activité physique. En effet, à certains moments, ses 30 élèves sont concentrés dans une activité d'écoute, comme lorsque M. Rousseau leur soumet oralement des problèmes à résoudre. À d'autres moments, ils sont absorbés dans un travail individuel ou dans une tâche à réaliser en équipe. Comme on le voit, l'activité que vise en tout temps M. Rousseau est de nature intellectuelle. Il recherche le brassage des idées entre élèves, la réflexion, le questionnement, voire le doute. En d'autres termes, il faut que ses élèves soit actifs «entre les deux oreilles», comme il aime le répéter à sa classe.

Il existe bien d'autres ingrédients dans la recette pédagogique de cet enseignant: le rappel constant des connaissances antérieures («Ce que tu sais déjà peut te servir de briques dans la construction de nouveaux savoirs»), les techniques pour aider les élèves à structurer les contenus d'apprentissage («Un livre mal rangé dans ta mémoire-bibliothèque, c'est un livre perdu») ou l'acquisition de nouvelles stratégies d'apprentissage («Apprendre... ça s'apprend»). Dernièrement, M. Rousseau a même intégré de nouvelles activités qui tentent de tenir compte des différents types d'intelligence de ses élèves («Il y a plus d'une façon d'être intelligent et d'apprendre»). Ce n'est pas seulement entre les deux oreilles de ses élèves qu'il y a du mouvement! M. Rousseau est perpétuellement à la recherche de nouveaux moyens, techniques ou stratégies qui aideront ses élèves à actualiser leur plein potentiel d'apprentissage et qui les amèneront à devenir des apprenants stratégiques.

Bien que cet enseignant ait retenu certaines pratiques d'inspiration behaviorale, telles que les programmes de renforcement, l'analyse de tâche et l'apprentissage par modèle, on conviendra que son approche s'en distingue sur un point capital, à savoir sur le fait qu'il se préoccupe davantage d'enrichir la structure cognitive de ses élèves-apprenants que de leur apprendre les «bonnes réponses». La figure 4.1 présente les différences fondamentales entre les écoles behaviorale, cognitive et humaniste.

FIGURE 4.1 *Les différences fondamentales entre les écoles behavioriale, cognitive et humaniste*

	École behavoriale	École cognitive	École humaniste
Modèle	S-**R-C**	S-**SC**-R	S-**P**-R
Centré sur :	les réponses émises (R) et les conséquences (C) de l'environnement	la structure cognitive (SC) qui traite l'information, se développe et s'enrichit	les besoins de la personne (P), son actualisation, son bonheur, sa quête de sens
	↓	↓	↓
	le **combien** de l'apprentissage (aspects quantitatifs)	le **comment** de l'apprentissage (aspects qualitatifs)	le **pourquoi** de l'apprentissage (aspects philosophiques ou valeurs)

Nous sommes conscient des limites d'une telle catégorisation des trois écoles de pensée en psychopédagogie (*voir la section 2.2 du chapitre 2*). Bien qu'elles puissent rendre compte de l'esprit qui anime chaque école, les étiquettes «combien», «comment» et «pourquoi» associées respectivement aux écoles behaviorale, cognitive et humaniste comportent certaines ambiguïtés. On pourrait, par exemple, faire valoir que l'école cognitive se préoccupe également du pourquoi de l'apprentissage (le développement de l'autonomie cognitive) ou que l'école humaniste n'est pas indifférente aux aspects qualitatifs de l'apprentissage. Dans les faits, ces deux écoles ne sont pas si éloignées l'une de l'autre, particulièrement en raison de la composante constructiviste de l'école cognitive qui «consolide la position de l'élève comme un constructeur actif de signification, ce qui amène à reconsidérer l'enseignement comme un processus de facilitation de l'apprentissage (vision humaniste) dans lequel l'élève joue le rôle d'acteur principal» (Boulet, 1999, p. 15).

Ce chapitre sera consacré à l'école cognitive dans le domaine de l'éducation, école qui s'implante par le biais de deux courants complémentaires : le courant cognitif, associé au modèle du traitement de l'information, et le courant constructiviste, qui constitue en quelque sorte le prolongement pédagogique des théories développementales (surtout celles de Piaget et de Vygotsky).

En passant, comment qualifieriez-vous l'approche de M. Rousseau au regard du processus enseignement-apprentissage ? S'agit-il d'une approche cognitiviste ? d'une approche constructiviste ? Après la lecture de ce chapitre, vous pourrez préciser les éléments de son approche pédagogique qui permettent de qualifier celle-ci à la fois de cognitiviste et de constructiviste.

La présentation des fondements théoriques de l'école cognitive (section 4.1) nous amènera à distinguer entre cognitivisme et constructivisme, ainsi qu'à préciser les différentes significations accordées au terme « constructivisme » (les trois niveaux ou tendances constructivistes en éducation). Nous examinerons ensuite la manière dont ces visions cognitive et constructiviste influencent les conceptions actuelles de l'apprentissage et de l'enseignement (section 4.2). Puis nous aborderons les principales implications éducatives du modèle du traitement de l'information ; ainsi, nous verrons comment on peut favoriser l'enregistrement sensoriel, la mémoire à court terme et la rétention, et comment on peut contrer le phénomène de l'oubli (section 4.3).

Dans la section suivante, nous nous pencherons sur trois thèmes chers aux constructivistes en éducation : la métacognition, le transfert de l'apprentissage et la résolution de problèmes (section 4.4). La dernière section du chapitre sera consacrée à la présentation sommaire d'une stratégie d'enseignement (l'exposé interactif) et d'un modèle (le modèle de l'enseignement stratégique) pouvant s'adapter à la conception cognitive de l'enseignement-apprentissage, ainsi que d'une stratégie d'enseignement (l'apprentissage par projets) et d'un modèle (le modèle d'apprentissage par découverte) d'inspiration constructiviste (section 4.5).

4.1 LES FONDEMENTS THÉORIQUES DU COGNITIVISME ET DU CONSTRUCTIVISME

On peut dire que, toutes tendances confondues, l'école cognitive, comme son nom l'indique, s'intéresse à la cognition, c'est-à-dire à l'ensemble des processus « au moyen desquels les entrées sensorielles sont transformées, codées, élaborées, stockées, retrouvées et utilisées » (Neisser, 1967, cité par Huteau, 1985, p. 172). La cognition recouvre donc l'ensemble des activités qui concourent à la connaissance chez l'être humain (Le Ny, 1992), mais elle est aussi le résultat de cette activité interne (connaissances, représentations, savoir-faire, etc.).

L'expression la plus souvent utilisée pour désigner ces *contenus* de la cognition, expression que nous adopterons, est celle de « structure cognitive », qui correspond à l'organisation des contenus de la cognition dans le cerveau humain (Raynal et Rieunier, 1997). En nous inspirant de Smith (1979), qui parle d'un système de catégories, d'ensembles de règles et de réseaux de relations, nous proposons la définition suivante de la structure cognitive, définition d'orientation davantage pédagogique que psychologique. La structure cognitive est l'ensemble des connaissances déclaratives, procédurales et conditionnelles emmagasinées et organisées à l'intérieur de la mémoire à long terme. Elle correspond donc à l'ensemble de ce que l'apprenant sait déjà, incluant les règles et les stratégies utilisées pour le traitement initial, le stockage et l'utilisation de l'information.

Rappelons que les behavioristes, par choix méthodologique, faisaient abstraction de la fameuse « boîte noire », c'est-à-dire de tout phénomène non observable qui pouvait avoir lieu entre la perception des stimuli et la réponse émise par l'organisme (ce qui pouvait se passer entre les lettres S et R). Au cours des années 1950, un nombre croissant de psychologues et de théoriciens dans le domaine de l'éducation, dont d'ailleurs un certain nombre de néobehavioristes (comme Tolman) et de behavioristes-cognitivistes (comme Bandura et Gagné), ont introduit des variables internes pour expliquer le comportement humain et l'apprentissage. Entre les stimuli de l'environnement et le comportement observable de l'individu, il y a une personne pensante, une structure cognitive agissante. On désignera souvent ces variables internes par la lettre O, pour « organisme » (nous lui préférons les lettres SC pour « structure cognitive »). Le modèle S-R devient :

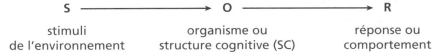

Contrairement au behaviorisme, né officiellement en 1913 avec la publication d'un manifeste, le cognitivisme ne dispose pas de date officielle de naissance. Il n'y a pas eu non plus de rupture radicale avec le paradigme dominant ; en effet, « la transition d'une vision behavioriste de l'apprentissage à une vision plutôt cognitiviste s'est faite graduellement et sans incident majeur » (Boulet, 1999, p. 18). On s'entend cependant pour désigner la décennie 1950 comme un point tournant, et si une année en particulier devait être retenue, ce serait 1956, qui a vu la publication de trois écrits déterminants, cités par Glover et Bruning (1987) dans leur rappel des repères historiques dans le développement de la psychologie cognitive. En 1956, le psychologue américain Jerome Bruner et ses collègues publient *A Study of Thinking* (Bruner, Goodnow et Austin, 1956). La même année, le linguiste américain Noam Chomsky publie un article intitulé « Three models for the description of language », ce qui constitue la première théorie cognitive du développement du langage. Enfin, toujours en 1956, Allen Newell et Herbert Simon publient un article intitulé « The logic theory machine : A complex information processing system », travaux précurseurs dans le domaine de l'intelligence artificielle.

Ces trois repères historiques sont d'ores et déjà représentatifs de ce qui deviendra par la suite le courant pédagogique cognitif, qui retiendra l'ordinateur comme métaphore pour le traitement de l'information chez les humains (Newell et Simon, 1956), et le courant pédagogique constructiviste, qui tentera de comprendre comment se construisent les connaissances au cours de l'évolution des modes de pensée de l'enfant (Bruner, Goodnow et Austin, 1956) et qui accorde une place importante au développement du langage (Chomsky, 1956).

Notons qu'on n'a pas attendu 1956 ni même 1950 pour s'intéresser aux processus internes de l'apprentissage. Du côté des cognitivistes, on s'entend pour désigner la psychologie de la forme, ou *Gestalt*, comme courant précurseur du modèle du traitement de l'information (Goupil et Lusignan, 1993). Du côté des constructivistes, les théories de Piaget datant des années 1930-1940 tentaient déjà d'expliquer le fonctionnement cognitif des enfants. Elles seront d'ailleurs « reprises par les psychologues des années 60 pour renouer avec une psychologie des variables internes et de la cognition » (Raynal et Rieunier, 1997, p. 285).

Ces derniers commentaires nous amènent à établir une première distinction entre les deux courants distincts mais complémentaires issus des « sciences cognitives » : l'épistémologie génétique ou *cognitivisme développemental* et le cognitivisme du type traitement de l'information ou *psychologie cognitive*. Ces « deux approches sont complémentaires et appartiennent, à l'évidence, à la même famille » (Raynal et Rieunier, 1997, p. 285).

Le *cognitivisme développemental* s'intéresse au développement des structures de l'intelligence (ou des instruments cognitifs de la connaissance) et au développement des contenus de cette connaissance. De ces considérations théoriques relatives au développement de la connaissance, ou épistémologie, naîtra le courant constructiviste en éducation. Bien que les origines de ce courant pédagogique soient relativement lointaines (1930-1940), ses applications au milieu de l'éducation sont très récentes, datant des années 1990.

Quant à la *psychologie cognitive,* elle s'intéresse à la manière dont toute personne, indépendamment de son âge et de son niveau de développement, traite l'information issue de son environnement. S'inspirant de l'ordinateur, les théoriciens cognitivistes proposèrent un modèle du traitement de l'information duquel naîtra le courant cognitif en éducation. Bien que les origines de ce courant pédagogique soient relativement récentes (1960-1970), ses applications dans le domaine de l'éducation tardèrent moins à être implantées, puisque l'on peut les situer au milieu des années 1970. Nous verrons d'abord les fondements théoriques du courant cognitif en éducation.

4.1.1 Les fondements théoriques du cognitivisme : le modèle du traitement de l'information

Les principaux fondements théoriques du constructivisme ont été établis dès les années 1930-1940 avec les travaux de Piaget et de Vygotsky ; cependant, comme nous l'avons mentionné, leur implantation en milieu scolaire sera beaucoup plus tardive. En fait, le terme « constructivisme » n'est apparu dans le domaine de l'éducation qu'au tournant des années 1990 (voir, par exemple, Brooks et Brooks, 1993), et bien qu'il occupe une place considérable dans le discours pédagogique actuel, il convient de rappeler que le constructivisme ne constitue qu'une parcelle de la révolution cognitive en éducation (Brandt et Perkins, 2000).

La psychologie cognitive, elle, est apparue dans les années 1950, avec les travaux de Bruner et de ses collègues (Bruner, Goodnow et Austin, 1956), de Broadbent (1958), *Perception and communication*, et de Sperling (1960), *The information available in brief visual presentation*, pour ne nommer que ceux-là. Toutefois, comme le fait remarquer Dubé (1986), ces premiers cognitivistes « ont l'air de prédicateurs dans le désert, tant les travaux qu'ils produisent sont loin des idées mises en relief à l'avant-scène » (p. 290). Cet avant-scène est évidemment occupé par le behaviorisme, qui connaît alors ses années de gloire.

Sous l'effet conjugué des travaux en cybernétique (science consacrée à l'étude des communications et au fonctionnement des machines), des recherches sur l'intelligence artificielle et des premiers programmes de simulation sur ordinateur, apparaît un nouveau paradigme en psychologie : le modèle du traitement de l'information (*information processing*). La publication d'un article signé par Richard C. Atkinson et Richard M. Shiffrin (1968), *Human memory : A proposed system and its control processes*, en constituera un point tournant. Leur modèle initial d'un système de la mémoire sera par la suite enrichi pour constituer un modèle complet du traitement de l'information par l'humain (Gagné, 1974).

Ce modèle du traitement de l'information deviendra la théorie dominante au milieu des années 1970 (Slavin, 2000), remplaçant le paradigme behavioriste de l'apprentissage. D'autres observateurs situent ce changement de paradigme *dans les écoles* au début des années 1980 (comme Tessmer et Jonassen, 1988). Toutefois, l'accent sur l'entraînement aux stratégies d'apprentissage amorcé dès les années 1970 (Marzano, 2000), puis l'abondance et l'importance des publications d'orientation cognitive qui ont précédé les années 1980 (notamment

Anderson, 1976 ; Ausubel, 1968 ; Bransford, 1979 ; Brown, 1978 ; Chase, 1973 ; De Bono, 1975 ; Flavell, 1979 ; Newell et Simon, 1972) nous font opter pour la seconde moitié des années 1970 comme date d'entrée en action des théories cognitives en éducation, bien qu'on puisse s'interroger sur l'*étendue* qu'avaient alors ces premières applications du modèle cognitif.

La psychologie cognitive propose ainsi un modèle théorique décrivant le traitement de l'information chez l'humain. Son objectif est de décrire les étapes successives ou quasi simultanées du traitement des stimuli sensoriels reçus de l'environnement, jusqu'à l'émission d'une réponse (ce qui se passe entre les lettres S et R, c'est-à-dire entre les stimuli captés et la réponse déployée par l'organisme). Ce modèle est dit d'*inspiration cybernétique*, le fonctionnement du cerveau humain y étant décrit comme celui d'une machine. Évidemment, le fonctionnement du cerveau humain est autrement plus complexe que ce que peuvent laisser entrevoir une série de boîtes et de flèches. Cependant, le modèle suggéré a l'avantage d'aider à démystifier le fonctionnement de ce que les behavioristes nommaient la « boîte noire », le cerveau humain, siège de la pensée et de l'inconscient.

Le modèle d'Atkinson et Shiffrin

Les diverses variantes du modèle du traitement de l'information (Gagné, 1974 ; Glover et Bruning, 1987 ; Klatzky, 1984) sont toutes basées sur le modèle publié par Atkinson et Shiffrin, il y a plus de 30 ans (1968), dans le second volume de la publication en série *The psychology of learning and motivation*. Dans le cadre d'un programme de recherche financé par la National Aeronautics and Space Administration (NASA), Atkinson, professeur à l'Université Standford, et son collègue Shiffrin proposent un modèle théorique du fonctionnement de la mémoire qui « donne une signification cohérente à de nombreux travaux élaborés antérieurement » (Dubé, 1986, p. 304), dont ceux de Sperling (1960) portant sur l'enregistrement sensoriel.

Pour Atkinson et Shiffrin, comme pour l'ensemble des théoriciens cognitivistes, le traitement de l'information chez l'être humain se fait d'une manière analogue à celui qu'effectue un ordinateur (*voir la figure 4.2*). L'apprenant est perçu comme un « processeur d'informations » (Boulet, 1999), qui dispose d'un appareillage cognitif, d'une structure « physique » (l'aspect matériel ou *hardware* dans l'analogie avec l'ordinateur) et de processus de traitement qu'il contrôle (l'aspect logiciel ou *software*). Poussant plus loin l'analogie, Atkinson et Shiffrin (1968) précisent que tous les humains sont dotés du même programme permanent, fixé à l'avance par le système d'opération de la mémoire (la composante mémoire fixe ou ROM pour *read only memory*).

FIGURE 4.2 *Le modèle d'Atkinson et Shiffrin*

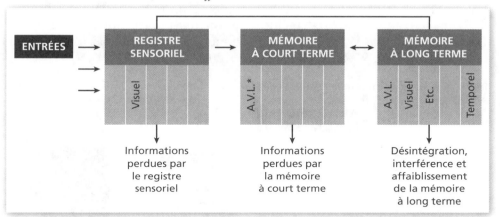

* A.V.L.: auditif-verbal-linguistique

Source: Atkinson et Shiffrin (1968, p. 93).

Nous avons tenté de reproduire le plus fidèlement possible ce modèle fondateur de la psychologie cognitive. Notons tout d'abord que ce sont ses auteurs eux-mêmes qui proposent l'analogie avec l'ordinateur. Dans l'exemple illustrant les caractéristiques structurales de leur système mnémonique, un stimulus est enregistré sous une forme visuelle (la composante du registre sensoriel), puis il accède à la composante suivante, la mémoire à court terme (MCT), où il est encodé sous une forme verbale (cet «espace» de la MCT est désigné par les lettres A.V. L. dans la figure pour «auditif-verbal-linguistique»), enfin il accède à la mémoire à long terme (MLT) où il est emmagasiné sous la même forme. Les informations enregistrées et traitées dans les deux premières composantes du système sont rapidement effacées, alors que l'information qui accède à la MLT serait «relativement permanente», selon les mots d'Atkinson et Shiffrin, bien qu'ils évoquent la possibilité qu'elle soit modifiée ou rendue temporairement inaccessible.

Le modèle du traitement de l'information de Gagné

On se réfère très souvent au modèle d'Atkinson et Shiffrin (1968) comme étant LE modèle du traitement de l'information (Glover et Bruning, 1987; Goupil et Lusignan, 1993). Il est vrai que ce premier modèle, bien qu'il se limite à la structure du système de la mémoire, fournit d'ores et déjà les trois composantes de base du système: le registre sensoriel, la mémoire à court terme et la mémoire à long terme. Le modèle s'est cependant enrichi des travaux de chercheurs et de théoriciens cognitivistes pour devenir un modèle global du système du traitement de l'information, allant de la réception des stimuli à l'émission d'une réponse. Robert Gagné (1974) a été parmi les premiers à proposer un tel modèle (*voir la figure 4.3*), adopté intégralement par plusieurs (par exemple, Gagné, 1985; Lindsay et Norman, 1977) et quelque peu modifié ou adapté par d'autres (par exemple, Gredler, 1997; Snowman et Biehler, 2000; Tardif, 1992).

FIGURE 4.3 *Le modèle du traitement de l'information de Gagné*

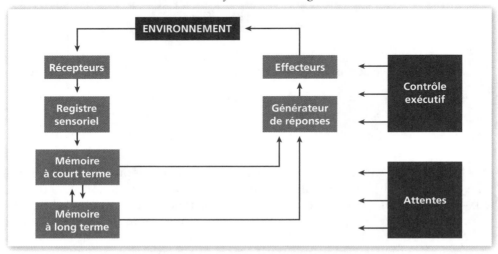

Source : Adaptée de Gagné (1974, cité par Gagné, 1985, p. 9).

L'*environnement* est la source d'où proviennent les stimuli qui seront traités. En milieu scolaire, il correspond à l'environnement pédagogique, incluant tous les acteurs du groupe-classe. Par exemple, l'enseignante pose un problème à Julien : « Si le père d'un garçon de ton âge est quatre fois plus âgé que son fils, quel âge a cet homme ? »

Les *récepteurs* sont les organes des cinq sens (ouïe, vue, odorat, toucher et goût) qui permettent de capter les stimuli en provenance de l'environnement. Les récepteurs les plus sollicités à l'école sont évidemment ceux de l'ouïe et de la vue. Julien capte la demande verbale de l'enseignante à l'aide de ses récepteurs auditifs.

Le *registre sensoriel* est parfois surnommé la « première mémoire ». Des milliers de stimuli peuvent être enregistrés par plusieurs sens au même moment. Ils sont très rapidement effacés (250 millisecondes pour les stimuli visuels) pour être remplacés par de nouveaux. Seuls les stimuli auxquels on choisit de prêter attention accéderont à la mémoire suivante. L'attention sélective a permis à Julien de se concentrer sur les mots prononcés par l'enseignante (et de ne pas prêter attention, par exemple, aux chuchotements de son voisin, parmi bien d'autres stimuli enregistrés).

La *mémoire à court terme* a été surnommée la mémoire de travail (Case, 1978). Ses capacités, plus limitées que celles du registre sensoriel, sont de 7 ± 2 items d'information. Concrètement, cela signifie qu'on peut traiter consciemment de cinq à neuf items ou groupes de stimuli simultanément (par exemple, les trois premiers chiffres d'un numéro de téléphone peuvent être codés comme un seul item). La durée de vie de l'information dans cette mémoire est de 15 à 30 secondes, ce qui veut dire qu'une information qui cesse d'être activée, par exemple en se la répétant mentalement, sera oubliée après cette durée (c'est le temps dont on dispose pour composer le numéro de téléphone qu'on vient de lire dans le bottin avant de l'oublier, à moins de continuer à se le répéter). Julien a codé «garçon de mon âge» comme étant «neuf ans», information récupérée très rapidement de sa mémoire à long terme; il a codé «quatre fois plus âgé» comme une phrase mathématique de multiplication (4×9), qu'il se répète pour ne pas l'oublier.

La *mémoire à long terme* correspond à l'entrepôt dans lequel sont entreposées toutes nos connaissances (mémoire sémantique et mémoire procédurale) et tous nos souvenirs (mémoire épisodique). Les capacités de stockage de la mémoire à long terme sont infinies, ou, pour être plus exact, on n'en connaît pas les limites. Selon la théorie de la mémoire permanente (Byrnes, 1996), la durée de vie des informations stockées dans cette mémoire serait également infinie, ce qui n'empêche évidemment pas les problèmes d'accessibilité à cette information (ainsi, une information mémorisée qui n'a pas été utilisée pendant plusieurs années sera plus difficile d'accès). Il existe un va-et-vient constant entre la MLT et la MCT, où cette dernière puise les informations nécessaires pour décoder (comprendre) et coder (mémoriser) l'information traitée.

Le *générateur de réponses* constitue en quelque sorte un prolongement du travail de traitement effectué dans la mémoire à court terme. Il n'est donc pas un «endroit» particulier dans ce système du traitement de l'information, mais plutôt une étape des opérations effectuées dans la mémoire de travail. Plus précisément, il s'agit de la dernière étape qui consiste à produire une réponse, comme une génératrice produit de l'électricité, en puisant dans l'information traitée dans la mémoire à court terme et, au besoin, en allant chercher le supplément d'informations nécessaires parmi celles qui sont entreposées dans la mémoire à long terme. Dans l'exemple choisi, Julien est maintenant prêt à générer une réponse. Il a décodé les stimuli auditifs enregistrés, les a traités en utilisant les connaissances procédurales emmagasinées dans sa mémoire à long terme (par exemple, la démarche de résolution de problèmes avec une donnée manquante), puis, à l'étape ultime de la production d'une réponse, il y a puisé de nouveau la donnée manquante nécessaire, le produit de 4×9.

Les *effecteurs* sont les organes qui permettent l'émission d'une réponse. Les principaux effecteurs utilisés en milieu scolaire sont les organes nécessaires à une réponse verbale (les organes de la phonation) et les organes nécessaires à une réponse écrite (la main avec tous les muscles en cause). La réponse peut également être produite à l'aide d'un signe (comme une main qui se lève). Julien est maintenant en mesure de produire une réponse verbale. Ainsi, il répond : « Le père de ce garçon a 36 ans, madame ». L'enseignante (l'environnement) reçoit la réponse de Julien et le félicite.

Les *attentes* et le *contrôle exécutif*, deux composantes placées en périphérie du modèle, exercent une influence déterminante à chacune des étapes du traitement de l'information. Les attentes constituent la composante affective du système. Les cognitivistes, comme Gagné, sont conscients de l'importance de cette variable dans toute démarche d'apprentissage volontaire. La disposition affective, aussi bien sous son aspect « désir d'apprendre » que sous son aspect « attentes de succès », influence la disposition cognitive de l'apprenant (la qualité de son attention, les efforts cognitifs qui seront investis, etc.). L'autre composante périphérique du système, le contrôle exécutif, correspond au contrôle exercé consciemment sur l'ensemble des opérations effectuées lors du traitement des données. Cette composante métacognitive permet à l'apprenant de choisir la stratégie de résolution appropriée, d'apporter les modifications qui s'imposent à une stratégie établie et, enfin, de gérer l'ensemble du processus de traitement (Gagné, 1985).

Il y aurait encore beaucoup à dire sur les diverses composantes de ce modèle du traitement de l'information. Nous y reviendrons d'ailleurs dans la section 4.3, où nous tenterons d'en déterminer les principales implications éducatives : comment favoriser l'attention sélective, le traitement efficace de la MCT, la mémorisation et le rappel de l'information de la MLT. Pour le moment, nous présenterons une synthèse des « trois mémoires », soit les composantes qui sont au centre du modèle du traitement de l'information (*voir le tableau 4.1*).

TABLEAU 4.1 *Les caractéristiques des trois mémoires*

Mémoire	Capacité	Durée et fonctionnement
Registre sensoriel	Des milliers de stimuli enregistrés simultanément par les cinq sens.	Une fraction de seconde (250 millisecondes) ; les stimuli auxquels on prête attention sont acheminés à la mémoire de travail.
Mémoire à court terme (MCT)	7 ± 2 items (de 5 à 9 items) ou groupes de stimuli peuvent être traités en même temps.	De 15 à 30 secondes ; plus longtemps l'information est activée (répétée, traitée en profondeur), plus elle a de chances d'accéder à la MLT.

TABLEAU 4.1 *Les caractéristiques des trois mémoires (suite)*

Mémoire	Capacité	Durée et fonctionnement
Mémoire à long terme (MLT)	Des milliards de données (∞); on ne connaît pas de limites à la MLT (contiendrait toute l'information emmagasinée depuis la naissance).	Pendant toute la vie (hypothèse de la permanence de l'information stockée dans la MLT); l'accessibilité à cette information dépend de la qualité de son organisation et de la fréquence de son rappel.

4.1.2 Les fondements théoriques du constructivisme : Piaget et la construction des connaissances

Le principal représentant du cognitivisme développemental est Jean Piaget (1896-1980), psychologue suisse, biologiste de formation et épistémologue par profession (parmi bien d'autres occupations, dont celles de logicien et de philosophe des sciences). Piaget fait partie de ces grandes figures de la psychologie, à côté des Pavlov, Watson, Skinner, Binet, Köhler, Montessori et quelques autres. Mousseau (1981) rappelle que le premier article « scientifique » de Piaget, une page d'observation sur un oiseau semi-albinos, fut publié alors qu'il n'avait que 10 ans et qu'à la fin de son adolescence il avait déjà plus de 20 titres à son actif, « dont certains traitent de sujets aussi austères que *Esquisse d'un néo-pragmatisme* ou *Réalisme et nominalisme dans les sciences de la vie* » (p. 191). À la fin de sa vie, sa production aussi variée que féconde comptait pas moins de 450 ouvrages, articles et communications scientifiques.

Jean Piaget (1896-1980)

« Il est clair que l'épistémologie, si elle ne veut pas se borner à de la spéculation pure, doit se donner [...] pour objet l'analyse des étapes de la pensée scientifique et l'explication des mécanismes intellectuels utilisés par la science en ses diverses variétés dans la conquête du réel. La théorie de la connaissance est donc essentiellement une théorie de l'adaptation de la pensée à la réalité » (Piaget, 1970, cité par Mousseau, 1981, p. 196).

Quand on prononce le nom de Piaget, à peu près tout le monde, y compris les étudiants en éducation et les enseignants, songe aussitôt aux fameux stades du développement intellectuel qu'il a décrits : le stade sensorimoteur (de 0 à 18 mois), le stade préopératoire (de 18 mois à 7 ou 8 ans), le stade des opérations concrètes (de 7 à 11 ou 12 ans) et le stade des opérations formelles (de 11 à 15 ou 16 ans). On ignore souvent qu'un des effets les plus importants de cette théorie des stades, théorie qui affirme que *le développement permet l'apprentissage*, sera de fixer l'âge de l'entrée à l'école à 6 ans, âge auquel les enfants sont prêts, sur le plan cognitif, à l'apprentissage de la lecture. L'influence de cette théorie sera également déterminante dans l'élaboration de certains programmes d'études, en particulier en sciences et en mathématiques. La théorie des stades du développement intellectuel met en lumière le fait que certains contenus d'apprentissage ne peuvent être « assimilés » (dans le sens piagétien du terme) qu'à un certain stade du développement ou, comme le résume Piaget lui-même, que « *toute nourriture intellectuelle n'est pas bonne à tout âge* » (Piaget, 1979, p. 19).

La théorie des stades du développement intellectuel est une composante importante des théories piagétiennes, mais ce n'est pas la seule. En fait, Piaget s'intéressera, d'une part, au développement des structures de l'intelligence dans divers stades du développement (on parle alors d'épistémologie génétique[1]) et, d'autre part, aux invariants fonctionnels du développement (Legendre-Bergeron, 1980), mécanismes qui sont à l'œuvre tout au long du développement, c'est-à-dire à tous les stades de ce développement.

Quels sont les invariants fonctionnels qui agissent tout au long du développement de l'individu ? En gros, il s'agit des rôles complémentaires de l'assimilation et de l'accommodation, menant à l'équilibration.

L'*assimilation* consiste dans l'action du sujet sur les choses, sur les objets de la connaissance. Par exemple, un jeune enfant de quatre ans a comme schème d'assimilation le fait qu'un objet vivant et volant se nomme « oiseau ». Or, à la vue d'un papillon, il le montre du doigt à sa maman et dit « oiseau », tentant d'intégrer une nouvelle expérience, cet objet perçu dans son environnement, dans une structure préexistante, son concept d'oiseau.

Quant à l'*accommodation*, elle est le résultat des modifications que le milieu impose à l'activité des schèmes pour les adapter selon les besoins. Si l'on reprend

---

1. L'épistémologie étant l'étude de la connaissance, l'épistémologie génétique est la « science qui étudie les relations entre le développement chronologique et physiologique de l'individu et le développement de sa pensée » (Raynal et Rieunier, 1997, p. 130). En d'autres mots, l'épistémologue généticien tente de décrire comment se construisent les connaissances chez un individu pendant toute la durée de son développement.

le même exemple, la maman (le milieu) corrigera l'enfant en précisant qu'il s'agit ici d'un papillon, amenant l'enfant à modifier son schème d'assimilation existant, à le nuancer de telle manière qu'il existera maintenant deux catégories d'objets vivants et volants, les oiseaux et les papillons.

Après un instant de déséquilibre cognitif, l'*équilibration* se produit et l'enfant retrouve un nouvel équilibre (jusqu'au prochain déséquilibre qui sera provoqué par une nouvelle expérience perturbatrice de ses schèmes). L'équilibration représente le processus qui « fait correspondre à un certain degré d'élaboration du savoir, certaines structures de l'intelligence » (Legendre-Bergeron, 1980, p. 9).

Le même procédé dynamique survient dans les schèmes et mènera alors à une nouvelle organisation de ceux-ci (*voir la figure 4.4*). Ainsi, l'assimilation du schème opératoire-concret au schème symbolique et intuitif existant (par exemple, la quantité de liquide transvasée dans un récipient d'une forme différente du premier augmente si la hauteur atteinte par le liquide est plus élevée dans ce second récipient) sera suivie de l'accommodation de ce nouveau schème : la quantité demeure la même pour autant que l'on n'ait opéré aucune *transformation* des contenus. C'est ce que l'on désigne comme la conservation des quantités, atteinte vers l'âge de huit ans, au stade des opérations concrètes.

FIGURE 4.4 *L'assimilation, l'accommodation et l'équilibration**

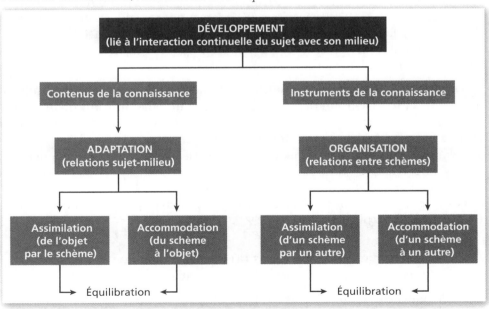

* Source : Adaptée des figures I et III de Legendre-Bergeron (1980, p. 5 et 10).

On sera peut-être surpris du peu de place accordée ici aux stades du développement intellectuel de Piaget. C'est que les fondements théoriques du constructivisme reposent davantage sur la dynamique assimilation-accommodation, *présente à tous les stades du développement*, que sur le seul passage d'un stade à un autre, bien que les deux phénomènes soient intimement liés, comme l'illustre la figure 4.4. Ainsi, il faut avant tout retenir des théories piagétiennes que les connaissances ne sont ni le résultat d'associations entre stimuli et réponses (théorie behaviorale), ni la transmission par quelqu'un *qui sait* à quelqu'un *qui ne sait pas*; «elles sont construites par l'individu par l'intermédiaire des actions qu'il accomplit sur les objets. Ces actions sont intériorisées et constituent les schèmes. Ceux-ci s'inscrivent dans le cerveau, s'organisent en structures opératoires et permettent à l'individu de répondre de façon satisfaisante à une situation» (Raynal et Rieunier, 1997, p. 284).

Piaget est donc résolument constructiviste dans son approche de l'apprentissage. Celui-ci ne se transmet pas de cerveau à cerveau, mais il se construit chez l'apprenant. Trois facteurs exercent une influence déterminante sur ce développement: la maturation biologique et neuropsychique de l'organisme, l'expérience logicomathématique ou empirique de l'apprenant de même que les interactions avec l'environnement social. Si le premier de ces facteurs échappe aux interventions éducatives, il en va tout autrement pour les deux autres. L'enseignant peut favoriser le développement intellectuel de ses élèves en leur fournissant des occasions de *vivre* des expériences directes avec leur environnement (par des manipulations, des expérimentations) et en suscitant les interactions sociales entre ceux-ci (par des échanges, des discussions). Nous y reviendrons dans la section 4.2 portant sur la conception de l'enseignement et de l'apprentissage véhiculée par les courants cognitif et constructiviste en éducation.

Parmi les autres grands architectes de l'intellect (Fogarty, 1999), au moins deux autres théoriciens méritent une mention pour leur contribution originale aux fondements théoriques du constructivisme: Lev Semionovitch Vygotsky et Jerome Bruner. Ces deux auteurs figurent également parmi ceux qui sont les plus souvent cités pour leur apport aux théories constructivistes, soit dans des ouvrages de psychopédagogie (voir, par exemple, Bowd, McDougall et Yewchuk, 1998; Gage et Berliner, 1998; Slavin, 2000; Sprinthall, Sprinthall et Oja, 1994) ou dans des ouvrages portant sur les théories de l'apprentissage appliquées à l'éducation (voir, par exemple, Bigge et Shermis, 1999).

4.1.3 Les fondements théoriques du constructivisme: Vygotsky et la médiation de l'apprentissage

Lev Semionovitch Vygotsky (1896-1934), psychologue russe et marxiste convaincu, avait plusieurs points communs avec Jean Piaget. Né la même année que celui-ci, ce philosophe-pédagogue-sémiologue-critique d'art se passionne également pour le développement de l'enfant, et en particulier pour la construction de sa pensée par le langage. Ses écrits, peu populaires dans l'Union soviétique de l'époque, demeurèrent pratiquement inconnus du monde occidental jusqu'à ce qu'une traduction anglaise de son ouvrage principal, *Pensée et langage* (1934) soit publiée en 1962 aux États-Unis et en permette une rapide diffusion. On devra cependant attendre jusqu'en 1985 la traduction française de ce livre.

Pour Vygotsky, le développement de l'enfant est imprégné des racines sociohistoriques de l'homme (Guérin, 1998). L'enfant est d'abord et avant tout un être social ; aussi, la théorie du développement de Vygotsky sera celle d'un interactionnisme social : « Le développement de sa pensée, de son langage, de toutes ses fonctions psychiques supérieures, est le fruit d'une interaction permanente avec le monde des adultes, ce monde qui maîtrise si bien ces *systèmes de signes* que sont le langage et les codes sociaux » (Raynal et Rieunier, 1997, p. 379). On comprendra ainsi l'importance accordée par Vygotsky à la famille et à l'école, lieux privilégiés pour la rencontre d'adultes signifiants, détenteurs des clés permettant d'ouvrir les portes de la culture aux enfants.

Vygotsky partage la conception du développement par stades de Piaget, mais là où il s'en éloigne de manière notable, c'est que, pour Vygotsky, *l'apprentissage accélère le développement*, alors que, pour Piaget, c'est le développement qui permet l'apprentissage. Deux concepts clés découlent de cette position : le développement cognitif des enfants peut être accéléré grâce à la médiation de l'adulte, et une médiation efficace doit tenir compte de la zone de proche développement, ou zone proximale de développement, de l'apprenant.

Lev Vygotsky (1896-1934)

« De même que le jardinier qui veut évaluer l'état de son jardin aurait tort d'en juger d'après les seuls pommiers ayant atteint leur complet développement et porté des fruits, mais doit tenir compte aussi des arbres encore en pleine croissance, de même le psychologue doit nécessairement, pour déterminer l'état de développement, prendre en considération non seulement les fonctions venues à maturité, mais aussi celles qui sont au stade de la maturation, non seulement le niveau présent, mais aussi la zone de proche développement » (Vygotsky, 1985, p. 269).

La *médiation de l'adulte* sera définie ici comme l'ensemble des interventions éducatives qui guident un apprenant dans son processus de développement. La médiation consiste dans l'action ou la parole par laquelle l'adulte aide l'apprenant à filtrer l'information en provenance de son environnement, en attirant son attention sur les stimuli importants. Elle constitue l'intervention qui permettra à l'apprenant d'interpréter un stimulus nouveau ou une expérience nouvelle, soit le modelage cognitif ou comportemental offert par l'adulte. Elle représente enfin toutes les actions entreprises et toutes les paroles formulées par l'adulte pour *rendre plus accessible un savoir quelconque* (Raynal et Rieunier, 1997).

Le psychologue israélien Reuven Feuerstein est l'un de ces architectes de l'intellect qui accordent une place prépondérante à l'expérience d'apprentissage médiatisé (*voir la figure 4.5*). En tant que facilitateur de l'apprentissage, le médiateur ne se contente pas de décrire le contenu explicite de l'information issue de l'environnement, il « favorise la transmission d'une signification non inhérente au stimulus brut ou à l'information sensorielle captée » (Feuerstein *et al.*, 1981, p. 18, traduction libre). L'encadré 4.1 illustre ce concept clé à l'aide d'un exemple simple, tiré de la relation mère-enfant, relation qui fourmille d'expériences d'apprentissage médiatisé :

> […] la mère (ou le substitut maternel) établit des rapports de temps entre les événements, fournit les concepts permettant de situer les objets les uns par rapport aux autres, fait ressortir les liens de cause à effet, etc., d'où l'apprentissage des relations temporelles, spatiales, causales et autres qui constituent un prolongement cognitif des perceptions et actions de l'enfant (Vienneau, 1987, p. 17).

FIGURE 4.5 *Le modèle de l'expérience d'apprentissage médiatisé*

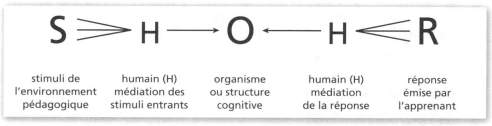

Source : Adaptée de Feuerstein (1981, cité par Vienneau, 1987, p. 16).

Vygotsky, Bruner et Feuerstein auront donc permis de revaloriser le rôle crucial de médiateur de l'apprentissage exercé par l'enseignant. Aujourd'hui, des ouvrages sont consacrés à cette pratique (Cardinet, 1995 ; Noiseux, 1997 ; Six, 1990), et l'on parle même de *pédagogies de la médiation* (Raynal et Rieunier, 1997). Bien que la médiation pédagogique puisse s'étendre à l'ensemble de l'environnement et des situations d'apprentissage fournies aux apprenants, elle se traduit avant tout « par un dialogue pédagogique que nous établissons avec l'élève pour l'aider à porter un regard réflexif sur sa façon d'apprendre et de comprendre et sur la manière dont il interagit avec les autres et avec son environnement » (Arpin et Capra, 2001, p. 16).

ENCADRÉ 4.1 *La médiation en action*

« [...] à la vue d'une première neige, la mère, en plus d'identifier le nouveau stimulus, en profitera vraisemblablement pour interpréter cette réalité en expliquant, par exemple, à son jeune enfant ce que la venue de la neige signifie en termes de changement de température, d'habillement extérieur, de loisirs, d'événements à venir, et autres. Plus tard, elle pourra faire ressortir les similitudes et les différences entre la pluie et la neige, l'ordre séquentiel des saisons et la place de l'hiver à l'intérieur de ce cycle, les différences de climat à l'échelle terrestre, etc. La maman pourra également être tentée de raconter à son jeune enfant les hivers qu'elle a elle-même connus lorsqu'elle avait son âge, puis amener son enfant à faire une projection dans l'avenir en l'invitant à imaginer ce que seront ses hivers plus tard, quand il sera grand, voire comment seront vécus les hivers de ses propres enfants » (Vienneau, 1987, p. 17).

Établissant un lien entre les générations, la mère fournit ainsi une connaissance du passé et permet une anticipation de l'avenir, opérations qui « constituent des exigences culturelles qui permettent à l'organisme humain de s'adapter en invoquant des processus représentatifs, le rendant capable de se projeter au-delà de l'univers immédiat de l'observation et de l'action directe » (Feuerstein *et al.*, 1981, cité par Vienneau, 1987, p. 17).

Et tout cela à partir d'une simple chute de neige...

Bien sûr, cette avalanche d'observations, de commentaires, de questionnements et d'échanges affectifs ne devra pas être concentrée dans une seule et même expérience d'apprentissage médiatisé, sinon l'enfant regrettera rapidement d'avoir tout bonnement demandé à sa mère « C'est quoi, ça, maman ? » en pointant le doigt vers quelques flocons. Cet exemple tiré de la vie quotidienne permet néanmoins de rappeler que la médiation de l'adulte constitue probablement la « ressource » la plus importante pour le développement d'un enfant, plus puissante que n'importe quel didacticiel (puisqu'elle intègre la dimension affective) et plus efficace que n'importe quelle autre ressource matérielle (livre, jeu éducatif, vidéo, émission éducative).

La *zone proximale de développement* est le second concept clé que nous retiendrons des théories de Vygotsky. On se souviendra que, pour Piaget, le développement de l'enfant s'effectue progressivement, au rythme de sa maturation biologique et neuropsychique. La quantité et la qualité des expériences directes avec l'environnement et les interactions sociales avec les pairs peuvent favoriser le processus développemental, mais sans pour autant l'accélérer. Pour Vygotsky, il en va tout autrement. Cette accélération est possible puisque tout apprenant disposerait d'une « marge de manœuvre cognitive », d'une zone à l'intérieur de laquelle des apprentissages non directement accessibles deviennent possibles grâce à la médiation efficace d'un adulte ou d'un pair exerçant le rôle d'expert (*voir la figure 4.6*).

FIGURE 4.6 *La zone proximale de développement*

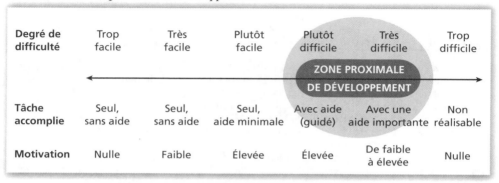

Degré de difficulté	Trop facile	Très facile	Plutôt facile	Plutôt difficile	Très difficile	Trop difficile
				ZONE PROXIMALE DE DÉVELOPPEMENT		
Tâche accomplie	Seul, sans aide	Seul, sans aide	Seul, aide minimale	Avec aide (guidé)	Avec une aide importante	Non réalisable
Motivation	Nulle	Faible	Élevée	Élevée	De faible à élevée	Nulle

Cette zone correspond à la zone proximale de développement, dont l'étendue varie d'un apprenant à l'autre. En termes pédagogiques, on pourrait la définir comme la zone des apprentissages difficiles mais accessibles avec le soutien d'un médiateur. Vygotsky la présente ainsi :

> Admettons que nous ayons déterminé chez deux enfants un âge mental équivalent à huit ans. Si l'on va plus loin et qu'on essaie de voir comment les deux enfants résolvent les problèmes destinés aux âges suivants lorsqu'on leur vient en aide en leur montrant, en leur posant une question qui les met sur la voie, en leur donnant le début de la solution, etc., il apparaîtra qu'avec de l'aide, en collaboration avec un adulte, en suivant ses indications, l'un d'eux résout jusqu'à des problèmes correspondant à l'âge de douze ans et l'autre, des problèmes correspondant à l'âge de neuf ans.

> Cette disparité entre l'âge mental, ou niveau de développement présent, qui est déterminé à l'aide des problèmes résolus de manière autonome, et le niveau qu'atteint l'enfant lorsqu'il résout des problèmes, non plus tout seul mais en collaboration, détermine précisément la zone de proche développement. Dans notre exemple, pour le premier enfant, cette zone est exprimée par le chiffre 4, pour l'autre, par le chiffre 1.

> Pouvons-nous considérer que les deux enfants ont un niveau identique de développement mental, que l'état de l'un coïncide avec celui de l'autre ? Évidemment non. Comme le montre la recherche, chez ces enfants, les différences conditionnées par la disparité de leurs zones respectives de proche développement s'avéreront beaucoup plus grandes à l'école que la ressemblance due à un niveau identique de développement présent.

La recherche montre que la zone de proche développement a une signification plus directe pour la dynamique du développement intellectuel et la réussite de l'apprentissage que le niveau présent de développement (Vygotsky, 1985, p. 270).

Le concept de zone proximale de développement va évidemment de pair avec celui de médiateur de l'apprentissage, le premier demeurant inutile sans l'intervention du second. Il réaffirme l'importance fondamentale des fonctions de médiation chez l'enseignant et « donc du pédagogue dans l'apprentissage », Vygotsky nous invitant à « anticiper positivement les compétences de l'enfant en lui proposant *au bon moment* des stimulations appropriées » (Raynal et Rieunier, 1997, p. 386).

4.1.4 Les fondements théoriques du constructivisme : Bruner et la recherche de signification

Le psychologue et chercheur américain Jerome S. Bruner (1915-) est le troisième membre du « triumvirat » constructiviste. Coauteur d'un des premiers ouvrages consacrés aux sciences cognitives (Bruner, Goodnow et Austin, 1956), auteur quelques années plus tard d'un ouvrage qui exercera une influence déterminante sur les réformes pédagogiques des années 1960 aux États-Unis (Bruner, 1960), et enfin cofondateur avec Miller du Centre d'études cognitives de l'Université Harvard (1960), Bruner est sans nul doute l'une des figures contemporaines qui ont le plus marqué les sciences de l'éducation.

Psychologue cognitiviste (en raison, notamment, de ses travaux sur la perception), il adopte très tôt les thèses constructivistes de Piaget, avec lequel il collaborera à diverses reprises. Il s'inspire de son principe d'équilibration pour proposer un modèle d'acquisition des connaissances *en spirale* qui suggère que, « par accommodations successives et sous l'influence directe du langage, l'enfant parviendra à élaborer des systèmes conceptuels performants et à accéder aux modes de représentations symboliques » (Raynal et Rieunier, 1997, p. 60).

Bruner s'écartera cependant peu à peu des positions piagétiennes sur le développement pour adopter les thèses de Vygotsky, au sujet desquelles il écrira d'ailleurs une préface enthousiaste dans la traduction anglaise de *Pensée et langage* (1962). Tout en tenant compte du stade de développement atteint par l'enfant, Bruner est convaincu, comme Vygotsky, qu'on peut l'amener à aller plus loin grâce à la médiation, qu'il désigne comme une interaction de tutelle.

À la limite, tout contenu d'apprentissage peut être présenté à n'importe quel enfant si l'on adopte la bonne manière (Guérin, 1998) ou, suivant les termes de Bruner, si son mode de présentation est en accord avec le niveau de développement atteint par l'apprenant. On voit ici combien on s'éloigne de l'idée de base des stades de développement, qui avance que *c'est le développement qui permet l'apprentissage*! Bruner (1966) distingue trois de ces modes de présentation dans son modèle d'acquisition de concepts : un mode actif et concret faisant intervenir la manipulation d'objets, un mode iconique faisant appel à une représentation visuelle (illustration, diagramme, etc.) et un mode symbolique recourant aux symboles du langage, incluant le langage mathématique (les mots désignant des concepts, les nombres, etc.).

Dans le domaine de l'éducation, le nom de Bruner est d'abord associé au concept de médiation, emprunté à Vygotsky, concept qu'il élaborera pour le transformer en un véritable dispositif de soutien de l'apprentissage, l'étayage, auquel il ajoute une forme de « modelage cognitif » (*modélisation vicariante*) et d'estompage (*désétayage*), éléments adaptés tous deux des pratiques behaviorales.

La seconde contribution de Bruner qu'il convient de souligner consiste dans la pédagogie par découverte, pratique chère à de nombreux éducateurs constructivistes. En effet, bien que Bruner accorde une importance capitale aux activités de médiation offertes par l'enseignant, il préconise également le recours à des situations d'autoapprentissage, situations qui amènent les apprenants à découvrir par eux-mêmes les règles et les concepts enseignés, d'autant plus que découverte et médiation ne sont pas incompatibles, le médiateur pouvant « aider l'enfant à dépasser ses découvertes spontanées [et à] faire un pas de plus vers la prise de conscience, facteur décisif de l'apprentissage » (Raynal et Rieunier, 1997, p. 60).

Toutefois, malgré l'apport important de Bruner à la pédagogie, nous retiendrons la thèse centrale de sa « psychologie culturelle », la construction de signification, comme autre fondement théorique du courant constructiviste en éducation.

« Que signifiait pour nous cette révolution des années 50 ? C'était un effort acharné pour mettre la signification au centre de la psychologie. Ni le couple stimulus/réponse, ni les comportements observables, ni les déterminants biologiques et leurs transformations : la signification. Il ne s'agissait donc pas d'une révolte anti-behavioriste, qui se serait limitée à transformer le behaviorisme en lui adjoignant une dose de mentalisme » (Bruner, 1991, p. 270).

Jerome Bruner (1915-...)

Pour Bruner, le développement des enfants et des jeunes est influencé par leur environnement culturel et par leur héritage historique personnel et collectif. En cela, il rejoint la position marxiste de Vygotsky, mais il va plus loin. L'apprentissage humain, en fait, la vie tout entière, est *construction de sens*. Son ambition, comme il la qualifie lui-même, est radicale :

> Nous voulions découvrir et décrire formellement les significations que l'être humain crée au contact du monde, et émettre des hypothèses sur les processus à l'œuvre dans cette création. Nous voulions étudier les activités symboliques que l'homme utilise pour construire et donner du sens au monde qui l'entoure et à sa propre existence (Bruner, 1991, p. 23).

Cette centration sur l'élève-apprenant et sur sa quête de sens n'est pas sans rappeler la conception de l'apprentissage véhiculée par le courant transpersonnel en éducation. De plus, cette perpétuelle reconstruction du monde par les significations qu'on lui attribue accorde une certaine valeur subjective à la connaissance (Bruner reconnaît que la perception de phénomènes « objectifs » peut varier en fonction des valeurs individuelles), position qui fait probablement de Bruner le plus humaniste des cognitivistes ! Nous verrons dans la prochaine section comment cette position radicale peut être associée à l'un des trois niveaux du constructivisme en éducation, soit le constructivisme épistémologique.

Nous résumerons de la façon suivante les fondements théoriques des courants pédagogiques issus de l'école cognitive. Atkinson et Shiffrin ont fourni les bases d'un modèle du traitement de l'information, décrivant les étapes et les principales variables de ces opérations internes chez l'apprenant, modèle qui a donné naissance au courant cognitif en éducation. Pour les théoriciens constructivistes, la construction des connaissances est favorisée par l'expérience directe de l'apprenant et par les interactions sociales avec ses pairs (Piaget). En outre, selon eux, la médiation d'un adulte qui utilise judicieusement la zone proximale de développement de l'apprenant peut également favoriser la construction des savoirs (Vygotsky). Enfin, cette construction de sens, cette quête de signification de l'apprenant, se réalise dans un cadre culturel donné (Bruner). Nous verrons maintenant les influences que ces idées exerceront sur les conceptions de l'apprentissage et de l'enseignement.

4.2 LES CONCEPTIONS COGNITIVE ET CONSTRUCTIVISTE DE L'ENSEIGNEMENT-APPRENTISSAGE

D'un point de vue cognitif, il est crucial de *comprendre* comment l'élève apprend si l'on veut être en mesure de guider son apprentissage. L'enseignant ne peut tout simplement pas se passer des éclairages cognitif et constructiviste, de la connaissance des processus internes de l'apprentissage, la compréhension de ces processus étant « essentielle à la pratique de l'enseignement » (Goupil et Lusignan, 1993, p. 45). Si le facteur qui agit le plus sur l'apprentissage est la quantité, la clarté et l'organisation des connaissances dont l'élève dispose (Ausubel et Robinson, 1969), le facteur le plus déterminant influençant la qualité de l'enseignement serait, du point de vue de l'école cognitive, la capacité de l'enseignant à transposer cette connaissance des théories cognitives et constructivistes en actes pédagogiques cohérents et soutenus.

D'après Marzano (2000), les deux piliers des développements qu'on peut envisager pour les sciences de l'éducation au cours de ce siècle sont la psychologie cognitive et les recherches sur le fonctionnement du cerveau. Il est donc plus que probable que l'école cognitive continue à influencer les conceptions de l'apprentissage et de l'enseignement pendant plusieurs décennies.

4.2.1 La finalité de l'école et les valeurs véhiculées

Comme nous l'avons vu au chapitre 3, le behaviorisme skinnérien a débouché sur une philosophie behaviorale qui redéfinissait des concepts tels que ceux de la liberté et de la dignité humaines. Il n'existe pas de « philosophie cognitive » à proprement parler. Cependant, comme dans tout courant pédagogique, certaines valeurs sont mises en avant, valeurs qui ne peuvent qu'influencer la conception de la finalité attribuée à l'école. Or, quelles sont ces valeurs? Nous en relèverons trois: la reconnaissance du caractère unique de l'élève en tant qu'apprenant (la diversité parmi les styles cognitifs et les styles d'apprentissage), la poursuite de l'autonomie cognitive de l'apprenant (apprendre à apprendre, être aux commandes de son processus d'apprentissage) et, enfin, la place cruciale accordée à la coopération dans le processus de « co-construction » des connaissances.

L'unicité de l'apprenant

L'école cognitive, tant son courant cognitif que son courant constructiviste, reconnaît le caractère unique de chaque apprenant. Dans une perspective cognitive, cette unicité s'exprime principalement par la reconnaissance du principe selon lequel *tous les apprenants n'apprennent pas de la même manière*. De nombreux auteurs ont proposé diverses classifications de ces styles cognitifs (voir, par exemple, De La Garanderie, 1980 ; Kagan, 1966 ; Witkin, 1978) ou de ces styles d'apprentissage (voir, par exemple, Dunn et Dunn, 1978 ; Kolb, 1985 ; Myers Briggs, 1962).

Mais d'abord, les concepts de style cognitif et de style d'apprentissage sont-ils synonymes ou distincts ? On s'entend généralement pour définir le style cognitif comme une approche personnelle, relativement stable, servant à appréhender, à emmagasiner, à transformer et à utiliser l'information (Legendre, 1993), alors que le style d'apprentissage correspondrait plutôt à un « mode préférentiel modifiable via lequel le sujet aime maîtriser un apprentissage, résoudre un problème, penser ou tout simplement réagir dans une situation pédagogique » (Legendre, 1993, p. 1196). Les deux mots clés de ces définitions sont « stable » et « préférentiel ». En bref, le style cognitif serait inné et relativement permanent (par exemple, la modalité perceptuelle dominante visuelle ou auditive), alors que le style d'apprentissage relèverait du domaine de l'acquis et correspondrait à une préférence susceptible de se transformer avec le temps (par exemple, une préférence pour l'apprentissage en équipe plutôt qu'en situation de grand groupe).

Avant de présenter l'une des nombreuses classifications proposées pour chacune de ces deux catégories de « styles », deux constats s'imposent. Premièrement, bien qu'elles mettent en valeur des aspects bipolaires, les dimensions mesurées par les styles correspondent dans les faits à une position sur un continuum. Ainsi, dans la mesure du style cognitif « impulsivité-réflexivité » (Kagan, 1966), un apprenant peut être évalué comme étant très impulsif, c'est-à-dire près de la position extrême de ce pôle (l'élève A dans la figure 4.7), alors qu'un autre peut s'avérer davantage impulsif que réflexif, se situant, par exemple, à mi-chemin entre la position extrême et la médiane pour son groupe de référence (l'élève B dans la figure 4.7).

FIGURE 4.7 *Le continuum des styles cognitifs*

Deuxièmement, on peut difficilement hiérarchiser les styles d'apprentissage. Ainsi, dans le modèle de Kolb (1985), le style d'apprentissage divergent (un élève qui manifeste une plus grande disposition pour l'expérience concrète et l'observation réflexive) n'est pas intrinsèquement supérieur au style d'apprentissage convergent (un élève qui manifeste une plus grande disposition pour la conceptualisation et l'expérimentation active). Toutefois, dans l'exemple portant sur le style cognitif « impulsivité-réflexivité », une tendance trop marquée vers l'impulsivité, se manifestant à l'école par l'émission de la première réponse qui vient à l'esprit de l'élève, peut nuire au rendement de cet élève, mais il est tout aussi vrai qu'un excès de réflexivité peut également nuire au rendement de l'élève, comme dans certaines situations d'évaluation (par exemple, un élève qui coupe les cheveux en quatre face aux réponses suggérées dans un test à choix multiple).

Parmi les nombreuses classifications des styles d'apprentissage proposées, nous verrons celle de David Kolb (1985), déjà évoquée, qui a l'avantage d'être largement diffusée dans de nombreux ouvrages ou articles spécialisés (voir, par exemple, Gauthier et Poulin, 1985), et celle, moins connue dans les milieux francophones, de Rita Dunn et Kenneth Dunn (1978), soit l'inventaire du style d'apprentissage (*learning style inventory*), équipe à laquelle se greffera Gary Price lors d'une version subséquente de l'inventaire (Dunn, Dunn, et Price, 1985).

Le modèle de Kolb (1985) dégage quatre styles d'apprentissage, issus d'un modèle d'apprentissage dit expérientiel faisant intervenir quatre phases ou modes d'apprentissage : un mode d'expérience concrète (l'apprenant apprend par sa propre expérience), un mode d'observation réflexive (l'apprenant apprend par ses observations et ses réflexions), un mode de conceptualisation abstraite (l'apprenant crée des concepts et y intègre ses observations) et un mode d'expérimentation active (l'apprenant vérifie ses hypothèses et utilise ses nouvelles connaissances pour la résolution de problèmes). Les quatre styles en question se situent à la jonction de ces quatre modes d'apprentissage, comme l'illustre la figure 4.8 (*voir la page suivante*). Ce sont les styles divergent, assimilateur, convergent et accommodateur.

Nous emprunterons à Savard (1999) la présentation sommaire qu'elle propose pour chacun de ces quatre styles, rebaptisés pour l'occasion l'élève imaginatif (style divergent), l'élève analytique (style assimilateur), l'élève pratique (style convergent) et l'élève dynamique (style accommodateur).

L'élève imaginatif

Les principales ressources de l'élève imaginatif sont l'intuition et l'imagination qui lui permettent d'analyser les situations selon différentes perspectives. Il excelle dans les remue-méninges et démontre une grande capacité de synthèse. Il s'intéresse aux personnes et est réceptif au monde des valeurs et des sentiments.

L'élève analytique

Cet élève se distingue par ses grandes capacités d'abstraction, de conceptualisation de modèles théoriques. Il excelle dans le raisonnement inductif. Il s'intéresse davantage aux concepts et aux idées qu'aux personnes.

FIGURE 4.8 *Les styles d'apprentissage de Kolb*

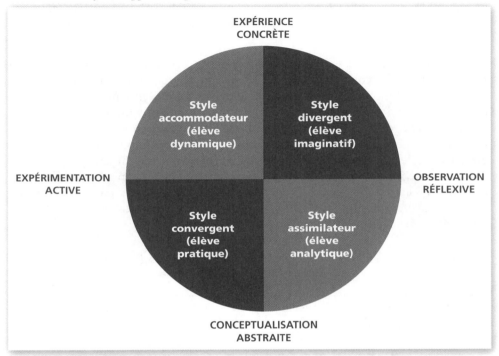

Source : Adaptée de Kolb (1985, cité par Savard, 1999, p. 5).

L'élève pratique

Cet élève préfère travailler seul. Sa plus grande ressource est l'application de notions théoriques à la résolution de problèmes, plus particulièrement les problèmes dont la solution peut être trouvée par déduction. L'élève pratique préfère les tâches techniques aux discussions philosophiques.

L'élève dynamique

Cet élève excelle dans les situations qui exigent des décisions et des adaptations rapides, de même que l'improvisation. Il aime l'action et possède des aptitudes pour l'exécution d'une tâche ou la réalisation d'un projet. Il tend à résoudre les problèmes par tâtonnements (essais et erreurs). L'élève dynamique est à l'aise avec les autres.

L'inventaire du style d'apprentissage de Dunn, Dunn et Price (1985) constitue pour sa part une tentative de synthèse des nombreuses variables pouvant influencer l'apprentissage scolaire (*voir le tableau 4.2 à la page suivante*). Ces 21 « variables », ou éléments comme les désignent les auteurs, sont regroupées en cinq catégories ou ensembles de stimuli : les variables environnementales (4), les variables émotionnelles (4), les variables sociologiques (6), les variables physiologiques (4) et les variables psychologiques (3).

Notons que cette dernière catégorie regroupe trois dimensions habituellement associées aux styles cognitifs : le style global versus le style analytique (inspiré des travaux de Witkin [1978] portant sur la dépendance ou l'indépendance à l'égard du champ), la latéralisation hémisphérique ou l'hémisphère gauche versus l'hémisphère droit et le style impulsivité-réflexivité dont nous avons déjà traité. Un autre élément, cette fois classé comme variable physiologique, touche à une dimension relevant davantage du style cognitif, à savoir une caractéristique considérée comme innée et relativement stable, même si elle est capable d'adaptation : il s'agit de la modalité perceptuelle dominante (les auteurs parlent plutôt de modalité préférentielle), variable qui permet de distinguer entre les élèves à dominance visuelle, auditive, tactile ou kinesthésique.

TABLEAU 4.2 *Les éléments de l'inventaire du style d'apprentissage de Dunn et Dunn*

Catégories	Éléments				
Variables environne-mentales	Bruit ou son (tolérance au...)	Lumière (faible ou forte intensité)	Température (préférence)	Aménagement du lieu d'étude ou de travail (style préféré)	
Variables émotionnelles	Motivation (degré de...)	Persistance (degré de...)	Responsabilité (degré de...)	Structure (besoin plus ou moins élevé de...)	
Variables sociologiques	Seul (préfère travailler seul)	Dyade (préfère travailler à deux)	Pairs (préfère travailler avec des pairs)	Équipe (préfère travailler en équipe)	Adulte (préfère travailler en compagnie d'adultes) Varié
Variables physiologiques	Modalité perceptuelle préférée	Nourriture ou boisson (besoin de...)	Temps de la journée le plus productif	Mobilité (besoin de bouger)	
Variables psychologiques	Global vs analytique	Hémisphère gauche vs hémisphère droit	Implusivité vs réflexivité		

Source : Dunn et Dunn (1998).

Il y aurait encore beaucoup à dire sur cet inventaire du style d'apprentissage et sur les propositions pédagogiques de ses auteurs, propositions qui ont d'ailleurs fait l'objet de nombreux ouvrages (voir, par exemple, Dunn et Dunn, 1998). Toutefois, nous retiendrons surtout que l'école cognitive reconnaît une différence dans la manière d'apprendre des apprenants et qu'elle préconise des moyens pour essayer de tenir compte de ce fait. Nous reviendrons maintenant aux deux autres valeurs essentielles véhiculées par cette école : l'autonomie cognitive et la coopération entre les élèves.

L'autonomie cognitive

L'expression « apprendre à apprendre » ne date pas d'hier (Faure, 1972). L'école cognitive lui a cependant donné une nouvelle impulsion, en reconnaissant que cette autonomie peut être développée par l'entraînement aux stratégies d'apprentissage des apprenants (le courant cognitif). Par exemple, dans leur programme d'*Actualisation du potentiel intellectuel* ou API, Audy, Ruph et Richard (1993) relèvent pas moins de 83 stratégies, dont 4 stratégies métacognitives, 19 stratégies d'observation, 18 stratégies de recherche de solution, 10 stratégies de réponse, 7 stratégies de mémorisation, etc. Le courant constructiviste fait même de l'autonomie cognitive l'une des fins poursuivies par l'école : développer chez chaque apprenant la capacité à résoudre des problèmes de manière autonome.

La coopération dans l'apprentissage

On connaît l'importance que les employeurs accordent aujourd'hui à la capacité à travailler en équipe (Conseil économique du Canada, 1992). L'école cognitive valorise la coopération entre apprenants, non seulement parce qu'elle contribue à leur développement personnel et affectif (ce à quoi elle ne saurait non plus s'opposer), mais surtout parce qu'elle favorise la construction des savoirs. Les interactions sociales entre pairs sont une source de stimulations pour leur développement cognitif, le travail en coopération leur offrant de plus l'occasion de vérifier et d'approfondir leur compréhension, de confronter leurs perceptions et de développer leur pensée critique.

L'école doit donc reconnaître le caractère unique de chaque apprenant et viser au développement optimal de ses capacités d'apprentissage, en prenant en considération ses caractéristiques cognitives personnelles (les dimensions de son style cognitif) et ses modalités d'apprentissage préférées (les dimensions de son style d'apprentissage). En outre, et de manière complémentaire, l'école doit valoriser l'autonomie cognitive et les interactions de coopération, qui permettront à l'apprenant de développer sa capacité à résoudre des problèmes de manière autonome et responsable.

4.2.2 Les trois niveaux du constructivisme

Si l'on demandait aujourd'hui à trois enseignants de définir le « constructivisme en éducation », il y a gros à parier que l'on recevrait trois interprétations différentes de ce courant pédagogique, peut-être même divergentes quant aux conceptions de l'enseignement et de l'apprentissage qui y seraient véhiculées. Cette confusion s'explique par le fait qu'il existe diverses conceptions du constructivisme et, qui plus est, diverses façons de les désigner. Bref, *il y a constructivisme et... constructivisme !* Perkins (1992) a été parmi les premiers auteurs à distinguer des divergences d'orientation entre certains groupes de partisans constructivistes. L'un de ces groupes, qu'il désigne par le sigle WIG (*Without-the-Information-Given*), avance l'idée que, pour qu'il y ait un apprentissage véritable, l'apprenant doit construire toute connaissance par lui-même, avec un soutien minimal. Un second groupe, désigné par le sigle BIG (*Beyond-the-Information-Given*), ne s'oppose pas au fait qu'on puisse fournir directement l'information aux apprenants, pour autant que ceux-ci soient en mesure de l'utiliser de manière active et créative, et donc de faire la démonstration qu'ils ont véritablement « appris ». Cette opposition entre les partisans d'un constructivisme radical (les WIG) et les partisans d'un constructivisme modéré (les BIG) se manifeste par les différents visages que peut prendre un enseignement constructiviste.

Le philosophe D.C. Phillips (1995) a exploré les nombreuses facettes du constructivisme, ses aspects positifs comme ses aspects moins positifs (son article s'intitule d'ailleurs « The good, the bad and the ugly : The many faces of constructivism », qu'on pourrait traduire par « Le bon, la brute et le truand : les nombreux visages du constructivisme »). Tout d'abord, il dénonce l'aspect sectaire du mouvement, le comparant même à une religion. La diversité des auteurs de toutes les époques reprenant les conceptions constructivistes dans des domaines aussi variés que la psychologie, l'épistémologie, la sociologie, l'éducation, l'histoire et même les études féministes ajoute à la confusion et contribue à la complexité du courant. Pour aider à clarifier le tout, Phillips propose trois axes, correspondant chacun à une question clé du constructivisme. Ces trois dimensions permettent de situer les positions de chaque auteur autour de l'un ou l'autre des deux pôles ou quelque part entre les deux extrêmes de chaque continuum.

Le premier axe porte sur l'objet d'étude du constructivisme : est-ce l'étude de la genèse des connaissances chez l'individu-apprenant ou l'étude de la genèse des connaissances disciplinaires (comment se construisent les connaissances à l'intérieur des disciplines du savoir humain) ? Le deuxième axe, le plus crucial et le plus complexe, s'interroge sur l'origine de la connaissance : l'humain est-il le « créateur » de cette connaissance ou la nature en est-elle l'« instructeur » (la connaissance est-elle créée ou découverte) ? Enfin, le troisième axe soulève la question de la nature même du processus de construction des connaissances : s'agit-il d'une activité cognitive individuelle ou d'un processus de nature sociale ?

À l'aide de ces trois dimensions, on peut repérer trois tendances dans le constructivisme en éducation (Brandt et Perkins, 2000) : un constructivisme qui privilégie le rôle actif de l'apprenant-penseur, un constructivisme qui privilégie la dimension sociale dans la co-construction des connaissances et un constructivisme qui privilégie le rôle créatif de l'apprenant dans la construction de tout savoir. Perkins (1999) traduit ces trois tendances en fonction de rôles, soit les rôles de l'apprenant actif (*active learner*), de l'apprenant social (*social learner*) et de l'apprenant créatif (*creative learner*). La confusion qui règne autour du constructivisme en éducation provient probablement de la coexistence de ces trois « niveaux » de constructivisme (*voir le tableau 4.3*), tant sur le plan théorique qu'en ce qui a trait aux pratiques éducatives (Perkins, 1999).

TABLEAU 4.3 *Les trois niveaux du constructivisme en éducation*

Niveau de constructivisme	Principal auteur associé	Rôle de l'apprenant
Constructivisme pédagogique (niveau de base)	Piaget (importance du facteur de l'activité)	Apprenant actif
Socioconstructivisme (niveau modéré)	Vygotsky (importance de la médiation de l'adulte)	Apprenant social
Constructivisme épistémologique (niveau radical)	Bruner (importance du contexte socioculturel dans la création de la connaissance)	Apprenant créatif

L'apprenant actif

L'élève n'est pas spectateur de sa connaissance, mais acteur de celle-ci (Dewey, 1916). Tous les constructivistes s'entendront vraisemblablement sur ce premier niveau, que nous associerons principalement aux fondements théoriques issus des travaux de Piaget. Comme Dewey (*learning by doing*), Piaget insiste sur l'importance de l'activité significative et des contacts directs avec l'environnement : l'apprenant doit construire activement ses connaissances par des manipulations, des mises en situation, des expériences diverses dans l'environnement scolaire et dans son milieu de vie. Cette conception de l'apprentissage a des conséquences pédagogiques évidentes, d'où l'expression suggérée de *constructivisme pédagogique*. C'est en quelque sorte le niveau « de base » du constructivisme.

L'apprenant social

Le sujet qui apprend n'est pas qu'un individu, c'est aussi une collectivité en soi (Vygotsky, cité par Guérin, 1998, p. 334). Le deuxième niveau du constructivisme fait un pas de plus : non seulement l'apprentissage est un processus actif qui nécessite l'engagement cognitif de l'apprenant, mais c'est également une co-construction. Les interactions sociales entre pairs (Piaget) ainsi que la médiation de l'adulte ou celle d'un apprenant servant de guide (Vygotsky) contribuent à cette dimension sociale de l'apprentissage. Là encore, la plupart des constructivistes s'entendront sur le caractère interactionnel de la construction des connaissances, que nous désignerons ici par le terme *socioconstructivisme* (bien que ce terme serve parfois à désigner aussi le troisième niveau du constructivisme, soit le constructivisme radical).

L'apprenant créatif

Le troisième niveau du constructivisme insiste sur la nécessité pour l'apprenant de créer en lui toute connaissance qu'il désire s'approprier. Cette exigence peut prendre chez certains l'allure d'une idéologie : « Les arguments avancés pour défendre les thèses constructivistes apparaissent souvent d'ordre idéologique ; ainsi, si les apprenants ne redécouvrent pas par eux-mêmes la philosophie grecque ou les lois de Newton, ils n'en n'auront jamais une véritable compréhension » (Perkins, 1999, p. 11, traduction libre). Perkins plaide pour une approche davantage pragmatique et n'exclut pas le recours à l'enseignement traditionnel dans le cas de certains contenus d'apprentissage moins complexes (les connaissances factuelles). Ce niveau, que nous appellerons *constructivisme épistémologique*, quoique tout constructivisme soit par nature épistémologique, constitue la conception la plus radicale du constructivisme.

L'un des plus ardents défenseurs de ce constructivisme radical est Ernst Von Glasersfeld, professeur à l'Université du Massachusetts. Pour Von Glasersfeld (1994), le constructivisme entraîne nécessairement une remise en question de l'épistémologie traditionnelle, approche qui prétend que la connaissance est une *représentation* plus ou moins vraie d'une réalité objective. À la place de cette conception figée de la connaissance, il propose l'établissement d'une nouvelle relation entre connaissance et réalité, relation qu'il nomme *viabilité*. Ainsi, une action, une opération mentale, une structure conceptuelle construite par l'apprenant, voire la théorie scientifique suggérée par l'enseignant, seront jugées « viables » tant et aussi longtemps « qu'elles servent à l'accomplissement d'une tâche ou encore à l'atteinte du but que l'on a choisi » (Von Glasersfeld, 1994, p. 22). Au lieu de parler de « vérités », le constructivisme épistémologique ou radical préfère parler de viabilité ou et de compatibilité avec les modèles déjà construits (Von Glasersfeld, 1994).

Ce constructivisme radical peut ainsi nous entraîner vers une forme de *relativisme* qu'on résumerait par la formule caricaturale suivante : toute connaissance étant construction de l'apprenant, il n'existe pas à proprement parler de connaissance objective à enseigner... et encore moins à évaluer chez les élèves ! Phillips (1995) nous met en garde contre cette possible dérive du constructivisme, également dénoncée au Québec par Baillargeon (2001) : « La montée de l'insignifiance a trouvé dans le monde de l'éducation un terrain privilégié [où] fleurit une doctrine pompeusement baptisée constructivisme ou socioconstructivisme qui assure, dans sa version la plus exacerbée, que la science n'est qu'un discours socialement construit parmi d'autres » (p. 32). Cette version exacerbée du constructivisme épistémologique est évidemment loin de faire l'unanimité.

Jerome S. Bruner (1996), qu'on peut associer au constructivisme épistémologique, se défend en ces termes de tomber dans le piège du relativisme :

> [...] nous sommes bien placés pour savoir que ce qui est *connu* n'est ni une vérité venue de Dieu, ni quelque chose d'écrit dans le grand Livre de la Nature. Vu ainsi, le savoir est toujours susceptible d'être révisé. Mais cette faculté à être révisé ne doit pas être confondue avec un relativisme qui autoriserait n'importe quoi, qui consisterait à dire que, puisque aucune théorie n'est la vérité ultime, *toutes* les théories, comme tous les peuples, se valent (p. 81).

La conception de l'apprentissage et, par ricochet, celle de l'enseignement peuvent donc varier selon le niveau de constructivisme auquel on se réfère. Mais le constructivisme n'est qu'un des deux courants pédagogiques issus de l'école cognitive. Qu'en est-il du courant cognitif ? Les conceptions de l'apprentissage et de l'enseignement y diffèrent-elles de celles que l'on trouve chez les constructivistes, en particulier chez les tenants du constructivisme pédagogique (niveau de base) et du socioconstructivisme (niveau modéré) ? En fait, ces conceptions sont essentiellement les mêmes. Que l'on s'inspire du modèle du traitement de l'information ou des théories constructivistes de l'apprentissage, on adhère dans chaque cas à une conception dynamique et interactive de l'apprentissage, les constructivistes mettant cependant davantage l'accent sur la dimension sociale de ces interactions. De même, les conceptions de l'enseignement de chaque courant sont similaires, cognitivistes et constructivistes préconisant également une approche interventionniste avec laquelle on vise soit la médiation du processus du traitement de l'information (par exemple, l'élaboration de stratégies cognitives pour rendre ce traitement plus efficace), soit la médiation des contenus de la connaissance (par exemple, le recours à la zone proximale de développement) et le développement intellectuel des apprenants.

4.2.3 La conception des rôles de l'enseignant et de l'apprenant

Durant les dernières décennies, le monde de l'éducation a vu le passage d'une école centrée sur l'enseignement et l'enseignant à une école *centrée sur l'apprentissage des apprenants* (Tardif, 1992, 1998). Les courants cognitif et constructiviste ne sont certes pas étrangers à cette transformation, laquelle puise de plus en plus son inspiration dans les données de la recherche (Martineau, 1998) et se manifeste en particulier par la modification des rôles attribués à chacun des deux partenaires de la relation éducative.

Le rôle de l'enseignant n'est plus tant de transmettre des connaissances (courant behavioral) que de planifier les situations les plus propices à l'apprentissage des apprenants. Or, étant donné que l'apprentissage est un processus actif et interactif, l'enseignant verra désormais à proposer des activités faisant appel à la participation des apprenants, activités qui accorderont également une place importante aux interactions sociales, aux exercices de communication et aux tâches réalisées en équipe. L'enseignant est moins souvent en situation de « transmission des connaissances » (enseignement magistral) qu'en situation de soutien de la démarche d'apprentissage des apprenants (par exemple, la rencontre avec un petit groupe d'élèves pour faire le point sur un projet réalisé en équipe). Cette transformation du rôle traditionnel de l'enseignant a amené certains à dire qu'il fallait désormais *enseigner moins pour que les élèves apprennent davantage !* Il serait plus prudent de dire qu'il faut intervenir différemment et ne plus se fier uniquement aux exposés formels comme stratégie pouvant assurer un apprentissage de qualité à tous les élèves.

Le rôle de l'apprenant découlera évidemment du nouveau rôle attribué à son enseignant. On s'attend désormais à ce que les apprenants soient *engagés sur les plans cognitif et affectif* dans la construction de leurs savoirs. Notons d'ailleurs que le terme « engagement » possède une connotation plus forte que le mot « participation ». Il ne suffit pas, en effet, que l'élève réponde distraitement aux questions de l'enseignant, qu'il participe avec nonchalance aux discussions de classe ou qu'il effectue passivement les tâches assignées dans un travail en équipe ; il doit idéalement s'investir tout entier dans sa démarche d'apprentissage, avec le même enthousiasme, la même énergie et la même intensité que ceux que met le jeune enfant lorsqu'il s'investit dans le jeu. Par ailleurs, en plus d'être responsable de son propre apprentissage, l'apprenant est appelé à contribuer à la construction du savoir de ses pairs. Enfin, la motivation de l'élève sera essentiellement de source intrinsèque, alimentée par son désir d'apprendre, sa curiosité naturelle et son besoin d'appartenance à une communauté d'apprenants.

4.3 LES IMPLICATIONS ÉDUCATIVES DU MODÈLE DU TRAITEMENT DE L'INFORMATION

Cette section sera consacrée aux implications éducatives du courant cognitif. Le modèle du traitement de l'information s'est en effet révélé un modèle particulièrement fructueux lorsqu'il s'agissait de déterminer certaines techniques d'enseignement visant à faciliter l'enregistrement sensoriel, le travail de la mémoire à court terme ainsi que la mémorisation et le rappel de l'information entreposée dans la mémoire à long terme.

4.3.1 Faciliter l'enregistrement sensoriel

Rappelons que des centaines de stimuli visuels, auditifs et autres peuvent être enregistrés simultanément par nos sens. La plupart de ces stimuli sont rapidement effacés (en un quart de seconde), à l'exception des stimuli auxquels nous choisissons de prêter attention. *L'attention est donc la condition initiale nécessaire à tout apprentissage volontaire.* Elle est cependant une ressource limitée. Pour illustrer ce principe, Kinchla (1992) utilise l'analogie avec l'argent, qui constitue également une ressource limitée pour la plupart d'entre nous. En anglais, les expressions *pay me attention* (accorde-moi ton attention) et *lend me your ear* (prête-moi l'oreille) sont révélatrices. Comme l'argent, l'attention ne doit pas être « gaspillée » ; elle doit être dirigée vers les stimuli importants. Tel est le rôle de l'attention sélective.

L'attention sélective

Le traitement de l'information peut être grandement facilité si l'on attire l'attention de l'apprenant sur les idées principales d'un texte, sur les concepts importants ou sur certains mots clés. Il existe de nombreuses techniques permettant d'attirer l'attention, l'enseignant d'expérience connaissant bien certaines de ces techniques (*voir le tableau 4.4 à la page suivante*).

Les techniques que l'on emploie pour attirer l'attention devront évidemment s'adapter à l'âge des élèves, ainsi qu'à la personnalité des enseignants. Il importe de retenir le principe selon lequel l'attention des apprenants doit être sollicitée et dirigée, quel que soit le moyen qu'on utilise pour y parvenir. Ainsi, certains enseignants n'hésiteront pas à recourir à des mises en scène ou à des costumes pour attirer l'attention de leurs élèves. Par exemple, une enseignante du primaire se présentera un jour en classe munie d'un « sac des pluriels » (un simple sac en papier, bien décoré, contenant toutes les terminaisons du pluriel à l'étude). Un enseignant d'histoire du secondaire se déguisera en colon du XVIIe siècle pour amorcer une leçon sur la fondation de la Nouvelle-France. L'acte d'enseigner n'est

TABLEAU 4.4 *Quelques techniques pour attirer l'attention des élèves*

Gestes ou signaux	À l'oral	À l'écrit (incluant au tableau)
Ouvrir et fermer l'interrupteur	Utiliser le ton de sa voix (parler plus fort)	Écrire EN MAJUSCULES
Frapper dans ses mains (geste parfois repris par les élèves)	Parler avec emphase (avec beaucoup de gestes)	Utiliser des caractères différents (par exemple, des **caractères gras**)
Utiliser un pointeur	Répéter l'information	Souligner certains passages
Lever la main pour demander le silence	Annoncer : « Cela est important »	Placer dans un encadré
Montrer ses yeux ou ses oreilles (ou tout geste appelant l'attention)	Annoncer : « Cela va faire partie du test »	Utiliser une couleur différente ou de plus gros caractères

pas sans rappeler la performance d'un acteur (Slavin, 2000) ou d'un comédien (Runtz-Christan, 2000). Aussi, certaines qualités recherchées chez un artiste de la scène, telles que la conviction, l'enthousiasme et l'expressivité, sont susceptibles d'augmenter l'efficacité de la communication pédagogique (Timpson et Tobin, 1982).

De nombreuses études ont démontré que l'humour a des effets bénéfiques sur l'apprentissage (Ziv, 1979). En témoigne l'analogie pour le moins comique qu'avait utilisée notre enseignant de sciences de 9e année (3e secondaire) pour expliquer le concept du point de saturation dans un liquide. Celui-ci, mimant un haltérophile, avait fait semblant de soulever un poids de plus en plus lourd. Arrivé à 90 kilos, il avait annoncé qu'il ajouterait un « petit » kilo supplémentaire. Il fit un nouvel essai pour soulever le poids, mais cette fois il s'écroula sur le plancher de la classe : à 90 kilos, il avait atteint son point de saturation... comme haltérophile. Son imitation de l'haltérophile avait attiré l'attention de toute la classe. Pour ce qui est de la compréhension et de la mémorisation du concept, nous pouvons confirmer l'efficacité de cette méthode... plus de 30 ans après la leçon en question.

Une autre technique favorisant l'attention consiste à diminuer le nombre de stimuli concurrents, en demandant, par exemple, aux élèves de fermer les yeux pour pouvoir se concentrer plus facilement sur un texte lu. À l'inverse, on pourra avoir recours à des entrées sensorielles multiples, en s'assurant, par exemple, que l'information présentée oralement est accompagnée d'un support visuel (transparents, notes au tableau, affiches, résumé écrit remis aux élèves, etc.). Ainsi, la variété des moyens de communication utilisés, l'activité de l'apprenant de même que l'humour de l'enseignant sont autant de moyens qui facilitent le maintien de l'attention (Slavin, 2000).

La durée de l'attention

En plus de favoriser l'attention sélective, l'enseignant devra prendre en considération la capacité d'attention des apprenants. On ne dispose pas de données précises en la matière, mais tout intervenant ayant déjà œuvré auprès de jeunes enfants connaît les limites de leur attention quant à la durée. Ces limites peuvent être de 10 ou 15 minutes environ. Par exemple, quelle devrait être la durée maximale d'une activité d'écoute pour les enfants du primaire? Cela dépend évidemment de la nature de l'activité. Écouter l'enseignant lire une histoire n'exige pas la même qualité de concentration que faire une leçon orale de mathématiques. Le meilleur guide pour déterminer la durée de l'attention demeure encore l'attention que prête l'enseignant aux signes de décrochage cognitif des apprenants, comme des regards rêveurs, des bâillements ou un début d'agitation.

Rappelons-nous que le traitement de l'information, qui plus est d'une information complexe nécessitant une concentration soutenue, constitue une activité exigeante qui occasionne de la fatigue, comme toute autre activité de l'organisme. On a d'ailleurs tendance à surestimer la capacité d'attention des enfants plus âgés et des adolescents, voire des adultes... Qui d'entre nous n'a pas déjà décroché au cours d'une conférence, somme tout intéressante, après seulement quelques minutes d'écoute attentive? Ainsi, il demeure préférable de minimiser la durée des exposés oraux, en les parsemant de questions, de temps de réflexion, d'activités d'application et d'exercices divers, y compris d'exercices physiques. Après tout, le cerveau a besoin d'oxygène pour fonctionner!

La perception au cours de l'enregistrement

Reprenons la distinction entre la perception et l'enregistrement sensoriel. Lorsque les stimuli enregistrés par les sens se présentent à la mémoire de travail, ils ont déjà été l'objet d'un premier traitement (inconscient) de la part du système du traitement de l'information. En effet, la perception consiste dans l'interprétation que l'on donne aux stimuli enregistrés. Notre perception est influencée par notre état mental (fatigue, nervosité, etc.), nos expériences et nos connaissances antérieures. L'exemple classique demeure celui des fameuses taches d'encre qu'on présente dans le test projectif de Rorschach. Tout le monde enregistre les mêmes stimuli visuels, les mêmes taches d'encre, mais la perception de ces stimuli, l'interprétation qui leur est attribuée, varie d'une personne à l'autre.

4.3.2 Faciliter le travail de la mémoire à court terme

Comme nous l'avons vu, la capacité de traitement de la mémoire à court terme est limitée à environ 7 items ou, selon la formule de Miller (1956), à 7 $\pm$ 2 items (de 5 à 9 items). Un exemple pris dans le milieu scolaire permet d'illustrer cette capacité de la mémoire de travail. Il s'agit d'une activité qui consiste à copier un texte, par exemple un texte noté au tableau. Le nombre de mots mémorisés chaque fois qu'on lève la tête pour enregistrer le texte à copier sera d'environ sept mots (vous pouvez tenter l'expérience pour vérifier cela). Toutefois, il est possible d'augmenter le nombre d'éléments traités simultanément en les regroupant. Dans l'exemple déjà cité des sept chiffres d'un numéro de téléphone à mémoriser (comme 7-8-3-2-1-6-6), il sera utile de regrouper les trois premiers chiffres (783) et les quatre suivants en couples de deux chiffres (21-66). Ce regroupement en tronçons d'information (*chunks*) permet de maximiser le potentiel de traitement de la mémoire à court terme.

Voici un petit exercice de mémorisation. Vous disposez de 3 minutes pour mémoriser la liste de 30 mots dans l'encadré 4.2. Une fois le temps écoulé, écrivez tous les mots dont vous vous souvenez, dans l'ordre de votre choix (il s'agit d'un *rappel libre*).

ENCADRÉ 4.2 *Un exercice de mémorisation*

cahier	tempête	lapin	facilement	crayon
lentement	cheval	nuage	calculatrice	violet
chien	doucement	vert	hamster	agrafeuse
rapidement	bleu	pluie	tortue	soleil
rouge	brusquement	règle	vent	chat
patiemment	noir	neige	stylo	jaune

Les stratégies organisationnelles

Quel est votre résultat à l'exercice de mémorisation précédent? Mais surtout, comment vous y êtes-vous pris? Vous aurez probablement utilisé ce que Weinstein et Mayer (1986) désignent comme une stratégie organisationnelle de base, stratégie qui repose «sur la sélection de l'information [et] son organisation en fonction de points principaux et secondaires et des diverses catégories qu'elle forme» (Goupil et Lusignan, 1993, p. 97). Plusieurs d'entre vous auront ainsi choisi de regrouper ces 30 mots sous 5 catégories: les articles scolaires (cahier, crayon, calculatrice, agrafeuse, règle, stylo), les termes associés au temps qu'il fait (tempête, nuage, pluie, soleil, vent, neige), les animaux domestiques (lapin, cheval, chien, hamster, tortue, chat), les couleurs (violet, vert, bleu, rouge, noir, jaune) et les adverbes de manière (facilement, lentement, doucement, rapidement, brusquement, patiemment). Le *regroupement sémantique*, qui constitue une stratégie organisationnelle de base, favorise donc le traitement de l'information dans la mémoire à court terme.

Non seulement le regroupement par catégories facilite le *codage* de l'information à mémoriser, mais il en favorise également le rappel. Dans l'exemple qui précède, vous pouviez recourir aux cinq catégories pour tenter de vous rappeler certains mots étudiés (par exemple, « Je sais qu'il y avait plusieurs noms de couleur ; oui, je crois bien que la couleur rouge y était »). L'un des exemples que l'on utilise souvent pour illustrer la technique du regroupement est la liste d'épicerie. Ainsi, Slavin (2000) propose 24 noms d'aliments à mémoriser. Après avoir examiné cette liste, on se rend compte qu'il est possible de regrouper ces items selon leur association aux trois repas d'une journée (aliments surtout associés au déjeuner, au dîner et au souper).

Les stratégies d'élaboration ou d'association

Les stratégies d'élaboration ou d'association représentent une autre catégorie de stratégies particulièrement efficaces pour ce qui est du codage de l'information dans la mémoire à court terme (Weinstein et Mayer, 1986). Comment, jadis, avez-vous appris le nom des capitales des provinces canadiennes ? En répétant *ad nauseam* les noms formant chacun des couples (par exemple, Alberta-Edmonton, Alberta-Edmonton, etc.) ? Ou peut-être avez-vous eu recours à une stratégie d'élaboration, qui consiste à établir des liens entre les informations à mémoriser. Notons que la meilleure élaboration reste celle que l'on conçoit soi-même. Pour être vraiment efficace, toute stratégie de mémorisation doit signifier quelque chose pour nous. L'encadré 4.3 présente une stratégie d'association mise au point par un élève de 6e année du Nouveau-Brunswick.

ENCADRÉ 4.3 *Un exemple de stratégie d'association*

Colombie-Britannique :	Victoria	◆ « nique » et « vic », ça rime en crime
Alberta :	Edmonton	◆ mon oncle Edmond et mon cousin Albert
Saskatchewan :	Regina	◆ le « r » vient juste avant le « s »
Manitoba :	Winnipeg	◆ le « W », c'est un « M » renversé
Ontario :	Toronto	◆ les « ont » ne tournent pas « ron »
Québec :	Québec	◆ pas bien difficile, cette association-là !
Nouveau-Brunswick :	Fredericton	◆ pas besoin de truc (je la connais déjà !)
Île du Prince-Édouard :	Charlottetown	◆ j'enverrais bien Charlotte sur l'île
Nouvelle-Écosse :	Halifax	◆ double « l », double « s » et double « a »
Terre-Neuve :	Saint John's	◆ « TN » au début et « tn » à la fin

Encore une fois, ces diverses associations n'ont de valeur que par le pouvoir d'évocation qu'elles possèdent chez les personnes qui apprennent. Edmond (pour la capitale Edmonton) et Albert (pour la province de l'Alberta) constitueront une association autrement plus efficace si l'on peut associer mentalement deux personnes portant ces prénoms, d'où l'importance de *personnaliser les stratégies*. Les stratégies d'élaboration peuvent prendre plusieurs autres formes (Lindsay et Norman, 1977).

L'élaboration peut aussi prendre la forme d'une histoire inventée dans laquelle sont réunis les éléments à mémoriser. Pour apprendre le nom des principaux cours d'eau du Canada, un élève pourra s'inventer une histoire dans laquelle on trouvera le nom de chaque cours d'eau à mémoriser, suivant un trajet qu'il aura établi : « Un jour que j'étais parti à la chasse à l'ours (Grand lac de l'Ours), j'ai rencontré un groupe d'esclaves (Grand lac des Esclaves) qui descendaient vers la Saskatchewan (rivière Saskatchewan) pour chasser le caribou (lac du Caribou). » Et ainsi de suite.

Une autre stratégie d'élaboration mentionnée par Lindsay et Norman (1977) est la méthode des lieux, également appelée « méthode *loci* » (« lieu » en grec), car on dit qu'elle était déjà utilisée par les Grecs de l'Antiquité. Il s'agit cette fois d'associer l'objet à mémoriser avec un lieu connu. Les auteurs donnent l'exemple du trajet les menant à leur lieu de travail, trajet au long duquel ils ont placé les éléments de leur liste d'épicerie. En refaisant mentalement un trajet qu'ils connaissent par cœur, ils peuvent « voir » les différents objets qu'ils désirent mémoriser : un immense *pain* bloque la porte d'entrée de leur maison ; sur la plage que longe la route qu'ils empruntent, un voilier est rempli d'*œufs* ; etc. Comme le mentionnent Lindsay et Norman (1977), ce sont souvent les images les plus saugrenues qui restent gravées dans notre mémoire. Une variante de la méthode des lieux appliquée au même exercice de mémorisation consisterait à visiter mentalement les pièces de la maison pour lesquelles des articles doivent être achetés. De nombreux clients ayant oublié à la maison leur liste d'achats à effectuer ont recours à cette technique éprouvée.

Une stratégie d'élaboration employée très souvent dans l'apprentissage d'une langue seconde est la méthode de l'imagerie (Slavin, 2000), également nommée la méthode des mots clés : « Cette méthode consiste à associer un mot clé au mot à apprendre [...] ; la première association s'opère à l'aide de liens acoustiques et la seconde, au moyen d'une image mentale » (Goupil et Lusignan, 1993, p. 97). Slavin donne l'exemple du mot anglais *fencing* dont le terme français correspondant est « l'escrime » (« le *scream* »). L'élève anglophone pourra mémoriser cette association en imaginant un escrimeur qui pousse un cri (« le *scream* ») tandis qu'il attaque son adversaire à l'épée. Goupil et Lusignan (1993) donnent pour leur part l'exemple du mot anglais *pushy* que doit apprendre un élève francophone. Celui-ci peut associer du point de vue auditif *pushy* avec « pousser » ; il se forme alors « l'image mentale d'une personne arrogante en train de pousser une autre personne et relie *pushy* à *arrogant* » (p. 97).

Les procédés mnémotechniques

Les procédés mnémotechniques consistent à utiliser la première lettre d'une série de mots à apprendre pour créer un acronyme (Robillard, Gravel et Robitaille, 1998) ou une phrase qui sera plus facile à mémoriser. Slavin (2000) les désigne d'ailleurs comme les stratégies des lettres initiales (*initial-letter strategies*). La formule ainsi créée, qu'il s'agisse d'un mot ou d'une phrase, devient une *formule mnémonique*, qui facilite l'apprentissage de divers contenus (*voir l'encadré 4.4*).

ENCADRÉ 4.4 *Des formules mnémoniques*

À quels contenus d'apprentissage correspondent les formules mnémoniques suivantes ?

1. Ma Vieille Tante M'a Jeté Sur Une Nouvelle Planète.

2. CASMO

3. Mais où est donc Carnior ?

4. My Monkeys Are Trouble Because They Like Biting Mother, Kissing Brother, Socking Dad, Pulling Thread...

5. SOH CAH TOA

---

1. Cette formule mnémonique est l'un des trucs classiques du répertoire des élèves de tout âge ! Il s'agit des neuf planètes du Système solaire, dans leur ordre d'éloignement du Soleil (de la planète la plus près du Soleil à la planète qui en est la plus éloignée) :
   <u>M</u>ercure, <u>V</u>énus, <u>T</u>erre, <u>M</u>ars, <u>J</u>upiter, <u>S</u>aturne, <u>U</u>ranus, <u>N</u>eptune, <u>P</u>luton.

2. Cette formule mnémonique permet de mémoriser le nom des cinq premières provinces canadiennes, dans l'ordre où elles sont situées, d'ouest en est :
   <u>C</u>olombie-Britannique, <u>A</u>lberta, <u>S</u>askatchewan, <u>M</u>anitoba, <u>O</u>ntario.

3. Vous n'avez probablement eu aucune difficulté à reconnaître cette formule mnémonique qui rappelle aux élèves les sept principales conjonctions de coordination :
   <u>Ma</u>is, <u>ou</u> (où), <u>et</u> (est), <u>donc</u>, <u>car</u>, <u>ni</u>, <u>or</u> (Carnior) ?

4. Nous soupçonnons que vous avez dû avoir un peu plus de difficulté à reconnaître cette formule mnémonique (qui a pourtant eu son heure de gloire auprès des élèves qui étudiaient l'histoire politique du Canada). Il s'agit des 15 premières personnes à avoir occupé le poste de premier ministre du Canada, de 1867 à 1979 : <u>M</u>acDonald (de 1867 à 1873 et de 1878 à 1891), <u>M</u>ackenzie (de 1873 à 1878), <u>A</u>bbott (1891-1892), <u>T</u>hompson (de 1892 à 1894), <u>B</u>owell (de 1894 à 1896), <u>T</u>upper (1896), <u>L</u>aurier (de 1896 à 1911), <u>B</u>orden (de 1911 à 1920), <u>M</u>eighen (1920-1921 et 1926), <u>K</u>ing (de 1921 à 1926, de 1926 à 1930 et de 1935 à 1948), <u>B</u>ennett (de 1930 à 1935), <u>Sa</u>int-Laurent (de 1948 à 1957), <u>D</u>iefenbaker (de 1957 à 1963), <u>P</u>earson (de 1963 à 1968), <u>T</u>rudeau (de 1968 à 1979 et de 1980 à 1984).

5. Le nom de la tribu imaginaire des Soh-Cah-Toa est la formule mnémonique qu'utilisent les étudiants dans leurs cours de trigonométrie pour se rappeler que « sinus = opposé/hypoténuse », « cosinus = adjacent/hypoténuse » et « tangente = opposé/adjacent ».

Les formules mnémoniques correspondent à une catégorie particulière des stratégies d'élaboration. Cette fois, ce n'est plus l'apprenant qui crée l'association, l'histoire ou l'image servant de support à son activité de codage ; *cette formule lui est plutôt fournie par l'enseignant.* Il doit donc l'emmagasiner dans sa mémoire à long terme, de manière à pouvoir l'utiliser lorsque l'occasion se présentera. Malgré l'efficacité que les formules mnémoniques ont démontrée (Hattie, Bibbs et Purdie, 1996), notamment auprès d'élèves en difficulté d'apprentissage (Scruggs et Mastropieri, 1992), l'arsenal de stratégies de mémorisation de l'apprenant devrait être complété par des associations, des élaborations et d'autres procédés mnémotechniques que l'apprenant élaborera lui-même et que les élèves pourront par la suite partager entre eux.

Les stratégies organisationnelles et les diverses stratégies d'élaboration que nous venons d'évoquer (les associations, l'histoire inventée, la méthode des lieux, l'imagerie mentale et les procédés mnémotechniques) constituent autant de moyens pour *coder une information verbale* en vue de sa mémorisation, de son passage à la mémoire suivante, soit la mémoire à long terme.

La répétition

Cependant, la stratégie la plus utilisée par la mémoire de travail demeure la répétition (Baddeley, 1990). La répétition d'une information verbale permet à celle-ci de rester active dans la mémoire à court terme, sinon, comme nous l'avons mentionné, elle s'efface d'elle-même après une période de 15 à 30 secondes. La répétition est sans aucun doute la stratégie de mémorisation la plus naturelle chez l'humain, celle que le jeune enfant emploie spontanément dès ses premiers apprentissages verbaux. L'importance de la répétition tient au fait que plus longtemps une information séjourne dans la MCT, plus elle a de chances d'être transférée dans la mémoire à long terme (Slavin, 2000). L'information que l'on se répète mentalement demeure activée dans la mémoire à court terme, ce qui représente une façon de la maintenir «vivante».

Alors, pourquoi la répétition a-t-elle si mauvaise presse dans le milieu de l'éducation ? Tout simplement parce que *mémoriser n'est pas comprendre.* La répétition peut suffire pour mémoriser une connaissance déclarative (le produit de 4×9 ou la définition du triangle équilatéral), mais elle n'assure en rien la compréhension de ce que désigne la phrase mathématique $4 \times 9 = 36$ ou de ce qu'est un triangle équilatéral. Rappelons les deux fonctions complémentaires, tout aussi importantes l'une que l'autre, qu'exerce la mémoire à court terme (Bowd, McDougall et Yewchuk, 1998) : le décodage de l'information (interpréter les stimuli, leur attribuer un sens) et le codage de l'information (assurer leur stockage dans la mémoire à long terme). À elle seule, la répétition ne permet que d'emmagasiner de l'information dans la MLT, sans opération de codage proprement dite.

Les niveaux de traitement

Les limites de la répétition tiennent au fait qu'elle n'exige aucun traitement en profondeur de l'information, puisqu'on se contente de répéter l'information telle qu'elle nous a été transmise. L'une des théories complémentaires au modèle du traitement de l'information concerne le niveau de traitement (*levels of processing theory*) et stipule que la rétention à long terme d'une information dépendrait du niveau de traitement que reçoit cette information (Craik et Lockhart, 1972). Plus le traitement est superficiel (se contenter d'enregistrer un stimulus), moins son transfert sera efficace dans la mémoire à long terme. À l'opposé, plus un traitement en profondeur est effectué (faire le lien entre ce stimulus et ses connaissances ou ses expériences antérieures), plus cette information sera susceptible d'être mémorisée. Voici un autre exercice de mémorisation. Il s'agit de retenir, dans l'ordre que vous désirez, les 40 lettres présentées ci-dessous. Une minute devrait suffire à la tâche.

c	t	e	s	n	m	a	p	l	d
r	e	o	e	r	é	l	e	a	e
p	i	l	o	m	e	l	s	l	t
u	o	t	e	e	r	i	e	m	s

Quelle stratégie de mémorisation avez-vous utilisée, cette fois ? Vous avez peut-être opté pour une stratégie d'énumération cumulative (Weinstein et Mayer, 1986) consistant à répéter une suite d'items à mémoriser en y ajoutant chaque fois un item ou plusieurs items (c-t, c-t-e, c-t-e-s, etc.). Bien que cette stratégie puisse être amplement suffisante pour un jeune élève apprenant les lettres de l'alphabet ou les jours de la semaine, elle correspond ici à un niveau de traitement insuffisant. Il y a gros à parier que vous aurez tenté de lire ces lettres, c'est-à-dire de former des unités de sens, quitte à inventer des mots nouveaux, par exemple « crup » ou « pruc » avec les quatre lettres de la première colonne, « toie » avec les quatre lettres suivantes, et ainsi de suite. Recommençons cet exercice, avec les 40 mêmes lettres, mais disposées autrement.

r	a	p	p	e	l	l	e	t	o	i
l	e	s	e	n	s	c	e	s	t	
l	e	m	o	t	e	u	r	d	e	
l	a	m	é	m	o	i	r	e		

Vous n'aurez sans doute pas eu besoin de 60 secondes, cette fois, pour mémoriser ces 40 lettres, formant le message : *Rappelle-toi : le sens, c'est le moteur de la mémoire.* C'est que, justement, l'information à laquelle on peut attribuer un sens, comme l'information que l'on peut greffer sur un réseau d'information préexistant, sera plus facilement mémorisée qu'une information dépourvue de toute signification. Le recours aux connaissances antérieures revêt ici toute son importance.

Le rappel des connaissances antérieures

Prenons l'exemple d'un contenu d'apprentissage mentionné précédemment, à savoir la définition du triangle équilatéral. Une enseignante du primaire désire introduire cette autre sorte de triangle. Avant même de proposer une activité qui amènera ses élèves à *découvrir* les caractéristiques de cette nouvelle figure géométrique, elle s'assurera d'activer les connaissances antérieures de ses élèves dans ce domaine, soit la définition générale d'un triangle, les types de triangles déjà connus ainsi que leurs caractéristiques (le nombre de côtés d'égale longueur et la mesure des angles). Le rappel de ces connaissances antérieures permettra un traitement beaucoup plus efficace des nouvelles données, en facilitant à la fois le décodage de l'information nouvelle (la compréhension) et son codage en vue de sa mémorisation à long terme.

4.3.3 Maximiser la mémorisation et le rappel de la mémoire à long terme

Le rôle essentiel des connaissances antérieures nous conduit à aborder le contenu de la mémoire à long terme, l'entrepôt dans lequel sont stockées toutes ces connaissances. Dans la réalité, le travail qui s'effectue dans la mémoire à court terme fait constamment appel au contenu de la mémoire à long terme. Par exemple, lorsque l'on rencontre une personne à laquelle on a été présenté récemment, on puise très rapidement l'information emmagasinée dans notre MLT à son sujet, de manière à pouvoir réagir adéquatement à la situation. Peut-être son nom nous échappe-t-il pour l'instant, comme nous n'avons pas encore réussi à retracer le chemin qui nous mène à cette donnée. Toutefois, au fil de la conversation, ce nom nous revient, car nous utilisons en tant que repère l'information disponible relative aux fonctions qu'exerce cette personne et aux circonstances de notre rencontre. C'est ainsi que l'on retrouve l'information « oubliée », en remontant la filière de ce souvenir. Plus la rencontre de cette personne aura été marquante pour nous, plus nous aurons effectué un traitement en profondeur de l'information reçue à son sujet (par exemple, en essayant d'associer son prénom à celui d'une personne connue), et plus cet exercice de rappel sera par la suite facilité.

La mémoire épisodique, la mémoire sémantique et la mémoire procédurale

Nous avons déjà signalé l'importance du niveau de traitement effectué lors du passage de l'information dans la mémoire à court terme et l'effet de la durée du séjour de cette information, c'est-à-dire la période pendant laquelle cette information demeure activée dans la mémoire de travail. À ces deux variables s'ajoute celle du double mode d'enregistrement (*dual code theory of memory*), selon laquelle toute information serait enregistrée dans la mémoire à long terme, soit en images, sous une forme visuelle (mémoire épisodique), soit en propositions, sous une forme verbale (mémoire sémantique). Cette théorie prédit qu'une information présentée sous ces deux modes est plus facilement mémorisée que si elle n'est présentée que de manière visuelle ou verbale (Clark et Paivo, 1991 ; Mayer et Moreno, 1998).

Si l'on reprend l'exemple précédent, la rencontre avec cette personne a d'abord été enregistrée dans notre mémoire épisodique, sous une forme visuelle. La mémoire épisodique correspond à la mémoire des événements vécus ; elle est en quelque sorte le film de notre vie. Nous avons de plus été présentés, des propos ont été échangés, ce qui alimente notre mémoire sémantique. La mémoire sémantique consiste dans la mémoire des connaissances, qu'elles soient déclaratives, procédurales ou conditionnelles. Dans ce cas-ci, nous avons appris le nom de cette personne, les fonctions qu'elle exerce, etc. Ces connaissances déclaratives ont probablement été enregistrées sous forme de propositions (par exemple, « Mme X est directrice de l'école Y »). Ce double enregistrement (le visage et les échanges verbaux) devrait éventuellement faciliter le rappel de son nom.

Selon une implication possible des effets cumulatifs de ces deux types de mémoire, l'expérience vécue par l'élève, qui est enregistrée dans sa mémoire épisodique, contribuerait à renforcer la mémorisation des contenus d'apprentissage qui, eux, sont enregistrés dans la mémoire sémantique. Même si rien ne prouve cette hypothèse (Crahay, 1999), les bienfaits cognitifs et affectifs de l'activité de l'apprenant sont suffisamment nombreux pour la justifier. D'autre part, un contenu présenté de manière à la fois visuelle et verbale a davantage de chances d'être retenu dans la mémoire sémantique que s'il n'a été que vu (par exemple, un texte lu par l'élève) ou entendu (par exemple, un exposé de l'enseignant). C'est pourquoi on recommande aux enseignants de faire appel au plus grand nombre de sens possible dans les activités d'apprentissage qu'ils proposent aux élèves (Dunn et Dunn, 1978).

Bien que les modes visuel et auditif soient encore les modes de communication privilégiés à l'école, il ne faudrait pas négliger d'autres modes de présentation, comme le mode moteur. Une situation d'apprentissage qui inclurait une composante motrice, par exemple une action mimée par les élèves, aurait probablement pour effet d'augmenter la probabilité de rappel des contenus présentés, d'autant plus que de nombreux auteurs s'entendent pour distinguer non pas deux mais trois types de mémoire à long terme (Tulvig, 1993) : la mémoire épisodique, la mémoire sémantique et la *mémoire procédurale* (qu'il ne faut pas confondre avec les connaissances procédurales). La mémoire procédurale, c'est la mémoire motrice, la mémoire du « savoir comment » (Solso, 1998) : comment conduire une bicyclette, comment taper à la machine, comment écrire, etc. D'après des études effectuées récemment sur le fonctionnement du cerveau, les opérations découlant de ces trois types de mémoire auraient lieu dans des parties différentes du cerveau (Byrnes et Fox, 1998). La figure 4.9 illustre les composantes de la mémoire à long terme.

FIGURE 4.9 *Les composantes de la mémoire à long terme*

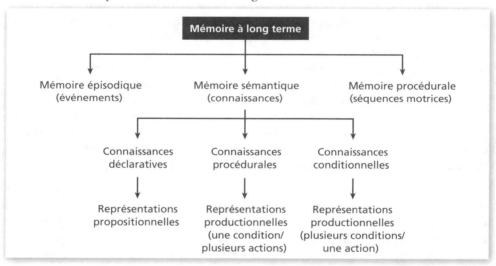

Source : Adaptée de Tardif (1992, p. 187).

La mémoire sémantique regroupe la très grande majorité des apprentissages scolaires puisqu'elle inclut les connaissances déclaratives (les connaissances de faits, de principes, de règles, etc.), les connaissances procédurales (la résolution de problèmes, l'application des règles, etc.) et les connaissances conditionnelles (les connaissances qui permettent le transfert des apprentissages). La mémorisation et le rappel des contenus de la mémoire sémantique dépendent dans une large mesure de la qualité de leur organisation dans la mémoire à long terme.

L'organisation de l'information dans la mémoire à long terme

Plusieurs théoriciens de la mémoire considèrent que l'information accumulée dans la mémoire à long terme ne s'en efface jamais (Byrnes, 1996). Comme l'indique Slavin (2000), ce qui est perdu, ce n'est pas l'information entreposée dans la MLT, c'est le chemin qui mène à cette information. Le problème de l'oubli devrait donc être interprété comme un problème de rappel. Comme Lieury (1998), nous utiliserons l'analogie de la bibliothèque pour illustrer l'importance de l'organisation de l'information dans la MLT.

Considérons la mémoire à long terme comme une immense bibliothèque dans laquelle serait rangée une infinité de stimuli et d'informations de toutes sortes, soit des milliards de données puisque la capacité de la MLT n'a aucune limite connue. Si, en tant que bibliothécaire, on se contente de jeter pêle-mêle les nouveaux livres reçus dans une allée de la bibliothèque ou de les placer sur une étagère choisie au hasard, sans effort de classement, il est fort à parier qu'on aura beaucoup de difficulté à retrouver ces nouveaux documents lorsqu'on en aura besoin. Rappelez-vous ce que M. Rousseau disait à ses élèves à ce propos : « Un livre mal rangé dans ta mémoire-bibliothèque, c'est un livre perdu. » La conviction de M. Rousseau s'appuie sur celle de nombreux auteurs qui affirment que l'organisation de l'information entreposée dans la MLT est effectivement LA clé d'un rappel efficace (Bowd, McDougall et Yewchuk, 1998).

Les représentations en schéma

Il existe différentes manières de concevoir l'organisation de l'information dans la mémoire, par exemple sous forme de cadres, de scripts, de réseaux ou de hiérarchies de concepts. Toutefois, selon Tardif (1992), la représentation en schéma est la plus souvent retenue par les chercheurs (*voir la figure 4.10 à la page suivante*), car elle offre « la représentation la plus vraisemblable de l'organisation et de la hiérarchisation qui existent dans le système de traitement de l'information » (p. 202). Le schéma peut regrouper des connaissances déclaratives, procédurales et conditionnelles. Il peut également servir à représenter une connaissance procédurale sous forme de *représentation productionnelle* (Tardif, 1992), c'est-à-dire indiquer les actions qu'il faudra entreprendre pour produire une réponse à partir d'une condition donnée (une condition/plusieurs actions). De la même manière, il est possible d'illustrer une connaissance conditionnelle sous forme de représentation productionnelle, où il s'agit cette fois de déterminer l'action ou la réponse à produire à partir d'un certain nombre de conditions données (plusieurs conditions/ une action).

Le schéma présenté dans la figure 4.10 illustre *une partie* de l'information relative aux trois courants pédagogiques que nous avons abordés jusqu'ici et

FIGURE 4.10 *Un exemple d'une représentation de connaissances en schéma*

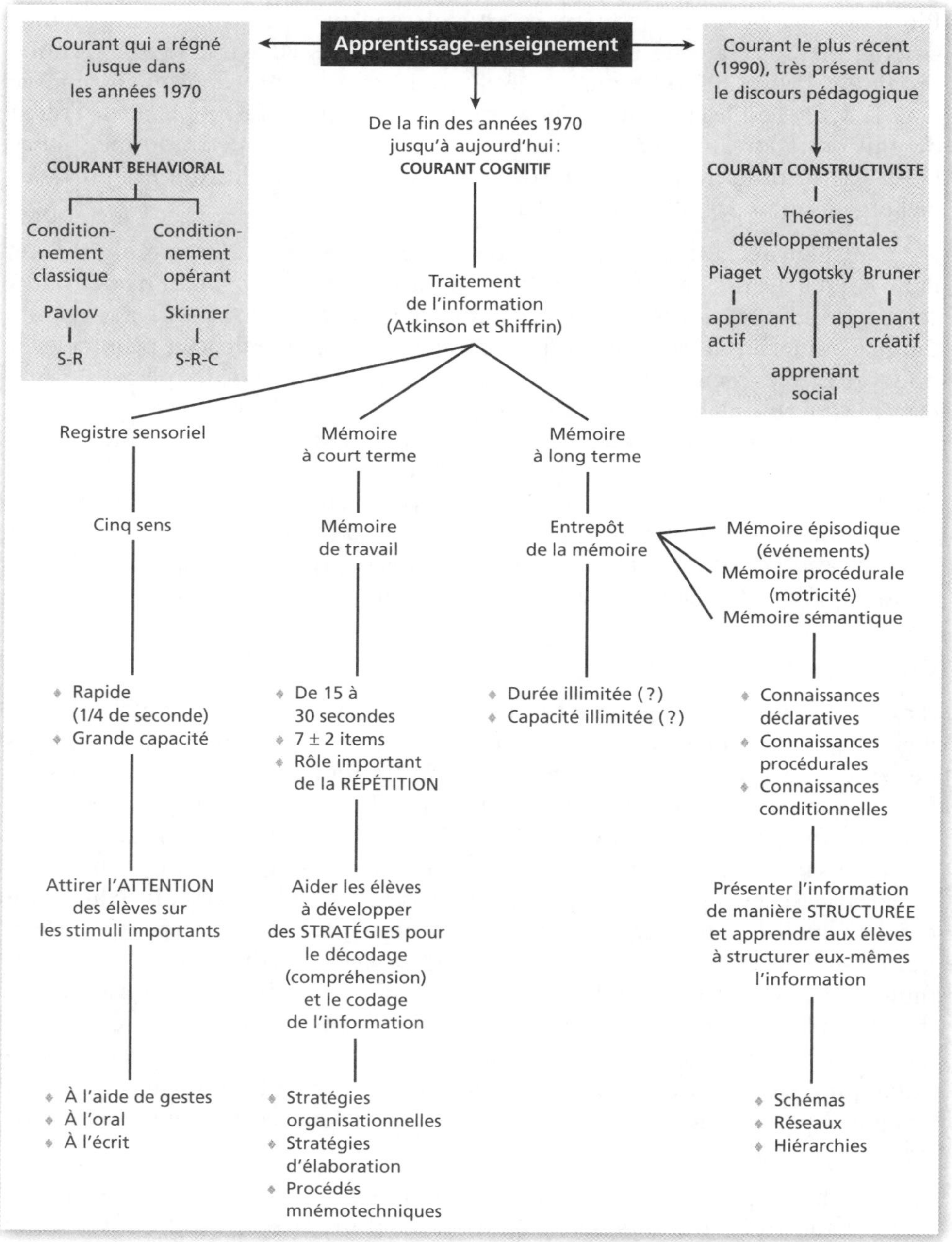

Courant qui a régné
jusque dans
les années 1970

↕ **Apprentissage-enseignement**

Courant le plus récent
(1990), très présent dans
le discours pédagogique

De la fin des années 1970
jusqu'à aujourd'hui :
COURANT COGNITIF

COURANT BEHAVIORAL

Condition-
nement
classique

Condition-
nement
opérant

Pavlov

Skinner

S-R

S-R-C

Traitement
de l'information
(Atkinson et Shiffrin)

COURANT CONSTRUCTIVISTE

Théories
développementales

Piaget   Vygotsky   Bruner

apprenant
actif

apprenant
créatif

apprenant
social

Registre sensoriel

Mémoire
à court terme

Mémoire
à long terme

Cinq sens

Mémoire
de travail

Entrepôt
de la mémoire

Mémoire épisodique
(événements)
Mémoire procédurale
(motricité)
Mémoire sémantique

♦ Rapide
(1/4 de seconde)
♦ Grande capacité

♦ De 15 à
30 secondes
♦ 7 ± 2 items
♦ Rôle important
de la RÉPÉTITION

♦ Durée illimitée (?)
♦ Capacité illimitée (?)

♦ Connaissances
déclaratives
♦ Connaissances
procédurales
♦ Connaissances
conditionnelles

Attirer l'ATTENTION
des élèves sur
les stimuli importants

Aider les élèves
à développer
des STRATÉGIES pour
le décodage
(compréhension)
et le codage
de l'information

Présenter l'information
de manière STRUCTURÉE
et apprendre aux élèves
à structurer eux-mêmes
l'information

♦ À l'aide de gestes
♦ À l'oral
♦ À l'écrit

♦ Stratégies
organisationnelles
♦ Stratégies
d'élaboration
♦ Procédés
mnémotechniques

♦ Schémas
♦ Réseaux
♦ Hiérarchies

188

précise les contenus découlant du courant cognitif. Évidemment, le schéma pourrait s'étendre presque indéfiniment, et ce, dans de multiples directions. Ainsi, on pourrait compléter la représentation des contenus des deux autres courants pédagogiques, établir des liens entre eux, intégrer des détails complémentaires (les cinq sens servant à l'enregistrement sensoriel, les différentes stratégies d'élaboration, etc.). De plus, les connaissances exposées dans la figure 4.10 sont essentiellement de nature déclarative, soit des idées représentées sous une forme propositionnelle courte (un mot ou un groupe de mots) ou sous une forme propositionnelle un peu plus élaborée (des propositions). On aurait pu y adjoindre des connaissances conditionnelles, telles que les conditions dans lesquelles une stratégie organisationnelle est préférable à une stratégie d'élaboration.

Les représentations productionnelles

Les tableaux 4.5 et 4.6 offrent des exemples de représentations productionnelles d'une connaissance procédurale (une condition/plusieurs actions) et d'une connaissance conditionnelle (plusieurs conditions/une action). Ces deux exemples sont tirés de Tardif (1992), qui consacre d'ailleurs un chapitre entier à la mémoire et à la représentation des connaissances dans son ouvrage intitulé *Pour un enseignement stratégique*. Signalons que la représentation productionnelle de l'opération mathématique de la division (*voir le tableau 4.5*) est également citée par Crahay (1999).

TABLEAU 4.5 *Un exemple d'une représentation productionnelle d'une connaissance procédurale*

Si	je dois effectuer une division
Alors	
	1) je décide quel nombre doit être divisé par l'autre et
	2) je place les deux nombres sur une même ligne horizontale et
	3) je sépare le dividende en autant de tranches que le permet le diviseur et
	4) je détermine le nombre de fois que le diviseur est compris dans la première tranche et
	5) je multiplie le diviseur par ce nombre de fois et
	6) je place le produit sous la tranche considérée et
	7) je soustrais le deuxième nombre du premier et
	8) j'associe au résultat de cette soustraction le chiffre immédiatement à droite de la tranche considérée et
	9) je répète les opérations 4, 5, 6, 7 et 8 jusqu'à ce qu'il n'y ait plus de chiffres dans le dividende et
	10) je considère le résultat de la dernière soustraction comme un reste s'il est différent de zéro et
	11) j'écris la réponse.

Source: Tardif (1992, p. 191).

TABLEAU 4.6 *Un exemple d'une représentation productionnelle d'une connaissance conditionnelle*

Reconnaissance d'un carré parmi d'autres figures géométriques
Si une figure géométrique a quatre côtés et
Si les quatre côtés sont égaux et
Si tous les angles de la figure sont des angles droits,
Alors il s'agit d'un carré.

Source : Tardif (1992, p. 201).

Selon plusieurs chercheurs, outre la quantité des connaissances préalables dont l'apprenant dispose pour un nouvel apprentissage (Bloom, 1984), le facteur qui influence le plus l'apprentissage scolaire serait la qualité de l'organisation des connaissances entreposées dans la mémoire à long terme (Raynal et Rieunier, 1997). La figure 4.10 évoquait les deux principales implications éducatives de cette dernière proposition : pour l'enseignant, présenter les contenus d'apprentissage de manière structurée et, pour les apprenants, apprendre à structurer l'information issue des activités d'enseignement et des ressources consultées. Comme on s'en doute, les apprenants ne font pas tous cet effort de structuration et d'organisation des connaissances. Il n'est donc pas surprenant qu'un grand nombre de livres-connaissances soient égarés dans leur mémoire-bibliothèque !

Les représentations en réseaux

Le rappel des connaissances antérieures des élèves constitue pour l'enseignant un moment privilégié pour recourir à une activité d'organisation. Par exemple, un enseignant du secondaire, qui s'apprête à entreprendre une unité d'enseignement portant sur la Seconde Guerre mondiale, pourra animer une activité de mise en commun de toutes les connaissances que ses élèves ont accumulées sur ce sujet. Ces connaissances pourront être structurées au tableau sous forme d'un réseau de concepts fourni par l'enseignant (*voir la figure 4.11 à la page suivante*) où, une fois ces connaissances listées, il pourra demander aux élèves de proposer des titres sous lesquels l'information recueillie sera regroupée. Dans chaque cas, le rappel et l'organisation des connaissances antérieures des élèves favoriseront l'ancrage cognitif des nouveaux contenus d'apprentissage qui viendront s'y greffer.

Goupil et Lusignan (1993) accordent eux aussi une place importante à l'organisation et à la représentation des connaissances dans la mémoire à long terme. Les nombreux exemples inclus dans leur ouvrage reposent sur trois types de représentations : les *hiérarchies de connaissances* (par exemple, du concept général d'animaux au concept particulier de chat), les *réseaux de concepts* (par exemple, les moyens de transport routier, ferroviaire, maritime, aérien et spatial)

FIGURE 4.11 *Un exemple d'organisation des connaissances antérieures sous forme de réseau*

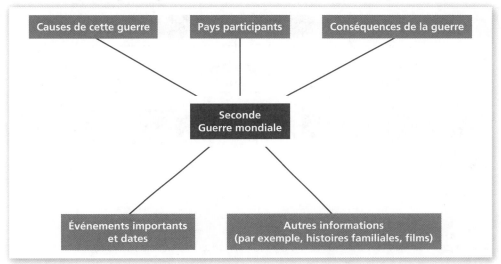

Source : Adaptée de Slavin (2000, p. 210, traduction libre).

et les *tâches hiérarchisées* (par exemple, les étapes menant au calcul du volume d'un cylindre). Notons que cette dernière catégorie, qui correspond à la représentation productionnelle d'une connaissance procédurale (Tardif, 1992), s'inspire davantage de la technique d'analyse de tâche décrite au chapitre 3 relatif au courant behavioral.

Que faut-il retenir de ces diverses formes d'organisation et de représentation des connaissances ? Tout d'abord, qu'elles favorisent la mémorisation et surtout le rappel des connaissances entreposées dans la mémoire à long terme. De plus, l'enseignant peut les utiliser pour structurer les contenus d'apprentissage enseignés, et ce, aussi bien à l'étape du rappel des connaissances antérieures qu'à celle de la présentation de nouvelles informations ou à celle de l'objectivation et de la synthèse des apprentissages réalisés. Enfin, les apprenants de tout âge peuvent être entraînés à produire leurs propres modèles d'organisation de leurs connaissances (schémas, organisateurs graphiques, réseaux, hiérarchies, cartes conceptuelles, etc.) dans toutes les disciplines d'enseignement. Pour illustrer ce dernier point, nous présenterons deux autres exemples de modèles d'organisation des connaissances, le premier emprunté à l'enseignement musical (*voir la figure 4.12 à la page suivante*) et le second, à l'enseignement de la langue maternelle (*voir la figure 4.13 à la page suivante*), discipline souvent oubliée dans l'illustration de cette approche.

FIGURE 4.12 *Un exemple d'organisation des connaissances en réseau de concepts hiérarchisés*

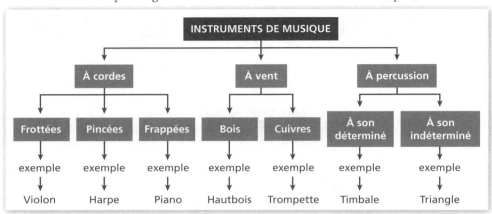

Source : Goupil et Lusignan (1993, p. 105).

FIGURE 4.13 *Un exemple d'organisation des connaissances sous forme schématique*

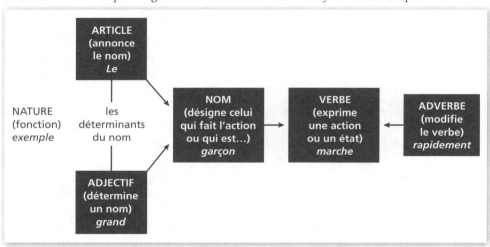

4.3.4 Les facteurs susceptibles de favoriser ou de contrer l'oubli

Qui n'a pas un jour oublié une information qu'il croyait pourtant avoir mémorisée ? Quel élève n'a pas déjà été pris au dépourvu dans une situation d'évaluation, ayant un trou de mémoire qui, dans le pire des scénarios, peut prendre l'allure d'un gouffre ? Qu'on l'interprète comme une incapacité de rappel momentanée ou comme une information à jamais effacée de la mémoire, il faut admettre que l'oubli fait partie de notre vie. Nous verrons maintenant le phénomène de l'oubli et relèverons les facteurs susceptibles d'entraîner l'oubli d'une information apprise à l'école.

Bowd, McDougall et Yewchuk (1998) relèvent quatre facteurs ou causes de l'oubli : le manque d'organisation de l'information mémorisée (*cue-dependent forgetting*), le non-usage d'une information mémorisée (qu'on peut associer au passage du temps), la répression ou la suppression d'un souvenir ainsi que l'interférence proactive ou rétroactive. À ces quatre facteurs on pourrait en ajouter un cinquième, les problèmes d'ancrage, c'est-à-dire l'absence de liens entre les apprentissages déjà réalisés et le nouvel apprentissage. La première cause précisée par Bowd, McDougall et Yewchuk (1998), le manque d'organisation de l'information, a largement été traitée dans la section précédente.

Nous retiendrons pour notre part pas moins de six facteurs pouvant influencer le rappel d'une information apprise ou d'une expérience vécue : le passage du temps, le non-usage de l'information mémorisée, la suppression (volontaire) ou la répression (involontaire), l'interférence rétroactive ou proactive, l'ordre de présentation des données apprises et, enfin, la manière dont l'information a été étudiée (pratique distribuée versus pratique intensive).

1. *Le passage du temps* L'oubli est un phénomène naturel, dont on doit tenir compte dans le processus d'apprentissage scolaire. Le simple passage du temps semblerait suffisant pour provoquer le phénomène de l'oubli (Lindsay et Norman, 1977). Des expériences menées à la fin du XIXᵉ siècle par le pionnier de la recherche sur la mémoire verbale, Hermann Ebbinghaus (1850-1909), recherches portant sur la mémorisation de syllabes sans signification, l'amenèrent à proposer en 1885 sa fameuse courbe de l'oubli (*voir la figure 4.14 à la page suivante*). De nombreuses recherches confirmèrent par la suite le *principe* établi par cette courbe : « L'oubli est très rapide initialement, puis sa pente s'atténue avec le temps » (Myers, 1995, p. 301). Ce principe est probablement à l'origine du célèbre mot de l'écrivain français Édouard Herriot : « La culture, c'est ce qui reste quand on a tout oublié. »

2. *Le non-usage de l'information mémorisée* Une information dûment mémorisée risque de ne plus être accessible ou d'être carrément « oubliée » si l'on cesse de l'utiliser. L'exemple suivant illustrera ce facteur. À peu près tout le monde a mémorisé ses tables de multiplication pendant ses premières années de scolarité. En fait, dans la plupart des cas, on pourrait parler de *surapprentissage*, c'est-à-dire d'une pratique de l'habileté qui s'est poursuivie après que la maîtrise de cet apprentissage a été atteinte. Le surapprentissage est d'ailleurs fort utile à l'acquisition d'*automatismes*, comme ceux que visent les activités de calcul mathématique ou l'orthographe des mots courants. Imaginons une personne âgée de 40 ans qui n'a, pour ainsi dire, eu aucune occasion d'utiliser

FIGURE 4.14 *La courbe de l'oubli d'Ebbinghaus*

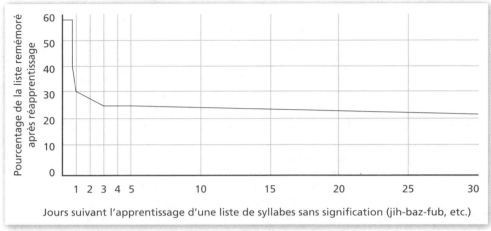

Jours suivant l'apprentissage d'une liste de syllabes sans signification (jih-baz-fub, etc.)

Source: Adaptée d'Ebbinghaus (1885, cité par Myers, 1995, p. 301).

de nouveau cet apprentissage qu'elle maîtrisait pourtant si bien quelques décennies plus tôt. Elle aurait sans doute beaucoup de difficulté à dire combien font 8 × 7 ou 6 × 9 si on lui posait la question à brûle-pourpoint. Les connaissances dont on continue de faire usage et qu'on puise fréquemment dans la mémoire à long terme ont davantage de chances d'être rappelées. Par contre, les connaissances non utilisées courent le risque d'être oubliées, un peu comme si la trace ou le chemin menant à ces informations avait été effacé (bien que les informations, elles, puissent demeurer disponibles).

3. *La suppression et la répression* Il s'agit ici d'un facteur affectif ayant une incidence cognitive. D'après Searleman et Herrmann (1994), un apprenant pourrait choisir d'oublier un apprentissage qu'il a réalisé précédemment ou une expérience qu'il a vécue ; ainsi, il pourrait décider d'oublier un échec ou une mauvaise performance à un test. On parle alors de *suppression* ou d'oubli volontaire. Quant à la *répression,* elle relève plutôt d'un mécanisme inconscient (le refoulement) par lequel une personne efface de sa mémoire des événements vécus, voire des apprentissages associés à des expériences traumatisantes.

4. *L'interférence rétroactive ou proactive* L'interférence pourrait expliquer une part importante des connaissances qui ont été oubliées. L'*interférence rétroactive* survient lorsqu'un nouvel apprentissage interfère avec un apprentissage similaire qui a été réalisé auparavant. Par exemple, une élève qui vient d'apprendre l'algorithme de l'extraction d'une racine carrée éprouve maintenant de la difficulté à se rappeler l'algorithme d'une longue division, le nouvel apprentissage interférant rétroactivement avec un apprentissage plus ancien

(Bowd, McDougall et Yewchuk, 1998). D'après certains psychologues et chercheurs cognitivistes (Ausubel, 1967), l'*interférence proactive* serait une cause de l'oubli encore plus importante. Elle se produit lorsque le nouvel apprentissage est confondu avec un apprentissage plus ancien. Cette fois, c'est l'apprentissage déjà réalisé qui interfère de façon proactive avec l'apprentissage en cours. Pour contrer l'interférence proactive, Bruner (1966) suggère l'emploi des contrastes, technique qui consiste à faire ressortir les différences entre des contenus d'apprentissage similaires, par exemple les différences entre « un triangle rectangle et le triangle équilatéral » (Goupil et Lusignan, 1993, p. 55).

Nous avons évoqué quelques causes possibles de l'oubli. Par ailleurs, nous savons désormais que le rappel des connaissances antérieures peut favoriser l'ancrage des nouvelles connaissances et que l'organisation de l'information entreposée dans la mémoire à long terme en facilite le rappel. L'utilisation régulière d'une information mémorisée constitue également une condition facilitant le rappel. Il existe au moins deux autres pratiques ou conditions qui influent sur le *rappel* d'une connaissance mémorisée : l'ordre de présentation de l'information et la manière d'organiser le temps d'étude ou de révision de contenus que l'on désire mémoriser (pratique distribuée versus pratique intensive).

5. *L'ordre de présentation* Le phénomène de l'effet de position sérielle (Myers, 1995) a été démontré au cours d'expériences consistant à apprendre une série de mots, de noms ou de dates, suivis d'un rappel libre immédiat. Les premiers items (effet de primauté) et les derniers items présentés (effet de récence) sont les mieux mémorisés. L'effet de récence s'explique facilement : les derniers mots étudiés sont encore « frais en mémoire ». En ce qui concerne l'effet de primauté, il serait attribuable au fait qu'on accorderait davantage d'attention aux premiers items (Lindsay et Norman, 1977) ; soulignons d'ailleurs qu'à long terme on se souvient mieux des items qui ont été présentés au début d'une session d'apprentissage (*voir la figure 4.15 à la page suivante*). Ce constat amène Slavin (2000) et d'autres chercheurs à recommander que l'information importante d'une leçon soit présentée au début d'une période d'enseignement, de manière à bénéficier de cet effet de primauté.

6. *La pratique distribuée ou la pratique intensive* Supposons qu'un élève décide de consacrer cinq heures de son temps à la préparation d'un test important. Est-il préférable pour lui de concentrer ces cinq heures d'étude la veille même de son test (pratique intensive) ou de les répartir également les cinq jours précédant le test, soit une heure par soir (pratique distribuée) ? Évidemment, son enseignant lui recommanderait de répartir son temps d'étude, mais aurait-il raison de le faire ? Oui... et non. En fait, le « bourrage de crâne » de dernière minute peut s'avérer relativement efficace *à court terme*, mais uniquement

FIGURE 4.15 *L'effet de position sérielle dans le rappel*

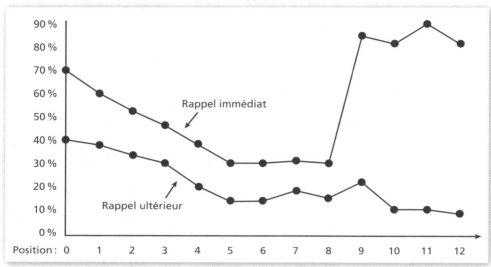

Source : Adaptée de Craik et Watkins (1973, cités par Myers, 1995, p. 293).

pour une performance mesurant des apprentissages du *niveau de connaissance*, liés à des connaissances dites factuelles (Fishman, Keller et Atkinson, 1968, cités par Bowd, McDougall et Yewchuk, 1998). Il en va tout autrement pour une performance nécessitant une compréhension approfondie ou faisant appel aux processus cognitifs supérieurs (par exemple, la capacité à analyser des contenus, à en faire une synthèse). De plus, la pratique intensive ne favorise pas la mémorisation à long terme, les contenus étudiés dans de telles conditions risquant d'être rapidement oubliés... peut-être même dès le lendemain du test.

C'est un fait scientifiquement établi : on retient mieux l'information lorsqu'elle est distribuée dans le temps (Myers, 1995). Ce phénomène, également connu sous le nom d'*effet d'espacement* (Dempster, 1988), plaide à la fois pour une distribution du temps d'apprentissage et des périodes consacrées à l'étude. Déjà au Ier siècle de notre ère, le philosophe romain Sénèque soutenait que « l'esprit met du temps à oublier ce qu'il a mis du temps à apprendre » (cité par Myers, 1995, p. 292). L'une des argumentations les plus éloquentes contre le bourrage de crâne demeure cependant celle du philosophe américain William James. Bien que ses propos datent de plus d'un siècle, ils ne seraient probablement pas désavoués par les cognitivistes contemporains. Après avoir décrit le rôle de l'organisation dans la mémoire, James (1890) affirme :

On comprend maintenant pourquoi le bourrage de crâne est une technique d'étude si mauvaise. J'entends par bourrage de crâne la façon de préparer un examen qui consiste à enregistrer des faits dans la mémoire pendant quelques heures ou quelques jours d'application intense immédiatement avant l'examen final, l'étudiant n'ayant effectué que peu, ou sinon pas du tout, de travail au cours du trimestre. Donc, les choses apprises pendant quelques heures, en vue d'un objectif, ne peuvent vraisemblablement former de nombreuses associations avec d'autres choses présentes dans l'esprit. L'oubli rapide est le sort presque inévitable de tout ce que la mémoire enregistre de cette façon fort simple.

Par contre, les mêmes contenus, appris graduellement, jour après jour, revenant dans différents contextes, considérés dans diverses relations, associés à d'autres événements extérieurs, et fréquemment passés en revue, forment de telles relations avec le reste des contenus de l'esprit, ouverts à tant de méthodes d'approche qu'ils demeurent permanents dans la mémoire. Voilà, en ce qui concerne l'intelligence, la raison pour laquelle les habitudes d'application continue devraient être encouragées dans les établissements d'enseignement (cité par Krech *et al.*, 1979, p. 94).

4.4 LA MÉTACOGNITION, LE TRANSFERT DES APPRENTISSAGES ET LA RÉSOLUTION DE PROBLÈMES

Nous venons de survoler quelques-unes des implications éducatives du fonctionnement des trois types de mémoire. Ainsi, nous avons vu comment on peut faciliter un enregistrement sensoriel efficace (par exemple, en attirant l'attention sélective des apprenants), comment on peut stimuler le travail de la mémoire à court terme (par exemple, en entraînant les apprenants aux techniques de mémorisation) et comment on peut maximiser la mémorisation de même que le rappel de la mémoire à long terme (par exemple, en structurant l'information présentée et en amenant les apprenants à concevoir leurs propres modèles de représentation des connaissances). Enfin, nous avons évoqué quelques facteurs et conditions qui aident à contrer les effets de l'oubli (par exemple, en évitant les situations d'interférence et en favorisant une pratique distribuée du temps d'apprentissage). Cette section sera consacrée à trois des thèmes les plus chers aux cognitivistes et aux constructivistes : le développement de la métacognition, le transfert des apprentissages et la résolution de problèmes.

4.4.1 L'enseignement et la métacognition

Rappelons que, pour certains chercheurs, la mémoire à long terme est essentiellement constituée de deux types de mémoire (Crahay, 1999 ; Tardif, 1992), soit la mémoire sémantique et la mémoire épisodique. D'autres chercheurs y incluent la mémoire procédurale (Solso, 1998 ; Tulvig, 1993). D'autres, enfin, désignent le *savoir-faire* comme étant un troisième lieu d'entreposage des connaissances procédurales et stratégiques (Morissette, 2002). Toutefois, au-delà de ces différences de classification, tous s'entendront pour affirmer que la mémoire à long terme emmagasine non seulement des connaissances déclaratives, des savoirs, mais aussi des stratégies cognitives et des stratégies métacognitives. C'est d'ailleurs pourquoi certains la surnomment « mémoire de travail à long terme » (Slavin, 2000). Indépendamment des distinctions qu'on peut établir entre stratégies cognitives et stratégies métacognitives, on s'entendra également sur le fait que ces stratégies s'apprennent et peuvent donc être enseignées.

De l'emploi de stratégies cognitives à la métacognition

Raynal et Rieunier (1997) définissent ainsi les stratégies cognitives : « Coordination de moyens mis en œuvre par un individu pour diriger ses processus d'attention et ses processus d'apprentissage. Ensemble d'opérations cognitives et d'actions que l'individu met en œuvre pour traiter une information ou une situation en vue d'atteindre un but » (p. 347). S'il est possible d'entraîner les apprenants à l'emploi de diverses stratégies cognitives (Weinstein et Mayer, 1986), le défi principal de l'enseignant consisterait cependant à amener l'apprenant à développer des stratégies métacognitives qui lui permettront de choisir une stratégie plutôt qu'une autre, d'adapter une stratégie à un contenu d'apprentissage donné, de transférer un savoir-faire acquis à une nouvelle situation d'apprentissage, etc. Cette capacité générale à gérer son propre processus d'apprentissage, à exercer un contrôle conscient sur les étapes de son propre traitement de l'information, est désignée par le terme *métacognition*. « La métacognition se rapporte à la connaissance qu'on a de ses propres processus cognitifs, de leurs produits et de tout ce qui y touche, par exemple, les propriétés pertinentes pour l'apprentissage d'informations ou de données » (Flavell, 1977, cité par Noël, 1997, p. 8). Les stratégies métacognitives concernent la gestion et la régulation de ses propres stratégies d'apprentissage (par exemple, les stratégies d'étude) et de ses propres stratégies cognitives (par exemple, les stratégies de mémorisation, de compréhension ou de résolution de problèmes). Dans une perspective cognitive, le développement des habiletés métacognitives des apprenants est au cœur même de l'intervention éducative.

Des approches d'entraînement aux stratégies cognitives et métacognitives

De nombreuses approches ont été mises au point au cours des dernières décennies en vue d'amener les élèves à « apprendre à apprendre ». On peut classer ces approches en deux grands courants : les programmes généraux d'entraînement cognitif, dont les objectifs sont la rééducation ou l'entraînement à certaines stratégies cognitives, et les interventions éducatives propres à certaines disciplines scolaires. La distinction fondamentale entre ces deux approches est que, dans le premier cas, l'entraînement est offert à l'intérieur de leçons distinctes, alors que, dans le second cas, cet entraînement est directement intégré dans l'enseignement de contenus disciplinaires. Étant donné la surcharge des programmes d'études et les difficultés inhérentes au transfert des stratégies apprises hors contexte, on favorise aujourd'hui les approches intégrées dans les disciplines. Le tableau 4.7 illustre ces deux courants à l'aide de quelques exemples d'ouvrages ayant une orientation pratique.

TABLEAU 4.7 *Quelques approches pour l'enseignement de stratégies cognitives et métacognitives*

Auteur	Titre	Contenu ou orientation (aperçu)
Reuven Feuerstein (1980)	*Instrumental Enrichment: An Intervention Program for Cognitive Modifiability*	Programme d'enrichissement instrumental très élaboré contenant plusieurs centaines de pages d'exercices composant six catégories d'instruments: organisations de points, orientation dans l'espace, comparaisons, catégorisations, perception analytique et relations familiales (de 10 à 16 ans)
Edward De Bono (1987)	*Six Chapeaux pour penser* approche basée *sur De Bono's Thinking Course* (1982)	Programme pour apprendre à penser à partir de six types de pensée représentés par des chapeaux de couleur: chapeau blanc (pensée objective), chapeau rouge (émotions), chapeau noir (négation), chapeau jaune (optimisme), chapeau vert (créativité), chapeau bleu (commandes) (pour tout âge)
Pierre Audy (1992)	*A.P.I.: une approche visant l'actualisation du potentiel intellectuel*	Programme s'inspirant de Feuerstein, mais organisé autour de 83 stratégies: 4 stratégies métacognitives, 19 stratégies d'observation, 18 stratégies de recherche de solution, 10 stratégies de réponse, 7 stratégies de mémorisation, 4 stratégies de généralisation, 6 stratégies de créativité, 8 stratégies de soutien affectif

TABLEAU 4.7 *Quelques approches pour l'enseignement de stratégies cognitives et métacognitives (suite)*

Auteur	Titre	Contenu ou orientation (aperçu)
Pierre Audy (1992) [suite]	*A.P.I. : une approche visant l'actualisation du potentiel intellectuel* [suite]	et 7 stratégies de soutien pour la mise à profit des ressources (primaire et secondaire)
Michael Pressley (1990)	*Cognitive Strategy Instruction that Really Improves Children's Academic Performance* (titre d'une collection)	Collectif décrivant des interventions ayant fait leurs preuves en lecture (décodage et compréhension), en vocabulaire, en orthographe, en rédaction et en mathématiques (enseignement au primaire)
Francesca Gianesin (2001)	*La gestion mentale au cœur de l'apprentissage. Mémoriser pour… comprendre, réfléchir, créer*	Applications pédagogiques (primaire) du modèle d'A. de La Garanderie basé sur l'entraînement à certains gestes mentaux (attention, mémorisation, compréhension, réflexion et imagination) à partir d'évocations visuelles (ou auto-visuelles) et d'évocations auditives (ou auto-auditives)
Clément Robillard, Antonio Gravel et Stéphanie Robitaille (1998)	*Le métaguide : un outil et des stratégies pour apprendre à apprendre*	Un des rares instruments conçus pour des usagers apprenants (fin primaire et secondaire) ; en plus d'informer l'apprenant au sujet du « comment nous apprenons », le métaguide propose des stratégies pour se motiver, travailler avec méthode, communiquer, comparer, analyser, classifier, organiser ses connaissances, etc.

Cinq interventions pour développer la métacognition

Ces diverses approches ont en commun l'objectif de permettre aux élèves de développer des stratégies cognitives et métacognitives. Que peut-on en retenir en ce qui a trait à ces techniques d'enseignement ? À la suite d'un intéressant projet de collaboration entre l'université et les milieux scolaires, Lafortune, Jacob et Hébert (2000) précisent un certain nombre de caractéristiques d'un apprenant métacognitif et d'un enseignant-guide de la métacognition. Quelques années plus tôt, Tardif (1992) établissait également certaines caractéristiques et pratiques d'un enseignement stratégique. Pour notre part, nous ferons une synthèse de ces diverses propositions et de celles des auteurs apparaissant dans le tableau 4.7. Cette synthèse porte sur cinq interventions pédagogiques complémentaires : la médiation des stratégies, la verbalisation et la discussion des stratégies, le modelage des stratégies absentes, l'évaluation des stratégies utilisées et l'affichage des stratégies.

1. *Offrir une médiation des stratégies.* La première intervention consiste à assurer une médiation active et continue des stratégies cognitives et métacognitives. L'enseignant stratégique doit être à l'affût de toutes les occasions qui lui permettront de nommer, d'expliquer et de commenter les stratégies employées par les élèves ; il doit « être capable de reconnaître les *déclics métacognitifs* de ses élèves et de susciter chez eux une prise de conscience » (Lafortune, Jacob et Hébert, 2000, p. 53). L'erreur de l'élève peut constituer un excellent point de départ d'une réflexion métacognitive (voir Astolfi, 1997). Rappelez-vous le problème portant sur le nombre de chaussettes qui a été présenté dans l'introduction de ce chapitre. Robert avait alors répondu trop rapidement, faisant preuve d'impulsivité et négligeant de s'assurer de sa compréhension de la question posée par son enseignant. M. Rousseau en a alors profité pour rappeler les étapes prescrites dans la résolution d'un problème mathématique et pour relever, avec Robert, sa lacune stratégique. De la même manière, un enseignant pourra choisir de valoriser et de renforcer les stratégies de résolution utilisées par ses élèves, même lorsque celles-ci ne débouchent pas exactement sur la bonne réponse (dans le cas, par exemple, d'une erreur de calcul).

2. *Amener les élèves à verbaliser les stratégies et à en discuter.* Une part importante de la métacognition est la capacité à « mettre en mots des savoirs implicites » (Vermersch, 1994, cité par Raynal et Rieunier, 1997, p. 227), d'où la nécessité de susciter des moments de verbalisation des démarches mentales (Lafortune, Jacob et Hébert, 2000). L'enseignant stratégique incite donc ses élèves à verbaliser et à comparer leurs stratégies (« Comment t'y es-tu pris pour arriver à cette solution ? Quelqu'un a-t-il procédé d'une autre façon ? », etc.). Le plus tôt possible, on amènera même les élèves à nommer leurs stratégies et à développer un vocabulaire métacognitif.

3. *Modeler les stratégies absentes.* Certains élèves, en particulier les élèves en difficulté d'apprentissage, auront besoin d'un entraînement direct pour développer des stratégies qui ne figurent pas encore dans leur répertoire comportemental. L'enseignant stratégique doit donc « aider ces enfants en panne à acquérir les compétences cognitives indispensables à un apprentissage efficient » (Gagné, 1999, p. 1). Cet entraînement cognitif, qui peut s'effectuer suivant la technique behaviorale du modelage, comprend les étapes suivantes. L'enseignant ou un élève expert effectue une démonstration complète de

la stratégie visée. L'instructeur répète sa démonstration, mais il laisse cette fois l'élève effectuer la dernière étape de la stratégie. Puis il reprend la démonstration en demandant à l'élève d'accomplir les deux ou trois dernières étapes, jusqu'à ce que l'élève soit en mesure de faire seul, sans assistance, la démonstration complète de l'emploi de cette stratégie en l'appliquant à un contenu original (différent de celui qui a été utilisé pour les sessions d'entraînement). Notons que les tâches réalisées en équipe peuvent offrir les conditions naturelles pour ce modelage cognitif entre pairs.

4. *Évaluer les stratégies utilisées.* Il faut reconnaître que, suivant les conditions, certaines stratégies sont plus efficaces que d'autres, la métacognition ayant précisément trait, entre autres choses, à « l'évaluation active, à la régulation et à l'organisation de ces processus en fonction des objets cognitifs ou des données sur lesquelles ils portent » (Flavell, 1977, cité par Noël, 1997, p. 8). L'enseignant stratégique incite donc ses élèves à évaluer la pertinence et l'efficacité cognitive de leurs stratégies et des stratégies utilisées par leurs pairs, sans évidemment dévaloriser les élèves moins « stratégiques » ; il s'agit ici d'un apprentissage collectif auquel chacun contribue et dont chacun peut profiter.

5. *Afficher les stratégies.* La dernière intervention consiste à afficher, bien en vue dans la classe, les stratégies enseignées ou adoptées par les élèves. L'enseignant stratégique offre donc un rappel visuel des stratégies dont il a discuté avec ses élèves et revient fréquemment à l'information affichée (*voir l'encadré 4.5*). Notons que plusieurs ouvrages offrent de telles affiches. Par exemple, dans son livre intitulé *Pour apprendre à mieux penser. Trucs et astuces pour aider les*

ENCADRÉ 4.5 *Mes stratégies de compréhension en lecture*

1. Le résumé : je résume ce que je viens de lire pour vérifier ma compréhension.
2. L'autoquestionnement : je me pose des questions pour m'assurer d'avoir bien compris.
3. La clarification : je tente de clarifier le contenu de ce que je viens de lire.
4. La prédiction : je tente de faire des prédictions sur ce qui va suivre.

Ces stratégies se basent sur la technique utilisée pour l'enseignement de la compréhension en lecture élaborée par Palincsar et Brown (1984), qu'on nomme l'enseignement réciproque (*reciprocal teaching*). Il s'agit d'une technique relativement simple, qui a fait ses preuves tant auprès des élèves du primaire que des élèves du secondaire, tant auprès des élèves en difficulté d'apprentissage que des élèves sans difficulté.

L'enseignement réciproque consiste « en un dialogue établi entre l'enseignant et l'élève en vue de la reconstruction du sens d'un texte » (Goupil et Lusignan, 1993, p. 113). Pour ce faire, on entraîne les élèves à quatre stratégies de lecture, stratégies utilisées spontanément par de « bons lecteurs ».

élèves à gérer leur processus d'apprentissage, Gagné (1999) inclut un grand nombre d'affiches, dont les affiches associées à son modèle Réflecto et illustrant les personnages de la métaphore qui l'accompagne : le détective, le bibliothécaire, l'architecte, l'explorateur, le contrôleur, le menuisier et l'arbitre. On aura compris que chacun de ces personnages correspond à une stratégie, ressources qui viendront enrichir la boîte à outils cognitifs de l'apprenant.

4.4.2 L'enseignement et le transfert

Le transfert des apprentissages est un autre thème central du discours cognitiviste en éducation ; selon certains, il s'agit du « phénomène le plus important et le plus mal connu du processus d'apprentissage » (Raynal et Rieunier, 1997, p. 367). Pourquoi accorde-t-on une telle importance au transfert des apprentissages ? C'est que la capacité à « apprendre à apprendre » et l'autonomie cognitive s'accompagnent inévitablement de la capacité à transférer une connaissance ou une habileté acquise à un nouveau contenu ou à une nouvelle situation d'apprentissage. Pour l'apprenant, le transfert est la condition *sine qua non* d'un apprentissage scolaire autonome et responsable ; pour l'enseignant, c'est l'enjeu véritable de toute situation pédagogique proposée aux élèves (Morissette, 2002).

Le transfert des apprentissages représente l'application d'une connaissance ou d'une habileté déjà maîtrisée à un contexte nouveau, application qui permet de résoudre un problème.

Un transfert horizontal (ou « bas de gamme ») consiste en l'application d'une connaissance, habituellement procédurale, à une situation très proche de la situation initiale (par exemple, calculer le montant de la taxe de vente après avoir appris à calculer le montant d'un rabais exprimé en pourcentage). D'après Morissette (2002), on devrait dans ces cas parler d'un exercice d'application ou de consolidation de l'apprentissage plutôt que d'une situation de transfert.

Un transfert vertical (ou « haut de gamme ») consiste en l'application d'une connaissance ou d'une habileté à un contexte nouveau, différent de celui dans lequel elle est habituellement utilisée (par exemple, après avoir maîtrisé la formule du théorème de Pythagore dans son cours de mathématiques, l'élève applique cette connaissance à la résolution d'un problème dans le contexte d'un aménagement paysager [Morissette, 2002]).

Le transfert et la métacognition

La métacognition est évidemment associée de près aux habiletés de transfert, l'apprenant métacognitif étant aussi bien capable de tisser des liens entre les contenus d'apprentissage que de transférer ses connaissances, ses habiletés et ses attitudes (Lafortune, Jacob et Hébert, 2000, p. 52). Noël (1997) distingue trois aspects de la métacognition : la connaissance de ses propres processus cognitifs et de leurs produits, la connaissance des propriétés des diverses stratégies par rapport à l'apprentissage visé et la régulation des processus cognitifs. Les habiletés de transfert reposent sur deux de ces processus qui doivent être maîtrisés, soit les stratégies de généralisation, par lesquelles l'apprenant est appelé à « reconnaître dans des situations différentes des caractéristiques essentielles identiques (*Qu'est-ce qui ressemble ici à ce que tu as déjà vu ou appris ?*) », et les stratégies de discrimination, par lesquelles l'apprenant doit « reconnaître dans des situations différentes des caractéristiques essentielles qui diffèrent et qui commandent [...] des opérations distinctes (*Qu'est-ce qui t'apparaît différent ici de ce que tu as vu ou appris ?*) » (Morissette, 2002, p. 47).

Six propositions relatives au transfert des apprentissages

Il y aurait beaucoup à dire sur le transfert des apprentissages. Des livres entiers lui ont été consacrés (Tardif, 1999), sans pour autant prétendre faire le tour de la question. Nous nous contenterons de notre côté d'en résumer les principales caractéristiques et implications du point de vue pédagogique en utilisant comme cadre de référence les conceptions proposées par Morissette (2002), conceptions qu'elle qualifie de « vraisemblables » et qu'elle oppose aux conceptions « erronées » qui prévalent encore trop souvent dans le milieu scolaire au sujet du transfert. Nous avons retenu 6 des 10 propositions de Morissette, que nous formulerons comme suit.

1. *Le transfert est accessible à la majorité des apprenants.* Bien que la déficience intellectuelle puisse être associée, entre autres lacunes, à des problèmes de généralisation des apprentissages (l'intelligence a déjà été définie comme la *capacité d'adaptation* des individus), il ne faut pas en déduire pour autant que les habiletés de transfert soient limitées aux élèves intellectuellement doués ou aux élèves les plus performants à l'école. Tardif (1999) met en doute la relation entre l'intelligence et la capacité de transfert des individus, alors que Morissette (2002) va jusqu'à affirmer qu'« il n'y a pas de liens étroits » entre ces deux phénomènes.

2. *Le transfert se produit tout au long du processus d'apprentissage.* Le transfert est souvent perçu comme étant l'étape finale du processus d'apprentissage. Une fois un savoir maîtrisé, on peut enfin travailler à son transfert. Dans son modèle d'instruction d'inspiration cognitive, Gagné (1977) ne fait intervenir le processus de transfert qu'à la phase de généralisation qui précède tout juste la phase de performance par l'élève. Or, le transfert devrait plutôt intervenir

dès les premières phases du processus, à l'étape même de la motivation de l'élève : « Dès le moment où l'élève commence à se construire une nouvelle connaissance, il doit percevoir que cette connaissance est viable en dehors des murs de la classe » (Morissette, 2002, p. 38).

3. *Il ne faut pas confondre transfert et application.* Si l'on se rappelle la taxonomie cognitive de Bloom (1969), l'application est le prolongement des niveaux de connaissance et de compréhension et consiste tout simplement à appliquer une connaissance sue et comprise à un contexte qui est familier à l'élève. Ainsi, un élève qui conjugue correctement ses verbes dans un exercice donné ne « transfère » pas sa connaissance théorique des règles de conjugaison, il ne fait que les appliquer. Par contre, le même élève qui établirait par lui-même des liens entre les informations acquises sur la conjugaison des verbes en français pour faciliter son apprentissage des verbes en anglais ferait preuve d'un véritable transfert de connaissances.

4. *Le transfert va du spécifique au général.* On pourrait croire que, pour favoriser le transfert, on doive partir du général pour aller au spécifique : « outiller les élèves d'un ensemble de connaissances et de stratégies générales », puis leur demander « d'en faire le transfert dans des situations particulières » (Morissette, 2002, p. 39). Il n'en est rien. Vygotsky plaidait déjà pour le développement d'habiletés cognitives spécifiques, arguant que « quelqu'un qui sait évaluer des poids ne sait pas nécessairement évaluer des longueurs [ou que] mémoriser une carte de géographie et mémoriser du vocabulaire anglais, cela n'a rien à voir » (Meirieu, 1996, p. 30-31). Dans la même ligne de pensée, Tardif (1992) signale que c'est à partir de connaissances spécifiques que l'enseignant « rend explicites les connaissances générales et qu'il augmente leurs possibilités de transfert » (p. 80). Par exemple, une stratégie de résolution de problèmes n'aura de sens pour l'élève que si elle lui permet de résoudre un « vrai problème », par exemple en mathématiques. C'est ce que Morissette (2002) désigne comme un « contexte d'utilisation signifiant pour les élèves » (p. 39).

5. *Le transfert nécessite un environnement pédagogique particulier.* Le transfert des apprentissages nécessite des situations pédagogiques ouvertes, dynamiques et axées sur la résolution de problèmes signifiants pour l'élève. L'enseignement magistral ou traditionnel ne fournit pas le genre d'environnement pédagogique propice au transfert vertical ou « haut de gamme » (Morissette, 2002). Il peut tout au plus permettre un transfert horizontal ou « bas de gamme », lorsque l'enseignant prend soin de varier les contextes d'utilisation d'une connaissance, ce qui, en passant, n'est déjà pas si mal. Toutefois, le véritable transfert, le transfert vertical, exige l'emploi de stratégies plus stimulantes, telles que l'approche par problèmes et les études de cas (Morissette, 2002).

6. *Le transfert est un processus conscient et volontaire.* Le transfert ne se fait pas automatiquement, de manière quasi inconsciente. Il s'agit au contraire d'un effort intellectuel que l'élève doit déployer par lui-même, encouragé et guidé par son enseignant : «On a besoin d'être accompagné par un guide averti, qui sait choisir les situations utiles et qui aide l'apprenant à voir ce qu'il n'est pas seul capable de voir» (Barth, 1993, p. 19).

En bref, le transfert a plus de chances de se produire chez l'apprenant si celui-ci perçoit toutes les connaissances acquises à l'école comme autant d'outils indispensables à la construction de ses savoirs et non comme des «entités statiques», des «objets sans vie» (Morissette, 2002, p. 46), tout juste bons à régurgiter au cours d'un examen. Cela impose des transformations radicales à la fois dans le rôle traditionnel de l'enseignant et dans la conception que l'apprenant possède de son métier d'élève. La métacognition, cette réflexion que l'on porte sur soi-même en tant qu'apprenant, constitue à ce titre une alliée importante du transfert (Morissette, 2002). La résolution de problèmes, intégrée dans l'enseignement, en constitue une autre partenaire et alliée.

4.4.3 L'enseignement et la résolution de problèmes

À part la métacognition et le transfert des apprentissages, la résolution de problèmes est le troisième thème le plus souvent invoqué par les cognitivistes et les constructivistes. Ce thème offre cependant de nombreuses interprétations. Par exemple, au primaire, on parlera couramment de résolution de problèmes pour désigner l'habileté consistant à trouver la solution à un problème écrit en mathématiques. Il s'agit en fait d'une *procédure de résolution de problèmes* ou, plus précisément, d'une *situation d'exécution* dans laquelle «les procédures de résolution sont connues de l'individu et applicables directement» (Raynal et Rieunier, 1997, p. 295).

Les situations-problèmes

Un simple problème écrit en mathématiques peut toutefois se transformer en *situation-problème* lorsqu'il met l'apprenant face à une situation pour laquelle il ne dispose pas déjà de procédures de résolution ou lorsque les procédures qu'il connaît s'avèrent insuffisantes. Par exemple, imaginons un jeune élève qui est placé pour la première fois devant un problème écrit nécessitant une ou plusieurs données à inférer. Sa procédure habituelle (*voir le tableau 4.8 à la page suivante*) ne peut lui permettre de résoudre son problème. À la troisième étape, il devra se poser la question différemment : «De quelles données ai-je besoin pour répondre à la question posée ? Ces données sont-elles toutes présentes dans l'énoncé ?»

TABLEAU 4.8 *La procédure de résolution d'un problème écrit en mathématiques*

1. Je lis attentivement le problème et j'essaie de le comprendre. Si je n'ai pas compris le problème la première fois, je le relis.

2. Je cherche à comprendre ce que le problème demande. Quelle est la question posée par le problème, à laquelle je dois répondre ?

3. Je cherche dans le problème les données nécessaires pour répondre à la question.

4. Je cherche à transcrire les données nécessaires dans une phrase mathématique.

5. Je trouve la solution en faisant les calculs nécessaires et j'écris une phrase qui répond à la question posée.

Exemple d'un problème pour lequel la procédure connue par l'élève est suffisante :

a) *Ton papa a 30 ans de plus que toi. Toi, tu viens d'avoir 8 ans.*
Quel âge a ton papa ?

Exemples de problèmes pour lesquels la procédure s'avère insuffisante (données à inférer) :

b) *Quand tu es né, ton papa avait 30 ans. Quel âge a-t-il maintenant ?*

c) *En 1993, ton papa avait 28 ans. Quel âge a-t-il cette année ?*

d) *Quand tu es né, ta maman avait 28 ans. Elle est de 2 ans plus jeune que ton papa.*
Quel âge a ton papa aujourd'hui ?

Le rôle de l'*insight*

Nous avons distingué précédemment entre une situation d'exécution pour un problème (procédure connue) et une situation-problème (procédure inconnue). L'activité intellectuelle qu'on appelle la résolution de problèmes est tout autre chose. Les psychologues de la forme ou gestaltistes furent parmi les premiers à s'intéresser aux mécanismes perceptifs et cognitifs qui entrent en jeu dans la résolution de problèmes. Ils démontrèrent qu'une étape déterminante du processus de résolution est l'*insight*, terme intraduisible qui désigne «l'émergence soudaine et inattendue d'une solution, après une période de tâtonnement» (Legendre, 1993, p. 725). D'après Glover et Bruning (1987), les trois premières phases de la démarche de résolution de problèmes seraient les suivantes : la saisie du problème, l'incubation ou réflexion et l'expérience de l'*insight* menant à la résolution du problème. Comme le précisent Goupil et Lusignan (1993), ainsi définie, la résolution de problèmes par l'expérience de l'*insight* «n'est pas sans rapport avec la créativité» (p. 50).

La résolution de problèmes est une activité intellectuelle supérieure, considérée par bon nombre d'auteurs comme le niveau le plus complexe des activités cognitives parce qu'il mobilise toutes les facultés intellectuelles et affectives de l'apprenant : la mémoire, la perception, le raisonnement, la conceptualisation, le langage, la motivation, la confiance en soi, la capacité à maîtriser une situation, etc. L'apprenant est placé dans une situation de résolution de problèmes lorsqu'il fait face à une situation qu'il n'a jamais rencontrée auparavant et qu'il cherche à maîtriser (voir Raynal et Rieunier, 1997, p. 296).

La situation-problème représente moins la tâche proposée que la situation à laquelle fait face l'apprenant : « Certaines tâches sont des problèmes pour certains sujets et sont des situations d'exécution pour d'autres » (Richard, 1990, p. 230). Dans l'exemple du problème écrit avec une donnée manquante à inférer, une fois que l'élève est devenu familier avec la situation-problème, celle-ci devient une situation d'exécution, et ce, jusqu'à ce qu'une nouvelle situation-problème surgisse (telle qu'un problème écrit nécessitant cette fois plus d'une opération mathématique, comme l'exemple *d* fourni au tableau 4.8).

La résolution de problèmes et la pédagogie

Comment peut-on enseigner la résolution de problèmes ou, tout au moins, intégrer cette « activité intellectuelle supérieure » à l'école ? Parmi les différentes représentations du cycle de résolution d'un problème ou des composantes cognitives et affectives mises en cause (voir Legendre, 1993, pour un aperçu), nous retiendrons la méthode IDEAL de Bransford (Bransford et Stein, 1993), méthode dont l'acronyme est composé des premières lettres en anglais des cinq stratégies qui la définissent (*voir le tableau 4.9*).

TABLEAU 4.9 *Une méthode de résolution de problèmes*

IDEAL
1. Déterminer le problème (*Identify*).
2. Définir et représenter le problème avec précision (*Define*).
3. Explorer les stratégies possibles (*Explore*).
4. Appliquer les stratégies choisies (*Act*).
5. Examiner les résultats de l'application des stratégies (*Look at the effects*).

Source : Adapté de Bransford et Stein (1993).

Notons l'importance des deux premières étapes de cette méthode générale, à savoir la compréhension du défi que représente le problème et la capacité à définir le problème ou à se le *représenter* avec précision. Certains élèves recourront spontanément aux dessins, aux schémas et à d'autres représentations en tout genre. D'autres se contenteront de lire et relire le problème, en attendant que le déclic se produise par magie. Or, l'exploration des stratégies doit pouvoir s'appuyer sur une représentation juste et complète des données du problème à résoudre.

Parmi les approches les plus prometteuses visant l'intégration de la résolution de problèmes à l'apprentissage scolaire, signalons les recherches de D'Hainaut et Michez (1979) consistant à demander à des élèves du primaire d'inventer des problèmes écrits en mathématiques. Les auteurs notent que les premiers problèmes inventés sont relativement simples, plus près, en quelque sorte, d'une situation d'exécution que d'une situation-problème. Par contre, tandis que progressent les élèves, leurs problèmes deviennent de plus en plus complexes : « C'est ainsi que l'élève se familiarise avec les structures d'énoncés de plus en plus complexes qu'il invente et construit progressivement lui-même » (D'Hainaut et Michez, 1979, p. 173). L'approche comporte de nombreux avantages, tant sur le plan cognitif que sur le plan affectif. Enfin, comme le concluent Raynal et Rieunier (1997) : « Lorsqu'on est capable de créer un problème, on est généralement capable de le résoudre » (p. 298).

La résolution de problèmes peut également être associée à plusieurs stratégies d'enseignement ou à plusieurs modèles pédagogiques. Par exemple, il est possible d'établir des liens entre la résolution de problèmes et l'apprentissage par projets : « L'apprentissage par projets place régulièrement l'élève face à de vrais problèmes » (Arpin et Capra, 2001, p. 32), problèmes pour lesquels ni l'enseignant ni l'élève n'ont de réponses toutes faites (par exemple, « Comment diminuer la pollution de l'air dans ma ville ? »). L'étude de cas, stratégie particulièrement propice au développement de cette habileté, a « comme caractéristique principale de présenter à l'étudiant des apprentissages qui relèvent de la résolution de problèmes, de la prise de décision et d'une association étroite avec des situations vécues, réelles ou encore plausibles » (Proulx, 1994, p. 108). Le modèle d'apprentissage par la découverte met l'apprenant en situation de résoudre un problème signifiant à travers la formulation d'hypothèses, la recherche d'informations et la construction d'une réponse (Goupil et Lusignan, 1993). Enfin, il existe une approche pédagogique encore relativement peu connue et peu utilisée, soit l'*approche par problèmes* (Morissette, 2002), qui vise à placer la résolution de problèmes au cœur même de la démarche d'apprentissage des apprenants, la situation-problème constituant l'élément clé des tâches proposées.

4.5 LES STRATÉGIES ET LES MODÈLES D'ENSEIGNEMENT COGNITIFS ET CONSTRUCTIVISTES

Le courant cognitif en éducation, dont les fondements reposent sur le modèle théorique du traitement de l'information, a donné naissance à de nombreuses techniques d'enseignement visant à rendre plus efficace l'exposé de l'enseignant : les techniques pour susciter et maintenir l'attention sélective, le recours aux connaissances antérieures des élèves, les techniques pour organiser et représenter les connaissances enseignées, etc. En bref, non seulement le courant cognitif offre une meilleure compréhension des processus internes de l'apprentissage, mais il fournit à l'enseignant de nombreuses pistes d'intervention pour aider ses élèves à devenir de meilleurs «processeurs d'information» (Boulet, 1999). Voici, en résumé, les 10 principales pistes d'intervention ou techniques d'enseignement issues du courant cognitif:

1. Activer les connaissances antérieures des élèves, les entraîner à relier l'information nouvelle aux connaissances déjà emmagasinées dans leur mémoire à long terme.

2. Utiliser diverses techniques pour susciter et maintenir l'attention sélective des élèves.

3. Structurer ou, mieux encore, amener les élèves à structurer l'information apprise ou à apprendre (organisateurs graphiques, schémas, réseaux de concepts, etc.).

4. Fournir des représentations productionnelles ou amener les élèves à concevoir leurs propres représentations productionnelles de connaissances procédurales ou conditionnelles.

5. Amener les élèves à élaborer de nouvelles stratégies cognitives (par exemple, des stratégies de mémorisation ou des stratégies de compréhension en lecture) en leur permettant de les communiquer à leurs pairs et, au besoin, en enseignant ces stratégies.

6. Varier les modes de présentation de l'information, en s'assurant d'offrir en tout temps un support visuel (notes écrites, tableau, transparents, affiches, etc.).

7. Tenir compte des facteurs qui permettent de contrer l'oubli (faire de fréquents rappels, éviter les situations d'interférence et favoriser une pratique distribuée).

8. Développer la métacognition chez les élèves (faire la médiation des stratégies, amener les élèves à verbaliser les stratégies utilisées et à en discuter, modeler les stratégies absentes, évaluer les stratégies utilisées et les afficher).

9. Viser à la fois le transfert horizontal (capacité à appliquer une connaissance ou une habileté à des contextes variés) et le transfert vertical (utiliser une connaissance ou une habileté pour résoudre un problème dans un contexte nouveau).

10. Accorder une place importante à la résolution de problèmes, en proposant des situations d'exécution variées de même que de véritables situations-problèmes qui fournissent des défis stimulants aux élèves.

4.5.1 L'exposé interactif

La connaissance des processus internes de l'apprentissage a modifié en profondeur la manière de présenter des contenus et d'articuler les activités d'apprentissage à l'intérieur d'un modèle d'enseignement direct faisant appel à l'*exposé* (Chamberland, Lavoie et Marquis, 1995), à l'*exposé magistral* (Legendre, 1993) ou à l'*exposé oral* en enseignement (Bujold, 1997). L'exposé interactif, qui est plus ou moins synonyme des expressions précédentes, a donc encore sa place en éducation, mais à la condition que l'on y intègre les données des recherches qui ont été effectuées ces dernières décennies dans le domaine de la cognition, recherches qui nous ont menés à nous rendre compte qu'apprendre, comme le résume Martineau (1998), « c'est transformer un savoir existant à l'aide de l'information provenant de l'environnement, c'est modifier la structure cognitive constituée de l'ensemble des savoirs acquis depuis sa naissance, c'est mieux organiser ses connaissances pour les utiliser plus facilement au besoin ». Apprendre, c'est également « relier des éléments nouveaux à ce qu'on sait déjà, à ce qu'on croit, à ce qu'on est ; c'est donner soi-même du sens à la nouveauté ; c'est donc modifier son équipement mental » ; enfin, « apprendre, c'est traiter de l'information » (p. 24).

De façon générale, l'exposé est une « présentation orale d'informations avec ou sans l'intervention des apprenants et avec ou sans l'utilisation de moyens audio-scripto-visuels » (Chamberland, Lavoie et Marquis, 1995, p. 37). L'exposé formel ou magistral, qui constitue un « discours oral, sans interruption, d'un professeur à un groupe d'étudiants » (Tournier, 1981, p. 25), est pratiquement disparu du milieu scolaire (enseignement primaire et secondaire) pour être remplacé par l'exposé informel ou exposé interactif, qui accorde une place importante à la participation des élèves et intègre divers supports audiovisuels (comme les transparents) ou informatiques (comme les montages sur ordinateur).

Les conditions d'une communication pédagogique efficace

On peut difficilement éliminer l'exposé du répertoire de stratégies ou de la « boîte à outils pédagogiques » dont dispose l'enseignant ; on n'aurait d'ailleurs aucune raison valable de le faire. L'exposé, en particulier dans sa forme la plus dynamique et stratégique, s'avère encore utile à l'apprentissage de connaissances déclaratives et de certaines connaissances procédurales, savoirs et savoir-faire directement accessibles à l'apprenant par une simple « exposition ». De plus, un exposé qui intègre, sous une forme ou une autre, les 10 techniques énumérées précédemment, tient davantage de la communication pédagogique que de l'exposé formel ou magistral, c'est-à-dire unidirectionnel, qui prévalait à une certaine époque.

À quelles conditions l'exposé interactif peut-il répondre à la conception cognitive de l'apprentissage et de l'enseignement? Bujold (1997) regroupe les conditions d'une communication pédagogique efficace sous trois catégories. Les conditions les plus nombreuses, celles qui ont vraisemblablement le plus d'impact, sont les conditions liées à l'enseignant (les attitudes et les techniques favorisant la communication), auxquelles s'ajoutent les conditions liées à l'apprenant (le désir d'apprendre et l'effort intellectuel) et les conditions qui relèvent de l'environnement physique (l'éclairage, la sonorisation et la climatisation) et pédagogique (les médias d'enseignement).

Chamberland, Lavoie et Marquis (1995) soulignent que l'exposé « doit être planifié soigneusement et tenir compte le plus possible des besoins, des intérêts et des capacités des apprenants »; il doit également « être structuré de manière à favoriser la compréhension et la rétention de l'information » (p. 41). En outre, les auteurs rappellent qu'il faut éviter de surcharger l'exposé (trop de contenus en trop peu de temps) et qu'il faut fournir des notes de cours ou tout autre document d'accompagnement (comme des copies des transparents qu'utilise l'enseignant) afin que l'écoute des apprenants ne soit pas perturbée par la prise de notes. Pour notre part, nous favorisons l'emploi de notes à compléter (des mots clés manquants, des exemples que l'apprenant doit apporter, etc.), ce qui permet une participation un peu plus active et facilite la révision des contenus présentés.

Ausubel et les ordonnateurs supérieurs

L'une des caractéristiques fondamentales d'un exposé efficace, d'un point de vue cognitif, est la qualité de son organisation, condition que mentionnent d'ailleurs de nombreux auteurs (Bujold, 1997; Chamberland, Lavoie et Marquis, 1995; Sternberg et Williams, 2002). Le psychologue américain David Ausubel estime que la méthode expositive, c'est-à-dire l'exposé de l'enseignant, constitue la meilleure méthode d'enseignement, mais à certaines conditions (Ausubel et Robinson, 1969). Ausubel soutient que les disciplines d'enseignement « sont structurées en un ensemble de concepts et de principes organisés verticalement, du général au particulier [et] qu'il faut enseigner en partant du haut, c'est-à-dire à partir des concepts ou principes les plus généraux » (cité par Raynal et Rieunier, 1997, p. 48).

Ces concepts ou principes généraux peuvent se traduire en ordonnateurs supérieurs (*advance organizers*) ou indices préalables d'organisation. Ces ordonnateurs, qui sont fournis à l'apprenant au début d'une leçon, serviront d'ancrage pour les nouvelles informations que transmettra l'enseignant. Selon Ausubel, un apprentissage ne devient significatif pour l'apprenant que lorsque celui-ci est en mesure de l'intégrer dans sa *structure cognitive* (Ausubel a été parmi les premiers à utiliser cette expression). Toujours d'après cet auteur, ce qui importe avant tout, ce n'est pas la manière dont l'information est apprise (par exposé ou par découverte), mais la manière dont elle est assimilée par l'apprenant : par apprentissage mécanique (sans lien avec ses connaissances antérieures) ou par apprentissage significatif (information intégrée dans sa structure cognitive).

Ausubel accorde ainsi une très grande importance aux connaissances antérieures des élèves et, en particulier, à l'organisation de ces connaissances dans leur structure cognitive, autrement dit dans la mémoire à long terme : « Le facteur le plus important influençant l'apprentissage est la quantité, la clarté et l'organisation des connaissances dont l'élève dispose déjà » (Ausubel et Robinson, 1969, cités par Meirieu, 1988, p. 129). Les ordonnateurs supérieurs favoriseraient cette structuration des connaissances. Notons que les suggestions d'Ausubel, qui datent de plus de 30 ans, rejoignent celles des chercheurs actuels en psychologie cognitive (Raynal et Rieunier, 1997), bien que de nombreuses autres formes de représentation puissent aujourd'hui être utilisées dans le même but (par exemple, les schémas). En fait, les ordonnateurs, conçus sous la forme de propositions (*voir l'encadré 4.6*), ne constituent pas toujours le support le plus efficace pour l'assimilation de certains types ou contenus d'apprentissage. À titre d'illustration, considérez les mêmes contenus présentés sous forme d'ordonnateurs et sous forme de schéma. Quelle forme vous prépare le mieux, sur le plan cognitif, à un exposé sur les théories d'Ausubel ?

L'exposé oral de l'enseignant doit tenir compte d'un certain nombre de facteurs organisationnels, de facteurs associés à la communication et de facteurs environnementaux s'il aspire à l'impact cognitif escompté (Bujold, 1997 ; Chamberland, Lavoie et Marquis, 1995 ; Noyé et Piveteau, 1985 ; Slavin, 2000). Les

---

ENCADRÉ 4.6 *Les ordonnateurs supérieurs d'Ausubel et le schéma*

Ordonnateurs supérieurs

1. Ausubel et Robinson (1969) distinguent entre :
   - la manière dont la connaissance est transmise (par réception ou par découverte) et
   - la manière dont la connaissance est assimilée par l'apprenant (apprentissage significatif ou mécanique).

2. Mode de transmission :
   - Méthode expositive (exposé de l'enseignant) = par réception
   - Méthode par découverte (activités de l'apprenant) = par découverte

3. Mode d'assimilation :
   - L'apprenant relie la connaissance = apprentissage significatif
   - L'apprenant ne fait aucun lien = apprentissage mécanique

4. Donc, il peut y avoir :
   - un apprentissage significatif par réception ou par découverte (l'apprenant fait des liens)
   - un apprentissage mécanique par réception ou par découverte (l'apprenant ne fait pas de liens)

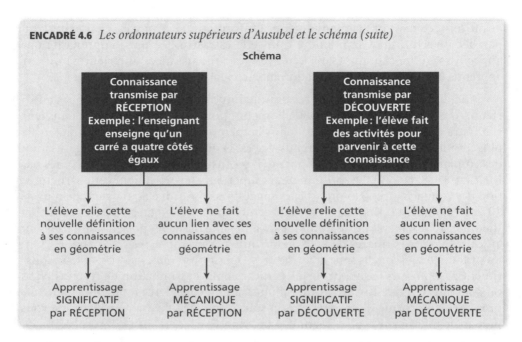

ENCADRÉ 4.6 *Les ordonnateurs supérieurs d'Ausubel et le schéma (suite)*

conditions d'un exposé oral réussi sont résumées au tableau 4.10 (*voir la page suivante*). En plus du critère de l'organisation de l'information présentée, à l'aide d'ordonnateurs supérieurs ou de tout autre mode de représentation des connaissances, l'aspect interactif constitue une autre des conditions cruciales qui permet de caractériser un exposé d'inspiration cognitive. Le questionnement, tant celui de l'enseignant que celui des élèves, occupe en effet une place prépondérante dans l'exposé interactif.

Le questionnement de l'enseignant

La recherche de l'interactivité constitue une condition incontournable d'un exposé efficace sur le plan cognitif. Les questions de l'enseignant permettent non seulement de vérifier la compréhension de l'apprenant quant à l'information présentée, mais aussi de guider ce dernier dans son processus de traitement de l'information. Par son questionnement, l'enseignant pourra s'assurer que les élèves établissent les liens nécessaires avec les contenus déjà présentés, reconnaissent les idées principales ou les concepts clés, illustrent ou concrétisent les connaissances présentées à l'aide d'exemples appropriés, etc. En fait, le questionnement « socratique » de l'enseignant (Chamberland, Lavoie et Marquis, 1995) permet une certaine médiation de l'apprentissage au cours de l'exposé. Bujold (1997) rappelle également la valeur du silence comme élément d'une communication

TABLEAU 4.10 *Les conditions d'un exposé oral réussi*

Facteur organisationnel	Facteur de communication	Facteur environnemental
◆ Contenu bien structuré ◆ Durée appropriée (les exposés les plus efficaces sont souvent les plus courts) ; on recommande une durée de 15 à 20 minutes, suivie d'une pause ou d'une autre activité (comme une discussion) ◆ Notes de cours ou document d'accompagnement	◆ Contenus bien maîtrisés ◆ Enthousiasme de l'enseignant ◆ Articulation, prononciation et ton de voix appropriés ◆ Débit ni trop rapide, ni trop lent ◆ Renforcements verbaux et non verbaux (sourires, regards, signes de tête, etc.) ◆ Déplacements pendant l'exposé ◆ Communication des résultats poursuivis à l'aide de la « règle de trois » : annoncer ce dont on va parler, le dire et résumer ce qu'on vient de dire ◆ Utilisation d'un questionnement approprié et réponse aux questions de manière à susciter la réflexion	◆ Conditions environnementales favorables (éclairage, température et sonorisation) ◆ Environnement pédagogique (tableau, affiches, cartes, transparents, etc.)

pédagogique : « Le silence favorise la réflexion, stimule la participation et donne aux apprenants le temps de s'approprier les connaissances » (p. 84), bien qu'il ne faille pas non plus en abuser.

Le questionnement de l'enseignant peut prendre diverses formes. Il peut s'agir de questions adressées aux élèves volontaires (ce type de questionnement ne devant cependant pas être surexploité, car les élèves incapables de répondre seront vite démotivés), de questions posées à toute la classe, de questions posées à un sous-groupe d'élèves (comme les membres d'une équipe) ou de questions posées à un élève en particulier (les élèves étant choisis à tour de rôle ou au hasard). L'avantage de ce dernier mode d'interrogation est que la formulation de la question peut s'adapter aux caractéristiques personnelles de l'apprenant ; ainsi, même un élève en grande difficulté d'apprentissage pourra répondre à une question si celle-ci est formulée de manière appropriée. Une question de *type fermé*, comme une question à laquelle on peut répondre par oui ou par non, peut à l'occasion constituer un choix valable, surtout lorsqu'elle permet à un élève en difficulté ou à un élève ayant peu confiance en lui-même de participer aux échanges avec l'enseignant. Évidemment, il faut accéder le plus tôt possible aux questions de *type ouvert*, aux questions suscitant la réflexion et un traitement en profondeur de l'information présentée.

Le questionnement des élèves

L'enseignant doit chercher à établir un climat de confiance, propice au questionnement des élèves, Chamberland, Lavoie et Marquis (1995) qualifiant ces questions de « démocratiques ». Sternberg (1994) distingue pas moins de sept niveaux d'interaction entre l'enseignant et ses élèves à partir des questions provenant de ces derniers. En tant que médiateur, l'enseignant doit constamment viser aux niveaux les plus élevés de ces interactions, tout en tenant compte du temps et des ressources disponibles ainsi que du degré de développement de ses élèves (Sternberg et Williams, 2002). L'exemple utilisé pour illustrer ces sept niveaux d'interaction (*voir le tableau 4.11*) consiste en une question que pose un élève pendant un cours de sciences sociales: « Pourquoi les Hollandais sont-ils aussi grands? » On retiendra surtout qu'il faut éviter les interactions aux trois premiers niveaux, qui rejettent carrément le problème posé ou esquivent la question soulevée par l'élève.

TABLEAU 4.11 *Les sept niveaux d'interaction entre enseignant et élèves*

Question d'un élève: « Pourquoi les Hollandais sont-ils aussi grands? »

Niveau 1: L'enseignant rejette la question: « Ne pose pas tant de questions! Tu parles d'une question stupide! »

Niveau 2: L'enseignant répond à la question en la reformulant: « Parce que les Hollandais sont généralement des personnes de grande taille. »

Niveau 3: L'enseignant admet son ignorance ou fournit une réponse toute faite: « Je ne sais pas » ou « Parce que... » (suivi d'une réponse plausible, par exemple, « c'est génétique »).

Niveau 4: L'enseignant encourage la recherche d'une réponse: « C'est une excellente question! Il va falloir chercher la réponse dans une encyclopédie ou dans Internet. »

Niveau 5: L'enseignant considère plusieurs possibilités avec l'élève: « C'est une question remplie de mystère! Je crois que cela pourrait être dû au régime alimentaire des Hollandais ou à leur bagage génétique. Est-il possible que le climat ou d'autres conditions environnementales exercent une influence sur la taille des habitants des Pays-Bas? Crois-tu que l'exercice physique pourrait être un facteur explicatif? Vois-tu d'autres explications possibles? »

TABLEAU 4.11 *Les sept niveaux d'interaction entre enseignant et élèves (suite)*

Niveau 6 : L'enseignant évalue avec l'élève la validité des possibilités évoquées : « Comment pourrait-on déterminer si le facteur de l'alimentation est une réponse valable ? Les Hollandais ont-ils un régime alimentaire distinct de celui des autres habitants de cette région du monde ? Si ce n'est pas le cas, les habitants des pays environnants, tels que les Belges ou les Allemands, devraient également être des personnes de grande taille. Est-ce le cas ? » Et ainsi de suite.

Niveau 7 : L'enseignant vérifie avec l'élève la validité des réponses retenues : « Tâchons de trouver ensemble toutes les informations nécessaires pour choisir la réponse la plus exacte parmi celles que nous avons retenues. »

Source : Adapté de Sternberg et Williams (2002, p. 437).

L'exposé interactif, qui constitue une stratégie d'enseignement, s'inscrit à l'intérieur d'un modèle global d'enseignement, soit l'enseignement direct (*direct instruction*). Le modèle actuel d'enseignement direct ou *modèle d'enseignement direct contemporain* (Baumann, 1986) correspond en quelque sorte à une version « revue et corrigée » de l'enseignement dit traditionnel. D'importants principes pédagogiques, d'inspiration cognitive, sont en effet venus enrichir cette approche de l'enseignement-apprentissage centrée sur l'enseignant.

Le psychopédagogue et chercheur américain Robert Mills Gagné (1916-2002) compte sans doute parmi les auteurs qui ont le plus contribué à traduire les découvertes de la psychologie cognitive en un modèle pédagogique cohérent. En plus d'avoir réalisé une classification des types de capacités ou d'apprentissage présentée au chapitre 1, Gagné est l'auteur d'un modèle d'instruction (Gagné, 1976) qui intègre certains éléments des théories behaviorales (tels que le concept de renforcement), et qui accorde surtout une place prépondérante aux processus internes de l'apprentissage. Son modèle d'enseignement direct en huit phases, qui s'intègre à son tour dans un modèle de design pédagogique (Brien, 1992), peut s'avérer très utile pour la planification d'une séquence d'enseignement-apprentissage débutant par un exposé formel.

Par-delà l'importance qu'a eue ce modèle d'enseignement d'inspiration cognitivo-behaviorale au cours des années 1970 et 1980, c'est à un modèle plus récent, illustrant de manière éloquente l'apport de la psychologie cognitive, que reviendra la tâche d'illustrer les courants cognitif et constructiviste en éducation : le modèle de l'enseignement stratégique (Tardif, 1992).

4.5.2 Le modèle de l'enseignement stratégique

Jacques Tardif, professeur à l'Université de Sherbrooke, propose un modèle d'enseignement qui intègre les travaux les plus récents de la psychologie cognitive, en particulier en ce qui concerne les composantes cognitives de la motivation scolaire (par exemple, la perception entretenue par l'élève au sujet de la contrôlabilité d'une tâche), le rôle déterminant qu'exercent la mémoire et la représentation des connaissances, et les fonctions de la résolution de problèmes et du transfert dans la construction du savoir par l'élève. Il consacre d'ailleurs un chapitre à chacun de ces trois thèmes dans son ouvrage intitulé *Pour un enseignement stratégique. L'apport de la psychologie cognitive* (Tardif, 1992).

Nous tenterons de résumer l'essentiel de cet ouvrage en nous concentrant sur les principales caractéristiques et pratiques de l'enseignement stratégique (le chapitre 5 dans l'ouvrage de Tardif) : les zones d'intervention privilégiées par ce modèle d'enseignement, les rôles de l'enseignant stratégique et, enfin, les phases de l'implantation de ce modèle pédagogique.

Les zones d'intervention privilégiées

Le modèle de l'enseignement stratégique découle principalement du modèle théorique du traitement de l'information proposé par la psychologie cognitive, tout en intégrant certains concepts clés du constructivisme (par exemple, la construction du savoir par chaque apprenant) et certaines pratiques pédagogiques que suggèrent les constructivistes (par exemple, la résolution de problèmes « réels »).

D'après Tardif (1992), en premier lieu, l'enseignement stratégique doit accorder une place importante aux stratégies cognitives et métacognitives, lesquelles contribueront au développement de l'autonomie des élèves. En deuxième lieu, dans le contexte de l'enseignement stratégique, les stratégies de l'enseignant doivent s'adapter aux diverses catégories de connaissances visées ; ainsi, on n'enseigne pas des connaissances déclaratives de la même manière qu'on enseigne des connaissances procédurales ou conditionnelles. En troisième lieu, ce modèle d'enseignement préconise l'intégration des matières en vue de l'acquisition de connaissances et de stratégies générales (compétences transversales) par l'enseignement de connaissances et de stratégies spécifiques (compétences disciplinaires). En dernier lieu, le modèle de l'enseignement stratégique reconnaît l'influence importante qu'exercent les variables affectives dans le processus d'apprentissage des élèves.

Les rôles de l'enseignant stratégique

Selon Tardif (1992), l'enseignant stratégique joue six rôles complémentaires. Il est un penseur, un preneur de décisions, un motivateur, un modèle, un médiateur et un entraîneur. Premièrement, en tant que *penseur*, l'enseignant stratégique se distingue de l'enseignant qui se contenterait de maîtriser les contenus enseignés, car en plus d'être un expert dans sa discipline d'enseignement, il s'interroge « d'une part, sur la pertinence des activités au regard des connaissances antérieures de l'élève et des objectifs des curriculums, et, d'autre part, sur les exigences des tâches demandées à l'élève et sur l'adéquation du matériel qu'il met à sa disposition » (Tardif, 1992, p. 304). Deuxièmement, l'enseignant stratégique est un *preneur de décisions*, ces décisions touchant aussi bien à la séquence optimale des contenus et des activités d'apprentissage qu'au type d'encadrement à offrir à l'intérieur de chacun d'eux. Troisièmement, il exerce un rôle de *motivateur*, en favorisant activement « l'engagement, la participation et la persistance de l'élève dans la tâche » (p. 306). Quatrièmement, il joue un rôle considéré comme extrêmement important dans l'enseignement stratégique (Tardif, 1992), celui de *modèle*, ce « modelage cognitif » pouvant s'effectuer aussi bien dans l'apprentissage d'une tâche complexe que dans l'acquisition de stratégies cognitives et métacognitives. Cinquièmement, un autre rôle jugé essentiel est celui de *médiateur*; ce rôle permet d'assurer « le passage de l'élève de la dépendance à la pratique guidée, de la pratique guidée à l'indépendance dans l'apprentissage » (p. 309). Sixièmement, l'enseignant stratégique est un *entraîneur*, rôle associé de près à la fonction d'entraînement cognitif (*cognitive apprenticeship*) proposée par Resnick et Klopfer (1989).

Les phases de l'implantation de l'enseignement stratégique

À l'instar de Jones, Palincsar, Ogle et Carr (1987), Tardif (1992) retient trois phases dans l'implantation de l'enseignement stratégique : une phase de préparation à l'apprentissage, une phase de présentation du contenu et une phase d'application et de transfert des connaissances, cette dernière phase étant également connue sous le nom d'application et intégration des connaissances (Jones *et al.*, 1987). Comme le précise Tardif (1992), la contribution de Jones et de ses collègues ne réside pas tant dans la détermination des phases de préparation, de présentation et d'application, somme toute communes à toute forme d'enseignement, stratégique ou non, que dans les étapes et les stratégies préconisées à l'intérieur de chacune de ces phases (*voir le tableau 4.12 à la page 221*).

1. *La phase de préparation à l'apprentissage* C'est probablement à l'intérieur de la phase préparatoire à l'apprentissage que l'on peut reconnaître certaines influences parmi les plus importantes du courant cognitif en éducation. Tout d'abord, pour préparer les élèves au nouvel apprentissage, on amorcera avec

eux une discussion portant sur les objectifs de la tâche, comme les résultats d'apprentissage spécifiques qui sont poursuivis ou la compétence qui est visée, les retombées potentielles ou la signification actuelle ou future de la tâche pour l'élève, ou encore les critères précis qui seront utilisés dans l'évaluation de la tâche. La deuxième étape consiste en un survol des ressources qui seront mises à la disposition des élèves. La troisième étape, qui est « extrêmement importante » (Tardif, 1992) d'un point de vue cognitif, est celle de l'activation des connaissances antérieures ; l'enseignant pourra alors soit animer une discussion de groupe concernant les connaissances associées au thème de la leçon, soit proposer un exercice, individuel ou en équipe, qui permettra aux élèves d'effectuer ce rappel par écrit. Suivant la nature des connaissances, il verra à structurer sous une forme appropriée (schémas, réseaux, représentations productionnelles, etc.) l'information recueillie. La quatrième étape de la phase de préparation à l'apprentissage vise à diriger l'attention des élèves et à susciter leur intérêt. L'enseignant cherchera à créer chez les élèves une disposition affective favorable à l'apprentissage. Pour ce faire, il tâchera de leur communiquer des attentes positives ; il pourra ainsi témoigner de sa confiance dans la capacité des élèves à maîtriser les apprentissages visés. De même, il suscitera leur désir d'apprendre, notamment en leur expliquant l'importance des contenus disciplinaires ou de la compétence en question et en établissant des liens avec la vie des élèves à l'extérieur du cadre scolaire.

Bien que les six rôles de l'enseignant stratégique que nous avons vus soient exécutés tout au long du processus d'enseignement-apprentissage, on se rend compte que les rôles de penseur (expert en contenu et en enseignement stratégique), de preneur de décisions (planification des activités et choix des ressources pour l'apprentissage) et de motivateur (susciter le désir d'apprendre et communiquer des attentes positives) ont une influence déterminante pendant cette première phase de préparation à l'apprentissage.

2. *La phase de présentation du contenu* Pendant la deuxième phase de l'implantation de l'enseignement stratégique, l'élève est appelé à traiter efficacement l'information présentée, ce qui facilitera sa compréhension (décodage) et sa mémorisation (stockage dans la mémoire à long terme). La première étape de cette phase correspond au traitement de l'information. L'enseignant pourra éventuellement recourir à son rôle de modèle pour illustrer l'habileté ou la compétence visée. Au cours de cette étape, l'enseignant intervient auprès de l'élève pour l'accompagner dans sa démarche d'application de stratégies cognitives ou métacognitives (rôle d'entraîneur). À l'étape suivante se produit l'intégration des connaissances. L'enseignant stratégique verra alors à attirer l'attention de l'élève sur les contenus importants (rôle de médiateur) pour en favoriser l'intégration. Puis, à l'étape de l'assimilation des connaissances, il

s'assurera de rendre explicites «les changements intervenus dans la base de connaissances de l'élève» (Tardif, 1992, p. 330).

3. *La phase d'application et de transfert des connaissances* Cette phase, qui est essentielle à l'ancrage des nouvelles connaissances dans la structure cognitive de l'apprenant, recourt, entre autres, au rôle d'entraîneur de l'enseignant stratégique. Celui-ci doit prévoir une ou plusieurs activités d'application, qu'il s'agisse d'exercices individuels, en dyades ou en équipes. Ces activités permettront aux élèves d'approfondir leur compréhension des contenus enseignés (connaissances déclaratives) ou de développer leur expertise dans l'emploi d'une nouvelle habileté (connaissances procédurales ou conditionnelles). À l'étape de l'évaluation formative et sommative des apprentissages, l'enseignant offrira aux élèves une rétroaction individuelle sur le degré de maîtrise atteint et des activités complémentaires permettant de corriger les difficultés éprouvées ou d'enrichir les apprentissages réalisés. À l'étape suivante, celle de l'organisation des connaissances en schémas, l'enseignant interviendra pour guider l'élève dans l'intégration des nouvelles connaissances aux connaissances antérieures portant sur le même objet. Enfin, l'étape du transfert et de l'extension des connaissances amènera l'enseignant stratégique à prévoir en compagnie de l'élève «les contextes de transférabilité de ces connaissances ainsi que les conditions de leur transférabilité» (Tardif, 1992, p. 332).

TABLEAU 4.12 *Les phases de l'implantation de l'enseignement stratégique*

Préparation à l'apprentissage	1. Discussion des objectifs poursuivis 2. Survol du matériel et des ressources utilisées 3. Activation des connaissances antérieures 4. Direction de l'attention et de l'intérêt
Présentation du contenu	1. Traitement des informations 2. Intégration des connaissances 3. Assimilation des connaissances
Application et transfert des connaissances	1. Évaluation formative et sommative 2. Organisation des connaissances 3. Transfert et extension des connaissances

4.5.3 L'apprentissage par projets

L'exposé interactif, accompagné d'interventions visant l'activation des connaissances antérieures et l'organisation des nouvelles connaissances, peut satisfaire aux principales exigences pédagogiques du courant cognitif en tant que stratégie d'enseignement. Il en va tout autrement pour le courant constructiviste, qui suppose, quant à lui, une approche radicalement différente, centrée sur l'apprenant (*student-centered*).

De nombreuses stratégies d'enseignement répondent aujourd'hui à la conception constructiviste de l'apprentissage et de l'enseignement : l'apprentissage coopératif, les centres d'apprentissage, les études de cas, l'approche par problèmes et l'apprentissage par projets, pour ne citer que celles-là. Certains modèles d'enseignement ou approches pédagogiques favorisent également la construction et l'intégration des savoirs : le modèle de l'apprentissage par découverte, l'approche scientifique, l'approche interdisciplinaire, etc. Nous avons pour notre part choisi une stratégie d'enseignement, l'apprentissage par projets, et un modèle pédagogique, l'apprentissage par découverte, pour illustrer les principales applications pédagogiques du courant constructiviste en éducation.

Les caractéristiques et les phases de l'apprentissage par projets

L'apprentissage par projets (Arpin et Capra, 2001) ou travail en projet (Francœur Bellavance, 1997) ou pédagogie du projet est probablement LA stratégie d'enseignement qui répond au plus grand nombre de critères constructivistes. Selon Arpin et Capra (2001), l'apprentissage par projets constitue une approche unificatrice dans le domaine de l'éducation. Ces auteurs établissent des liens entre le projet et l'enseignement stratégique, l'apprentissage coopératif, le modèle de gestion mentale, la résolution de problèmes et les technologies de l'information et de la communication (TIC). À cette liste pourrait s'ajouter l'apprentissage par découverte, qui peut prendre une place importante dans certains projets réalisés par les élèves.

« L'apprentissage par projets est une approche pédagogique qui permet à l'élève de s'engager pleinement dans la construction de ses savoirs en interaction avec ses pairs et son environnement et qui invite l'enseignante à agir en tant que médiateur pédagogique privilégié entre l'élève et les objets de connaissance que sont les savoirs à acquérir » (Arpin et Capra, 2001, p. 7). Tout projet comprend une phase de planification, une phase de réalisation et une phase de communication. D'après Arpin et Capra (2001), le projet doit de plus répondre aux cinq caractéristiques suivantes :

1. Permettre des situations d'apprentissage signifiantes et complexes ;
2. Demeurer une formule ouverte, qui s'ajuste au cheminement des élèves ;
3. Conduire à une réalisation concrète et créative ;
4. Favoriser le développement sociorelationnel des élèves ;
5. Favoriser le développement intégral de la personne.

De manière générale, un projet bien conçu et habilement animé par un médiateur-accompagnateur stimule à la fois l'engagement cognitif et l'engagement affectif des apprenants, et ce, à tous les ordres d'enseignement où il est adopté (primaire, secondaire, collégial et universitaire). Les projets entrepris par les enseignants peuvent toutefois varier sur de nombreux plans : le nombre de participants, leur degré de participation, la durée du projet, la nature des apprentissages poursuivis et les modes de communication et d'évaluation des résultats.

Le nombre de participants

L'apprentissage par projets est une démarche collective, c'est avant tout le projet d'un groupe-classe, d'une communauté d'apprenants, communauté dont l'enseignant fait évidemment partie. Il faut toutefois distinguer entre la phase de planification, pendant laquelle le projet de classe est élaboré collectivement, et la phase de réalisation. Lors de la phase de planification, on peut envisager des projets réalisés individuellement, en dyades ou en équipes de trois à cinq membres ; sur ce point, les équipes hétérogènes de trois membres nous paraissent la meilleure formule. Arpin et Capra (2001) recommandent quant à elles des projets personnels, par lesquels chaque apprenant est appelé à explorer un sujet qui l'intéresse plus particulièrement ; ce sujet doit être relié au thème intégrateur du projet collectif. On encourage cependant les élèves à former des groupes en fonction de leurs centres d'intérêt et à travailler ensemble à la réalisation des projets personnels.

Le degré de participation

L'engagement cognitif et affectif qui caractérise habituellement l'apprentissage par projets dépend en grande partie du degré de participation des apprenants. À une extrémité de ce continuum, on pourrait, par exemple, imaginer un projet dont le thème général serait déterminé par l'enseignant, dont les sujets d'étude seraient assignés aux équipes et dont même la démarche de réalisation serait dans une large mesure prescrite à l'avance. Il serait alors plus approprié de parler d'un projet de l'enseignant dans lequel les élèves jouent le rôle de figurants. Bien entendu, une pédagogie du projet suppose une tout autre forme de participation que l'on peut situer à l'autre extrémité du continuum du degré de participation. Ainsi, la participation doit intervenir dès la phase de planification du projet, pendant laquelle l'élève coopère à l'élaboration du projet collectif, en explorant le champ d'études, en déterminant le thème intégrateur et les sujets qui en découlent, et en précisant avec l'enseignant les questions auxquelles le projet permettra d'apporter une réponse (Arpin et Capra, 2001). Cette participation intense se poursuit évidemment aux phases de réalisation du projet et de communication des apprentissages réalisés.

La durée du projet

L'apprentissage par projets est une démarche qui s'inscrit dans le temps. Il serait difficile de concevoir un projet dont la planification, la réalisation et la communication des résultats puissent se faire en quelques jours seulement. Il faudrait plutôt compter des semaines, voire des mois. Dans l'ouvrage d'Arpin et Capra (2001), Lucie Arpin raconte la mise en œuvre d'un projet collectif de longue durée réalisé avec ses élèves de 5e année, projet qui s'est étalé sur toute l'année scolaire. Un tel projet intégrateur implique nécessairement une approche interdisciplinaire.

La nature des apprentissages poursuivis

Une autre caractéristique fondamentale du projet est son aspect interdisciplinaire (Francœur Bellavance, 1997). En tant que pratique éducative, le projet fait effectivement appel à plus d'une perspective disciplinaire (Klein, 1998). Parmi les principaux apprentissages pouvant s'intégrer dans cette démarche, mentionnons les habiletés de communication orale et écrite, l'habileté à exploiter l'information et à exercer un jugement critique, l'habileté à résoudre des problèmes en tout genre, l'habileté à exploiter les technologies de l'information et de la communication et la mise au point de méthodes de travail efficace. Comme on le constate, cette énumération comprend certaines compétences transversales d'ordre intellectuel, d'ordre méthodologique, d'ordre personnel et social et de l'ordre de la communication dont nous avons discuté au chapitre 2 (MEQ, 2001).

L'apprentissage par projets favorise donc à la fois le développement de compétences disciplinaires (français, mathématiques, sciences humaines, arts, etc.), et de compétences transversales (Morissette, 2002). De même, cette stratégie d'enseignement-apprentissage constitue un terrain particulièrement propice à l'acquisition par les élèves de stratégies cognitives et métacognitives (Arpin et Capra, 2001 ; Francœur Bellavance, 1997 ; Morissette, 2002). Enfin, l'intégration des matières facilite l'intégration des apprentissages (Legendre, 1993), processus par lequel l'apprenant fait véritablement « siens les objets d'apprentissage qui deviennent fiables, durables et transférables » (Lowe, 2002, p. 15).

La communication et l'évaluation des résultats

Une dernière caractéristique qui contribue à la richesse de l'apprentissage par projets est celle du partage des apprentissages réalisés individuellement ou en équipe, lequel permet « de passer de la connaissance individuelle au savoir partagé » (Arpin et Capra, 2001, p. 89). Cette communication publique des projets prend souvent la forme d'une présentation orale au groupe-classe, parfois à l'aide de matériel fabriqué par les élèves (maquettes, affiches, etc.) ou de productions audiovisuelles qu'ils auront réalisées (telles qu'une vidéo ou encore un montage accompli à l'aide des TIC). La présentation devient un objet d'évaluation pour l'enseignant ; cet exercice peut d'ailleurs comporter une composante d'auto-évaluation et une évaluation par les pairs.

Chez Arpin et Capra (2001), la phase de communication comporte trois étapes. La première étape consiste en une présentation des découvertes et des apprentissages, qui s'effectue tout au long de la réalisation du projet ; ce projet est autoévalué et coévalué à l'aide d'un portfolio. La deuxième étape est l'enrichissement du projet collectif ; l'élève établit alors des liens entre les apprentissages réalisés et le thème intégrateur, cette démarche pouvant déboucher sur un nouveau projet. La troisième étape représente la réalisation d'une œuvre collective, soit une œuvre de synthèse qui est destinée à un public autre que la classe et qui peut prendre la forme d'une exposition des travaux exécutés, d'une pièce de théâtre, d'une soirée d'information, d'une murale, etc. Cette œuvre collective est une « activité d'intégration des apprentissages [qui] permet aux élèves de prendre conscience du projet dans sa globalité » (Arpin et Capra, 2001, p. 93).

4.5.4 L'apprentissage par découverte

De la même manière que l'apprentissage par projets, associé à une démarche réalisée en équipe, constitue l'exemple type d'une stratégie d'enseignement centrée sur l'apprenant, stratégie conforme aux conceptions constructivistes de l'enseignement-apprentissage, l'apprentissage par découverte est un modèle d'enseignement-apprentissage propice à la construction des savoirs de l'apprenant. Selon Brooks et Brooks (1993), l'essence même du courant constructiviste réside dans la conviction que chaque apprenant doit découvrir par lui-même ses nouvelles connaissances, puis transformer cette information complexe de façon à en arriver à intégrer véritablement ces nouveaux savoirs. Le rôle de l'enseignant consiste alors à fournir les scénarios d'apprentissage qui permettront cette découverte et cette intégration des savoirs. Suivant les termes de Slavin (2000), l'enseignant peut fournir l'échelle qui permet d'atteindre un niveau de compréhension élevé, mais chaque apprenant doit gravir par lui-même les barreaux de cette échelle.

Le degré de guidage de l'élève-apprenant

L'apprentissage par découverte soulève la question du degré de guidage fourni à l'apprenant dans son processus d'apprentissage (Goupil et Lusignan, 1993). On distingue trois modes de guidage : la *découverte pure*, où l'on fournit un problème à résoudre et où l'assistance de l'enseignant est minimale ; la *découverte guidée*, qui suppose une médiation plus active de la part de l'enseignant ; la *méthode expositive*, centrée, comme nous l'avons dit auparavant, sur l'enseignant et correspondant au modèle d'enseignement direct (Mayer, 1987, cité par Goupil et Lusignan, 1993).

On s'entend généralement sur le fait que la découverte guidée offre de meilleurs résultats que la découverte pure (Mayer, 1987) et qu'elle constitue une approche mieux adaptée au contexte scolaire (Slavin, 2000). Comme l'indiquent Goupil et Lusignan (1993):

> L'apprentissage par la découverte est un terme générique qui recouvre plusieurs réalités. Il suppose une situation problématique, une enquête menée au sujet du problème en vue de trouver de l'information, un esprit créatif pour émettre des hypothèses ou envisager diverses solutions, un esprit analytique et critique pour choisir l'information pertinente, un esprit de synthèse pour l'assortir aux solutions envisagées et des habiletés d'évaluation pour tirer la meilleure conclusion possible (p. 201-202).

Les quatre étapes retenues dans la plupart des modèles de l'apprentissage par découverte (par exemple, Jacobsen, Eggen et Kauchak, 1989) sont les suivantes:

1. La définition du problème ou la présentation d'une situation problématique;
2. La formulation des hypothèses;
3. La recherche de l'information ou la vérification des hypothèses;
4. L'analyse de l'information recueillie et la formulation d'une conclusion.

La découverte guidée

Comme son nom l'indique, la découverte guidée accorde une place importante à la médiation de l'enseignant. Cette médiation a cours aux quatre étapes de ce modèle d'enseignement-apprentissage. Les activités de guidage par l'enseignant varieront, tant en intensité que dans leur forme, selon l'âge des apprenants et les contenus d'apprentissage visés. Par exemple, une enseignante du primaire peut aider ses élèves à découvrir par eux-mêmes les propriétés des différents types de triangles en leur faisant manipuler du matériel, en leur proposant des activités de classification de figures triangulaires, en les amenant progressivement à reconnaître les critères de mesure qui définissent chaque type de triangle. Au secondaire, l'enseignant se fera un peu plus discret dans ses interventions. Dans l'exemple cité par Goupil et Lusignan (1993) pour illustrer un modèle d'apprentissage par découverte, seule la question initiale est fournie aux élèves, après la projection d'un film sur la Nouvelle-France: «Pourquoi Champlain a-t-il construit l'Habitation à Québec?» (p. 205). L'enseignant se contentera par la suite d'apporter aux apprenants le soutien nécessaire à chacune des étapes subséquentes, car qui dit découverte guidée, dit enseignant-guide.

Un enseignant-guide

Le modèle d'apprentissage par découverte, qui recouvre de nombreuses approches pédagogiques, incluant l'approche qu'on désigne par l'expression «démarche scientifique » (*voir l'encadré 4.7*), correspond essentiellement à une attitude de l'enseignant face à la manière qui convient le mieux d'accompagner ses élèves dans leurs apprentissages scolaires. Un enseignant qui adhère à un tel modèle se perçoit davantage comme un guide que comme un instructeur. Ainsi, à toutes les occasions qui lui seront données, cet enseignant tentera de faire découvrir plutôt que de dire, de stimuler la curiosité plutôt que de fournir des réponses toutes faites, de proposer des contextes d'apprentissage significatifs, le plus près possible du vécu des élèves, plutôt que de faire mémoriser des lois, des principes, des règles et des définitions tirés de manuels scolaires.

Ainsi défini, l'apprentissage par découverte peut s'intégrer dans plusieurs stratégies d'enseignement : dans la pédagogie du projet, évidemment, mais aussi dans l'apprentissage coopératif, dans les centres d'apprentissage, dans les études de cas, dans les jeux de rôle, et même dans l'exposé interactif de l'enseignant. Toutefois, l'apprentissage par découverte s'exprime le mieux dans une démarche de *résolution de problèmes*, avec toute l'intensité et la fébrilité que comporte cette démarche lorsqu'elle est vécue par des apprenants « faiseurs de sens » (Mayer, 1996). L'enseignant constructiviste adopte donc une approche résolument centrée sur l'apprenant. Pour conclure ce chapitre, nous proposerons le compte rendu d'une visite effectuée à l'automne 1994 à l'école L'Amitié de Rivière-du-Portage, au Nouveau-Brunswick. Ce texte, ainsi que plusieurs autres comptes rendus du même genre (Vienneau, 1997), désire témoigner des efforts de renouvellement pédagogique qui s'amorçaient alors dans les écoles primaires de cette province.

ENCADRÉ 4.7 *La démarche scientifique à l'école L'Amitié de Rivière-du-Portage*

La démarche scientifique et le conseil de coopération constituent les éléments communs du projet éducatif de l'école L'Amitié. Pour illustrer l'application de la démarche scientifique, on me proposera de visiter les classes d'Allard Brideau, enseignant de 6e année, et de Cécile Benoît, enseignante de 2e année. C'est ainsi qu'en début de journée je me retrouve dans une classe de 6e année où l'enseignant s'apprête à effectuer une mise en commun des projets de recherche élaborés par ses élèves.

Ce projet fait suite à une demande des élèves d'aller à l'extérieur pour leur leçon de science (nous sommes alors à la fin mai). Joignant l'utile à l'agréable, l'enseignant suggérera aux élèves de préparer des expériences qu'ils pourront réaliser pendant leur sortie. À titre de rappel, les six étapes de la démarche scientifique sont écrites au tableau sous forme de mots clés : *problème, hypothèse, conception, expérimentation, analyse* et *interprétation*. Je constaterai par la suite que les élèves maîtrisent très bien à la fois l'ordre séquentiel et le contenu de chacune des étapes de cette démarche. Les équipes viennent donc, tour à tour, présenter leur projet de recherche. L'enseignant et les élèves de la classe sont invités à commenter les étapes de la démarche scientifique et à formuler des suggestions pour améliorer au besoin l'une ou l'autre de ces étapes.

ENCADRÉ 4.7 *La démarche scientifique à l'école L'Amitié de Rivière-du-Portage (suite)*

J'observe tout d'abord la variété et l'originalité des « problèmes » relevés par les enfants (par exemple, « Y a-t-il des plantes qui poussent sous les roches ? », « Y a-t-il des poissons dans la carrière ? », « Combien d'espèces de fleurs peut-on trouver dans la cour de l'école ? »). Ensuite, je serai en mesure d'apprécier l'attitude aussi critique que constructive que manifestent les élèves ; il n'y a en effet nulle moquerie ou remarque désobligeante de leur part. À l'invitation de l'enseignant, je pose quelques questions aux élèves. J'aimerais en particulier savoir si la démarche scientifique leur sert ailleurs qu'à l'école (soit la question du transfert des habiletés). Eh bien, je ne serai pas déçu. Plusieurs élèves me mentionnent des situations liées à leur vie de tous les jours, allant de la compréhension de problèmes relationnels, comme les problèmes vécus avec la grande sœur (les behavioristes appellent cela l'analyse du comportement !), à la construction d'une cabane dans le bois, qui nécessite la même rigueur que celle qu'on trouve dans la démarche scientifique (planification, organisation matérielle, réalisation et évaluation des résultats).

À peine sorti de la classe de 6ᵉ, malheureusement sans que je puisse connaître l'interprétation que donneront ces élèves aux résultats recueillis, je me dirige vers la classe de Cécile Benoît, où son groupe de 2ᵉ année s'apprête à utiliser la démarche scientifique pour tenter de répondre à la question du jour : « D'où vient la buée sur le miroir de la salle de bains ? » Même si les étapes varient légèrement de celles qu'on utilise en 6ᵉ année, la démarche scientifique qui sera vécue avec ces tout-petits est essentiellement la même. Je remarque également la présence d'une affiche sur laquelle l'enseignante peut noter la participation de chaque élève aux différentes étapes servant à la résolution d'un problème donné.

Le problème posé suscite immédiatement l'intérêt des élèves ; en font la preuve les échanges animés qui auront lieu à l'étape de la prédiction. Il est passionnant de voir comment, par son animation, l'enseignante amènera les élèves à préciser de plus en plus leurs hypothèses, lesquelles, par exemple, vont de « C'est à cause de la douche » à « C'est à cause de l'eau qui coule de la douche » pour arriver enfin à « C'est à cause de l'eau chaude de la douche ». Cette intéressante piste n'empêchera pas l'enseignante de considérer d'autres suggestions émises par les enfants (par exemple, « C'est quand on prépare à manger », « C'est le miroir du lavabo de la salle de bains », « C'est le robinet du bain »). La classe retiendra donc l'eau chaude comme hypothèse, mais comment s'y prendra-t-elle pour vérifier la prédiction de départ ?

Les idées qui fusent de toutes parts viennent alimenter l'étape de la conception de l'expérience. Ainsi, parmi les divers objets proposés pour remplacer le miroir (tels qu'une vitre ou des lunettes), on retiendra une assiette en aluminium. Pour reproduire la vapeur, on aura recours à une bouilloire électrique. On utilisera même de la glace pour accélérer le processus de condensation en refroidissant préalablement l'assiette. En passant, vous croyez probablement que le terme « condensation » est trop compliqué pour des élèves de 2ᵉ année ? Pas du tout, comme nous le verrons plus loin.

Il faut voir les élèves s'agglutiner autour de l'enseignante pour procéder à l'expérimentation. L'assiette a été enduite de gouache verte, ce qui permettra d'observer plus facilement l'eau lorsqu'elle se transformera en buée, avant de retomber en gouttelettes dans un récipient. Tout au long de l'expérimentation et des étapes subséquentes, l'enseignante en profitera pour aborder les trois états de l'eau (solide, liquide et gaz) et pour introduire les termes désignant les diverses transformations observées par les enfants : liquéfaction, condensation et évaporation. À ma grande surprise, seul le premier de ces trois termes était inconnu des enfants !

Un constat s'impose : les élèves présentent un degré de motivation et de participation très élevé. L'enseignante m'avait affirmé que les élèves aimaient davantage les sciences de la nature depuis l'introduction de cette pédagogie active, basée sur la démarche scientifique. L'interprétation vers laquelle m'entraîne l'analyse des résultats de mes observations m'amène à confirmer cette hypothèse.

RÉSUMÉ

Les fondements théoriques du cognitivisme et du constructivisme (section 4.1)

♦ Deux courants pédagogiques complémentaires sont issus de l'école cognitive : le courant cognitif et le courant constructiviste. Le courant cognitif repose sur les théories de la psychologie cognitive, et plus particulièrement sur son modèle du traitement de l'information, alors que le courant constructiviste constitue le prolongement pédagogique des théories développementales, en particulier celles de Piaget et de Vygotsky.

♦ Le modèle du traitement de l'information tente d'expliquer comment l'organisme humain traite les stimuli reçus de son environnement. Ce modèle est basé sur le modèle explicatif de la mémoire d'Atkinson et Shiffrin (1968).

♦ Le modèle du traitement de l'information comprend les éléments suivants : les stimuli de l'environnement sont captés par les récepteurs ; plusieurs milliers de stimuli sont rapidement enregistrés par le registre sensoriel ; les stimuli auxquels on prête attention sont acheminés à la mémoire à court terme ; la répétition et le travail cognitif effectué sur cette information permettent le stockage de celle-ci dans la mémoire à long terme ; lorsque vient le moment de produire une réponse, le générateur de réponses puise les éléments nécessaires dans la MCT et dans la MLT ; la réponse est retransmise à l'environnement grâce aux effecteurs. Le contrôle exécutif est la composante du modèle qui gère l'ensemble du processus de traitement alors que les attentes en constituent la composante affective.

♦ L'épistémologie génétique de Piaget, soit l'étude du développement des instruments de la connaissance chez l'humain, propose les concepts d'assimilation, d'accommodation et d'équilibration pour expliquer le processus de construction des connaissances, processus qui s'effectue par les actions que l'individu exerce sur son environnement.

♦ Vygotsky soutient que l'apprentissage accélère le développement et que cet apprentissage doit être médiatisé par un adulte agissant dans la zone proximale de développement de l'apprenant.

♦ Bruner met l'accent sur la construction de signification et sur les influences culturelles dans le processus d'apprentissage, l'apprenant tentant avant toute chose de donner du sens au monde qui l'entoure et à sa propre existence.

Les conceptions cognitive et constructiviste de l'enseignement-apprentissage (section 4.2)

♦ D'un point de vue cognitif, il est crucial de comprendre comment l'élève apprend si l'on veut être en mesure de guider son apprentissage.

♦ La finalité de l'école et les valeurs qu'elle véhicule sont la reconnaissance du caractère unique de chaque apprenant (tous les élèves n'apprennent pas de la même manière), la recherche de l'autonomie cognitive (apprendre à apprendre) et la coopération des élèves dans la construction des connaissances.

♦ On reconnaît trois niveaux dans le constructivisme en éducation, tendances qui s'expriment par les trois rôles que l'on attribue à l'élève : l'apprenant actif ou constructivisme pédagogique, l'apprenant social ou socioconstructivisme et l'apprenant créatif ou constructivisme épistémologique (position radicale).

♦ Le rôle de l'enseignant n'est pas tant de transmettre des connaissances que de planifier les situations les plus propices à l'apprentissage des apprenants ; le rôle attendu de l'apprenant est qu'il s'engage sur les plans cognitif et affectif dans la construction de ses savoirs.

Les implications éducatives du modèle du traitement de l'information (section 4.3)

♦ L'enregistrement sensoriel peut être favorisé par diverses techniques servant à attirer l'attention sélective et à maximiser la durée de cette attention.

♦ Les capacités de la mémoire à court terme étant limitées (7 ± 2 items), le regroupement de l'information en facilite le traitement. Les diverses stratégies de mémorisation peuvent également favoriser le passage de l'information traitée à la mémoire suivante, ainsi que le font la répétition, le niveau de traitement accordé et l'établissement de liens avec les connaissances antérieures.

♦ La qualité de l'organisation de l'information entreposée dans la mémoire à long terme constitue un facteur déterminant pour son rappel ultérieur. Ces connaissances peuvent être organisées sous forme de schémas, de réseaux de concepts, de concepts hiérarchisés (connaissances déclaratives) ou de représentations productionnelles (connaissances procédurales ou conditionnelles).

♦ Parmi les facteurs pouvant influencer l'oubli, mentionnons le passage du temps et le non-usage d'une information mémorisée, la suppression volontaire et la répression involontaire, l'interférence rétroactive ou l'interférence proactive, l'ordre de présentation des informations apprises et le recours à une pratique distribuée ou à une pratique intensive.

La métacognition, le transfert des apprentissages et la résolution de problèmes (section 4.4)

- La métacognition, qui consiste en la connaissance de nos stratégies cognitives et de nos stratégies d'apprentissage ainsi qu'en un contrôle qu'on exerce consciemment sur elles, peut être développée à travers cinq interventions : la médiation des stratégies par l'enseignant ; la verbalisation des stratégies et la discussion à leur sujet entre élèves ; la modélisation par l'enseignant ou par un élève expert des stratégies absentes ; l'évaluation des stratégies utilisées par les élèves ; l'affichage des stratégies.

- On distingue entre le transfert horizontal (ou « bas de gamme ») et le transfert vertical (ou « haut de gamme »). Bien qu'il soit beaucoup plus exigeant, ce dernier est accessible à la majorité des apprenants et se produit tout au long du processus d'apprentissage. Il ne faut pas confondre le transfert et l'application des connaissances. Il importe de reconnaître que le transfert va du spécifique au général. Enfin, le transfert nécessite un environnement pédagogique particulier et constitue un processus conscient et volontaire de la part de l'apprenant.

- On distingue entre une situation d'exécution pour la résolution d'un problème (procédure connue) et une situation-problème (procédure de résolution non connue). La résolution de problèmes peut être abordée en tant que méthode générale, s'intégrer dans diverses stratégies ou dans divers modèles d'enseignement (l'apprentissage par projets, l'étude de cas ou l'apprentissage par découverte) ; elle peut même constituer en soi une approche d'enseignement, à partir de situations-problèmes proposées aux élèves.

Les stratégies et les modèles d'enseignement cognitifs et constructivistes (section 4.5)

- À certaines conditions, l'exposé oral peut répondre aux exigences du courant cognitif en éducation, en particulier s'il intègre les techniques issues du modèle du traitement de l'information, s'il est bien structuré et s'il accorde une place importante au questionnement de l'enseignant et des élèves (exposé interactif).

- Le modèle de l'enseignement stratégique intègre les travaux du courant cognitif et répond à certaines exigences du courant constructiviste. Il comporte une phase de préparation à l'apprentissage, une phase de présentation du contenu et une phase d'application et de transfert des connaissances.

- L'apprentissage par projets est une stratégie d'enseignement qui répond à un grand nombre de critères constructivistes : l'engagement cognitif et affectif de l'apprenant, l'apprentissage significatif, le développement de compétences transversales et de la métacognition, les possibilités de transfert vertical, etc.

♦ En tant qu'approche intégrée dans diverses stratégies d'enseignement et en tant que modèle d'enseignement, l'apprentissage par découverte favorise les rôles d'apprenant actif, social et créatif (création de son propre savoir).

LECTURES RECOMMANDÉES

ARPIN, L. et L. CAPRA (2001). *L'apprentissage par projets*, Montréal, Chenelière McGraw-Hill.

BARTH, B.-M. (1993). *Le savoir en construction. Former à une pédagogie de la compréhension*, Paris, Retz Nathan.

BOULET, A. (1999). « Changements de paradigme en apprentissage : du behaviorisme au cognitivisme au constructivisme », *Apprentissage et socialisation*, vol. 19, n° 2, p. 13-22.

DuBLOIS, L. (1997). « L'apprentissage et l'enseignement des sciences et des mathématiques dans une perspective constructiviste », *Éducation et francophonie*, vol. XXV, n° 1, [en ligne]. [http://www.acelf.ca/revue/xxv1/index.html]

GAGNÉ, P.-P. (1999). *Pour apprendre à mieux penser. Trucs et astuces pour aider les élèves à gérer leur processus d'apprentissage*, Montréal, Chenelière McGraw-Hill.

GOUPIL, G. et G. LUSIGNAN (1993). « Chapitre 3 : Les théories cognitives et interactionnistes », *Apprentissage et enseignement en milieu scolaire*, Boucherville, Gaëtan Morin Éditeur, p. 43-87.

MORISSETTE, R. (2002). *Accompagner la construction des savoirs*, Montréal, Chenelière McGraw-Hill.

RAYNAL, F. et A. RIEUNIER (1997). *Pédagogie : dictionnaire des concepts clés. Apprentissages, formation, psychologie cognitive*, Paris, ESF éditeur.

TARDIF, J. (1992). *Pour un enseignement stratégique. L'apport de la psychologie cognitive*, Montréal, Les Éditions Logiques.

Le courant humaniste et le courant transpersonnel

Pistes de lecture et contenu du chapitre

Après la lecture de ce chapitre, le lecteur devrait être en mesure de répondre aux questions suivantes :

- Quels sont les principaux fondements théoriques des courants humaniste et transpersonnel en éducation ?

- Quelles sont les conceptions humaniste et transpersonnelle de l'apprentissage et de l'enseignement ?

- Quelles sont les principales implications éducatives des théories humanistes ?

- Quels exemples peut-on donner de modèles d'enseignement d'inspiration humaniste ?

Steiner
Waldorf
Montessori

« J'aimerais tout d'abord remercier mes élèves, ces milliers de jeunes avec qui j'ai eu la chance d'apprendre, d'apprendre mon métier d'enseignante, d'apprendre à donner et à recevoir, d'apprendre... tout court. »

Mme Doiron s'arrêta de parler quelques secondes. On la sentait émue. Après 35 années d'enseignement au secondaire, 35 années bien comptées, elle prenait une retraite méritée. Méritée, mais non rêvée. Le rêve avait été ce temps qui s'était écoulé entre la première journée de sa première année d'enseignement et aujourd'hui, sa dernière journée de classe. Elle rencontrait pour la dernière fois les collègues enseignants de son école. Le directeur de la polyvalente lui avait demandé de dire quelques mots pour cette occasion, de partager certains de ses souvenirs, de témoigner de ses convictions éducatives. Le directeur était sensible à la passion de cette femme pour l'enseignement, à son amour des jeunes. C'était le genre de message dont son équipe avait besoin en cette fin d'année scolaire épuisante.

« Vous savez, on dit souvent : j'ai beaucoup appris de mes élèves. Dans mon cas, c'est plus qu'une formule de courtoisie à l'égard des jeunes que je côtoie à longueur d'année, que j'ai côtoyés à longueur de vie. C'est la vérité toute simple. Je vais vous raconter une anecdote qui m'est arrivée il y a bien longtemps, bien avant qu'on vienne s'installer dans cette belle polyvalente, bien avant que la plupart d'entre vous, chers collègues et amis, aient commencé à enseigner. »

Les enseignants retinrent leur souffle. Mme Doiron n'avait pas l'habitude de raconter ses expériences personnelles. Il fallait toujours lui tirer un peu l'oreille pour qu'elle consente à raconter ses « bons coups ».

« Je crois que c'est arrivé lors de ma quatrième ou cinquième année d'enseignement. J'enseignais alors le français en 3e secondaire. Un de mes groupes de cette année-là était particulièrement difficile ; les jeunes étaient turbulents, mais surtout durs, agressifs entre eux. Vous savez combien me rebute la violence, la violence sous toutes ses formes. Eh bien, laissez-moi vous dire que j'étais servie avec cette classe-là ; il y avait beaucoup de violence verbale, d'intimidation, de menaces même. Vous savez, les années 2000 n'ont rien à envier aux années 1970.

« Il y avait un élève en particulier qui exerçait une forte influence sur le climat de la classe. Je n'arrivais tout simplement pas à le rejoindre. Après deux appels à la maison, j'avais compris que je ne pourrais pas faire équipe avec ses parents, comme je cherchais déjà à le faire à cette époque. En effet, je n'avais aucun soutien à espérer d'eux. Avec Robert, je vais lui donner ce nom fictif, j'avais tout essayé. Je l'avais rencontré plusieurs fois après la classe. J'avais mis en pratique mon écoute à la Rogers... »

Quelques enseignants sourirent en entendant Mme Doiron évoquer Carl Rogers. Elle était connue comme une ardente partisane de l'approche non directive en éducation.

« Je lui avais répété je ne sais combien de fois que c'étaient ses comportements que je désapprouvais, comme le fait de bousculer les élèves, de les insulter, de les menacer, de les frapper ; d'ailleurs, je l'avais surpris un jour dans le corridor en train de tabasser un élève plus jeune. J'avais beau faire preuve d'une compréhension empathique, adopter une attitude positive et manifester mon acceptation inconditionnelle de Robert en tant que personne, il n'y avait rien à faire. Il m'écoutait passivement, faisait signe que oui, mais je sentais que mon discours, mes arguments concernant le respect de soi et des autres, l'entraide et le partage, que tout cela ne le touchait pas vraiment.

« Ah ! aujourd'hui, si c'était à refaire, je m'y prendrais autrement. Je me sentirais plus outillée, surtout grâce aux ateliers sur la théorie du contrôle de William Glasser. Par exemple, je serais davantage consciente du besoin de pouvoir d'un élève comme Robert ; j'essaierais de l'amener à satisfaire ce besoin de manière positive pour lui et pour les autres au lieu de l'exprimer de manière destructrice. Mais que voulez-vous ? À cette époque-là, j'étais plutôt démunie. À part mes petits trucs empruntés à Rogers, je n'avais que mes valeurs et mes convictions humanistes. Vous savez comme moi qu'il ne suffit pas de dire à un élève qu'on l'aime pour le transformer du jour au lendemain. »

Quelques enseignants hochèrent la tête. Oh ! combien elle avait raison. Comme il pouvait parfois être frustrant de tant vouloir aider certains élèves, sans jamais réussir à percer leur cuirasse, sans arriver à les toucher d'une façon quelconque. Les enseignants étaient quelque peu surpris d'apprendre que même une enseignante humaniste émérite comme Mme Doiron avait échoué dans cette entreprise.

« Puis, un beau jour, reprit Mme Doiron, après deux mois d'efforts, il y a eu un déclic. On était au début du mois de novembre. J'avais demandé à Robert, encore une fois, de rester quelques minutes après mon cours de français. Cette journée-là, il avait dépassé les bornes ; il avait, entre autres, fait pleurer une élève pendant la pause du matin. Je me suis assise à côté de lui, au pupitre d'un élève, en me demandant quel argument nouveau je pourrais bien lui servir pour l'inciter à changer d'attitude. Alors, j'ai eu un flash. Je me suis rendu compte que, pendant ces deux derniers mois, j'avais tenté de convaincre Robert, de l'amener à partager mes valeurs, de le rendre en quelque sorte semblable à moi. Je ne m'étais pas préoccupée de ce que lui pensait, de ce qu'il était fondamentalement comme personne. Un dur à cuire. J'ai décidé de tenter un grand coup.

« Je lui ai ainsi demandé : "J'ai entendu dire que tu faisais du conditionnement physique ?" Surpris par ma question, il a répondu qu'il faisait effectivement des poids et haltères. C'était une chose que presque toute l'école connaissait.

« J'ai ajouté : "Tu es plutôt costaud pour ton âge." C'était aussi une chose évidente qu'il était bien bâti pour un jeune de 14 ans. Avec un sourire en coin, il m'a fait un signe approbateur de la tête. Il se demandait visiblement où je voulais en venir.

« "Est-ce qu'il t'arrive de tirer du poignet ?" Il a répondu oui. Cette fois, il souriait vraiment. Je crois qu'il était étonné de la tournure de la conversation.

« Je lui ai alors dit : "J'ai une proposition à te faire. J'ai essayé pendant deux mois de te convaincre d'être plus respectueux avec les autres élèves, de mettre davantage d'efforts dans ton travail scolaire, de te comporter autrement en classe, mais on ne peut pas dire que cela a été un grand succès, n'est-ce pas ?" Un peu gêné, il a secoué la tête en signe de négation.

« "Alors voilà. Je te propose de tirer du poignet avec moi. Si je gagne, tu dois t'engager à faire toutes les choses que je te demande de faire depuis le début de l'année scolaire. Si tu gagnes, j'abandonne, je te laisse tranquille. Plus de rencontres après la classe, plus d'appels à tes parents." »

Mme Doiron vit la réaction de surprise peinte sur les visages de plusieurs de ses collègues.

« Oui, je sais, lui aussi était très surpris par ma proposition. Dans une certaine mesure, je vous avouerai que je me suis plutôt surprise moi-même. Ce que je lui disais allait contre tous mes principes. Je lui promettais d'abandonner. Mais je crois que j'ai agi beaucoup plus par intuition qu'avec ma raison… Et non, je n'en avais pas parlé avec la directrice de mon école de l'époque, ajouta Mme Doiron, qui adressa un sourire à son directeur actuel, assis au premier rang.

« Enfin, après quelques objections du genre : "Voyons, madame, je peux pas faire ça ; je pourrais vous faire mal" et quelques taquineries de ma part : "Eh bien, qu'est-ce qui se passe, jeune homme ? Monsieur aurait-il peur d'une dame ?", il a finalement consenti à cette épreuve de force avec moi. »

Les enseignants étaient maintenant suspendus aux lèvres de Mme Doiron. Ils avaient hâte de connaître la conclusion de l'histoire.

« J'espère que vous ne pensez pas que j'avais une chance de gagner ou que j'y croyais. Bien sûr, j'ai offert ma meilleure performance. Je pense que j'ai pu lutter une quinzaine de secondes, peut-être parce qu'il voulait me ménager, mais après une résistance héroïque, l'inévitable est survenu. J'étais vaincue. Il m'a regardée d'un drôle d'air, du genre "Vous l'avez voulu, madame", et on s'est quittés dans les meilleurs termes.

« Dès le lendemain, j'ai remarqué une petite différence. En entrant dans ma classe, Robert m'a fait un petit sourire. C'est tout. Puis, jour après jour, les signes se sont multipliés. Il jouait encore les durs, mais je le voyais parler avec les autres élèves ; je l'ai même entendu rire à quelques reprises. Avec moi, il était toujours poli, mais réservé. Vous savez, je me suis souvent demandé ce qui avait pu déclencher ce changement d'attitude chez Robert, changement qui s'est d'ailleurs maintenu tout au long de l'année scolaire. Aujourd'hui, je crois comprendre un peu mieux ce qui s'est produit. C'est probablement parce que j'avais accepté de le rencontrer sur son terrain, j'avais fait une incursion dans son monde à lui, où la force physique était une valeur importante, peut-être la plus importante à ce moment de sa vie. »

Après une brève pause, Mme Doiron reprit.

« Vous savez, pour moi, enseigner, c'est un peu comme jardiner. Un jardinier plante ses graines au printemps, il en prend soin, il les arrose, il les protège des mauvaises herbes. Il sait bien que toutes les graines qu'il a plantées ne se transformeront pas en fleurs, mais il s'occupe néanmoins de chacune. Pourquoi ? Tout simplement parce que c'est là son travail de jardinier. Parfois, avec un peu de chance, on voit s'épanouir un enfant, un jeune, avant l'arrivée de l'été. Parfois, c'est un autre collègue qui verra les fruits de ce qu'on a planté quelques années auparavant. Mais soyez assurés d'une chose, chers collègues enseignants, il n'y a pas une graine plantée par vous qui, un jour ou l'autre, ne finisse par germer et donner ses fruits. Enseigner, éduquer est une affaire de patience. »

Il n'y eut pas un mot, pas un murmure dans la salle.

« Avec Robert, j'ai été chanceuse. J'ai pu assister à sa transformation, à son éclosion comme personne. Cela n'a pas toujours été le cas avec d'autres élèves, auprès desquels j'avais pourtant mis autant d'efforts, sinon davantage, qu'avec lui. Je ne sais pas ce qu'il est advenu de lui, puisque ses parents ont déménagé peu de temps après la fin de l'année scolaire. Mais je suis certaine d'une chose. C'est que chaque minute passée avec lui, chaque parole prononcée, chaque sourire complice, chaque encouragement, chaque commentaire positif sur ses travaux, tout ça n'a pas été en vain.

« Voilà ce que je voulais vous dire avant de partir pour la retraite. J'ai peut-être utilisé un nom fictif pour vous parler de Robert, d'un élève parmi tant d'autres qui ont marqué ma carrière d'enseignante et qui ont enrichi mon expérience de vie, mais l'histoire de Robert et sa quête d'identité, elles, étaient bien réelles. Ses besoins de survie, d'appartenance, de pouvoir, de plaisir et de liberté étaient aussi bien réels, comme ils le sont chez tous les élèves avec qui on partage un petit bout de notre vie. On peut choisir d'ignorer ces besoins, choisir de regarder ailleurs. Se concentrer sur les programmes d'études plutôt que sur les personnes. Mais si on choisit les personnes, si on choisit de prendre soin du jardin qui nous est confié, avec tout l'amour et la patience dont on est capable, eh bien, je crois sincèrement qu'on peut faire une petite différence dans la vie des enfants et des jeunes. Continuez d'arroser vos plantes. Prenez bien soin de chacune d'elles. Chaque plante est unique comme la rose du Petit Prince. Continuez aussi de cultiver vos talents de jardiniers. On n'a jamais fini d'apprendre. Merci de votre attention et de votre écoute. »

La soixantaine de personnes présentes dans la salle se levèrent spontanément, comme mues par le même ressort. L'ovation dura plusieurs minutes, puis, peu à peu, les enseignantes retournèrent dans leur salle de classe préparer la prochaine moisson. Mme Doiron allait quitter l'auditorium de l'école lorsqu'elle vit s'approcher d'elle un inconnu. Il s'agissait d'un homme de forte stature, dans la jeune quarantaine. « Un nouvel enseignant à notre école, se dit-elle. Peut-être même mon remplaçant », songea-t-elle avec un pincement au cœur.

« Bonjour, madame Doiron. Je voulais vous remercier à mon tour pour votre très beau témoignage. »

« Merci beaucoup, monsieur... ? »

« Je suis moi-même enseignant, voyez-vous, enseignant d'éducation physique, depuis une vingtaine d'années. Instructeur de l'équipe de lutte olympique de mon école. Je tenais à vous dire combien je partage vos convictions, combien j'ai été touché par ce que vous avez dit... »

Mme Doiron écoutait distraitement. Ce sourire, cette voix légèrement rocailleuse... Cette stature imposante...

L'homme poursuivit : « J'enseigne à Montréal, mais je suis natif de la région. J'avais demandé au directeur de l'école la permission d'assister à votre présentation. »

Comme l'homme ne s'était pas encore présenté, Mme Doiron se permit d'insister : « Et vous êtes monsieur... ? »

« Pierre, Pierre Roy, mais vous pouvez m'appeler Robert », ajouta l'homme avec un petit sourire narquois.

* * *

Qu'est-ce qui, au juste, faisait de Mme Doiron, aux yeux de ses collègues enseignants et de ses élèves, une «enseignante humaniste»? Son amour des élèves? Peut-être, mais ce ne serait certes pas une condition suffisante en soi, l'affection à l'égard des jeunes n'étant évidemment pas la chasse gardée des enseignants humanistes. Bien sûr, elle nourrissait des convictions humanistes, qui s'exprimaient, par exemple, par la relation qu'elle cherchait à établir avec les jeunes à l'école, soit des rapports beaucoup plus égalitaires que ceux qui prévalent habituellement. Elle souhaitait établir une véritable relation entre personnes plutôt qu'un rapport de force entre des rôles. Elle cherchait à exercer une autorité naturelle, inspirée par le respect mutuel, plutôt qu'une autorité officielle, s'exerçant au moyen d'un pouvoir délégué.

Un autre sujet de préoccupation de Mme Doiron concernait les besoins des jeunes. Elle était sensible à leur vécu, à leur univers affectif, consciente que le besoin de savoir des élèves pouvait difficilement être comblé s'ils n'avaient pas la possibilité de satisfaire des besoins prioritaires, tels que le besoin de se sentir en sécurité (théorie de Maslow). Par la suite, elle avait adopté la classification des besoins fondamentaux proposée par Glasser, théorie plus complète à ses yeux et surtout plus utile quant à ses applications, besoins auxquels elle se réfère d'ailleurs dans sa présentation (vous les aurez probablement reconnus).

Si vous aviez posé la question aux élèves de Mme Doiron, ils auraient pu vous parler des nombreuses techniques qu'elle utilisait pour faire de sa classe un milieu d'apprentissage stimulant, un milieu de vie accueillant, où chacun trouvait sa place, où chacun se sentait apprécié et valorisé. Dès les débuts de sa carrière, Mme Doiron avait institué les assemblées de classe mensuelles, qui par la suite s'étaient transformées en conseil de coopération. Les élèves aimaient particulièrement une technique de gestion consistant en la possibilité d'inscrire son nom au tableau, une journée par semaine, pour signaler qu'on fonctionnait «au ralenti» cette journée-là. Mme Doiron avait expliqué à ses élèves qu'il était normal et «correct» de ne pas toujours se sentir en grande forme, et que cela lui arrivait également. Un de ses groupes d'élèves avait d'ailleurs été surpris de voir un jour le nom de Mme Doiron inscrit au tableau sous la rubrique «Prière de ne pas déranger aujourd'hui», ce qui s'était traduit par une période de classe au silence quasi religieux.

L'approche humaniste dans le milieu de l'éducation ne se limite toutefois pas au domaine de la gestion de la classe. Ainsi, si vous aviez posé la question à Mme Doiron, elle aurait pu mentionner quelques-unes des techniques d'enseignement auxquelles elle faisait appel: des moyens mis en place pour répondre au besoin de liberté des jeunes en leur permettant, par exemple, de choisir leurs travaux scolaires parmi un certain nombre de tâches proposées; des contrats d'apprentissage hebdomadaires signés avec ses élèves, en vertu desquels les élèves établissaient eux-mêmes leur horaire de travail pour la semaine ; des efforts constants pour intégrer une composante affective dans les apprentissages du domaine cognitif, en les reliant au vécu et aux centres d'intérêt des jeunes ; et ainsi de suite.

Qui n'a pas déjà rencontré une Mme Doiron ou un M. Roy au moins une fois dans sa vie d'écolier ? Les enseignants humanistes, qui « choisissent les personnes avant les programmes d'études » comme l'aurait dit Mme Doiron, existent aujourd'hui comme ils existaient hier et comme ils ont vraisemblablement été présents dès les débuts de l'école en tant qu'institution. Qu'est-ce qu'un enseignant humaniste ? Chacun pourra apporter sa définition, en grande partie basée sur sa propre expérience avec des enseignants que l'on qualifierait soi-même d'humanistes. Toutefois, on s'entendra probablement pour dire qu'être humaniste en éducation, c'est accorder la priorité absolue à la personne de l'apprenant et à son développement intégral. La conception humaniste de l'éducation n'est pas sans lien avec d'autres mouvements et théories que l'on dit humanistes.

Rappelons tout d'abord que le terme « humanisme » désigne aussi le mouvement littéraire et philosophique de la Renaissance, « caractérisé par un effort pour relever la dignité de l'esprit humain et le mettre en valeur, et un retour aux sources gréco-latines », ainsi qu'une théorie ou doctrine philosophique « qui place la personne humaine et son épanouissement au-dessus de toutes les autres valeurs » (*Le Petit Robert*, 2002). À ces deux définitions officielles, on pourrait ajouter celle de l'humanisme en psychologie, cette « troisième force en psychologie », comme aimait la désigner Maslow, la psychologie humaniste se proposant comme une alternative aux théories behaviorales et à la psychanalyse. En effet, le psychologue humaniste « voit le côté diurne de la personnalité, plutôt que sa face nocturne ou celle sur laquelle les freudiens ont davantage insisté, [et] il considère aussi que chaque individu est capable de se contrôler, de devenir maître de lui-même, au lieu d'être ballotté par les forces extérieures comme le pensent les behavioristes » (Papalia et Olds, 1988, p. 527).

La psychologie humaniste, l'une des principales sources d'influence du courant humaniste en éducation (Barlow, 1985), a vu le jour aux États-Unis à la fin des années 1950. Pour être plus précis, Bowd, McDougall et Yewchuk (1998) indiquent que l'expression « psychologie humaniste » est apparue en 1958. Parmi les premiers psychologues qui adoptèrent des positions humanistes, tant dans le domaine de la psychologie que dans celui de l'éducation, citons Carl Rogers (1959), figure de proue de ce mouvement, dont Legendre (1993) s'inspire dans sa définition de ce courant pédagogique. Selon cet auteur, le courant humaniste en éducation constitue le prolongement pédagogique de la psychologie humaniste. Ce courant soutient « que la finalité de l'éducation est le développement intégral de la personne et qu'à ce titre l'éducateur est un facilitateur ou une personne ressource visant l'actualisation du potentiel de l'élève, principal agent de son développement» (Legendre, 1993, p. 689).

Quelle place occupent les courants humaniste et transpersonnel dans le discours pédagogique actuel? Si l'on en juge par la place qui leur est accordée dans les ouvrages contemporains de psychopédagogie, il faut convenir que l'importance de ces courants ne fait pas l'unanimité. Ainsi, parmi une douzaine d'ouvrages consultés, seuls quatre d'entre eux consacrent un chapitre ou une section à l'approche humaniste (Barlow, 1985), à la perspective humaniste (Dembo, 1994), à la théorie humaniste (Bowd, McDougall et Yewchuk, 1998) ou aux théories humanistes et sociales (Snowman et Biehler, 2000). À titre de comparaison, la totalité de ces ouvrages traitent des théories et des approches behaviorales ainsi que des théories cognitives (le modèle du traitement de l'information). Alors, pourquoi accorder un chapitre entier aux courants humaniste et transpersonnel dans le présent ouvrage? Parce que, comme Mme Doiron, nous croyons que la dimension humaine est la dimension la plus importante en éducation, celle-là même qui donne un sens aux dimensions comportementale et cognitive de l'apprentissage.

Ce chapitre porte ainsi sur l'école humaniste en éducation, école de pensée qui comprend de nombreux courants pédagogiques, regroupés pour les besoins de cet ouvrage en deux courants complémentaires: le courant humaniste, qui inclut des composantes personnelle et sociale, et le courant transpersonnel, qui inclut des composantes citoyenne et spirituelle. La présentation des fondements théoriques de cette école (section 5.1) nous amènera à distinguer entre ces deux grands axes d'intervention de l'action humaniste en éducation, l'axe du développement personnel et social de même que l'axe du développement de la citoyenneté planétaire et du développement spirituel.

Pour ce faire, nous aborderons les travaux d'Abraham Maslow et de Carl Rogers (les composantes personnelle et sociale du courant humaniste), de Paulo Freire (la composante citoyenne du courant transpersonnel) et enfin de Jiddu Krishnamurti et de Rudolf Steiner (la composante spirituelle du courant transpersonnel). Comme à l'accoutumée, la section suivante donnera lieu à une discussion de la conception humaniste de l'apprentissage-enseignement (section 5.2), puis à une présentation des principales implications éducatives de ces courants pédagogiques (section 5.3).

La dernière section du chapitre (section 5.4) présentera un modèle d'enseignement qui personnalise le courant humaniste en éducation, la pédagogie ouverte, puis une perspective ou un courant d'idées, l'éducation dans une perspective planétaire, approche permettant d'intégrer les pôles humaniste et transpersonnel des courants pédagogiques que nous étudierons dans ce chapitre.

5.1 LES FONDEMENTS THÉORIQUES DES COURANTS HUMANISTE ET TRANSPERSONNEL

L'humanisme dans le domaine de l'éducation recouvre un large éventail de conceptions et de pratiques éducatives. Comme nous l'avons souligné au sujet du courant constructiviste en éducation (*voir le chapitre 4*), il faudrait tout d'abord préciser qu'*il y a humanisme et… humanisme!* Cette réalité complexe et multiforme sera désignée sous l'appellation de courants humaniste et transpersonnel, ces deux courants intégrant eux-mêmes diverses théories et approches pédagogiques.

5.1.1 Les dimensions des courants humaniste et transpersonnel

Dans son ouvrage intitulé *Théories contemporaines de l'éducation*, Bertrand (1998) relève sept courants en éducation, qu'il regroupe autour de quatre pôles, à savoir les théories centrées sur le pôle *sujet* ou sur la personne de l'apprenant, en l'occurrence les théories spiritualistes et personnalistes; les théories centrées sur le pôle des *contenus* ou sur les disciplines d'enseignement, nommées les théories académiques; les théories centrées sur la *société* ou sur les dimensions sociale, environnementale et planétaire, qu'il désigne comme les théories sociales; enfin, les théories basées sur les *interactions* pédagogiques des trois pôles précédents (le sujet, les contenus et la société), pôle qui comprend les théories psychocognitives, technologiques et sociocognitives. Au moins trois de ces théories contemporaines peuvent être associées aux courants humaniste et transpersonnel : les théories personnalistes, spiritualistes et sociales.

Les théories personnalistes, également appelées « humanistes », « libertaires », « non-directives » et « organiques » par Bertrand (1998), mettent l'accent sur la dimension personnelle de l'apprenant : le développement affectif, le besoin de liberté et d'expression de soi (la créativité), la prise en considération des intérêts personnels (la motivation intrinsèque), l'autonomie et la prise en charge de sa vie, incluant évidemment la responsabilisation à l'égard de l'apprentissage scolaire. Les théories personnalistes visent au développement personnel de l'apprenant en tant qu'individu unique et capable d'autoactualisation.

Les théories spiritualistes, que Bertrand (1998) désigne aussi sous le terme de courant métaphysique ou transcendantal, se concentrent sur la dimension spirituelle de l'apprenant : le sens de la vie personnelle et collective, les relations entre soi et l'univers (l'unité), le développement des capacités psychiques et l'accroissement de la conscience (la méditation), l'accès à la vie intérieure et la maîtrise de soi, etc. Le courant spiritualiste vise au développement spirituel de l'apprenant en tant qu'être capable de transcendance et de sagesse.

Les théories sociales reposent, quant à elles, « sur le principe que l'éducation doit permettre de résoudre les problèmes sociaux, culturels et environnementaux »

(Bertrand, 1998, p. 20). Elles mettent donc l'accent sur la dimension citoyenne de l'apprenant, dont les divers thèmes peuvent être regroupés dans une approche d'« éducation dans une perspective planétaire » (Ferrer, 1997) ou d'« éducation à la citoyenneté démocratique dans une perspective planétaire » (Ferrer et Allard, 2002b) : l'éducation aux droits humains et à la démocratie, l'éducation à la paix, l'éducation interculturelle, l'éducation relative à l'environnement, l'éducation au développement et l'éducation à la solidarité locale et internationale.

Ces trois courants de la classification de Bertrand (1998) correspondent en fait à trois des quatre composantes relevées à l'intérieur des courants humaniste et transpersonnel : la composante du développement personnel (le courant humaniste) et les composantes du développement spirituel et du développement de la citoyenneté dans une perspective planétaire (le courant transpersonnel).

La quatrième composante, le développement social, pourrait tout aussi bien s'intégrer dans le courant humaniste traditionnel que dans le courant transpersonnel. Nous avons choisi de l'associer au courant humaniste, dont il nous apparaissait comme difficile de le soustraire, d'autant que « la plupart des théoriciens de l'éducation qui, par exemple, insistent sur le développement de l'autonomie de l'enfant ont aussi à cœur une bonne insertion de l'élève dans la société » (Bertrand, 1998, p. 12). En plus, qui dit courant humaniste dit développement intégral de l'apprenant, et ce développement intégral comprend bien entendu la dimension sociale. Enfin, il faut admettre que ce qui nourrit la dimension personnelle fait également croître la dimension sociale, Carl Rogers affirmant, par exemple, « qu'une société ne peut progresser que si les individus qui la composent évoluent sur un plan personnel » (Bertrand, 1998, p. 12).

Les composantes ou dimensions personnelle et sociale du courant humaniste s'imbriquent donc dans le courant transpersonnel (*voir la figure 5.1 à la page suivante*), où elles se prolongent à travers les dimensions citoyenne et spirituelle.

La présentation des fondements théoriques des courants humaniste et transpersonnel s'articulera autour de ces quatre composantes complémentaires : le développement personnel, le développement social, le développement d'une citoyenneté planétaire et le développement spirituel. Bien que, pour les besoins de cet exposé, ces dimensions soient décrites séparément, soulignons que, dans la réalité, elles sont indissociables et s'imbriquent les unes dans les autres, comme l'indique la figure 5.1. De plus, certains travaux des auteurs choisis pour illustrer chacune des dimensions auraient pu tout aussi bien servir à étayer les fondements d'une autre de ces dimensions complémentaires. Toutefois, nous avons retenu les théories de Maslow et de Rogers comme principaux fondements des dimensions personnelle et sociale du courant humaniste, la pédagogie de la conscientisation de Freire pour illustrer certains fondements de la dimension citoyenne du courant

FIGURE 5.1 *Les principales dimensions des courants humaniste et transpersonnel*

transpersonnel et, enfin, les positions de Krishnamurti et de Steiner pour exposer les fondements de la dimension spirituelle.

5.1.2 Les fondements humanistes : Maslow et la théorie humaniste

Abraham Harold Maslow (1908-1970), psychologue américain, cofondateur de la revue *Journal of Humanistic Psychology* (« Journal de la psychologie humaniste »), est une des figures marquantes de l'humanisme en éducation, aux côtés de Carl Rogers et d'Arthur Combs. Maslow est considéré par plusieurs comme « le père de la troisième force en psychologie », la psychologie humaniste (Morin et Bouchard, 1992). Pour de nombreuses générations d'enseignants, son nom est associé à la théorie humaniste de la motivation, représentée sous la forme de sa pyramide des besoins (*voir la figure 5.2 à la page 247*). Cependant, il faut savoir que Maslow a été behavioriste lors de ses premières années de recherche à l'Université Columbia, pendant lesquelles il a collaboré avec Edward Thorndike. La naissance de son premier enfant l'aurait amené à adopter une perspective plus humaniste de l'éducation (Bertrand, 1998). Maslow s'opposera par la suite à la conception behaviorale de l'apprentissage et deviendra un virulent critique de la conception utilitaire de l'école, à laquelle il reproche de se soucier davantage des intérêts de la société industrielle que des besoins des personnes qui la fréquentent.

« Notre premier bébé m'a changé en tant que psychologue ; grâce à lui, le behaviorisme, pour lequel j'avais été si enthousiaste, m'est apparu tellement fou que je ne pus le supporter davantage. C'était impossible. Je regardais cette chose mystérieuse et délicate et je me sentais tellement stupide. J'étais renversé par le mystère et par le sentiment d'une absence de contrôle » (Goble, 1970, cité par Saint-Arnaud, 1974, p. 193).

Abraham Maslow
(1908-1970)

On se souviendra que, pour les behavioristes, la motivation d'un élève, par exemple à l'égard d'une discipline d'enseignement telle que les mathématiques, est essentiellement déterminée par les conséquences que fournit l'environnement scolaire de cet élève. Ainsi, les expériences de succès ou d'échecs vécues dans cette discipline, les renforçateurs ou punitions reçus des enseignants de mathématiques, sont autant d'événements qui influenceront les attentes de succès en mathématiques et, par ricochet, le désir d'apprendre de l'élève. La motivation est donc contrôlée par des facteurs externes à l'élève. Dans la théorie humaniste de la motivation, il en va tout autrement.

Les convictions à la base de la théorie humaniste

Pour Maslow comme pour tous les autres humanistes, à la base de cette théorie se trouve la conviction que toute personne est un être fondamentalement bon, qui aspire à son plein épanouissement. Cette croyance humaniste n'est pas sans rappeler une affirmation célèbre de Jean-Jacques Rousseau, qui soutenait que « la nature a fait l'homme heureux et bon, mais que la société le déprave et le rend misérable » (cité par Gagnière, 2000, p. 253). Nous reviendrons sur ce postulat humaniste, désigné par les psychologues perceptuels comme la « tendance à l'actualisation » (Saint-Arnaud, 1974).

La théorie de la motivation élaborée par Maslow apparaît dans son livre *Motivation and Personality* (1954) dont, chose surprenante, il n'existe aucune traduction française à ce jour (la plupart de ses autres ouvrages ont cependant été traduits). Cela n'empêcha pas cette théorie de connaître énormément de succès partout dans le monde et d'être largement diffusée, y compris dans les pays francophones. La théorie de Maslow accorde une place centrale à la satisfaction de besoins inscrits dans l'espèce humaine. Ces besoins constitueraient la source de toute motivation, qui elle-même se traduit en comportements. Manifestant son héritage behavioral, Maslow attribue un certain poids aux forces de l'environnement, mais fait valoir que l'*histoire personnelle* et la *subjectivité de la personne* sont encore plus déterminantes pour expliquer un comportement donné. Le plus important, ce n'est pas la conséquence objective en tant que telle qui est obtenue de l'environnement, mais l'interprétation personnelle qu'on en fait, la valeur qu'on lui accorde.

La théorie de Maslow (1954) repose sur trois postulats relatifs à la motivation humaine : premièrement, les gens sont motivés par le désir de satisfaire certains besoins ; deuxièmement, ces besoins sont hiérarchisés ; troisièmement, les besoins de niveau inférieur d'une personne doivent être satisfaits, au moins partiellement, avant que celle-ci puisse accéder aux besoins de niveau supérieur. Ainsi, les besoins physiologiques de base d'une personne, tels que les besoins de sommeil et de nourriture, doivent être satisfaits si elle veut accéder aux besoins du niveau suivant, les besoins de sécurité, puis éventuellement aux besoins de connaître et de comprendre. Pour s'en convaincre, il suffit de songer aux dictons « Ventre affamé n'a pas d'oreilles » et « La nourriture est reine au pays des affamés ».

Signalons que, faute de traduction officielle, de nombreux termes ont été utilisés pour traduire en français les cinq besoins originaux de la pyramide (les besoins cognitifs et les besoins esthétiques se sont ajoutés dans une version ultérieure de la théorie). Ainsi, pour le besoin d'autoactualisation (*need for self-actualization*), on emploie également des expressions telles que le besoin de réalisation, le besoin d'actualisation, le besoin d'épanouissement, le besoin d'accomplissement personnel ou le besoin d'autoaccomplissement. Pour notre part, nous avons opté pour une traduction qui colle le plus possible aux termes anglais utilisés par Maslow (1954).

L'illustration sous forme de pyramide de la figure 5.2 (*voir la page suivante*) convient parfaitement à la théorie de Maslow, chaque étage de la pyramide servant de fondation à l'étage suivant. Maslow regroupe ces besoins en deux catégories : les besoins de niveau inférieur qui tendent à corriger une déficience (*deprivation needs*), baptisés les « besoins D », et les besoins de niveau supérieur qui incitent à la recherche du bien-être (*being needs*), les « besoins B », également appelés « besoins E », pour « besoins d'Être » (Morin et Bouchard, 1992), ou besoins de développement (Legendre, 1993). Les besoins-déficiences perdent de leur intensité lorsqu'ils sont satisfaits, alors que, au contraire, plus un besoin de croissance est satisfait, plus ce besoin augmente en intensité : *plus nous sommes, plus nous aspirons à être !*

Nous décrirons maintenant chacun de ces types de besoins, en mettant l'accent sur la manière dont ils s'expriment en milieu scolaire. Ces mêmes besoins se

FIGURE 5.2 *La pyramide des besoins de Maslow*

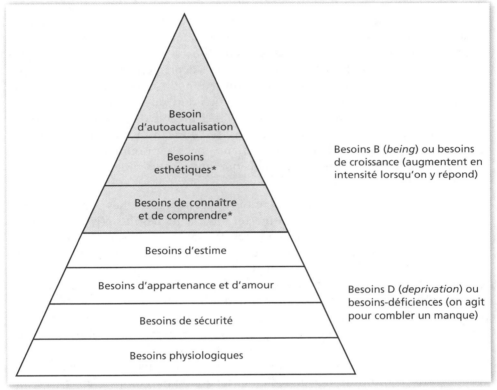

* Ces besoins n'étaient pas présents dans la version originale datant de 1954.

Source : Maslow (1954, 1968).

manifesteraient évidemment d'une autre façon pour un adulte sur le marché du travail, pour un parent au foyer ou pour un tout jeune enfant.

Les besoins-déficiences

Les besoins-déficiences comprennent les besoins physiologiques, les besoins de sécurité, les besoins d'appartenance et d'amour ainsi que les besoins d'estime. Les besoins physiologiques regroupent les besoins nécessaires pour se maintenir en vie, c'est-à-dire les besoins de base de l'espèce humaine : la faim, la soif, le sommeil, la respiration, la protection contre le froid, etc. En principe, on devrait supposer que les jeunes qui fréquentent les écoles ont satisfait ces besoins de base. Malheureusement, les enseignants savent bien que ce n'est pas toujours le cas. En effet, certains élèves ont faim, d'autres manquent de sommeil, et ainsi de suite.

Les besoins de sécurité englobent, comme leur nom l'indique, le besoin de se sentir en sécurité, de se sentir protégé, de même que les besoins d'ordre et de structure. On associe parfois à tort l'humanisme avec l'absence de structure. Or, Maslow (1954) signale que les enfants ont besoin d'un monde organisé, prévisible, d'un environnement stable, voire de gestes routiniers, pour combler leurs besoins de sécurité. À l'école, les besoins de sécurité s'exprimeront, entre autres, par le besoin des élèves de se sentir à l'aise dans leur environnement physique et de connaître à l'avance les règles de fonctionnement de l'école et de la classe. Maslow rappelle que l'apprentissage peut jouer un rôle dans la satisfaction des besoins de sécurité : « L'une des fonctions de l'éducation est la neutralisation de certains dangers apparents par la connaissance ; par exemple, je ne suis plus effrayé par le tonnerre, car j'en connais quelque chose » (Maslow, 1954, p. 85, traduction libre).

Les besoins d'appartenance et d'amour, également désignés par l'expression « besoins sociaux », pourront se manifester lorsque les besoins physiologiques et de sécurité auront été comblés de manière acceptable. Ces besoins regroupent les besoins de relations interpersonnelles, de relations d'amitié et d'amour, le besoin d'appartenance à une famille ou à un groupe, etc. Certains désignent ces besoins tout simplement comme l'expérience d'aimer et d'être aimé (Saint-Arnaud, 1974). À l'école, les besoins d'appartenance et d'amour s'expriment sur de nombreux plans : sur le plan des relations entre élèves et enseignants, relations qui ont amené certains humanistes à dire qu'on n'apprend pas d'un prof qu'on n'aime pas (Aspy et Roebuck, 1990) ; sur le plan des relations interpersonnelles entre élèves, sachant l'importance pour un jeune d'avoir au moins un ami parmi les élèves de son groupe-classe ; enfin, sur le plan de l'appartenance à un groupe d'amis ou à une communauté d'apprenants, où le jeune a besoin de se sentir accepté au sein de l'école et du groupe-classe, d'y trouver sa place. L'école d'aujourd'hui accorde de plus en plus d'importance à la satisfaction de ces besoins, en privilégiant, par exemple, une pédagogie de la coopération plutôt que l'approche individualiste traditionnelle (Johnson et Johnson, 1987).

Les besoins d'estime se subdivisent en deux catégories : le besoin d'estime de soi, de se sentir intelligent, compétent, ce qui, à l'école, entraîne une image positive de soi comme apprenant (*academic self concept*), et le besoin d'estime de la part des autres, de se sentir reconnu, respecté, apprécié, voire admiré par ses pairs et par les enseignants. William Glasser est l'un de ceux qui ont beaucoup insisté sur l'impact des expériences vécues à l'école sur la construction d'une identité de réussite ou d'une identité d'échec chez les élèves, identité qui prend racine très tôt, dès les premières années de scolarité. Dans son livre *Schools without Failure* (1969), traduit par *Des écoles sans déchets* (1973), Glasser plaide pour l'abolition pure et simple de l'échec scolaire, ce à quoi Maslow ne se serait probablement pas opposé.

L'estime de la part des autres à notre égard est également un besoin auquel de nombreuses écoles tentent de répondre de façons diverses. Certains enseignants du primaire établiront, par exemple, une pratique consistant à nommer chacun de leurs élèves, tour à tour, l'«élève de la semaine », mettant tantôt sous les projecteurs une performance scolaire ou l'amélioration de résultats, tantôt un exploit sportif, tantôt la participation au concert de l'école, etc. Au secondaire, certaines écoles ont remplacé le traditionnel tableau d'honneur, qui reposait exclusivement sur les résultats scolaires, par un tableau d'appréciation, qui souligne notamment la contribution des élèves au fonctionnement des comités étudiants de l'école, l'aide apportée aux pairs ou les performances dans le domaine parascolaire.

Les besoins de croissance

En plus des cinq types de besoins qui composent la hiérarchie de base (Maslow, 1954), deux autres types de besoins fondamentaux ont par la suite été relevés par Maslow (1968) : les besoins de connaître et de comprendre, qui sont des besoins de nature cognitive, de même que les besoins esthétiques, c'est-à-dire le besoin d'ordre, le besoin de symétrie et le besoin d'harmonie. De nombreux auteurs (comme Dembo, 1994) prennent comme nous la liberté d'intégrer ces deux autres types de besoins dans la pyramide originale. Notons que la reconnaissance d'un besoin inné de connaître et de comprendre, associée avec la croyance que «tout individu naît avec des possibilités d'apprentissage infinies » (Saint-Arnaud, 1982, p. 168), représente une des positions centrales des courants humaniste et transpersonnel. Le besoin d'autoactualisation ou d'actualisation de soi va encore plus loin :

> […] même lorsque tous les besoins qui précèdent seront satisfaits, on sentira souvent, sinon toujours, un nouvel inconfort, une nouvelle insatisfaction émerger jusqu'à ce que la personne comprenne ce à quoi elle était destinée. Un musicien doit faire de la musique, un artiste peintre doit peindre, un poète doit écrire sa poésie si chacun de ceux-ci aspire à être en paix avec lui-même. Ce qu'une personne peut être, elle doit l'être. Ce besoin, nous l'appellerons autoactualisation (Maslow, 1954, p. 91, traduction libre).

C'est de cette façon que Maslow définissait cet ultime besoin, un besoin de réalisation de soi qui s'exprime «dans l'accomplissement du potentiel inné afin que l'individu puisse devenir vraiment ce qu'il peut et veut devenir et vivre ainsi en harmonie avec lui-même » (Morin et Bouchard, 1992, p. 110), et ce, indépendamment de la forme que prendra cette réalisation de soi, qu'il s'agisse de la maternité, d'un métier, d'une profession, de la création artistique, d'un rôle social, etc.

Devant ce qui précède, on pourrait être porté à croire que l'actualisation de soi est une affaire d'adulte. Il n'en est rien. Premièrement, l'autoactualisation est le processus de *toute une vie* et n'est donc jamais complètement atteinte. Comme nous l'avons mentionné, plus on se réalise, plus on ressent le besoin de s'actualiser davantage. Deuxièmement, le seul critère qui prévaut d'après Maslow, si l'on veut accéder à des besoins de niveau supérieur, est la satisfaction au moins partielle des besoins de niveau inférieur. Alors, qu'est-ce qui empêcherait un enfant d'accéder au besoin d'autoactualisation si tous les besoins qui le précèdent dans la hiérarchie ont été comblés ? Cela dit, certains auteurs (Mishara et Riedel, 1985) ont proposé un ordre chronologique dans lequel on répondrait à ces besoins, faisant ainsi correspondre les besoins de survie aux besoins prioritaires des petits de 0 à 2 ans, les besoins de sécurité aux besoins principaux des enfants de 3 à 5 ans, les besoins d'appartenance et d'amour aux besoins dominants chez les enfants de 5 à 10 ans, les besoins d'estime aux besoins prédominants chez les adolescents et, enfin, le besoin d'autoactualisation au besoin prépondérant chez la population adulte (même si Maslow estimait à environ 10 % seulement la proportion d'adultes en assez bonne santé psychologique pour accéder au besoin d'autoactualisation).

Pourtant, à la manière qui leur est propre, plusieurs enfants sont en quête d'accomplissement à l'école (par leur participation à des concours scientifiques, à un club d'échecs, au journal étudiant, au comité de théâtre, etc.) ou cherchent à se dépasser dans les activités de toutes sortes exécutées en dehors du cadre de l'école (dans des sports organisés, des cours de musique, les arts martiaux, etc.). Bien que l'école ait déployé des efforts considérables pour proposer aux élèves des moyens d'actualisation autres que l'apprentissage scolaire formel, il faut convenir que de nombreux élèves y trouvent encore très peu d'occasions d'exploiter leur plein potentiel, y compris leur potentiel d'apprentissage.

Il est intéressant de mentionner que Maslow a continué d'enrichir sa théorie de la motivation pour y inclure un certain nombre de « méta-besoins », qu'il désigne comme des « valeurs de l'Être » ou valeurs E (Maslow, 1972), valeurs qui traduisent la tendance à l'actualisation chez tout être humain. Ces valeurs ou vérités fondamentales ne peuvent être appréhendées qu'à travers l'expérience transcendante, qui, elle, requiert l'élargissement de la conscience individuelle. La vérité, la beauté, la bonté et l'unicité sont quelques-unes de ces valeurs. Ainsi, dans les dernières années de sa vie, Maslow se consacrera à une *psychologie de la transcendance* : « Je suis freudien, behavioriste, humaniste et je développe une quatrième psychologie plus englobante : celle de la transcendance » (Maslow, 1970, cité par Bertrand, 1998, p. 34). Les travaux plus récents de Maslow (1968, 1970, 1972), qui sont proches du courant spiritualiste, sont beaucoup moins connus que ses travaux entourant sa théorie de la motivation.

5.1.3 Les fondements humanistes : Rogers et l'approche non directive

Carl Rogers (1902-1987), psychothérapeute et théoricien de l'éducation, est un autre personnage clé du courant humaniste en éducation. On pourrait dire de Rogers qu'il est à l'humanisme ce que Skinner est au behaviorisme : une figure de proue et le penseur le plus influent de son école de pensée. Après des études d'agronomie et de théologie, il s'initie à la pédagogie active de Dewey, sous la tutelle de William Kilpatrick, pour finalement se tourner vers la psychologie clinique. Il exerce la profession de thérapeute pour enfants pendant 12 ans à la Rochester Child Guidance Clinic, où il publie un livre sur le traitement clinique des enfants en difficulté (1939). Sa carrière universitaire débute en 1940, à l'Université d'État de l'Ohio, où il rédige *La relation d'aide et la psychothérapie* (1942, traduction française en 1970). Sa carrière se poursuit à l'Université de Chicago (1945-1957), époque pendant laquelle il publie l'un de ses ouvrages majeurs, *Client-centered therapy* (1951). Après un passage à l'Université du Wisconsin, il devient en 1963 chercheur au Western Behavioral Sciences Institute, puis fonde le Center for the Studies of the Person à La Jolla, en Californie, où il travaillera jusqu'à son décès survenu en 1987.

La portée des théories rogériennes est très étendue : « J'ai trouvé dans l'expérience de la psychothérapie des implications significatives et parfois profondes pour l'éducation, pour les communications interpersonnelles, pour la vie en famille, pour le processus de création » (Rogers, 1976, p. 193). Rogers exercera une influence considérable dans les domaines de la psychologie clinique, du *counselling* et de l'éducation. Son approche non directive, centrée sur la personne, tranche avec l'approche traditionnelle en psychologie clinique : « L'originalité de Rogers consiste à abandonner les règles traditionnelles et stéréotypées, de type magico-paternaliste, pour établir un rapport profondément personnel et subjectif avec le client » (Guérin, 1998, p. 275). Très tôt, Rogers s'intéressera aux applications de son approche non directive en éducation, approche qu'il intègre d'ailleurs dans son enseignement universitaire : « Rogers […] enseigne à l'université en laissant ses étudiants conclure avec lui des contrats d'apprentissage qu'ils ont eux-mêmes formulés ; il les laisse s'évaluer eux-mêmes et répond seulement à leurs demandes » (Raynal et Rieunier, 1997, p. 326).

Parmi les écrits de Rogers les plus connus et les plus largement diffusés, *Le développement de la personne* (1961 et, pour la traduction française, 1976) traite de l'apprentissage authentique en thérapie et en pédagogie, et *Liberté pour apprendre* (1969 et, pour la traduction française, 1971) s'attaque à la conception mécaniste et déterministe de l'apprentissage que proposent les behavioristes. Carl Rogers s'y fait le défenseur du concept de liberté inhérente à l'être humain et d'une vision optimiste de l'éducation, basée sur le postulat humaniste d'une tendance actualisante présente chez toute personne, incluant la personne de l'apprenant : « L'élève a des motivations et des enthousiasmes qu'il appartient à l'enseignant de libérer et de favoriser » (Zimring, 1994, p. 1).

Carl Rogers (1902-1987)

« [La mise en place d'un apprentissage authentique] ne dépend pas des qualités pédagogiques du formateur, pas plus que de son savoir dans un domaine particulier et pas davantage de l'agencement du programme d'études qu'il a mis au point. Elle ne dépend ni de sa façon d'utiliser des auxiliaires audiovisuels, ni de son recours à l'enseignement programmé, ni de la qualité de ses cours et pas davantage du nombre de livres utilisés, bien que ces différents éléments puissent, à un moment ou un autre, s'avérer utiles. Non : un véritable apprentissage est conditionné par la présence d'un certain nombre d'attitudes positives dans la relation personnelle qui s'instaure entre celui qui facilite l'apprentissage et celui qui apprend » (Rogers, 1983, cité par Zimring, 1994, p. 4).

On l'aura deviné, Rogers accorde une importance primordiale à la qualité de la relation entre l'enseignant et les élèves, relation qui éclipse tous les autres facteurs susceptibles d'influencer l'apprentissage scolaire. Cette relation personnelle entre l'enseignant facilitateur de l'apprentissage et l'élève-apprenant repose sur trois attitudes positives ou conditions essentielles : l'authenticité, l'acceptation inconditionnelle et l'empathie.

Les trois conditions essentielles pour l'enseignant

L'authenticité, d'après Rogers (1983), est la plus importante de ces trois conditions. L'enseignant doit être authentique, il doit y avoir de la cohérence entre ce qu'il vit intérieurement (ses sentiments et ses émotions) et ce qu'il exprime extérieurement (ses paroles et son expression non verbale). Selon Rogers, le formateur doit être vrai en tout temps dans sa relation avec ses élèves et accepter le fait qu'il puisse « faire preuve d'enthousiasme, de lassitude, s'intéresser à eux, se mettre en colère, se montrer compréhensif et bienveillant » (Rogers, 1983, p. 106, traduction libre). Il est à noter que Rogers n'était pas dupe des difficultés que soulève l'acquisition d'une telle attitude d'authenticité, dont la première est que « si l'on veut être authentique, honnête ou vrai, il faut d'abord l'être face à soi-même » (Rogers, 1983, p. 113, traduction libre).

L'acceptation inconditionnelle de l'autre, qui est la deuxième condition essentielle, s'accompagne d'une valorisation des différences individuelles et d'une confiance dans les capacités de l'élève à se prendre en charge :

> […] il s'agit selon moi de valoriser celui qui apprend, ses sentiments, ses opinions, sa personne. Il s'agit de lui témoigner une attention bienveillante sans que celle-ci soit possessive. Il s'agit d'accepter l'autre en tant que personne distincte dotée de qualités propres. Cela constitue une véritable confiance, la conviction intime que cette autre personne est digne de confiance (Rogers, 1983, p. 109, traduction libre).

Mme Doiron, l'enseignante que nous avons présentée dans l'introduction à ce chapitre, aurait dit que cette attitude revient à accepter inconditionnellement la personne de l'apprenant, mais sans pour autant accepter tous ses comportements.

L'empathie, la troisième condition essentielle, est la capacité à se mettre à la place d'une autre personne, à adopter, ne serait-ce qu'un instant, le champ perceptuel de l'élève en tentant de comprendre son point de vue de l'intérieur : « Lorsque l'enseignant est capable de comprendre les réactions de l'étudiant de l'intérieur, de percevoir la façon dont celui-ci ressent le processus pédagogique, là encore la probabilité d'un apprentissage authentique s'en trouve accrue » (Rogers, 1983, p. 111, traduction libre). Rogers admet qu'il n'est pas toujours facile de se mettre à la place de l'élève, de voir le monde à travers ses yeux, et qu'une telle attitude « est plus que rare chez les enseignants » (Rogers, 1983, p. 112, traduction libre) ; pourtant, soutient-il, son effet déclencheur dans une relation est extra-ordinaire.

Pour Rogers, un processus d'apprentissage authentique est indissociable d'un processus plus global d'actualisation de soi. En cela, il rejoint Maslow qui percevait l'autoactualisation comme étant le but ultime de l'éducation. D'après Morin et Bouchard (1992), trois conditions principales permettent à une personne, incluant l'apprenant, de s'engager dans un processus d'actualisation : une attitude d'*ouverture* face à son expérience personnelle, une attitude de responsabilisation et de *prise en charge* de son développement de même qu'un engagement actif, qui se traduit en *actions*. L'ouverture est le fait de reconnaître et d'accepter sa propre subjectivité, et de privilégier « sa propre expérience plutôt que toute explication rationnelle ou tout jugement » venant de l'extérieur (Morin et Bouchard, 1992, p. 103). La prise en charge représente l'attitude par laquelle l'apprenant reconnaît qu'il est responsable de lui-même et qu'il est aux commandes des décisions relatives à ses comportements. Enfin, ces deux attitudes ne mèneraient nulle part si elles ne se traduisaient pas en actions, actions cohérentes par rapport aux besoins ressentis et inscrites dans une démarche de croissance. La figure 5.3 illustre les attitudes positives de l'enseignant (Rogers, 1983) et les conditions d'engagement dans un processus d'actualisation (Morin et Bouchard, 1992) conduisant les unes et les autres à un apprentissage authentique.

FIGURE 5.3 *Les attitudes et les conditions nécessaires à un apprentissage authentique*

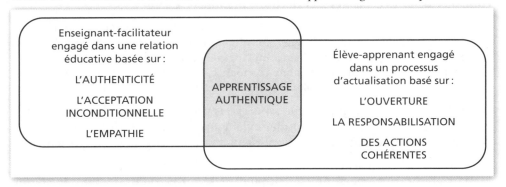

La psychologie humaniste et la tendance à l'actualisation

Carl Rogers aura contribué de manière importante à l'élaboration d'une psychologie humaniste, aussi désignée sous le nom de psychologie perceptuelle. Celle-ci propose un modèle descriptif de la personne qui comprend trois dimensions : le comportement, l'énergie organismique et le champ perceptuel (Saint-Arnaud, 1974). La dimension comportementale n'a plus besoin de présentation, car elle a été longuement décrite dans le chapitre 3 consacré au courant behavioral. L'énergie organismique, elle, est au cœur de ce modèle de la personne. Bien que cette énergie puisse être perçue comme étant de nature chimique, produit de la transformation des aliments, le psychologue humaniste la fait correspondre à une tendance à l'actualisation (tandis que pour les psychanalystes freudiens, elle correspond plutôt à une énergie psychique qui prendrait la forme de pulsions ou d'instincts).

Au centre de chaque personne (*voir la figure 5.4 à la page suivante*) se trouverait donc une énergie ou force positive, qui la pousse à s'actualiser en tant qu'être humain. Cette *tendance à l'actualisation* est le premier postulat des psychologues humanistes, un postulat, rappelons-le, étant une proposition que l'on ne peut démontrer mais qui sert à établir une démonstration. Le second postulat de la psychologie perceptuelle détermine la perspective qui sera privilégiée pour l'étude de la personne : ce sera le champ perceptuel de la personne elle-même, d'où la *primauté de la subjectivité*. Les perceptions, nécessairement subjectives, de la personne constitueront donc le matériel de base du psychologue humaniste (comment la personne a *perçu* tel ou tel événement, comment elle a *ressenti* telle ou telle expérience, etc.).

La figure 5.4 illustre les différentes composantes issues des théories de Maslow et de Rogers. Au centre de chaque personne se trouve une énergie positive, la tendance à l'actualisation, qui s'exprime à travers une hiérarchie de besoins menant progressivement à l'autoactualisation. Le champ perceptuel, la manière dont la personne interprète la réalité, influencera le choix de ses comportements.

FIGURE 5.4 *Le modèle humaniste de la personne*

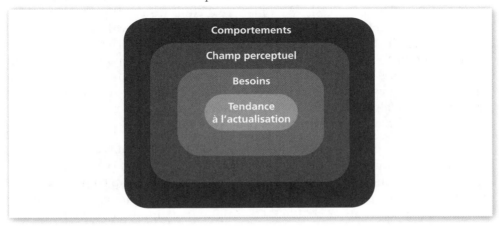

Nous avons présenté les principaux fondements théoriques des dimensions personnelle et sociale du courant humaniste par le biais des travaux de Maslow et de Rogers. La dimension citoyenne du courant transpersonnel que nous aborderons maintenant repose sur des propositions qui intègrent les préoccupations humanistes, notamment celle qui vise à l'épanouissement personnel et social de l'apprenant, mais elle y ajoute une dimension plus large : la responsabilisation de l'élève à l'égard de son rôle dans la construction d'une société plus juste, plus équitable, plus respectueuse des droits individuels et collectifs, plus soucieuse de son environnement, d'une société plus « humaine », quoi ! Nous nous pencherons sur cette dimension citoyenne du courant transpersonnel en présentant brièvement les thèses de Paulo Freire, pédagogue de la conscientisation, auteur dont la contribution a été déterminante dans l'élaboration d'une pédagogie contemporaine de la conscientisation et de l'engagement (Ferrer et Allard, 2002a).

5.1.4 Les fondements transpersonnels : la dimension citoyenne

Paulo Freire (1921-1997), éducateur et « conscientisateur des opprimés », est né au Brésil dans une famille de classe moyenne. Adolescent, il connaît la faim (il a 13 ans lors du décès de son père), mais, à force de persévérance, il termine des études de droit, interrompues à plusieurs reprises pour des raisons financières. Il délaisse rapidement sa carrière d'avocat pour se tourner vers l'éducation et l'action sociale. Après une brève période où il est professeur de langue portugaise dans une école secondaire (1944-1945), il entreprend en 1947 son action sociale auprès des classes défavorisées. Pendant 10 ans, il travaille sur le terrain comme coordonna-teur d'un programme d'éducation populaire pour des ouvriers et des paysans brésiliens. Ses idées progressistes en matière d'éducation sont présentées pour la première fois dans sa thèse de doctorat (1959). Il devient professeur d'histoire et de philosophie de l'éducation à l'Université de Recife. En 1960, il participe à la fondation du Mouvement de culture populaire (MCP) et poursuit la mise au point de sa méthode originale pour l'alphabétisation des pauvres, *la méthode Paulo Freire*, une véritable pédagogie de la conscientisation qui servira pendant des campagnes d'alphabétisation au Brésil et qui alimentera différents mouvements d'éducation de base au Brésil et partout dans le monde.

Le destin extraordinaire de cet homme, considéré par certains comme « l'édu-cateur le plus renommé de notre temps » (Gerhardt, 1993, p. 445), mérite que l'on s'y arrête. Après plusieurs expérimentations de sa méthode, qui connaîtra un vif succès, le gouvernement brésilien invite Paulo Freire à coordonner le Programme national d'alphabétisation en 1963. Ce programme ambitieux devait toucher cinq millions d'adultes, des électeurs potentiels aux élections suivantes (le droit de vote n'était alors accordé qu'aux personnes sachant lire et écrire). Toutefois, sa méthode visait non seulement l'alphabétisation, mais aussi la politisation : « Ceux qui apprirent ainsi à lire et à écrire furent incités à remarquer les injustices dont ils étaient victimes et la nécessité de promouvoir certains changements grâce à leurs propres organisations » (Gerhardt, 1993, p. 446). Survient un coup d'État qui renverse le gouvernement en place en mars 1964.

Après seulement trois mois d'intervention, le programme d'alphabétisation selon la « méthode Freire » est suspendu par le gouvernement militaire. Freire est accusé de subversion et envoyé en prison. Après un bref séjour en Bolivie, il se rend au Chili, où il occupera des fonctions à l'Institut de formation et de recherche pour la formation agricole, de conseiller auprès de l'Unesco et de professeur à l'Université de Santiago. Au cours de ces années d'exil, il rédigera un ouvrage intitulé *L'éducation : pratique de la liberté* (1967, traduction française en 1971). Puis, pendant un séjour d'enseignement à l'Université Harvard, il écrit son ouvrage le plus connu, *Pédagogie des opprimés* (1969, traduction française en 1974).

Tout au long des années 1970, Freire voyage autour du monde et contribue à établir des programmes d'éducation pour adultes en Afrique, en Asie, en Amérique du Sud et aux Caraïbes. Après 16 ans d'exil, il retourne au Brésil en 1980. Il enseigne alors dans plusieurs universités réputées avant de devenir, juste retour des choses, directeur du ministère municipal de l'Éducation de Sao Paulo en 1989. Son mandat à ce poste est caractérisé par l'augmentation du salaire des enseignants de cet État, la révision des programmes d'enseignement des écoles et l'implantation de programmes d'alphabétisation pour jeunes et adultes. En avril 1997, il publie son dernier livre, intitulé *Pédagogie de l'autonomie: des savoirs nécessaires à la pratique éducative*. Il meurt le mois suivant.

Les livres de Paulo Freire ont été traduits en 18 langues, et une vingtaine d'universités partout dans le monde lui ont décerné un doctorat *honoris causa*. Il est lauréat de plusieurs prix prestigieux, dont le prix du Roi Baudouin pour le développement (Belgique, 1980), le prix Unesco de l'éducation pour la paix (France, 1986) et le prix Andres Bello, le reconnaissant comme « éducateur du continent », décerné par l'Organisation des États américains (1992). En 1993, la Société brésilienne pour le progrès et la science (SBPC) a adopté une motion pour sa mise en candidature au prix Nobel de la paix:

Paulo Freire (1921-1997)

« L'œuvre de Paulo Freire est orientée vers l'émancipation de la personne humaine, vers la liberté des peuples et vers la justice sociale entre les hommes, vers une démocratie authentique représentant la souveraineté du peuple et vers la paix entre les citoyens, dans un climat d'humanisation et de conscientisation » (SBPC, 1993, cité par Gerhardt, p. 446).

« Voilà la grande tâche humaniste et historique des opprimés: se libérer eux-mêmes et libérer leurs oppresseurs. Ceux qui oppriment, exploitent et exercent la violence ne peuvent trouver dans l'exercice de leur pouvoir la force de libérer les opprimés et de se libérer eux-mêmes. Seul le pouvoir qui naît de la faiblesse des opprimés sera suffisamment fort pour libérer les deux » (Freire, 1977, p. 21)

L'alphabétisation et la conscientisation chez Freire

La méthode d'alphabétisation pour adultes (*voir l'encadré 5.1*), qui s'inscrit dans la pédagogie de la conscientisation élaborée par Freire, revêt probablement un intérêt limité pour les écoles primaires et secondaires actuelles, bien qu'elle soit encore largement utilisée dans de nombreux pays. Notons cependant l'aspect avant-gardiste et la pertinence pédagogique de certaines pratiques, telles que la connexion établie entre les dimensions cognitive et affective et un apprentissage résolument ancré dans le vécu des apprenants. La pertinence des thèses de Freire relève aujourd'hui de la nécessité, plus pressante que jamais, de former les apprenants à la pensée critique : « Freire conçoit l'éducation comme pratique de la liberté, qui est un acte de connaissance, une approche critique de la réalité » (Collectif d'alphabétisation, 1973, cité par Freire, 1977, p. 9). Cette conscientisation est nécessaire pour sensibiliser les élèves à leur rôle d'agent social (Bertrand, 1998) : « Le but de l'éducateur n'est pas seulement d'apprendre quelque chose à son interlocuteur, mais de rechercher, avec lui, les moyens de transformer le monde dans lequel ils vivent » (Freire, 1978, p. 89).

ENCADRÉ 5.1 *Les principales étapes de la méthode d'alphabétisation de Freire*

1. Au moyen d'une enquête sur le terrain, on fait l'inventaire de l'univers verbal des personnes qui participeront au « Cercle de culture » ; on choisit les mots les plus chargés de sens existentiel et donc de contenu émotif.

2. Les enseignants choisissent un nombre limité de « mots clés » parmi les mots recueillis ; ce choix s'opère à partir de trois critères :
   a) la richesse des sons ou phonèmes ;
   b) les difficultés phonétiques croissantes ;
   c) le contenu sémantique (on privilégie les mots qui sont porteurs de sens social, politique, culturel).

3. On présente les mots clés et on en discute à l'aide de situations qui sont intimement liées à la vie des membres du groupe. Par exemple, dans le cas du mot *favela* (bidonville) :
   a) D'abord, on visualise la situation réelle (photo ou diapositive d'un bidonville) ; les participants décrivent et analysent la situation.
   b) Puis, on écrit le mot, tout en abordant son contenu sémantique (ce que ce mot évoque pour eux en ce qui a trait aux problématiques du logement, de l'alimentation, de la santé, etc.).
   c) Enfin, on découpe le mot en syllabes, puis on l'analyse en familles phonétiques ; le groupe compose d'autres mots avec les combinaisons de syllabes dont il dispose.

Source : Adapté de Freire (1978, p. 117-121).

Les caractéristiques de la pédagogie de la conscientisation

La pédagogie de la conscientisation que propose Freire est encore très actuelle et peut servir d'inspiration aux personnes qui croient en la nécessité d'une éducation à la citoyenneté responsable et engagée. Dans une analyse approfondie des travaux de Freire, Roberts (2000) relève quatre principes clés dans sa philosophie morale:

> 1) toute personne se doit de poursuivre sa vocation innée de s'actualiser en tant qu'être humain; 2) aucune personne, aucun groupe n'a le droit de restreindre cette quête d'humanisation; 3) on doit collectivement établir les structures sociales et les autres conditions à l'intérieur desquelles ce processus d'humanisation sera rendu possible pour tous; 4) toute personne a la responsabilité d'œuvrer à la transformation des structures actuelles qui nuisent à cette quête pour l'un ou l'autre groupe de la société; c'est la tâche de libération qui nous incombe à tous (p. 50, traduction libre).

Bertrand (1998), pour sa part, résume la pédagogie de Freire à partir des cinq caractéristiques suivantes: une pédagogie du dialogue, l'ancrage dans la réalité, la création de sa culture, la formation à l'esprit critique et la formation à l'action sociale.

1. *Une pédagogie du dialogue* Freire propose d'établir un véritable dialogue entre l'enseignant et les apprenants, dialogue entendu comme une relation horizontale, non hiérarchique, entre personnes. Freire (1978) qualifie d'anti-dialogue le genre de communication qui prévaut habituellement en éducation, une communication privée «d'amour et de jugement critique [qui] crée des êtres passifs» (p. 113).

2. *L'ancrage dans la réalité* La pédagogie de la conscientisation de Freire se distingue par son ancrage dans la réalité, puisant abondamment dans les expériences de vie des apprenants. Il s'agit d'une pédagogie du concret et de la vie quotidienne. Bertrand (1998) mentionne que Freire faisait référence à cette pédagogie en utilisant l'expression paradoxale d'«immersion dans sa propre vie».

3. *La création de la culture* Freire n'aspire pas seulement à fournir aux apprenants les outils intellectuels qui leur permettront d'accéder à la culture dominante, il désire conscientiser la personne à la nécessité de «participer à la construction collective et démocratique de la culture et de l'histoire» (Bertrand, 1998, p. 177).

4. *La formation à la pensée critique* Le développement de la pensée critique est indispensable à l'implantation d'une pédagogie de la conscientisation: l'apprenant doit prendre «conscience des problèmes de la société dans laquelle il vit» (Bertrand, 1998, p. 177), et ce, en partant de l'expérience qui lui est propre.

5. *La formation à l'action sociale* Enfin, la pédagogie de la conscientisation de Freire est un appel à l'action sociale. Il s'oppose ainsi à certains penseurs humanistes qui prônent l'individualisme par le biais du credo de la liberté individuelle, en accordant très peu de place à la responsabilité sociale des apprenants.

Pour un nouveau projet de société

Certains s'interrogeront peut-être sur la pertinence d'une pédagogie des opprimés dans nos riches pays du «Premier monde», réagissant en cela comme si la réalité des élèves de milieux défavorisés n'existait pas ici. Charles Caouette (1992) fait partie des auteurs qui dénoncent le fait que l'école actuelle «contribue à maintenir en place la société présente, avec son organisation, ses valeurs, ses idéologies et ses vicissitudes qui créent précisément ces populations défavorisées que nous voulons aider par l'école». Il ajoute que certaines des différences que l'école se targue de respecter sont en fait des «inégalités et des injustices sociales» (p. 104). Ainsi, pour Caouette et plusieurs autres pédagogues des théories sociales, on ne peut éduquer les jeunes sans avoir en tête un nouveau projet de société, car éduquer, «c'est précisément construire une société», c'est contribuer à façonner des «êtres humains qui traduiront ce qu'ils sont et leurs valeurs profondes dans des structures, des organisations, des milieux et des conditions particulières de vie et de travail» (Caouette, 1992, p. 29).

Caouette précise deux besoins non comblés qui seraient selon lui à l'origine des principaux problèmes qui affligent les sociétés modernes: le besoin de cohérence et le besoin de transcendance. En ce qui concerne le premier besoin, l'auteur souligne les écarts entre notre discours et nos actes, entre nos connaissances et nos façons de vivre, entre nos principes pédagogiques et notre pratique professionnelle, entre notre conscience critique et notre engagement politique (ou notre manque d'engagement politique), autant de sources d'incohérence qui «font songer à une sorte de schizophrénie collective» (Caouette, 1992, p. 33). Mais l'une des plus graves manifestations d'incohérence ne serait-elle pas celle des institutions scolaires qui continuent à se gargariser de développement intégral et harmonieux «alors que nous nous limitons de plus en plus à des apprentissages formels» (p. 34) et que nous ignorons la plupart du temps l'un des besoins fondamentaux de tout être humain, soit le besoin de transcendance? C'est précisément de ce besoin dont il sera question dans la prochaine section, qui présentera brièvement le projet de libération intérieure de Krishnamurti et la pensée anthroposophique de Rudolf Steiner, pour illustrer la dimension spirituelle du courant transpersonnel.

5.1.5 Les fondements transpersonnels : la dimension spirituelle

Comment définir ce besoin de transcendance évoqué par Caouette, besoin d'être ou de croissance qui accompagne le besoin d'autoactualisation (Maslow, 1972) ? Pour Kessler (2000), ce besoin constitue l'âme même du processus éducatif. Pour Caouette (1992), « il s'agit d'un besoin d'ordre métaphysique, mystique et spirituel, [...] besoin profondément ancré en tout être humain » (p. 35), ce besoin étant pratiquement ignoré par les écoles. Il faut reconnaître que ce besoin spirituel ne fait pas l'unanimité et qu'il a très souvent été accaparé par les religions ou détourné par les sectes religieuses. Or, il ne faut pas confondre spiritualité et religion.

Comme le précise Bertrand (1998), ce courant « n'est pas religieux au sens institutionnel du terme et il n'est pas associé à une confession religieuse ou à une église » (p. 26). Cette composante du courant transpersonnel renvoie plutôt à une certaine vision de la vie, à savoir une vision spirituelle qui inclut une dimension immatérielle, laquelle peut porter plusieurs noms : conscience universelle ou cosmique, âme collective, énergie ou amour absolu, etc., ou n'en porter aucun (l'innommable). Le courant spiritualiste pose avant tout la question de la relation entre l'humain et l'univers, relation qui l'amène à s'interroger sur lui-même et sur le sens ultime de sa vie. Il répond au « besoin pressant de se situer dans le temps et l'espace, de saisir sa relation personnelle, ontologique, à l'univers, au cosmos, et aussi à une énergie absolue, à la fois conscience et amour » (Caouette, 1992, p. 35).

La philosophie libératrice de Krishnamurti

Jiddu Krishnamurti (1895-1986), mystique, philosophe, psychologue et éducateur d'origine indienne, mais avant tout citoyen du monde, a fondé plusieurs écoles en Inde, aux États-Unis et en Angleterre, écoles qui voulaient « donner aux enfants une chance de grandir sans préjugés nationaux, raciaux, religieux, sans préjugés de classe et de culture qui élèvent des barrières entre les êtres humains et soulèvent tant de violence » (Nduwumwami, 1991, page couverture). D'après l'analyse de Bertrand (1998), la philosophie éducative de Krishnamurti comporte deux volets : d'une part, une critique parfois virulente du rôle destructeur que jouent la science, les technologies et le pouvoir des religions et des gourous, et, d'autre part, une invitation et un appel à « la liberté intérieure, l'amour et le respect, la vie juste et droite, la bonté et la compassion » (p. 44). Mais au fond, comme Krishnamurti (1980) le soutient lui-même, il n'avait qu'un seul but : *libérer l'homme* de ses conditionnements, de ses peurs, l'aider à dépasser ses limites pour en faire un être humain intégral.

**Jiddu Krishnamurti
(1895-1986)**

« Il nous faut être très clairs en nous-mêmes sur ce que nous voulons, voir clairement ce qu'on doit entendre par un être humain, un être humain intégral et non pas seulement un technicien. Si nous sommes axés sur les examens, l'information technique, et surtout attachés à rendre un enfant habile et doué pour acquérir de plus en plus de savoir, tandis que nous négligeons l'autre aspect, cet enfant deviendra un être humainement incomplet. Quand nous parlons d'être humain intégral, nous voulons dire non seulement l'humain doué d'une perception intérieure – ayant une capacité d'explorer, d'examiner sa vie intérieure, son état intérieur, et la faculté d'aller encore au-delà – mais aussi quelqu'un qui fait bien ce qu'il fait extérieurement. Les deux doivent aller de pair. Voilà l'objet réel de l'éducation – de veiller à ce que, quand l'enfant quitte l'école, il soit, dans sa vie intérieure et extérieure, réellement établi dans le bien » (Krisnamurti, 1991, p. 110-111).

La « science spirituelle » de Steiner

Rudolf Steiner (1861-1925) est une autre de ces figures clés qui ont marqué le courant spiritualiste en éducation au cours du siècle dernier : « Steiner fut à la fois un penseur, un scientifique, un artiste et d'abord un homme voué à la vie de l'esprit » (Meyor, 1996, p. 240). Steiner s'oppose à l'orientation matérialiste qui prévaut au début du XXe siècle en Autriche, son pays d'origine, comme dans l'ensemble du monde occidental. Le triomphe d'une rationalisation poussée à l'extrême et de la culture scientifique engendre « une civilisation de plus en plus objective, abstraite et mécanique dans laquelle ce qui relève de la sensibilité humaine et créatrice est évacué » (Meyor, 1996, p. 242). Il sera un des premiers penseurs occidentaux à se tourner vers la philosophie orientale. Esprit scientifique, Steiner joint les rangs de la Société théosophique (société à laquelle Krishnamurti a également été associé), dont il se sépare en 1913 pour fonder la Société anthroposophique. L'anthroposophie, système philosophique élaboré par Steiner, est un chemin de connaissance qui veut réunir l'esprit dans l'homme à l'esprit dans l'univers (Steiner, 1922). Steiner y propose l'unification de la science et de la spiritualité (*voir la figure 5.5 à la page suivante*), l'anthroposophie ou *science spirituelle* :

> Nous avons perdu la possibilité, le don de voir dans l'être humain ce qui fait de lui un être à part dans l'univers. Nous avons perdu en grande partie la science de

l'humain. C'est précisément elle que l'Anthroposophie cherche à rendre ; elle cherche à redonner à notre époque une connaissance du monde qui n'exclue pas l'homme lui-même, […] qui soit capable de le reconnaître dans son esprit, son âme et son corps (Steiner, 1976, p. 147).

FIGURE 5.5 *L'anthroposophie : l'union de la science et de la spiritualité*

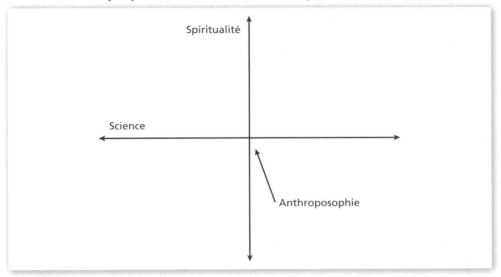

Rudolf Steiner (1861-1925)

« Le maître doit posséder une science qui le rende capable d'aimer l'être humain et d'aimer ce qu'il connaît de lui, ce qu'il apprend à son sujet. Autrefois, on ne mentionnait pas seulement la connaissance d'une chose, la sagesse qu'elle vous donne, mais on aimait cette connaissance, cette sagesse ; on parlait de l'amour de la sagesse, la philosophie. La philosophie, c'était l'amour de la sagesse. L'Anthroposophie (la sagesse de l'homme) veut redonner aux hommes cette connaissance qui fait pénétrer au cœur de l'être humain » (Conférence de Steiner à Oxford, en Angleterre, août 1922).

Les fondements de l'éducation selon Steiner

Pour Rudolf Steiner (1978), l'éducation s'appuie sur les fondements suivants :

> On ne peut enseigner, ni faire œuvre d'éducateur, si l'on n'a pas constamment présent à l'esprit l'être complet, l'homme que sera plus tard l'enfant. Le but de toute éducation doit être d'aider l'enfant justement à devenir un homme, et c'est pourquoi il importe, surtout pour ceux qui élèvent des enfants, de savoir ce qu'est un être humain dans sa totalité (p. 43).

L'éducation steinérienne est avant tout conçue comme un art. Elle repose sur une connaissance approfondie et dynamique de l'enfant en devenir. Ses fondements s'établissent sur une anthropologie spirituelle (Meyor, 1996), dont les cinq principaux concepts sont les suivants : la constitution humaine ternaire : corps, âme et esprit ; l'organisation humaine quaternaire : corps physique, éthérique, astral et moi ; le concept de double hérédité : biologique et karmique ; le rythme septennal de développement : évolution de l'être par stades ou niveaux à prépondérance corporelle, psychique ou spirituelle ; la reconnaissance de quatre tempéraments chez les enfants : le mélancolique, le flegmatique, le sanguin et le colérique.

En ce qui concerne le rôle de l'enseignant et la pédagogie préconisée, il ne s'agit pas seulement pour l'enseignant d'avoir de bonnes méthodes d'enseignement. Il lui faut pouvoir « intérieurement se répondre à soi-même en ce qui concerne le sens de la vie, le but de l'humanité, la valeur des civilisations par lesquelles les hommes ont passé, l'importance de l'époque contemporaine » ; il doit avoir une véritable conception du monde, « et ces réponses ne doivent pas simplement tourner dans la tête, mais être assimilées par le cœur, car c'est le cœur qui doit dicter la manière de parler à la jeunesse » (Steiner, 1976, p. 141). Le rôle de l'enseignant est double : enseigner et apprendre (l'autoéducation) ! Les enseignants sont libres de procéder comme bon leur semble : « l'enseignant est lui-même la méthode vivante et ne peut compter sur une recette toute faite » (Meyor, 1996, p. 252). La relation personnelle entre l'enseignant et l'élève est privilégiée ; de même, le mode d'expression verbale suscitant l'imagination créatrice est valorisé. L'école Steiner est une école « où chaque enfant est accueilli comme une personne unique » ; elle privilégie « une pédagogie qui fait appel à l'intelligence, stimule l'imagination, tout en fortifiant la volonté » (École Steiner de Montréal, 2003). Enfin, c'est une éducation qui pose l'amour comme qualité fondamentale de l'action pédagogique : aimer apprendre, aimer partager et, surtout, aimer les enfants !

Les écoles Steiner

En 1919, Rudolf Steiner fonde une école libre, destinée aux 300 enfants des ouvriers de l'usine Waldorf de Stuttgart, en Allemagne. Aujourd'hui, il existe 780 écoles Steiner ou écoles Waldorf à travers le monde (http://www.steiner-waldorf.org), dont 20 au Canada, soit 9 écoles en Ontario, dont une école francophone à Ottawa, 8 écoles en Colombie-Britannique et 3 écoles au Québec (http:www.ersm.org). L'une des particularités de ce type d'école consiste dans son curriculum, qui passe de l'étude de contes et de légendes à l'étude des civilisations anciennes, puis à l'étude des lois de l'univers et de la matière (*voir l'encadré 5.2*). Signalons enfin que c'est la même personne qui se charge d'accompagner les élèves pendant les huit premières années de scolarité.

ENCADRÉ 5.2 *L'organisation pédagogique et le curriculum de l'école Rudolf Steiner de Montréal*

De l'image aux concepts : 1re, 2e et 3e année
Dans les premières années, l'enseignement est essentiellement oral et accorde une part primordiale au mouvement, aux images et à l'expression artistique. C'est la façon la plus vivante de toucher l'enfant dans la totalité de son être (intellect, imagination et volonté). L'introduction à l'écriture, à la lecture et au calcul se fait de façon vivante et imagée au moyen d'objets et d'images tirés de contes, légendes, fables et histoires d'animaux. L'enfant fait d'abord les choses avant de les aborder par l'abstraction. Il vit des expériences profondes par le geste et le sentiment.

4e année
En 4e année, l'enfant fait l'expérience intérieure de sa séparation d'avec le monde ; il est prêt alors pour étudier les fractions en arithmétique, observer de façon vivante le monde qui l'entoure, l'homme et les animaux. Le curriculum cultive l'imagination de l'enfant et, par le biais de l'art, les différentes matières scolaires sont abordées : l'aquarelle, le dessin, le modelage, le chant, la musique, les travaux manuels, l'éducation physique, le mouvement et l'eurythmie.

Un curriculum pour éveiller la conscience de ses relations avec le monde : 5e et 6e année
Puis, en 5e année, il passe à l'observation des plantes ainsi que de leur contexte géographique. Par l'étude grammaticale, on éveillera peu à peu la conscience de ses relations avec le monde. Les images sont mises en relation avec le monde, avec le patrimoine culturel de l'humanité (histoire des civilisations anciennes) et avec la nature (géographie, zoologie, botanique, acoustique, optique, minéralogie, etc.).

Un curriculum pour apprendre à percevoir : 7e et 8e année (1re et 2e secondaire)
Au moment de la puberté, s'éveille en l'adolescent un intérêt pour l'humanité et le monde entier. Le curriculum des 7e et 8e années va rencontrer cet éveil. Les élèves aborderont les grandes découvertes et les inventions qui ont mené à l'essor scientifique moderne. Ils découvriront le monde terrestre en rapport avec les conditions matérielles et économiques. Par ailleurs, la pièce de théâtre en 8e année favorisera la synthèse des arts (parole, musique, décors, costumes, etc.).

Un curriculum pour développer une pensée créatrice : 9ᵉ année (3ᵉ secondaire) – Qu'est-ce que le monde ?

En 9ᵉ année, l'élève doit développer une vision qui le relie au monde de façon globale en tenant compte du fait qu'il vit d'une certaine façon dans les polarités. Pour lui, le monde est encore ressenti (jugé) en termes de noir et blanc. Il a besoin de connaître le monde et de faire des liens entre le côté pratique, les interventions technologiques, d'une part, et les implications sociales et historiques, d'autre part.

10ᵉ année (4ᵉ secondaire) – Quelle est mon origine ?

L'élève de la 10ᵉ année veut connaître la genèse (l'origine) des lois qui régissent le monde et il veut les situer par rapport à lui-même. Sa pensée s'oriente vers une compréhension des lois qui sous-tendent les phénomènes observés. La naissance d'une sensibilité intérieure, toute frêle, est renforcée par une confiance dans les lois de l'univers et une redécouverte du langage poétique vivant. Une assurance s'installe dans l'expérience de son propre être.

11ᵉ année (5ᵉ secondaire) – Qui suis-je ?

En 11ᵉ année, la pensée est devenue plus sûre et plus subtile. L'élève est capable de faire des analyses et des synthèses. Il veut découvrir l'essence de son propre être et les valeurs les plus élevées qui permettent de comprendre le monde. Il veut connaître les intentions profondes et les situer par rapport à lui-même et par rapport à ses opinions et idéaux. Après avoir complété la 11ᵉ année (5ᵉ secondaire), l'élève reçoit son DES (diplôme d'études secondaires) et est prêt à s'orienter vers un CÉGEP.

Un curriculum pour développer une conscience sociale : 12ᵉ année – Qu'est-ce que je peux faire dans le monde ?

Dans la pédagogie Waldorf, le cycle [des études] se termine avec la 12ᵉ année, où l'étude de la philosophie, de la littérature, des sciences et la création d'un chef-d'œuvre achèvent et concrétisent le passage vers le [monde] adulte avec une vision claire et une détermination à apporter ses propres forces à la société.

Un curriculum pour rencontrer le monde : stages et expériences pratiques

Pour permettre aux adolescents de rencontrer le monde et développer une saine volonté, nous proposons aux élèves des cours où le travail est perçu comme une force de transformation. Dans un premier temps, par le biais d'ateliers à l'école, en cuivre, tissage, reliure et menuiserie, nous permettons à l'élève d'expérimenter son action sur la matière par des gestes de qualité professionnelle. Dans un deuxième temps, l'élève travaille dans la communauté avec des stages dans trois grands domaines d'activités humaines : stage en milieu d'agriculture biologique, stage en milieu industriel ou commercial et, enfin, stage en milieu social. Ces ateliers et stages éveillent chez l'élève la confiance en soi, la compassion pour l'autre et la volonté d'agir dans le monde.

Notes :

1   L'école Rudolf Steiner de Montréal école offre également les services de jardin d'enfants pour les petits de trois ans et demi à cinq ans (prématernelle et maternelle).

2. Cette école privée détient un permis du ministère de l'Éducation du Québec, dont elle respecte les objectifs et les exigences du régime pédagogique.

3. L'école est membre à part entière de l'Association des écoles Waldorf d'Amérique du Nord (AWSNA).

Source : Site Web de l'école Rudolf Steiner de Montréal, http://www.ersm.org.

L'encadré 5.2 permet d'illustrer l'un des deux principes fondamentaux, souvent mal compris, du courant spiritualiste en éducation : la philosophie éducative sous-jacente à chaque approche, comme l'anthroposophie ou science spirituelle dans le cas des écoles Steiner, n'est pas l'objet de l'enseignement à proprement parler. On n'enseigne pas l'anthroposophie aux enfants, mais on s'en inspire. Selon le second principe, qui sert de corollaire au premier, l'enseignant joue un rôle primordial dans ce type d'approche, pas en tant que simple agent de renseignements (Krishnamurti, 1980), mais en tant que modèle vivant d'un être lui-même en quête de sagesse.

En effet, l'enseignant n'est pas la personne qui sait tout ou qui peut trouver réponse à tout ; c'est une personne qui cherche à grandir en compagnie de cet autre apprenti du métier de la vie qu'est l'élève : « Dans la nature même de l'enseignement et de l'apprentissage, il y a humilité ; vous êtes celui qui instruit et vous êtes celui qui apprend » (Krishnamurti, 1982, p. 187). L'enseignant est une source d'inspiration, il « oriente vers la sagesse, vers la vérité », mais jamais il n'impose celle-ci, d'autant plus que « la vérité est beaucoup plus importante que le maître » (Krishnamurti, 1980, p. 95) et que, comme le soutient Krishnamurti, *la vérité est un pays sans chemin*. La responsabilité de l'enseignant est néanmoins immense : « On a tendance à oublier ou à négliger le fait que l'éducateur porte la responsabilité de créer une nouvelle génération d'êtres humains qui soient psychologiquement, intérieurement libérés des misères, de l'anxiété et des peines. C'est une responsabilité sacrée » (Krishnamurti, 1982, p. 84).

5.2 LA CONCEPTION HUMANISTE DE L'APPRENTISSAGE ET DE L'ENSEIGNEMENT

En quoi la conception humaniste de l'éducation se distingue-t-elle des conceptions des courants behavioral, cognitif ou constructiviste ? Entre le behaviorisme et l'humanisme, les différences sont claires et évidentes : il y a, d'une part, un courant qui met l'accent sur le comportement observable et mesurable de même que sur les moyens de le contrôler par les contingences de renforcement, et, d'autre part, un courant qui insiste sur le développement personnel et l'affectivité, qui valorise l'empathie et le respect inconditionnel de l'apprenant et qui conçoit la personne comme étant fondamentalement libre et capable d'autoactualisation. Entre l'humanisme et le cognitivisme, les distinctions sont moins évidentes, puisqu'il existe d'incontestables liens de parenté entre l'école humaniste et l'école cognitive en éducation, plus particulièrement avec son courant constructiviste.

Ainsi, les tenants du courant humaniste ne devraient pas avoir beaucoup de difficulté à s'entendre avec les partisans constructivistes en ce qui a trait aux approches pédagogiques à privilégier : une pédagogie de la participation et de l'autonomie, une pédagogie favorisant l'intégration et le transfert des savoirs, une pédagogie faisant ressortir le caractère unique de chaque apprenant, etc. Côté stratégies d'enseignement, il en va de même. Les humanistes et les constructivistes s'accorderont sans peine à reconnaître la valeur pédagogique de stratégies telles que l'apprentissage par projets, l'apprentissage coopératif ou les centres d'apprentissage. On peut donc parler d'une certaine concordance sur le plan des *moyens* à mettre en place pour favoriser à la fois le développement de l'autonomie cognitive (le cognitivisme), la capacité à résoudre des problèmes (le constructivisme) et le développement personnel et social des apprenants (l'humanisme).

Les différences entre ces courants se situeraient davantage sur le plan des *fins* poursuivies. Toutefois, même ces différences s'estompent à l'examen, voire s'effacent. En effet, on peut fort bien concevoir que les humanistes et les constructivistes adoptent, par exemple, l'apprentissage coopératif, les uns parce que cette stratégie correctement implantée peut servir de tremplin au développement social des apprenants, tout en répondant à leurs besoins d'appartenance et d'amour, et les autres parce que cette même stratégie favorise le développement des habiletés de communication et les activités de médiation entre apprenants, médiation propice à la construction des savoirs. Rien ne devrait évidemment empêcher l'enseignant de poursuivre simultanément ces deux fins, ou de poursuivre consciemment l'une, d'ignorer l'autre... tout en atteignant les deux !

Les distinctions réelles entre le courant humaniste et le courant constructiviste se situent plutôt sur le plan des *priorités* adoptées par les enseignants et par l'école. Un jour, Mme Doiron, l'enseignante humaniste qui a été présentée au début de ce chapitre, a fait une intervention très remarquée au cours d'une rencontre de perfectionnement professionnel. En substance, son message était le suivant : « Aujourd'hui, dans le discours pédagogique officiel et dans nos formations, on parle beaucoup du fonctionnement de la mémoire et du traitement de l'information, des styles et des stratégies d'apprentissage, de la métacognition et du transfert, de la résolution de problèmes et de l'apprentissage par découverte, et tout cela est effectivement très important. La révolution cognitive et constructiviste aura probablement été l'une des meilleures choses qui pouvaient nous arriver en éducation, mais... à quoi sert de devenir un processeur d'information aussi efficace que le dernier modèle d'ordinateur si la personne qu'est l'apprenant est mal dans sa peau ? À quoi servent toutes les stratégies cognitives et métacognitives du monde si la personne n'a pas trouvé les moyens d'entrer en relation avec elle-même et avec les autres ? À quoi sert de pouvoir résoudre les problèmes les plus complexes si je n'ai pas trouvé de réponse à la question du sens de ma vie ? Et à moi, enseignante, à quoi me sert de connaître le style d'apprentissage de mes élèves si je ne connais même pas leur nom et encore moins les rêves qui les habitent ? »

Les arguments de Mme Doiron ne visent pas à diminuer la valeur des thèses cognitives et constructivistes en éducation. La plupart des humanistes pourraient sans doute affirmer avec elle que la « révolution cognitive et constructiviste aura probablement été l'une des meilleures choses qui pouvaient nous arriver en éducation ». L'*une* des meilleures choses, mais qui n'est pas suffisante en soi. En bref, on pourrait dire que les humanistes soutiennent la prédominance de l'affectif sur le cognitif, alors que les tenants du courant transpersonnel accordent la prépondérance aux dimensions citoyenne et spirituelle.

5.2.1 La finalité de l'éducation humaniste et les valeurs véhiculées

Quelle est la finalité de l'école vue dans une perspective humaniste ? Parenté oblige, on adoptera les valeurs mises en avant par l'école cognitive, c'est à dire la reconnaissance de l'unicité de l'apprenant, le développement de l'autonomie et les valeurs de la coopération et de l'entraide. À celles-ci nous ajouterons le développement personnel et social (le courant humaniste), le développement d'une citoyenneté responsable et démocratique ainsi que l'ouverture sur la dimension spirituelle (le courant transpersonnel).

1. *L'unicité de l'apprenant* Le caractère unique de chaque apprenant s'exprime non seulement dans sa manière d'apprendre (son style et ses stratégies d'apprentissage), mais aussi dans sa manière d'exprimer ses besoins de survie, d'appartenance, de pouvoir, de plaisir et de liberté. Nous reviendrons sur cette nouvelle classification des besoins fondamentaux (Glasser, 1984) et sur ses implications éducatives. Pour l'instant, retenons que l'approche humaniste reconnaît le caractère unique du vécu de l'apprenant, de ses centres d'intérêt, de ses désirs et de ses aspirations.

2. *Le développement de l'autonomie* L'autonomie recherchée n'appartient pas uniquement au domaine cognitif (apprendre à apprendre), elle relève également du domaine affectif, par exemple du développement de l'intelligence émotionnelle (Goleman, 1998) et de l'émancipation de toute dépendance affective, y compris de la dépendance à l'endroit de l'enseignant. Elle relève enfin du domaine social ; l'élève doit apprendre à s'affirmer en tant qu'individu, prendre en charge tous les aspects de sa vie, notamment de sa vie d'étudiant.

3. *Les valeurs de la coopération et de l'entraide* En tant que valeur humaniste, la coopération se justifie en elle-même et non comme un contexte d'interactions sociales favorisant la médiation entre apprenants. La coopération humaniste s'inspire de l'altruisme, soit du souci d'aider l'autre à s'actualiser et du besoin de grandir en sa compagnie. Elle se conjugue ici avec la solidarité (la dimension citoyenne) et avec un sentiment d'unité avec l'autre et avec l'univers (la dimension spirituelle).

4. *Le développement personnel et social* La finalité de l'éducation consiste à favoriser le développement personnel et social de chaque apprenant, à permettre l'affirmation de son caractère unique en tant que personne, unicité qui se construit par sa rencontre et son dialogue avec l'autre. L'école doit inciter à la connaissance de soi et de l'autre qui mène à l'autoactualisation.

5. *Le développement d'une citoyenneté responsable et démocratique* La finalité poursuivie par l'école doit également inclure une dimension citoyenne, en responsabilisant chaque apprenant à l'égard de son rôle présent dans un projet de société juste et équitable, respectueuse des droits humains et de l'environnement, et visant la construction d'un monde de paix, de justice et de solidarité. L'école doit promouvoir le rôle social de l'apprenant, son apprentissage de la démocratie active et son ouverture sur le monde (perspective planétaire).

6. *L'ouverture sur la dimension spirituelle* Puisque l'école préconise le développement intégral de chaque apprenant, elle doit faire preuve de cohérence et répondre au besoin de transcendance des apprenants en s'ouvrant à la dimension spirituelle. Toutefois, cela doit se faire en respectant la diversité des croyances individuelles et en évitant toute forme d'endoctrinement.

5.2.2 La conception humaniste et transpersonnelle de l'apprentissage et de l'enseignement

La conception du processus enseignement-apprentissage véhiculée par les courants humaniste et transpersonnel n'est pas étrangère aux principes qui sont à la base de la psychologie humaniste. Shaffer (1978, cité par Bowd, McDougall et Yewchuk, 1998, p. 97-98) relève cinq principes qui exercent une influence directe sur la manière de concevoir l'apprentissage et l'enseignement : un accent placé sur la personne entière (l'approche holistique), une orientation mettant en valeur l'expérience individuelle (l'approche phénoménologique), une présomption en faveur de la liberté humaine et de la capacité à exercer des choix, une perspective non réductionniste (par exemple, l'apprentissage perçu comme un phénomène multidimensionnel) et, enfin, la croyance en un potentiel humain sans limites... connues.

Les principes d'une éducation humaniste

Arthur Combs est l'un des auteurs les plus influents du courant humaniste en éducation. Animateur d'un groupe de travail sur l'éducation humaniste pour l'Association for Supervision and Curriculum Development, Combs (1979) s'est préoccupé des moyens d'implanter cette approche dans les écoles américaines. Selon lui, « l'éducation humaniste touche à tous les aspects du processus enseignement-apprentissage et met principalement l'accent sur la liberté, la dignité, l'intégrité et la valeur inhérente à chaque personne » (Combs, 1981, p. 446, traduction libre). Plus spécifiquement, l'éducation humaniste possède les caractéristiques suivantes :

♦ Elle prend en considération les besoins et les centres d'intérêt de chaque apprenant dans le but de créer des programmes et des situations d'apprentissage répondant au potentiel unique de chacun.

♦ Elle favorise l'autoactualisation de chaque apprenant et cherche à développer chez chacun un sentiment de compétence personnelle.

♦ Elle met l'accent sur l'acquisition du *savoir-vivre ensemble* nécessaire à la vie dans une société multiculturelle, multiethnique ou multiraciale.

♦ Elle personnalise les décisions et les pratiques éducatives et, dans ce but, favorise la participation démocratique des apprenants à toutes les étapes du processus.

♦ Elle reconnaît la primauté de l'affectif et tient compte des valeurs et des perceptions des apprenants comme facteurs de l'apprentissage.

♦ Elle établit une atmosphère d'acceptation et de soutien ainsi qu'un climat d'apprentissage stimulant, non menaçant, qui incite au dépassement de soi.

♦ Elle nourrit le souci de l'autre, préconise le respect de la valeur intrinsèque de chaque personne et développe les habiletés nécessaires à la résolution de conflits.

Une éducation centrée sur l'élève et un apprentissage autodirigé

Comme plusieurs humanistes en éducation (tels que Neill, 1975), Carl Rogers accorde relativement peu d'importance à la composante « enseignement » du processus enseignement-apprentissage. Rogers (1983) est persuadé que le respect de certains principes d'apprentissage devrait suffire pour instaurer un processus d'éducation centré sur l'élève (*learner-centered education*), propice à un apprentissage autodirigé (*self-directed learning*). Les cinq principes en question, cités entre autres par Dembo (1994), sont les suivants : reconnaître et alimenter le désir d'apprendre, qui est inné chez l'élève ; favoriser un apprentissage signifiant, répondant aux besoins et aux centres d'intérêt de l'apprenant ; créer une atmosphère d'apprentissage non menaçante ; favoriser un apprentissage qui intègre l'affectivité, dans lequel toutes les dimensions de la personne sont engagées (*whole-person learning*) ; finalement, favoriser un apprentissage qui prépare l'apprenant au changement et qui le conduit à l'autonomie cognitive. Ce dernier principe, ajouté par Rogers dans les années 1980, ne déplairait pas aux tenants de l'école cognitive, Rogers allant jusqu'à affirmer que l'un des apprentissages les plus utiles à l'apprenant d'aujourd'hui consiste à apprendre au sujet de l'apprentissage (*learning about learning*) !

Un modèle expérientiel de l'apprentissage

Richard L. Côté (1998) propose, pour sa part, un modèle d'apprentissage qu'on pourrait qualifier d'humaniste, modèle dans lequel interviennent néanmoins certaines composantes cognitives qu'il désigne comme étant les conditions facilitantes dans un processus d'*apprentissage significatif* (il emploie la même terminologie qu'Ausubel, mais en lui donnant un sens beaucoup plus étendu). S'inspirant de la taxonomie expérientielle d'apprentissage de Steinebaker et Bell (1979), Côté élabore un programme de formation expérientielle stratégique comprenant cinq phases : l'ouverture à l'apprentissage, la participation à l'apprentissage, l'identification à l'apprentissage, l'intériorisation de l'apprentissage et la dissémination de l'apprentissage. Cette dernière phase du processus se manifeste chez l'apprenant « par un besoin de répandre son idée, son opinion, sa perception de l'apprentissage, les données de son expérience, ses sentiments, son vécu, de façon à inciter les autres à vivre une expérience semblable » (Côté, 1998, p. 218). Ce trop bref résumé ne rend pas justice à une démarche aussi riche qu'originale, qui permet l'intégration des aspects cognitif, socioaffectif et comportemental de l'expérience d'apprentissage :

> Le modèle expérientiel d'apprentissage considère la personne comme une totalité où les dimensions cognitives, affectives et comportementales de l'expérience d'apprentissage interagissent pour produire une transformation de la personne. L'apprentissage expérientiel, dans ce sens, implique une démarche personnelle de transformation des représentations d'un phénomène, un changement de point de vue, une transformation intérieure qui a du sens pour elle et qui détermine ses choix de comportement ou d'agir (p. 31).

Une éducation transpersonnelle aux limites du possible

Dans son livre intitulé *Les enfants du Verseau : pour un nouveau paradigme*, Marilyn Ferguson (1981) établit un parallèle intéressant entre les conceptions de l'ancien paradigme en éducation et celles d'un nouveau paradigme qui serait en émergence et qu'elle nomme l'éducation transpersonnelle (*voir le tableau 5.1 à la page suivante*). Selon elle, ce nouveau paradigme va beaucoup plus loin que le courant humaniste des années 1960, qui se contentait d'humaniser l'environnement éducatif, car « l'expérience transpersonnelle aspire à un nouveau type d'étudiant et à un nouveau type de société » (Ferguson, 1981, p. 214). Cette éducation incite à l'autotranscendance : « On encourage l'étudiant à être éveillé et autonome, à questionner, à explorer tous les coins et recoins de l'expérience consciente, à chercher du sens, à tester les limites externes, à contrôler les frontières et les profondeurs du soi » (p. 214). L'éducation transpersonnelle serait à la fois plus humaniste que l'éducation traditionnelle et plus rigoureuse sur le plan scientifique, puisqu'elle est « profondément enracinée dans la science » (p. 215).

TABLEAU 5.1 *Une comparaison entre l'ancien paradigme en éducation et l'éducation transpersonnelle*

Conceptions de L'ANCIEN paradigme	Conceptions du NOUVEAU paradigme
Accent sur le *contenu*, sur l'acquisition d'un ensemble de connaissances « correctes », une fois pour toutes	Accent sur le fait d'apprendre à apprendre, à poser les bonnes questions, à être attentif aux choses pertinentes, à trouver l'information, à être ouvert aux nouveaux concepts et à les évaluer
	Importance du *contexte*
Apprendre est vu comme un *produit*, une destination	Apprendre est vu comme un *processus*, un voyage
Priorité accordée à la performance	Priorité accordée à l'image de soi comme génératrice de la performance
Orientation vers le monde extérieur	Expérience intérieure considérée comme le contexte pour l'apprentissage
Expérience intérieure souvent considérée comme inopportune dans le cadre scolaire	Sont encouragés : l'imagerie, l'imagination, la tenue de son journal de rêves, les exercices de « centration » et l'exploration des sentiments
Hypothèses et pensées divergentes non encouragées	Hypothèses et pensées divergentes encouragées comme faisant partie du processus créatif
Mode de pensée analytique, linéaire, par le cerveau gauche	Effort pour une éducation de tout le cerveau ; augmentation de la rationalité du cerveau gauche au moyen de stratégies holistes, non linéaires et intuitives

Source : Adapté de Ferguson (1981, p. 216-218).

Lorsque Ferguson a publié *Les enfants du Verseau : pour un nouveau paradigme* (en 1980 pour l'édition originale), les travaux sur le cerveau et l'apprentissage en étaient encore à leurs balbutiements. Les plus récentes données, rapportées par Jensen (2001), viennent confirmer à la fois les thèses constructivistes sur la nécessaire construction de sens (Jensen parle d'une biologie du sens) et les positions humanistes sur le rôle crucial des émotions dans l'apprentissage humain (Hooper et Teresi, 1986). Dans un ouvrage paru récemment, Renate Nummela

Caine et Geoffrey Caine (1997), auteurs d'un précédent livre portant sur l'enseignement et le cerveau humain (1991), proposent une interprétation holistique de ces recherches, interprétation qui mène *l'éducation aux limites du possible,* suivant le titre de leur livre. Les thèses défendues dans cet ouvrage, par ailleurs dédié à l'humaniste Arthur Combs, rejoignent celles de l'éducation transpersonnelle : la connexion cerveau-corps-esprit ; la complexité et la plasticité du cerveau qui rendent possible des apprentissages et des réalisations dont on rêvait à peine hier ; la nécessité d'accorder aux apprenants la liberté et l'occasion d'explorer les questions ultimes du sens de la vie et d'autres questions fondamentales ; et ainsi de suite. Leur conception de l'apprentissage, de l'humain possible en nous, relève du courant transpersonnel.

En somme, l'apprentissage d'un point de vue humaniste est conçu comme un processus de croissance personnelle, qui amène l'apprenant à mieux se connaître et à s'autoactualiser en tant que personne unique. L'apprentissage scolaire est centré sur la personne de l'apprenant et met l'accent sur sa dimension affective. Pour être signifiant, il doit tenir compte des besoins et des centres d'intérêt de chacun (dimension personnelle). L'apprentissage scolaire consiste également à apprendre le vivre-ensemble, le respect et l'acceptation des différences, l'empathie et le souci de l'autre, la coopération et l'entraide, le dialogue et la résolution pacifique des conflits (dimension sociale). De plus, l'apprentissage scolaire consiste à apprendre à remplir un rôle social, à assumer une citoyenneté responsable et démocratique, à prendre sa place en tant qu'acteur dans le monde (dimension citoyenne). Enfin, l'apprentissage scolaire est un voyage d'exploration vers l'inconnu, un processus d'expansion de la conscience individuelle, une quête de la transcendance (dimension spirituelle).

L'enseignement, d'un point de vue humaniste, est avant tout un accompagnement. Il s'agit, en effet, d'accompagner l'apprenant dans son processus d'apprentissage, de le guider sans le diriger, de proposer sans imposer. Enseigner, c'est répondre aux besoins exprimés et aux besoins non exprimés ; c'est être à l'affût des désirs et des passions de chaque apprenant (dimension personnelle). Enseigner, c'est favoriser la rencontre et la connaissance de l'autre ; c'est éliminer les barrières interpersonnelles et les conflits qui entravent l'apprentissage du groupe (dimension sociale). Enseigner, c'est aussi aller à la rencontre du monde avec l'apprenant ; c'est s'engager à côté des élèves dans la construction d'un nouveau projet de société (dimension citoyenne). Enseigner, c'est enfin s'ouvrir à l'univers en soi, c'est marcher en compagnie de l'apprenant sur le sentier infini de la sagesse (dimension spirituelle).

5.2.3 La conception humaniste des rôles de l'enseignant et de l'apprenant

Un enseignant facilitateur d'apprentissage

La conception des rôles de l'enseignant et de l'apprenant découle tout naturellement de ce qui précède, c'est-à-dire de la conception du processus enseignement-apprentissage véhiculée par les courants humaniste et transpersonnel. Rogers (1976, 1983) s'est penché plus particulièrement sur le rôle de l'enseignant facilitateur d'apprentissage. Selon la présentation détaillée qu'en fait Bertrand (1998, p. 56-57), les principales caractéristiques du facilitateur d'apprentissage sont celles-ci :

♦ Il mise avant tout sur l'établissement d'un climat propice à l'apprentissage, faisant confiance au groupe et à chaque apprenant.

♦ Il amène les apprenants à choisir et à clarifier leurs objectifs d'apprentissage personnels ainsi que ceux du groupe.

♦ Il aide l'apprenant à transformer son désir d'apprendre en énergie motivationnelle en lui permettant de réaliser des projets ayant une signification personnelle.

♦ Il assure l'accès au plus large éventail possible de ressources pour l'apprentissage : des documents écrits et audiovisuels, du matériel varié, des ressources informatiques (didacticiels, réseau Internet, etc.), des ressources humaines et communautaires (invités, mentors, visites éducatives, etc.).

♦ Il accueille le vécu affectif des apprenants (sentiments, émotions, attitudes) et favorise l'expression de celui-ci, et il demeure attentif à cette dimension affective qui s'exprime sur les plans individuel et collectif (dynamique du groupe).

♦ Il fait preuve d'authenticité, n'hésitant pas à communiquer à ses élèves ses propres sentiments et émotions, à manifester ses angoisses, ses colères et ses peurs.

♦ Il est également apprenant et participe au processus collectif d'apprentissage.

Un élève « s'éduquant »

Pour ce qui est du rôle de l'élève, on peut le résumer par l'expression « s'éduquant », qui a été introduite au cours des années 1970 pour indiquer le caractère personnel et autodirigé de l'apprentissage. C'est la personne même qui s'éduque, car elle est aux commandes de *son* processus d'apprentissage, qu'elle dirige de manière à répondre à son besoin inné de connaître, de comprendre et de s'autoactualiser.

Le tableau 5.2 propose quelques citations à saveur humaniste sur le thème « enseigner et apprendre ».

TABLEAU 5.2 *Enseigner et apprendre : quelques citations à saveur humaniste*

« Tu enseignes le mieux ce que tu as le plus besoin d'apprendre » (Richard Bach).

« Donnez à l'enfant le désir d'apprendre et toute méthode sera bonne » (Jean-Jacques Rousseau).

« Je rêve d'une école où la punition serait d'être privé d'assister aux cours » (Sacha Guitry).

« C'est ce que nous pensons déjà connaître qui nous empêche souvent d'apprendre » (Claude Bernard).

« Prends garde à ce petit être ; Il est bien grand, il contient Dieu.
Les enfants sont, avant de naître, des lumières dans le ciel bleu » (Victor Hugo)*.

« Éduquer la jeunesse, c'est prendre soin de l'esprit dans la matière, de demain dans aujourd'hui, de l'être spirituel dans la vie terrestre » (Rudolf Steiner)*.

« Nous n'accordons pas autant d'importance à l'esprit des enfants qu'à leurs pieds ; ils ont en effet des chaussures de formes et de grandeurs diverses, à la mesure de leurs pieds... Quand aurons-nous une école sur mesure ? » (Édouard Clarapède).

« Comprendre est aussi important pour chacun d'entre nous qu'aimer. C'est une activité qui ne se délègue pas. Nous ne laissons pas à Casanova le soin d'aimer à notre place. Ne laissons pas le scientifique comprendre à notre place » (Albert Jacquard).

« [Il faut] que le désir de connaître s'applique à quelque chose qui mérite qu'on y consacre son existence, et que cette "sagesse" conduise les chercheurs à faire d'eux-mêmes et d'autrui de meilleurs êtres humains. Sinon, de quelle sagesse s'agit-il ? » (Matthieu Ricard).

« Enseignant, c'est un métier un peu difficile, surtout si l'on pratique la relation en-saignant/ en-saigné... c'est toujours une relation très douloureuse ! » (Jacques Salomé)*.

« Le monde entier l'intéresse et lui appartient. Il suffit de lui dire les mots des choses du monde entier pour que ce monde entier il l'ait en lui. C'est cela qui est merveilleux et c'est cela, éduquer un être humain » (Françoise Dolto)*.

« Que l'on ne s'y trompe pas : l'adage de McLuhan "le médium est le message" s'applique particulièrement en éducation où la méthode d'enseignement C'EST l'enseignant lui-même. Autrement dit, *l'enseignant transmet ce qu'il est avant de transmettre ce qu'il sait*. La matière passe après lui puisqu'elle passe à travers lui. C'est la connaissance de l'instrument – de soi – qui compte » (Placide Gaboury).

« L'Enfant du Possible, c'est une porte par où s'infiltre l'avenir ; moi, fidèle à mon poste, je me tiens sur le seuil, prête à l'accueillir. Je vois, je repère, j'observe afin de déceler, peut-être, l'inestimable, l'inattendu, le don. Faire qu'il vienne éclore, précieux, si humble soit-il – semant la joie sous les pas de ceux qui marquent de cailloux blancs, de siècle en siècle, le trajet de l'avancée humaine » (Micheline Flak)*.

* Citations tirées de Marc de Smedt (1991), p. 13, 17, 76, 82 et 145.

5.3 LES IMPLICATIONS ÉDUCATIVES DES THÉORIES HUMANISTES

Après avoir présenté la vision de la vie, au centre de laquelle est placé l'être humain en devenir, et expliqué la philosophie éducative des courants humaniste et transpersonnel, il nous reste à voir les manières dont ces principes, conceptions, croyances et valeurs humanistes se traduisent concrètement dans la salle de classe. Ce sera l'objectif des deux prochaines sections de ce chapitre. Tout d'abord, nous explorerons les principales implications éducatives de ces courants en ce qui a trait aux techniques d'enseignement et aux pratiques pédagogiques, techniques et pratiques applicables *sans transformation radicale du processus enseignement-apprentissage*.

On l'a dit et répété, les humanistes accordent beaucoup d'importance au fait de reconnaître les besoins des jeunes et de répondre à ces besoins. La section 5.1 portant sur les fondements théoriques des courants humaniste et transpersonnel a d'ailleurs été amorcée avec la présentation de la théorie humaniste de la motivation et de la pyramide des besoins de Maslow. Bien que ses principes demeurent toujours aussi pertinents, par exemple celui qui soutient qu'un besoin de niveau supérieur ne peut être comblé que si les besoins de niveau inférieur qui le précèdent dans la hiérarchie ont été comblés de façon satisfaisante, cette théorie est aujourd'hui de plus en plus souvent remplacée, ou *complétée*, par celle de William Glasser (1984, 1996). Mme Doiron y faisait d'ailleurs allusion dans son plaidoyer humaniste dans l'introduction de ce chapitre.

« Pour comprendre ce qu'est vraiment la motivation, il est nécessaire de comprendre d'abord ce que prétend la théorie du contrôle. Selon cette théorie, tous les êtres humains naissent avec cinq besoins fondamentaux inscrits dans leurs gènes : la survie, l'amour, le pouvoir, le plaisir et la liberté. Toute notre vie, nous nous efforçons de vivre de façon à satisfaire un ou plusieurs de ces besoins » (Glasser, 1996, p.70).

William Glasser (1925-...)

Cette théorie du contrôle (*control theory*), ou théorie du système directionnel comme la désigne Francine Bélair (1996), affirme, tout comme la théorie de Maslow, que les besoins fondamentaux de l'être humain sont de puissantes forces qui le poussent à agir (Glasser, 1984). Ces cinq besoins fondamentaux sont le besoin de survie et de reproduction ; le besoin d'appartenance, de partage et de coopération ; le besoin de pouvoir ; le besoin de liberté et le besoin de plaisir (*voir la figure 5.6*). Toutefois, contrairement à Maslow, Glasser ne présente pas ces besoins sous forme de hiérarchie, tous les besoins ayant une égale importance. De plus, sa théorie s'accompagne d'une démarche d'intervention, la *thérapie de la réalité*, qui « aide les gens à se responsabiliser et à s'auto-discipliner » (Losier, 1996, p. 3 ; dans Bélair, 1996).

FIGURE 5.6 *Les besoins fondamentaux selon Glasser*

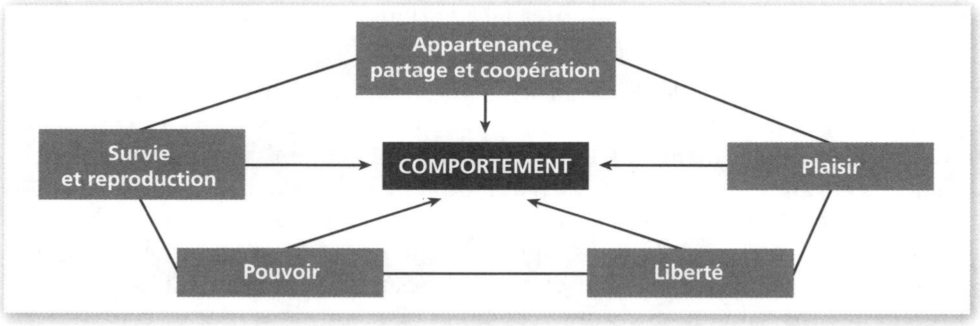

Source : Glasser (1984).

Étant donné l'importance que les humanistes accordent à la satisfaction des besoins des apprenants, nous exposerons les implications éducatives de ces théories en fonction des cinq besoins déterminés par Glasser (1984). Parmi ces besoins, l'auteur relève quatre besoins d'ordre psychologique, les besoins d'appartenance, de pouvoir, de liberté et de plaisir, alors que le besoin de survie correspond pour l'essentiel aux besoins physiologiques de Maslow (1954). Dans la présentation qu'elle fait de ce dernier besoin, Bélair (1996) intègre toutefois une dimension de sécurité, la survie dans les sociétés industrialisées contemporaines prenant souvent la forme d'un besoin de sécurité économique (le besoin de détenir un travail rémunéré), de sécurité physique (le besoin de se protéger contre d'éventuelles agressions) ou de sécurité psychologique. C'est ce dernier sens que nous attribuerons au besoin de survie proposé par Glasser, qui rejoint d'ailleurs l'interprétation générale du besoin de sécurité défini par Maslow (*voir la section 5.1.2*).

5.3.1 Répondre au besoin de sécurité

Dans certains milieux scolaires, il n'est pas exagéré de parler du besoin de sécurité ou de survie, l'école pouvant représenter une véritable menace pour la sécurité physique de certains élèves (coups, intimidation, harcèlement, etc.). Nous ne nous attarderons pas sur le phénomène de la violence ou du taxage, qui dépasse le propos de ce livre, mais nous rappellerons que pour les apprenants victimes de ces diverses formes de violence, l'école ne représente assurément pas un milieu propice à l'autoactualisation.

Les humanistes utilisent souvent l'expression « non menaçant » pour désigner le milieu d'apprentissage qu'ils cherchent à implanter dans les écoles (Combs, 1981 ; Rogers, 1976). Un milieu qui répond au besoin de sécurité psychologique est un milieu dont sont exclues la peur de l'erreur et de l'échec, la peur d'être ridiculisé, la peur d'être réprimandé si l'on ne fournit pas la bonne réponse, etc. L'idéal consisterait à éliminer tout simplement l'échec de l'école (Glasser, 1973), mais à défaut d'une mesure aussi draconienne – nous avons promis de nous en tenir à des pratiques applicables sans transformation radicale –, l'enseignant peut favoriser l'établissement d'un milieu sécuritaire, d'un milieu d'apprentissage ressenti comme non menaçant par les apprenants, en adoptant les attitudes et les pratiques suivantes.

1. *Éviter les sarcasmes et les moqueries.* La première attitude, qui s'impose d'elle-même, consiste, d'une part, à accorder une place à l'erreur dans le processus d'apprentissage et, d'autre part, à éviter toute remarque désobligeante à l'égard des apprenants qui se trompent. Certains enseignants n'hésitent pas à simuler des erreurs pour montrer aux élèves qu'eux aussi sont « humains », mais il s'agit avant tout ici d'implanter une atmosphère de respect à l'égard de soi-même, en désapprouvant chez l'élève l'autodénigrement (l'élève qui se moque de lui-même), et de respect à l'égard des autres apprenants, par exemple en favorisant l'entraide plutôt que la compétition.

2. *Renforcer l'effort plutôt que le rendement.* Une autre pratique toute simple consiste à renforcer, par des renforçateurs verbaux ou tout autre renforcement (comme le renforçateur informationnel), l'effort déployé ou les progrès accomplis par les élèves plutôt que leur seul rendement. Certains enseignants emprunteront ainsi les techniques de rétroaction des behavioristes pour afficher non pas les résultats que leurs élèves ont obtenus, par exemple à un test hebdomadaire d'orthographe, mais les progrès qu'ils ont enregistrés dans la réalisation d'objectifs personnalisés. D'un point de vue humaniste, il faut renforcer davantage la qualité de l'engagement de l'apprenant dans son processus d'apprentissage que son seul rendement scolaire.

3. *Adopter ensemble un code de vie pour la classe.* L'une des sources possibles d'anxiété pour les élèves se trouve dans le fait de ne pas connaître à l'avance les règles de fonctionnement de la minisociété que constitue leur groupe-classe. La plupart des enseignants, tant au primaire qu'au secondaire, communiquent

leurs attentes dans ce sens à leurs élèves dès le début de l'année scolaire. Dans le meilleur des cas, ce code de vie est élaboré conjointement avec les élèves et peut prendre la forme d'une charte des droits et des responsabilités (Ferrer, Gamble et LeBlanc-Rainville, 1997) (*voir l'encadré 5.3*). Signalons que cette manière de procéder répond non seulement au besoin de sécurité, mais aussi contribue à satisfaire le besoin de pouvoir et de participation des élèves, en particulier les élèves plus âgés du secondaire.

ENCADRÉ 5.3 *Un exemple pouvant servir à l'élaboration d'une liste de droits et de responsabilités*

Article	Ce qu'on a le droit de faire	Ce qu'on a la responsabilité de faire
1.	Exprimer son opinion.	Exprimer son opinion dans le respect d'autrui. Écouter et respecter l'opinion d'autrui.
2.	Exprimer ses émotions.	Exprimer ses émotions dans le respect d'autrui. Respecter les autres dans l'expression de leurs émotions.
3.	Participer aux discussions.	Écouter quand quelqu'un parle.
4.	Bouger de temps à autre.	Respecter la concentration d'autrui.
5.	Parler durant une période de travail.	Faire le travail demandé.
6.	Participer aux décisions du groupe.	Respecter les décisions du groupe.
7.	Chercher de l'aide au besoin.	Assumer la responsabilité d'agir de façon autonome.
8.	Recevoir de l'aide au besoin.	Apporter de l'aide au besoin.

Source : Ferrer, Gamble et LeBlanc-Rainville (1997, p. 21).

5.3.2 Répondre au besoin d'appartenance

Lorsqu'on tente de répondre au besoin d'appartenance, on contribue également à répondre au besoin de sécurité psychologique des élèves. Une pédagogie de l'accueil et de l'appartenance (FSE, 1999) est une pédagogie qui non seulement accueille la différence, mais qui la célèbre ; cette pédagogie accorde une place d'égale importance à tous les apprenants, indépendamment de leurs capacités d'apprentissage, des particularités de leur fonctionnement (élèves en difficulté, élèves avec handicaps, etc.) ou de toute autre source de différence (race ou ethnie, classe sociale, religion ou croyances, etc.). C'est en établissant une véritable communauté d'apprenants que l'on pourra le mieux répondre au besoin d'appartenance de chaque élève. Rappelons que la communauté est définie ici comme un « groupe qui a appris à transcender ses différences individuelles » (Peck, 1993, p. 73) et à les intégrer dans la fibre du tissu communautaire (Vienneau, 2002).

Parmi les pratiques qui permettent de répondre au besoin d'appartenance des élèves, nous retiendrons les suivantes.

1. *Établir une relation personnelle avec chaque élève.* La première pratique, qui semble la plus simple en apparence, mais qui est peut-être la plus exigeante quant à son application, consiste, pour l'enseignant, à établir une relation personnelle avec chaque élève de sa classe. Tous les enseignants le confirmeront : certains élèves prennent plus de place que les autres et accaparent l'attention. L'enseignant doit alors relever le défi que représente le fait d'établir une véritable relation personnelle avec *chaque* élève. Pour ne pas oublier les élèves silencieux, qui ne se démarquent ni par leur rendement scolaire, ni par leur comportement en classe, Mme Doiron, enseignante au secondaire, avait élaboré la technique présentée dans l'encadré 5.4.

ENCADRÉ 5.4 *Une technique visant à établir une relation personnelle avec chaque élève*

Chaque jour, Mme Doiron s'assurait d'avoir un échange personnel avec au moins cinq ou six élèves différents dans chacun de ses groupes-classes, par exemple en prenant des nouvelles de l'élève, en le complimentant pour un vêtement qu'il portait ou en lui parlant de sports ou de tout autre sujet d'intérêt pour lui. Cela pouvait se faire à l'entrée des élèves dans la classe, pendant une période de travail individuel, à la sortie de la classe, voire lorsqu'elle croisait les élèves dans le corridor. Cette enseignante notait chaque jour le prénom des élèves avec lesquels elle avait eu un échange personnel. Ainsi, à la fin de la semaine, elle était assurée d'avoir eu un contact personnalisé avec chacun d'entre eux. Ce qui, au début, pouvait avoir l'allure d'une activité contraignante devint si naturel après quelques mois qu'elle ne ressentit plus le besoin de noter le nom des élèves. De plus, certains des élèves dits anonymes avaient perdu leur caractère d'anonymat ; c'étaient maintenant ceux-ci qui amorçaient les échanges.

2. *Valoriser tous les domaines de réalisation.* Comme nous l'avons mentionné, l'école en tant qu'institution attribue de plus en plus d'importance aux moyens d'actualisation autres que l'apprentissage scolaire formel, comme les activités sportives, la musique, les arts visuels ou le théâtre. Cependant, il revient à l'enseignant de valoriser tous les domaines de réalisation des élèves à l'intérieur même de sa classe. Nous avons signalé la technique consistant à nommer chaque élève, à tour de rôle, « élève de la semaine » (*voir la section 5.1.2*), en faisant ressortir une réalisation scolaire ou toute autre performance exécutée à l'extérieur de l'école. Cette technique, qui peut être utilisée tant au primaire qu'au secondaire, exige de l'enseignant qu'il demeure à l'affût de ce que vivent ses élèves, tant dans sa classe qu'à l'extérieur de la classe. Une autre technique, davantage adaptée au primaire, consiste à demander aux élèves de trouver une qualité, une habileté ou un talent à chacun des trois camarades de classe qui lui auront été assignés au hasard. Les résultats de ce « projet de recherche » un peu spécial sont par la suite communiqués à l'ensemble de la classe. À l'aide

de ces techniques et bien d'autres, l'enseignant cherche à répondre au besoin d'appartenance de chaque apprenant en mettant en valeur les connaissances et les habiletés de toutes sortes, les talents et les centres d'intérêt de chacun.

3. *Pratiquer une pédagogie de la coopération.* La troisième pratique visant à répondre au besoin d'appartenance mériterait à elle seule un ouvrage entier. Il s'agit de la pédagogie de la coopération (Gamble, 2002), qui est largement répandue sous l'appellation d'*apprentissage coopératif* et implantée au primaire (Gaudet *et al.*, 1998) et au secondaire (Howden et Kopiec, 2000). L'apprentissage coopératif est souvent cité comme étant l'une des stratégies d'enseignement les plus propices à l'implantation d'une approche humaniste (Snowman et Biehler, 2000). On s'entend généralement pour affirmer qu'elle a des effets positifs sur la motivation (par exemple, l'image de soi comme apprenant), sur le rendement scolaire et sur la qualité des relations interpersonnelles à l'intérieur de la classe.

S'inspirant de Spencer Kagan (1992), chercheur prolifique et auteur influent dans ce domaine, plusieurs enseignants intègrent dans leur approche coopérative des activités visant l'acquisition non pas d'apprentissages formels, mais d'habiletés sociales et le développement de l'esprit d'équipe. Ces « structures coopératives » (voir Howden et Martin, 1997) permettent aux élèves de mieux se connaître entre eux, d'acquérir des attitudes et des habiletés de collaboration et d'entraide et, surtout, un sentiment d'appartenance à l'équipe et au groupe, soit un esprit de classe.

5.3.3 Répondre au besoin de pouvoir

Si la préoccupation de répondre au besoin de sécurité des élèves peut facilement être généralisée aux trois grandes écoles de pensée en psychopédagogie (qui pourrait s'y opposer?), celle de répondre au besoin d'appartenance relève tout autant du constructivisme que du courant humaniste en éducation, alors que les trois derniers besoins précisés par Glasser (1984), à savoir les besoins de pouvoir, de liberté et de plaisir, touchent à des préoccupations plus spécifiquement humanistes. Comment peut-on répondre au besoin de pouvoir des élèves? Bélair (1996) retient trois lieux de pouvoir : le pouvoir sur son corps, le pouvoir sur son environnement et le pouvoir sur soi et les autres. Le besoin de pouvoir sur son propre corps se manifeste aujourd'hui de manière assez voyante (par exemple, des cheveux aux couleurs inhabituelles), voire provocante (le phénomène du perçage ou *body piercing*). Les enseignants trouveront probablement plus facile de répondre au besoin de pouvoir sur l'environnement, par exemple en invitant les élèves à participer à la décoration de *leur* salle de classe, ce qui est une pratique courante au primaire, ou en attribuant aux élèves du secondaire un ou plusieurs coins qu'ils pourront utiliser librement pour afficher des nouvelles de leurs chanteurs préférés, des poèmes, des dessins, etc. Toutefois, le principal lieu de pouvoir s'exerce sur soi-même et sur les autres. Comment peut-on arriver à un partage du pouvoir entre enseignants et élèves à l'école ? Voici trois suggestions, parmi plusieurs pistes possibles.

1. *Pratiquer l'écoute active.* La première pratique proposée est étroitement liée à l'un des postulats de la psychologie humaniste : le primat de la subjectivité. Par le biais de ses interventions, l'enseignant humaniste cherchera à connaître et à comprendre le point de vue de l'élève (empathie) au lieu d'imposer ses perceptions et ses solutions, et ce, tout en exprimant honnêtement ses positions (authenticité). L'écoute active et le « message Je » sont quelques-unes des techniques de communication interpersonnelle que l'on préconise pour établir la résolution d'un conflit de type « gagnant-gagnant » (*voir l'encadré 5.5*).

ENCADRÉ 5.5 *L'écoute active et le « message Je »*

L'enseignante : Roland, le fait que tu arrives en retard à mon cours me fait perdre beaucoup de temps, car je dois répéter mes directives pour toi. Je trouve cela très frustrant et cela me rend de mauvaise humeur (*message Je* et *attitude authentique*).

Roland : Ce n'est pas de ma faute, madame Doiron. J'ai un exercice de basket-ball tous les matins et mon entraîneur ne nous laisse pas partir avant la fin.

L'enseignante : Je comprends. Tu sens que tu dois rester à cet exercice jusqu'à la dernière minute, sinon tu risques d'avoir des ennuis avec ton entraîneur (*écoute active* et *attitude empathique*).

Roland : Oui, c'est exactement ça.

L'enseignante : Cela t'aiderait peut-être si j'en parlais à ton entraîneur.

Roland : Non, je ne crois pas. D'autres élèves ont essayé et cela n'a rien donné. Si on veut jouer avec l'équipe, on doit participer aux exercices et rester jusqu'à la fin. Comprenez-moi, madame, je trouve votre cours important, mais je veux aussi continuer à faire partie de l'équipe de basket-ball.

L'enseignante : Alors, je crois que nous avons un problème. J'ai besoin que tu sois présent au début de mes cours, il n'y a aucun doute là-dessus. As-tu des suggestions à faire pour qu'on soit tous les deux gagnants dans cette situation ?

Roland : Eh bien... peut-être que je pourrais demander à mon ami Étienne de prendre en note les directives et de me les montrer lorsque j'arriverais en classe. De cette façon, je ne dérangerais personne et vous n'auriez pas besoin de tout répéter pour moi.

L'enseignante : Cela me semble raisonnable. Je m'occuperais de rappeler à Étienne de noter les choses importantes que tu aurais manquées. Évidemment, c'est d'abord à toi de lui demander s'il accepte de te rendre ce service.

Roland : Bien sûr. Merci, madame Doiron. Je vous jure que vais faire tout ce que je peux pour manquer le moins de temps possible à votre cours.

L'enseignante (*en riant*) : Sans courir dans les corridors de l'école ?

Roland (*riant également*) : Non, c'est promis. Je me contenterai de la marche olympique.

Source : Adapté de Dembo (1994, p. 326-327), d'après la méthode de Gordon (1974).

2. *Pratiquer une pédagogie de la participation.* Une deuxième pratique visant à répondre au besoin de pouvoir des élèves sur leur vie d'étudiant consiste à partager avec eux la gestion du processus enseignement-apprentissage. Gravel et Vienneau (2002) relèvent quatre niveaux ou formes de participation, allant de l'élève-exécutant (participation passive) à l'élève-gestionnaire, forme à l'intérieur de laquelle « l'élève participe, en étroite collaboration avec ses pairs et avec l'enseignant, à la gestion de l'ensemble du processus » (p. 4). Par exemple, l'enseignant pourra inviter les apprenants à préciser eux-mêmes leurs objectifs d'apprentissage, à établir leur démarche individuelle d'apprentissage ou celle de leur équipe, et même à choisir les modalités à partir desquelles leurs apprentissages seront évalués (incluant l'autoévaluation). On devine qu'une telle forme de participation constitue un objectif pédagogique à long terme, mais elle est aussi le moyen ultime de placer les apprenants aux commandes de leur apprentissage.

3. *Pratiquer une gestion participative.* La troisième pratique suggérée pour répondre au besoin de pouvoir des apprenants est probablement la pratique dont l'implantation a connu le progrès le plus important au cours des 10 dernières années : la participation des élèves à la gestion de la classe ou gestion de classe dite participative (Caron, 1994, 1997). Bien que le terme « gestion de classe » englobe les aspects liés à l'apprentissage (par exemple, l'organisation du temps et de l'environnement pédagogique) ainsi que les aspects associés à la motivation et à la discipline (Legendre, 1993), nous nous référerons surtout à cette dernière composante de la gestion de classe. Le but de la gestion de classe est d'établir un climat propice à l'apprentissage ; or, l'une des conditions essentielles pour créer ce climat est la qualité des relations interpersonnelles vécues entre élèves et entre élèves et enseignant. Glasser (1969) a été parmi les premiers auteurs à proposer la tenue régulière d'assemblées de classe. Il distingue trois types d'assemblées, dont un type doit servir à la résolution de problèmes sociaux (par exemple, déterminer des moyens de résoudre un conflit entre élèves).

Aujourd'hui, des formules telles que le *conseil de coopération* ont pris le relais. Le conseil de coopération, composé de tous les élèves et de l'enseignant, se réunit en cercle, habituellement une fois par semaine et ce, pour une durée variant de 15 à 45 minutes, selon l'âge des participants (de la maternelle au secondaire). Danielle Jasmin (1994) définit ainsi cette méthode de gestion participative :

> Le conseil de coopération est un lieu de gestion où chaque enfant a sa place, où l'individu et le groupe ont autant d'importance l'un que l'autre et où les dimensions affectives et cognitives sont traitées en équilibre. Il sert à développer des habiletés sociales de coopération, à faire l'apprentissage des droits collectifs et individuels avec la conscience des responsabilités que ces droits supposent. Ce n'est pas un tribunal, mais un lieu de résolution de problèmes où l'on vit dans le respect mutuel (p. 10).

Pendant la visite d'une école à l'automne 1994, nous avons recueilli les propos savoureux d'un « petit dur » de 3ᵉ année, dont la classe vivait l'expérience du conseil de coopération depuis le début de l'année scolaire. Ses propos écrits sont reproduits comme tels, sans correction :

> Pour moi le Conseil de coopération m'a beaucoup aider, maintenant je pense avant de parler et je donne beaucoup moins [de] coups mais je n'en recoi encore beaucoup. Moi j'ai beaucoup aimer le Conseil [.] une seule chose que j'aimai le moins c'étai me faire crétiquer. Mais il ny a pas juste des moins dans la vie [!] j'ai beaucoup aimer les félicitation et les remerciment. J'aimerai avoir le même Conseil l'anné prochaine. Moi je trouve notre classe bien gater, sest pas toute les classes qui [ont] un Conseil de cooperation (Vienneau, 1997, p. 66).

5.3.4 Répondre au besoin de liberté

Pour la majorité des élèves, sinon pour la totalité des enfants et des jeunes d'âge scolaire, l'école est synonyme d'une importante perte de liberté. Aussi, il n'est pas surprenant que l'arrivée des vacances scolaires soit habituellement accueillie par un immense cri de soulagement : « Enfin libres ! » Alexander Sutherland Neill (1883-1973), auteur du livre *Libres enfants de Summerhill* (1975) et héraut de la pédagogie libertaire, s'est avant toute chose porté à la défense des besoins des enfants : « Lorsque nous avons ouvert l'école [Summerhill], nous avions une vision fondamentale : celle d'une école qui serve les besoins de l'enfant, plutôt que l'inverse » (p. 22). Summerhill, école autogérée fondée en 1921 et établie en Angleterre en 1924, se voulait un lieu « où tous les enfants sont guéris de ce mal de l'âme et où, mieux encore, ils sont élevés dans la joie de vivre » (p. 18). Pour Neill, la liberté jouait un rôle fondamental dans cet apprentissage du bonheur, « non pas seulement comme procédé pédagogique, mais comme condition nécessaire de l'éducation » (Hemmings, 1981, p. 243). La principale caractéristique de cette école, dont l'exemple sera suivi un peu partout dans le monde, est que la présence des élèves aux cours n'est pas obligatoire : « les élèves peuvent les suivre ou ne pas les suivre, selon leur bon vouloir, et cela pour aussi longtemps qu'ils le désirent » (Neill, 1975, p. 22). Comment répondre au besoin de liberté des élèves sans verser dans des mesures aussi draconiennes ? Voici, encore une fois, trois pistes d'intervention, parmi bien d'autres possibles.

1. *Permettre les déplacements.* La première pratique suggérée consiste à permettre aux élèves de se déplacer dans la salle de classe. En effet, il n'est pas inutile de rappeler combien une activité aussi simple que le fait de se déplacer devient à l'école une activité réglementée à l'extrême, lorsqu'elle n'est pas carrément interdite pendant les heures dites d'enseignement. Comment répondre à ce besoin de se déplacer, somme toute naturel, en particulier chez les jeunes enfants, tout en conservant un climat propice à l'apprentissage ? Comment accorder « le droit de bouger de temps à autre » en l'associant à « la responsabilité de respecter la concentration d'autrui » ? (Ferrer, Gamble et LeBlanc-Rainville, 1997).

   La solution la plus évidente consiste à faire régulièrement appel à des modèles ou à des stratégies d'enseignement, comme la pédagogie de la découverte ou l'apprentissage par projets, qui incluent une bonne part d'activité physique ou qui permettent aux élèves de circuler d'un centre et d'une activité d'apprentissage à l'autre (formule des centres d'apprentissage). En plus de ces solutions pédagogiques, on peut imaginer diverses pratiques relevant de la gestion de classe (*voir l'encadré 5.6*) qui favoriseraient également un sentiment de liberté chez les élèves, sentiment venant contrecarrer l'impression d'être enfermé de longues heures durant dans un carcan de bois et de métal.

ENCADRÉ 5.6 *Une technique visant à répondre au besoin de liberté des élèves*

Mme Lirette, enseignante de 2e année, a toujours souhaité accorder un maximum de liberté à ses jeunes élèves. Parmi les moyens choisis, elle décida de modifier sa gestion des permissions d'aller aux toilettes, et ce, de manière à remettre un peu plus de liberté et de responsabilités entre les mains de ses élèves. Au début de l'année scolaire, ses élèves reçurent un petit carton sur lequel chacun écrivit son nom. Les cartons, qui furent par la suite plastifiés, sont de deux couleurs : verts pour les garçons et rouges pour les filles. Lorsqu'un enfant a besoin d'aller aux toilettes ou désire aller boire de l'eau à la fontaine du corridor, il prend son carton, le place sur le crochet approprié (un crochet pour les garçons, un autre pour les filles) et le tour est joué ! Il n'y a aucune permission à demander à l'enseignante. Les règles aussi sont simples : pas plus d'un garçon et d'une fille à la fois. En tout temps, l'enseignante n'a qu'à jeter un coup d'œil sur les crochets pour connaître le nombre et l'identité des enfants qui sont sortis de la classe.

---

2. *Permettre des choix.* La deuxième pratique visant à répondre au besoin de liberté des apprenants consiste à introduire un certain nombre de choix dans leur vécu scolaire. Du côté pédagogique, la reconnaissance du fait que les

élèves n'apprennent pas tous de la même manière (il y a différents styles d'apprentissage) ou ne traitent pas l'information de la même façon (il y a différents styles cognitifs) a entraîné un certain nombre d'auteurs (tels que Dunn et Dunn, 1998) à suggérer des activités ou des ressources complémentaires pour répondre aux différents profils cognitifs et motivationnels des élèves. En plus d'avoir recours à des ressources diversifiées et de permettre aux élèves de choisir entre celles-ci (le résultat d'apprentissage poursuivi l'emportant sur le moyen utilisé pour l'atteindre), l'enseignant peut introduire des choix qui respecteront les centres d'intérêt des élèves : le choix d'un thème de rédaction, d'un roman à résumer, d'un sujet de recherche, etc. Enfin, on peut à l'occasion autoriser des choix dans la forme que prendra la démarche d'apprentissage ou la démarche évaluative : le choix entre un travail individuel et un travail d'équipe, entre un travail présenté oralement et un travail présenté par écrit, entre une évaluation effectuée conjointement par les pairs et l'enseignant et une évaluation effectuée par l'enseignant seul, etc.

3. *Permettre la dissidence.* La dernière pratique correspond à l'attitude à adopter face à la critique et aux remises en question des apprenants, en particulier celles, plus fréquentes et plus radicales, des adolescents. L'élève doit se sentir libre d'exprimer sa différence, c'est-à-dire d'exprimer des points de vue différents de ceux de la majorité des élèves et de ceux de l'enseignant. Répondre au besoin de liberté peut aussi vouloir dire « l'accueil dans la classe du doute, de la suspicion, de la critique, du débat, de la controverse, du conflit » (Michaud, 2002, p. 8). Répondre au besoin de liberté, c'est permettre la *liberté d'être* de soi et de l'autre.

5.3.5 Répondre au besoin de plaisir

Est-il possible d'imaginer une école où rayonne la joie de vivre, une école qui soit un milieu de vie, où le verbe apprendre se conjugue avec l'auxiliaire « plaisir », une école qui soit un milieu d'apprentissage où l'effort intellectuel est alimenté par un puissant désir de connaître et de comprendre ? Si certains élèves et enseignants bénéficient d'ores et déjà d'un tel environnement, il faut admettre que ce genre de milieu d'apprentissage est encore loin d'être généralisé à toutes les écoles et à tous les groupes-classes. Les humanistes se sont faits les champions de la cause du bonheur des enfants, pas d'un lointain bonheur à venir après qu'ils auront « fait leurs classes », mais du bonheur d'apprendre ici et maintenant, à l'école. Comment répondre au cinquième besoin fondamental relevé par Glasser (1984), soit le besoin de plaisir des élèves ? Trois dernières pistes sont suggérées.

1. *Intégrer le plaisir dans la pédagogie.* La première pratique suggérée est en fait davantage un constat qu'une pratique éducative qu'un enseignant serait en

mesure d'implanter du jour au lendemain, bien que les qualités et les habiletés dont nous traiterons puissent s'acquérir. Quelles sont les qualités personnelles et les habiletés professionnelles qui contribuent au plaisir d'apprendre chez les élèves ? Si l'on accepte le principe selon lequel *on enseigne avant tout ce que l'on est*, on conviendra qu'un enseignant qui éprouve manifestement beaucoup de plaisir à enseigner à ses élèves et à apprendre en leur compagnie enseigne ce plaisir d'apprendre, qu'un enseignant passionné par la découverte et la nouveauté dans sa discipline d'enseignement enseigne la passion de cette discipline, qu'un enseignant débordant de joie de vivre et d'humour enseigne la joie de vivre et l'humour, et ainsi de suite.

Dans un ouvrage paru récemment, Stronge (2002) propose une synthèse des recherches portant sur les qualités personnelles et les habiletés professionnelles des enseignants dits efficaces. Malgré les difficultés inhérentes à la définition du concept d'efficacité, l'auteur rappelle que, parmi toutes les variables découlant du milieu scolaire, la variable « enseignant » est celle qui exerce l'influence la plus déterminante sur la réussite des élèves. Il répertorie cinq catégories de facteurs de cette « méta-variable » : la formation, la gestion, la planification, l'enseignement et *l'enseignant en tant que personne*. Cette dernière catégorie inclut des qualités telles que le fait de se préoccuper de l'élève comme d'une personne (*caring*), qualité qui se manifeste par des attitudes d'écoute, de compréhension et une connaissance personnelle de l'élève. Les autres qualités répertoriées sont le sens de la justice et le respect des élèves, l'enthousiasme et la motivation de l'enseignant, l'attitude positive à l'égard de la profession enseignante, la capacité à s'autoévaluer et la qualité des interactions sociales avec les élèves. Parmi les conclusions auxquelles arrive Stronge (2002), les enseignants efficaces sont ceux qui ont du plaisir en classe et qui démontrent leur désir de partager ce plaisir avec leurs élèves. De plus, ils ont un bon sens de l'humour et aiment échanger des blagues avec leurs élèves (*voir l'encadré 5.7 à la page suivante*).

2. *Intégrer le jeu dans la pédagogie.* Une deuxième pratique permettant de répondre au besoin de plaisir des élèves... et des enseignants consiste à introduire le jeu en classe (De Grandmont, 1995). Une pédagogie qui intègre l'activité ludique répond du même coup à un besoin naturel chez l'enfant : le désir et le plaisir de jouer. Cette pratique mise donc sur cet intérêt inné chez les enfants de tout âge en leur proposant à l'occasion des activités purement ludiques, soit le jeu pour le plaisir de jouer, des jeux qui leur permettront d'acquérir de nouvelles connaissances (les jeux éducatifs) ou d'approfondir des concepts déjà appris (les jeux pédagogiques). Il est possible de présenter aux élèves divers types de jeux, allant des jeux que l'on trouve dans le commerce aux jeux inventés par l'enseignant... ou par les élèves. Tout en répondant au besoin de plaisir, le jeu permet le développement d'habiletés

ENCADRÉ 5.7 *Une lettre d'une élève du début du secondaire à son enseignante de sciences*

« Je voulais juste vous écrire un petit mot de remerciement pour tout ce que vous avez fait pour moi au cours des deux dernières années. J'ai beaucoup appris et j'ai eu beaucoup de *plaisir* à apprendre avec vous pendant ces deux ans. J'ai aimé les laboratoires et pratiquement tout ce que nous avons fait dans votre classe parce que vous le rendiez *plaisant*. Nous avons appris sans même nous en rendre compte, mais lorsque venait le temps de montrer ce qu'on savait, alors on se disait : "Wow ! j'ai vraiment appris un tas de choses !" Non seulement vous nous avez appris beaucoup au sujet des sciences, mais vous nous avez aussi fait vivre de vraies expériences qui nous préparent pour le collège et même pour l'université. Mais par-dessus tout, vous étiez comme une amie pour moi. [...] J'espère que je vous ressemblerai un peu lorsque je serai devenue adulte. J'ai le sentiment que vous vous préoccupez vraiment de vos élèves et que vous aimez sincèrement votre travail d'enseignante. Merci d'avoir été une superbe enseignante et amie. Vous avez rendu ces années vraiment "super *le fun*". Merci. Merci mille fois. »

Source : Stronge (2002, p. 13, traduction libre).

intellectuelles (comme la résolution de problèmes), psychomotrices et sociales. Il convient tout aussi bien à la réalisation d'objectifs du programme régulier qu'à celle d'objectifs répondant aux besoins particuliers des élèves. On peut jouer à des jeux de manière individuelle, en dyade, en équipe ou de manière collective. Enfin, bien que plusieurs jeux fassent appel à la compétition, on reconnaît de plus en plus de valeur aux jeux coopératifs dont le but est de permettre à plusieurs enfants d'atteindre ensemble un certain résultat.

3. *Intégrer la créativité dans la pédagogie.* La troisième et dernière pratique suggérée en vue de répondre aux besoins fondamentaux des élèves pourrait donner lieu à un long plaidoyer pour une *pédagogie active et créative* (Amegan, 1987). Nous nous contenterons ici de présenter la créativité comme l'un des moyens privilégiés de répondre au besoin de plaisir des élèves, puisque, comme le dit l'écrivain français Georges Duhamel, « créer, en définitive, est la seule joie digne de l'homme ». Créer est également une source de joie accessible à tous. Maslow en arriva un jour au constat suivant lequel « un excellent potage démontre plus de créativité qu'une mauvaise peinture » (cité par Landry, 1983, p. 24), ce qui amène Landry (1983) à préciser que la créativité n'est pas une affaire d'artiste. En fait, d'après Carl Rogers, créer serait l'une des conditions menant à l'autoactualisation, l'acquis recherché par l'éducation étant « l'auto-nomie, l'apprentissage autodéterminé et responsable, la libération de la créativité, une certaine tendance à devenir de plus en plus une personne » (cité par Landry, 1992, p. 15). La profonde satisfaction, l'intense plaisir ressenti par l'apprenant à qui l'on permet d'exprimer sa créativité tient probablement au fait que *créer, c'est se créer* (Landry, 1983) ou, comme l'exprime Hubert Reeves : « s'il faut être pour créer, il faut aussi créer pour être, c'est-à-dire s'épanouir et développer encore plus loin sa propre créativité » (dans Poliquin, 1998, p. VIII).

Rachael Kessler (2000) désigne, de son côté, sept portes d'entrée menant à l'âme de l'éducation (*soul of education*), définie comme la dimension la plus profonde de l'expérience humaine. Cette dimension se traduit par la quête incessante, de la part de l'apprenant, d'une vie intérieure plus riche, transcendant son existence quotidienne et matérielle. L'une de ces portes ou l'un de ces chemins d'entrée est le pouvoir de la créativité, le moyen le plus familier de nourrir l'âme à l'école : « Que ce soit en développant une nouvelle idée, une œuvre d'art, en vivant une découverte scientifique ou en découvrant tout autre nouvel horizon, les élèves peuvent ressentir tout le mystère de la création » (Kessler, 2000, p. 17, traduction libre). En plus des quatre phases du processus créatif (préparation, incubation, inspiration et vérification), Kessler retient quatre principes permettant d'instiller la créativité dans le processus enseignement-apprentissage : rester ouvert à l'inconnu et à l'imprévu ; établir des ponts entre les différentes cultures, croyances et manières d'apprendre ; chercher l'équilibre entre les exigences de la forme et la liberté d'expression ; chercher l'équilibre entre le sentiment de sécurité et la prise de risques.

Au moins une autre de ces portes touche directement au besoin de plaisir des élèves : la soif naturelle de joie chez les élèves : « Cette soif de joie peut être satisfaite à travers des expériences toutes simples telles que le jeu ou la fête » (Kessler, 2000, p. 17, traduction libre). En analysant les sept portes d'entrée décrites par l'auteure (*voir la figure 5.7*), on constate que ces moyens proposés en vue d'enrichir la vie intérieure des élèves peuvent être associés, de près ou de loin, à l'un ou l'autre des cinq besoins fondamentaux relevés par Glasser (1984).

FIGURE 5.7 *Les portes d'entrée de la vie intérieure des élèves selon Kessler*

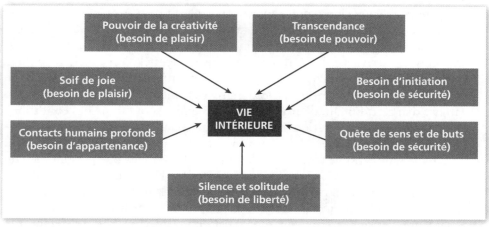

Source : Adaptée de Kessler (2002, p. 17).

Maintenant que nous avons énuméré pas moins de 15 pistes pour implanter les théories humanistes en salle de classe, à raison de 3 implications éducatives par besoin, nous présenterons le modèle d'enseignement qui reflète le mieux l'idéal humaniste en éducation : la pédagogie ouverte.

5.4 DES MODÈLES D'ENSEIGNEMENT HUMANISTE ET TRANSPERSONNEL

Les tenants d'une approche humaniste en éducation n'accordent pas tous la même importance à la dimension pédagogique du processus enseignement-apprentissage. Par exemple, Neill (1975) soutient que « l'enseignement donné à l'école n'a vraiment aucune importance [et que] les enfants, comme les adultes, n'apprennent que ce qu'ils veulent » (p. 39). Cette attitude n'est pas sans rappeler la position de Jean-Jacques Rousseau selon laquelle il suffit de « donner à l'enfant le désir d'apprendre et toute méthode sera bonne ». Dans cette perspective, les stratégies d'enseignement deviennent secondaires, le plus important étant plutôt la poursuite du bonheur et l'apprentissage de la liberté (Neill), le développement personnel et l'actualisation de soi en tant que personne unique (Maslow, Rogers), le développement d'une citoyenneté responsable et engagée (Freire) ou le développement intégral de l'être et sa quête de sens individuelle et collective (Krishnamurti, Steiner). En tant que groupe, groupe par ailleurs fort hétéroclite, les partisans d'une éducation humaniste et transpersonnelle accordent relativement moins d'importance aux stratégies et aux techniques d'enseignement que ne le font, par exemple, les partisans d'une approche constructiviste.

Si l'on reconnaît la prépondérance des buts poursuivis sur les moyens utilisés, ces idéaux éducatifs, quels qu'ils soient, ne peuvent se réaliser qu'au moyen d'une démarche pédagogique qui soit cohérente par rapport à ceux-ci ; là-dessus, rappelons qu'*il n'y a pas de choix neutres en éducation*. Nous avons mentionné la contribution majeure d'une pédagogie de la coopération, et plus spécifiquement d'une stratégie telle que l'apprentissage coopératif, pour répondre au besoin d'appartenance des élèves. De même, la pédagogie du jeu permet de répondre au besoin de plaisir des apprenants. Existe-t-il une stratégie ou un modèle d'enseignement visant à répondre à l'ensemble des besoins des élèves décrits pas Glasser (1984), c'est-à-dire à la fois à leurs besoins de sécurité, d'appartenance, de pouvoir, de liberté et de plaisir ? Un tel modèle d'enseignement semble bel et bien exister. Il s'agit de la pédagogie ouverte.

5.4.1 La pédagogie ouverte

La pédagogie ouverte (*open education*) est également désignée sous l'expression *pédagogie ouverte et interactive* (Paquette, 1992a, 1992b). Dès les années 1970, Claude Paquette (1976) s'est fait le chantre au Québec de ce « courant pédagogique » d'inspiration humaniste. Suivant la terminologie retenue, la pédagogie ouverte constitue en fait un modèle d'enseignement, puisqu'elle intègre de manière coordonnée un ensemble de stratégies d'enseignement (l'apprentissage coopératif, l'apprentissage par découverte, etc.) et de pratiques éducatives (le tableau de programmation, l'organisation physique de la salle de classe en différents coins de travail ou de rencontre, etc.).

Une pédagogie centrée sur l'interaction

D'après Paquette (1992a), la pédagogie ouverte est avant toute chose une pédagogie centrée sur l'interaction, à savoir sur les interactions éducatives entre l'intervenant scolaire (l'enseignant) et les « commettants » (les apprenants) et sur les interactions entre les apprenants et leur environnement éducatif :

> Dans la salle de classe, l'utilisation d'un tableau de programmation permettra à l'élève de planifier sa journée de travail selon trois grandes catégories d'activités : celles qu'il réalisera seul, celles qu'il réalisera en petite équipe et, finalement, celles qui seront réalisées en collectif. Ce choix s'effectue donc à partir du tableau de programmation. Ce dernier a été élaboré à partir de propositions de l'intervenant et des élèves. Durant la réalisation des activités, l'intervenant soutient la démarche de l'élève. Il formule des pistes de travail. Il provoque et confronte l'élève dans sa démarche. De plus, il observe le déroulement des activités pour obtenir des données qui serviront au processus évaluatif. L'aménagement physique de la classe est en relation directe avec les activités retenues (p. 41-42).

On constatera la place importante accordée à la médiation (*voir le chapitre 4*) dans ce modèle d'enseignement d'inspiration humaniste, qu'il s'agisse d'une médiation ayant une forte composante affective de la part de l'enseignant qui guide les élèves dans leur processus d'apprentissage, d'une médiation par les pairs ou d'une médiation par le biais des interactions avec l'environnement éducatif. Cette médiation active de l'apprentissage distingue ce modèle d'enseignement d'une pédagogie dite libertaire ou du laisser-faire, centrée sur l'« apprenant-roi » et visant à la satisfaction immédiate de ses désirs.

L'activité d'apprentissage ouverte

La pédagogie ouverte repose sur des convictions éducatives qui la distinguent des trois autres types de pédagogie relevés par Paquette (1976, 1992a, 1995), soit la pédagogie libre centrée sur l'apprenant, la pédagogie encyclopédique centrée sur l'enseignant transmetteur d'informations et la pédagogie fermée et formelle centrée sur le contenu des programmes (*voir le tableau 5.3*).

TABLEAU 5.3 *Les convictions éducatives à la base de la pédagogie ouverte*

Quant au but général de l'éducation

♦ Éduquer, c'est promouvoir un développement intégré.

♦ Le développement s'effectue selon un rythme et un style propres à la personne.

♦ La transformation de l'apprenant s'effectue en interaction avec un environnement pertinent.

Quant aux valeurs à privilégier

♦ L'autonomie et l'interdépendance.

♦ La liberté et la responsabilisation.

♦ La participation et la démocratie.

Quant à la conception de l'apprentissage

♦ La pédagogie doit faire appel aux habiletés et aux expériences personnelles de l'apprenant.

♦ Elle doit favoriser l'établissement de liens significatifs entre l'apprenant et son environnement.

♦ Elle doit stimuler l'interrogation, le questionnement et la créativité de l'apprenant.

♦ Elle doit mettre en relation les perceptions de l'apprenant et la rétroaction reçue de l'environnement.

♦ Elle doit favoriser la prise de conscience menant à un apprentissage authentique.

Source : Adapté de Paquette (1992a, p. 59-79).

La distinction essentielle entre ces divers types de pédagogie se situe toutefois sur le plan des activités d'apprentissage qui sont mises en place : « Dans une pédagogie ouverte et interactive, l'activité d'apprentissage fait appel aux talents multiples de l'apprenant. Elle est ouverte parce qu'elle n'anticipe pas les résultats, parce qu'elle laisse une place à l'imprévisible » (Paquette, 1992a, p. 84). Les principales caractéristiques d'une activité d'apprentissage ouverte sont présentées dans l'encadré 5.8 (*voir la page suivante*). Notons que ces activités font largement appel à la créativité des élèves et recourent à des situations propices à la résolution de problèmes. Dans un second tome consacré aux *Démarches et outils,* Paquette (1992b) propose également un grand nombre d'activités ouvertes sur les thèmes des valeurs, de l'autonomie et de l'interdépendance, de la liberté et de la responsabilisation ainsi que de la démocratie participative.

L'activité d'apprentissage ouverte est l'une des principales composantes de la mosaïque des éléments d'une pédagogie ouverte (Paquette, 1992a), les deux autres

ENCADRÉ 5.8 *Les principales caractéristiques d'une activité d'apprentissage ouverte*

1. L'activité ouverte est complète par elle-même.
2. L'activité ouverte favorise l'intégration des différents champs disciplinaires (matières).
3. L'activité ouverte est propice à l'utilisation simultanée de plusieurs processus de pensée (divergente, évaluative, convergente).
4. L'activité ouverte ne prédétermine pas les apprentissages à réaliser ni les performances à atteindre. Elle met en branle des processus à partir de situations ou de problèmes significatifs.
5. La situation ou le problème posé dans une activité ouverte peut provenir d'un intérêt ou d'une préoccupation de l'élève, ou de l'intervenant, ou d'une entente conjointe des deux.
6. Une activité ouverte est au choix parmi d'autres activités ouvertes. Le tableau de programmation est un outil de gestion privilégié dans une pédagogie ouverte et interactive.
7. Une activité ouverte est propice à une démarche d'apprentissage continu.

Source: Paquette (1992a, p. 85-86).

composantes étant l'aménagement (de l'espace, du temps et de groupe) et les interventions-relations (incluant les éléments de gestion, d'analyse éducative, du processus d'apprentissage et des interactions). Au primaire, l'activité d'apprentissage ouverte peut comprendre les éléments précisant quelle sera l'activité réalisée par l'élève, par l'enseignant, conjointement par l'enseignant et l'élève de même que les activités accomplies à l'extérieur de l'école. Dans une monographie publiée pour le ministère de l'Éducation du Nouveau-Brunswick, Paquette (1995) énumère des faits illustrant une pédagogie ouverte et informelle (*voir l'encadré 5.9*). Cette énumération résume les principaux éléments d'une pédagogie ouverte et interactive.

ENCADRÉ 5.9 *Les faits illustrant une pédagogie ouverte et informelle*

Dans une pédagogie ouverte et informelle (ou interactive):

♦ les élèves choisissent des activités d'apprentissage;
♦ les activités d'apprentissage font simultanément appel à plusieurs talents;
♦ les élèves planifient leur horaire de travail;
♦ les élèves apportent du travail à la maison selon leur initiative ou après concertation avec l'enseignant;
♦ des espaces sont aménagés pour rendre l'environnement éducatif stimulant: salon de lecture, coin d'exploration, coin d'expression, etc.;
♦ l'aménagement de la classe est réalisé conjointement par les élèves et l'enseignant;
♦ les règlements de la classe sont décidés conjointement par les élèves et l'enseignant;
♦ les activités d'apprentissage permettent une intégration des matières.

Source: Paquette (1995, p. 65).

On peut évidemment remettre en question certains aspects de la pédagogie ouverte (Daignault *et al.*, 1984), en particulier l'accent placé sur des situations d'apprentissage choisies et préparées par le groupe-classe, ce qui peut même se faire au détriment des résultats d'apprentissage prescrits par les programmes d'études. L'application d'une pédagogie ouverte amène effectivement à se poser la question « que faut-il apprendre ? », à laquelle Paquette (1992a) répond, entre autres choses, qu'« un programme ne doit pas entraver la liberté de progresser vers l'apprentissage » (p. 241) et qu'« un programme doit favoriser l'apprentissage par une intégration des différentes disciplines scolaires » (p. 246).

Ces deux propositions, tirées des cinq principes recommandés par Paquette (1992a), méritent qu'on s'y arrête. Tout d'abord, les contenus d'apprentissage que prévoient les programmes officiels sont de plus en plus conçus comme des « plates-formes » pour l'acquisition d'habiletés cognitives supérieures (analyse, synthèse, évaluation) et de compétences transversales (compétences d'ordre intellectuel, d'ordre méthodologique, d'ordre personnel et social et de l'ordre de la communication). En cela, les tenants de la pédagogie ouverte ont peut-être devancé les concepteurs des programmes actuels en optant dès les années 1970 pour des activités d'apprentissage globales, non morcelées, favorisant à la fois l'intégration des disciplines et l'acquisition de compétences variées, telles que les compétences à exploiter l'information, à résoudre des problèmes, à exercer son jugement critique, à mettre en œuvre sa pensée créatrice, à se donner des méthodes de travail efficaces, à coopérer ou à communiquer de façon appropriée.

Une autre critique qu'on adresse souvent à la pédagogie ouverte concerne le manque *apparent* de rigueur dans la démarche évaluative qui y est préconisée. Là encore, les adeptes de cette pédagogie progressiste ont fait preuve d'avant-gardisme en prônant en quelque sorte une « évaluation authentique » avant l'heure, démarche évaluative faisant appel entre autres à l'observation de l'intervenant, à l'entrevue individuelle, à l'autoévaluation de l'apprenant, au journal de bord et à la rétroaction des pairs. On y ajoutera aujourd'hui la tenue d'un portfolio d'apprentissage (Farr et Tone, 2002), le tout devant mener à une évaluation ouverte et interactive (Paquette, 1992a).

Comme nous l'avons dit au début de cette section, la pédagogie ouverte nous apparaît comme le modèle d'enseignement le plus susceptible de répondre à l'ensemble des besoins relevés par Glasser (1994). Avec l'accent qui est mis sur la vie du groupe-classe et sur le travail réalisé en équipe, la pédagogie ouverte répond tout d'abord au besoin d'*appartenance* des élèves. Ensuite, le fait de participer activement au choix des activités d'apprentissage ainsi qu'au processus d'évaluation contribue à répondre au besoin de *pouvoir* des jeunes. De plus, la nature même des activités proposées, qui permettent des initiatives de toutes sortes, favorise un sentiment de *liberté* chez les apprenants. L'engagement tant cognitif qu'affectif associé à des activités choisies librement ainsi que la place importante accordée à la créativité permettent à leur tour de répondre au besoin de *plaisir*. Enfin, le soutien affectif d'un enseignant-guide ainsi que des pairs, perçus non pas comme des concurrents, mais comme des collaborateurs dans leur démarche d'apprentissage, devrait favoriser un sentiment de *sécurité* chez les élèves.

Les dimensions de l'école humaniste qui semblent les moins présentes dans le modèle de la pédagogie ouverte, bien qu'elles ne soient pas incompatibles avec l'implantation de ce modèle, sont les dimensions citoyenne et spirituelle privilégiées par le courant transpersonnel. L'*éducation dans une perspective planétaire* intègre ces dimensions et attribue en particulier une place de choix à la dimension citoyenne.

5.4.2 L'éducation dans une perspective planétaire

La préoccupation d'intégrer une dimension citoyenne et une dimension spirituelle dans la finalité poursuivie par l'éducation ne date pas d'hier. Comme nous l'avons vu précédemment, Paulo Freire et Rudolf Steiner ont été parmi les premiers à proposer qu'on élargisse le mandat de l'école de façon à y inclure une éducation à la citoyenneté responsable et engagée ou à tenter de répondre au besoin de transcendance des jeunes.

Depuis quelques décennies, des valeurs et des concepts tels que ceux de justice, de paix, de solidarité, d'interdépendance, de respect des droits de la personne et des peuples, de respect de l'environnement et d'appréciation des différences individuelles et culturelles ont été regroupés sous l'appellation *éducation dans une perspective planétaire* et, plus récemment, sous l'appellation *éducation à la citoyenneté démocratique dans une perspective planétaire* (Ferrer et Allard, 2002a, 2002b). Ce courant est « voisin de ce que, en contexte anglo-saxon, on nomme depuis une vingtaine d'années *global education* » (Lessard, Desroches et Ferrer, 1997, p. 4). Selon ces auteurs, l'éducation dans une perspective planétaire est davantage un courant de pensée et d'action qu'un modèle pédagogique proprement dit, bien que, en plus de tenter d'adapter l'école aux transformations que connaît la société et de clarifier les valeurs permettant de fonder un projet éducatif adapté à ce nouveau contexte, l'éducation dans une perspective planétaire cherche « à animer une pratique pédagogique cohérente avec les valeurs mises de l'avant » (p. 5).

Dans un collectif consacré à ce courant et dirigé par Mohamed Hrimech et France Jutras (1997), on définit ainsi l'éducation dans une perspective planétaire :

> L'éducation planétaire est une perspective (et non un objet d'apprentissage) qui sous-tend, influence et harmonise les processus d'enseignement et d'apprentissage dans les

écoles. Elle permet aux élèves d'étudier, de développer une connaissance critique et de comprendre les enjeux planétaires de manière à ce qu'ils puissent les aborder dans leurs milieux. Elle leur permet aussi d'adopter des valeurs saines axées sur le respect de l'environnement, l'interdépendance mondiale, la justice sociale pour tous les peuples, la paix, les droits de la personne et des processus de développement économique, social et culturel qui profitent à tous. Les élèves ont l'occasion de développer leur détermination et leur aptitude à agir en tant que citoyennes et citoyens responsables, soucieux de contribuer à l'édification d'un monde meilleur pour eux-mêmes, pour leur collectivité et pour la terre entière (Desroches, 1997, p. 178).

Un consensus semble en voie de s'établir autour de la nécessité d'intégrer une perspective planétaire dans la formation qu'offre le milieu scolaire : « Pour la première fois dans l'histoire, la survie de la race humaine dépend d'un changement radical du cœur humain » (Fromm, 1976, cité par Ferrer, 1997, p. 18). Selon Ferrer (1997), l'éducation est appelée à contribuer à ce changement du cœur humain et des structures sociales que recherchent Erich Fromm et d'autres penseurs contemporains, et « bien que l'éducation ne puisse opérer seule les transformations nécessaires, elle peut apporter une contribution significative à la formation d'agents de changement capables de joindre les rangs des forces vives de transformation sociale » (p. 18). On s'attend à ce que les intervenants scolaires deviennent les premiers de ces agents multiplicateurs, d'où la nécessité d'intégrer l'éducation dans une perspective planétaire dans la formation des enseignants, un *modèle d'intégration de l'éducation dans une perspective planétaire* ayant même été conçu à cet effet (Ferrer, 1997).

Les volets de l'éducation dans une perspective planétaire

L'éducation dans une perspective planétaire est également une approche globale qui intègre divers volets qu'on aborde trop souvent séparément. Notons que ces volets peuvent être nommés ou regroupés différemment, Ferrer (1997) retenant pour sa part les six volets suivants :

1. *L'éducation aux droits humains et à la démocratie,* « qui ne signifie pas seulement l'étude des lois, des déclarations et des conventions internationales, mais la mise en pratique d'un système complexe d'interactions d'égalité » (Ferrer, 1997, p. 23) ;

2. *L'éducation à la paix,* qui amène entre autres « à se remettre en question, à s'opposer aux injustices, à résoudre les conflits de façon non violente par le dialogue, la négociation et la coopération » (p. 23) ;

3. *L'éducation interculturelle,* qui non seulement inclut l'acquisition d'attitudes favorables à la diversité, mais également vise au « développement d'habiletés à vivre dans un espace commun, démocratique, pluraliste et multiethnique » (p. 24) ;

4. *L'éducation relative à l'environnement,* qui comprend la sensibilisation aux problèmes environnementaux et l'approfondissement de la relation vécue avec son environnement naturel ;

5. *L'éducation au développement,* « définie en fonction d'un développement intégral et harmonieux » (p. 24) qui tient compte de l'épanouissement des personnes, des communautés et des peuples ainsi que de la protection de l'environnement ;

6. *L'éducation à la solidarité locale et internationale,* qui privilégie un « effort de compréhension critique de la situation mondiale et la recherche de solutions à caractère global et local, à court terme et à long terme, qui s'imposent tant au Nord qu'au Sud » (p. 24).

Les dimensions de l'éducation dans une perspective planétaire

Dans le prolongement des travaux du Groupe de recherche en éducation dans une perspective mondiale (GREPM) de l'Université de Moncton, Ferrer et Allard (2002b) désignent quatre dimensions interdépendantes constituantes de l'éducation dans une perspective planétaire : une dimension intrapersonnelle, une dimension interpersonnelle et intergroupe, une dimension sociale de même qu'une dimension environnementale. Nous avons évoqué leur modèle conceptuel d'*éducation à la citoyenneté démocratique dans une perspective planétaire* dans la présentation du volet « conscientisation et engagement » de la pédagogie actualisante (*voir le chapitre 2*). Nous exposerons ici un peu plus en détail les contenus susceptibles d'être véhiculés à l'intérieur de chacune de ces dimensions de l'éducation dans une perspective planétaire (*voir le tableau 5.4*).

TABLEAU 5.4 *Les contenus d'apprentissage associés aux quatre dimensions de l'éducation dans une perspective planétaire*

Dimension intrapersonnelle : *construction de soi comme sujet de sa propre existence*

A. Contenus d'ordre général

♦ Complexité de l'être humain (être biologique, spirituel et culturel) et fonctionnement de la psyché humaine : conscience et inconscience, cadre de référence et filtres cognitifs et affectifs ; [...]

♦ Problèmes et richesses sur le plan intrapersonnel

B. Contenus en relation avec le travail à faire sur soi-même

♦ Connaissance de sa propre façon d'être, de penser et de sentir ; origine de ses valeurs, de ses croyances, de ses opinions et de ses représentations, de ses préjugés et stéréotypes ; [...]

♦ Acquisition d'habiletés : autonomie, effort de décentration de soi (capacité d'introspection, d'autoquestionnement, de dialogue intérieur) ; gestion de ses sentiments, [...]

♦ Acquisition d'attitudes : respect de la dignité humaine, liberté, sens à donner à la vie

---

TABLEAU 5.4 *Les contenus d'apprentissage associés aux quatre dimensions de l'éducation dans une perspective planétaire (suite)*

Dimension interpersonnelle et intergroupe : *reconnaissance de l'autre en tant que sujet*

A. Contenus d'ordre général

- Complexité de la communication humaine : intersubjectivité, obstacles à la compréhension et à la reconnaissance d'autrui, sens d'appartenance au groupe
- Problèmes et richesses sur les plans interpersonnel et intergroupe

B. Contenus en relation avec le travail à faire sur ses rapports à autrui

- Connaissance du type de rapports que l'on établit sur le plan interpersonnel et intergroupe
- Acquisition d'habiletés : reconnaissance et compréhension d'autrui ; dialogue (capacité d'écoute active), coopération, résolution non violente des conflits
- Acquisition d'attitudes : empathie, respect de la diversité

Dimension sociale : *conscience sociale planétaire et engagement solidaire*

A. Contenus d'ordre général

- Principales idéologies, religions et régimes politiques ; diversité culturelle, cultures et sous-cultures ; dialogue des cultures, socialisation et désocialisation ; rôle des médias d'information ; [...]
- Complexité de la réalité sociale (locale et internationale, hier/aujourd'hui) : problèmes et richesses
- Législation : les instruments juridiques concernant les droits humains

B. Contenus en relation avec le travail à faire à l'égard de son engagement social

- Connaissance du type de rapport (ou d'engagement) que l'on établit avec les groupes sociaux, les institutions civiles, religieuses et culturelles, les médias d'information ; [...]
- Acquisition d'habiletés : effort de décentration par rapport à sa culture (capacité de remettre en question sa culture, son idéologie, sa classe sociale et de faire une relecture de l'histoire officielle)
- acquisition d'attitudes : appréciation et respect du patrimoine culturel de l'humanité ; [...]

Dimension environnementale : *conscience planétaire et engagement responsable*

A. Contenus d'ordre général

- Phénomènes environnementaux à l'échelle locale et internationale ; [...]
- Complexité de la réalité environnementale [...] : problèmes et richesses

B. Contenus en relation avec le travail à faire à l'égard de son rapport avec l'environnement

- Connaissances de ses rapports avec l'environnement
- Acquisition d'habiletés : respect de la nature, responsabilités à l'égard de l'environnement
- Acquisition d'attitudes : appréciation de la nature et sentiment d'appartenance au milieu de vie

Source : Ferrer et Allard (2002b, p. 6-7).

Rappelons que l'éducation dans une perspective planétaire n'est pas une matière à enseigner, mais qu'elle s'inscrit plutôt dans une perspective interdisciplinaire (Hrimech et Jutras, 1997), approche qui se prête bien à l'acquisition de compétences transversales, dont certaines d'ordre intellectuel (par exemple, exercer son jugement critique) et d'autres d'ordre personnel et social (par exemple, structurer son identité). L'approche préconisée dans la formation des maîtres et dans l'enseignement en milieu scolaire est celle de l'*infusion,* définie par Desroches (1997) comme une démarche consistant «à introduire, de manière progressive et continue, dans une ou plusieurs activités de formation [...], des éléments d'information ou des valeurs particulières reliées à l'éducation dans une perspective planétaire» (p. 178).

Nous avons cité dans ce chapitre (*voir la section 5.3.1 et l'encadré 5.3*) une activité associée à la gestion de classe tirée du guide *L'éducation aux droits de la personne* (Ferrer, Gamble et LeBlanc-Rainville, 1997). Ce guide contient de nombreuses activités d'apprentissage susceptibles d'être intégrées dans le programme scolaire ordinaire. Les disciplines du français (langue maternelle) et des sciences humaines apparaissent comme particulièrement bien adaptées à ce type d'intégration par infusion. Toutefois, l'intégration des contenus associés aux dimensions intrapersonnelle, interpersonnelle, sociale et environnementale de l'éducation dans une perspective planétaire peut tout aussi bien se réaliser dans des activités

---

ENCADRÉ 5.10 *Une intervention pédagogique dans le cadre d'une éducation à la solidarité internationale*

Thème: *Le sens des nombres* (mathématiques 7e année ou 1re secondaire)

Activité suggérée: Résoudre un problème mathématique sur l'espérance de vie par la stratégie d'essais et erreurs

Résultats d'apprentissage spécifiques:

1. Appliquer la stratégie d'essais et erreurs dans la résolution de problèmes.
2. Nommer certains facteurs qui influencent l'espérance de vie.

Déroulement:

1. Effectuer une mise en situation sur le concept d'espérance de vie.
2. Permettre aux élèves de partager leurs connaissances antérieures sur le sujet.
3. Demander aux élèves de résoudre le problème ci-dessous en équipes.
4. Discuter des problèmes de justice et d'égalité des chances que soulèvent les disparités existant entre les espérances de vie de personnes nées et vivant dans différentes parties du monde ainsi que des solutions possibles pour diminuer ces disparités.

Problème à résoudre : Écris le nom et la nationalité des cinq femmes dans la figure fournie en t'aidant des indices donnés :

1. L'espérance de vie de Nou Yong du Viêt-Nam n'est ni la plus longue, ni la plus courte.

2. L'espérance de vie de Naja au Niger est un nombre pair et un multiple de 4.

3. L'espérance de vie de l'Allemande, Érika, est un nombre premier.

4. L'espérance de vie d'Antonia en Bolivie est un multiple de 2, plus grand qu'un demi-siècle, mais n'atteignant pas 65 ans.

5. L'espérance de vie de la Canadienne, Isabelle, est un multiple de 9.

ESPÉRANCE DE VIE

48 ans	58 ans	66 ans	79 ans	81 ans

Source : Adapté du guide *Projet d'éducation à la solidarité internationale. Interventions pédagogiques* publié par le ministère de l'Éducation du Nouveau-Brunswick (MENB, 1992) en collaboration avec l'Association des enseignantes et des enseignants francophones du Nouveau-Brunswick (AEFNB) et l'Agence canadienne de développement international (ACDI). Section « Mathématiques », 2e activité.

d'apprentissage en mathématiques ou en sciences, comme en témoigne l'exemple présenté dans l'encadré 5.10 et tiré d'un recueil d'interventions pédagogiques publié par le ministère de l'Éducation du Nouveau-Brunswick (MENB, 1992).

En plus des guides pédagogiques spécialisés dans l'un ou l'autre des volets que comprend l'éducation dans une perspective planétaire, signalons que de nombreux organismes non gouvernementaux (ONG) produisent du matériel pédagogique à l'intention des écoles primaires et secondaires. Desroches et Lessard (1997) fournissent une liste non exhaustive de ces ONG avec leurs coordonnées (Oxfam, Unicef, Développement et paix, L'éducation au service de la Terre, Amnistie internationale, Pacijou, etc.).

L'éducation dans une perspective planétaire et la pédagogie

Bien qu'elle ne constitue pas un modèle pédagogique à proprement parler, l'*éducation dans une perspective planétaire* (Ferrer, 1997) ou l'*éducation à la citoyenneté démocratique dans une perspective planétaire* (Ferrer et Allard, 2002a, 2002b) ne débouche pas moins sur des stratégies et des techniques d'enseignement d'inspiration humaniste (ou constructiviste). Citons la pédagogie expérientielle, la pédagogie de la coopération et la résolution de problèmes (Ferrer, Gamble et LeBlanc-Rainville, 1997). Ferrer et Allard (2002b), s'inspirant de différents pédagogues progressistes, dont Freire (1977), Shor (1992) et Snyders (1975), proposent six techniques s'adressant tant à l'hémisphère droit qu'à l'hémisphère gauche du cerveau, tant à l'affectivité qu'à l'intellect :

1. *Les techniques de discussion :* le remue-méninges, l'échange d'opinions, le débat, la remise en question ;

2. *Les techniques de réflexion d'ordre éthique :* la clarification des valeurs, la résolution de dilemmes, le conseil de coopération, le cercle de communication (inspiré des pratiques amérindiennes) ;

3. *Les activités de recherche :* les projets collectifs, les études de cas, les entrevues, l'analyse de contenu ;

4. *L'évocation de figures de proue en tant que sources d'inspiration :* Nelson Mandela, Gandhi, Rigoberta Menchu, Aung San Suu Kyi, le dalaï-lama, mère Teresa, etc. ;

5. *Le recours à des représentations symboliques :* le cercle yin et yang qui permet d'illustrer les deux côtés d'une problématique, etc. ;

6. *Les techniques d'expression créatrice :* les jeux de rôle, l'utilisation de poèmes, de chansons, d'œuvres d'art, d'allégories, de mythes, de citations et autres provenant de contextes culturels variés.

La pédagogie de la conscientisation et de l'engagement proposée par Ferrer et Allard (2002b), qui s'appuie sur un modèle conceptuel d'éducation à la citoyenneté dans une perspective planétaire, constitue une pédagogie la fois humaniste et transpersonnelle. Cette pédagogie est *humaniste*, car elle accorde une place importante à l'affectivité et vise au développement d'un sentiment d'autonomie et à l'accroissement de la capacité d'autodétermination (dimension personnelle) ; elle permet de plus d'approfondir sa connaissance et sa compréhension de l'autre tout en développant sa capacité à prendre un recul critique par rapport à son propre processus de socialisation (dimension sociale). De même, cette pédagogie est *transpersonnelle*, en ce qu'elle articule une éthique de la responsabilité sociale (dimension citoyenne) ; en outre, elle permet de donner davantage de sens à sa vie ou de prendre conscience de sa responsabilité face au sens à donner à sa vie (dimension spirituelle) : « Tenir compte de l'intégralité de la personne signifie favoriser la réflexion sur les questions fondamentales relatives au sens de la vie et à ce qui nous unit comme êtres humains par delà nos différences personnelles et culturelles » (Ferrer et Allard, 2002b, p. 9).

RÉSUMÉ

Les fondements théoriques des courants humaniste et transpersonnel (section 5.1)

- Deux courants pédagogiques complémentaires sont issus de l'école humaniste : le courant humaniste proprement dit, comprenant les dimensions personnelle et sociale, et le courant transpersonnel, comprenant les dimensions citoyenne et spirituelle.

- Le courant humaniste vise le développement personnel et social des apprenants. Ses principaux théoriciens sont Abraham Maslow et Carl Rogers.

- Maslow, le père de la « troisième force en psychologie », a proposé une théorie humaniste de la motivation selon laquelle les êtres humains sont motivés par le désir de satisfaire certains besoins hiérarchisés ; de plus, les besoins de niveau inférieur doivent être au moins partiellement satisfaits avant que l'on puisse accéder aux besoins de niveau supérieur. La pyramide des besoins comprend quatre types de besoins-déficiences (les besoins physiologiques, les besoins de sécurité, les besoins d'appartenance et d'amour et les besoins d'estime) et trois types de besoins de croissance (les besoins de connaître et de comprendre, les besoins esthétiques et le besoin d'auto-actualisation).

- Rogers préconise une approche non directive en éducation. Il précise trois attitudes nécessaires à une relation éducative efficace, c'est-à-dire à une relation menant à un apprentissage authentique, entre un enseignant facilitateur de l'apprentissage et les apprenants : l'authenticité, l'acceptation inconditionnelle et l'empathie.

- Le courant transpersonnel constitue un prolongement du courant humaniste. Il vise au développement d'une citoyenneté responsable et engagée (dimension citoyenne) et tente de répondre au besoin de transcendance des apprenants (dimension spirituelle). Parmi ses théoriciens, citons Freire, Krishnamurti et Steiner.

- Freire propose une pédagogie de la conscientisation et préconise le développement de la pensée critique, condition indispensable pour amener les élèves à exercer leur rôle d'agent social.

- Krishnamurti et Steiner sont associés à la dimension spirituelle du courant transpersonnel. Krishnamurti s'est fait le champion de la libération intérieure, alors que Steiner, auteur d'un système philosophique unissant la science et la spiritualité, suggère une approche éducative reposant sur cette anthroposophie.

Les écoles Steiner intègrent la dimension spirituelle dans leur curriculum, sans pour autant l'enseigner directement aux élèves ; l'enseignant joue un rôle primordial, celui de modèle vivant d'un être en quête de sagesse.

La conception humaniste de l'apprentissage et de l'enseignement (section 5.2)

◆ La conception de l'apprentissage et de l'enseignement de l'école humaniste s'apparente à celle des courants cognitif et constructiviste en éducation ; cependant, cette école soutient la prédominance de l'affectif sur le cognitif (courant humaniste) et accorde la prépondérance aux dimensions citoyenne et spirituelle (courant transpersonnel).

◆ La finalité et les valeurs véhiculées par l'école humaniste sont la reconnaissance de l'unicité de chaque apprenant, le développement de l'autonomie, les valeurs de la coopération et de l'entraide, le développement personnel et social, le développement d'une citoyenneté responsable ainsi que l'ouverture sur la dimension spirituelle.

◆ L'apprentissage, d'un point de vue humaniste, est conçu comme un processus de croissance personnelle et sociale menant à l'autoactualisation, alors que l'enseignement est un processus centré sur l'apprenant et autodirigé par celui-ci. D'après Combs, l'éducation humaniste met l'accent sur la liberté, la dignité, l'intégrité et la valeur inhérente à chaque personne.

◆ Le rôle de l'enseignant est d'accompagner l'élève dans son processus de croissance ; selon Rogers, il s'agit d'un rôle de facilitateur d'apprentissage. Le terme « s'éduquant » résume le rôle attendu de la part de l'élève.

Les implications éducatives des théories humanistes (section 5.3)

◆ Les interventions éducatives découlant des théories humanistes permettent de répondre aux besoins relevés par Glasser : les besoins de sécurité, d'appartenance, de pouvoir, de liberté et de plaisir.

◆ On peut répondre au besoin de sécurité des élèves en évitant les sarcasmes et les moqueries, en renforçant l'effort plutôt que le rendement et en établissant avec les élèves un code de vie pour la classe.

◆ On peut répondre au besoin d'appartenance des élèves en établissant une relation personnelle avec chaque élève, en valorisant tous les domaines de réalisation et en pratiquant une pédagogie de la coopération.

◆ On peut répondre au besoin de pouvoir des élèves en pratiquant l'écoute active (chercher à connaître et à comprendre le point de vue de l'élève), en pratiquant une pédagogie de la participation et en adoptant une gestion participative (par exemple, à l'aide d'un conseil de coopération).

♦ On peut répondre au besoin de liberté des élèves en permettant les déplacements dans la salle de classe, en proposant des choix aux élèves et en tolérant une certaine forme de dissidence.

♦ On peut répondre au besoin de plaisir des élèves en intégrant le plaisir dans la pédagogie (montrer son plaisir d'apprendre et sa joie de vivre, son sens de l'humour, son enthousiasme pour sa discipline, etc.), en intégrant le jeu dans la pédagogie et en favorisant l'expression de la créativité des élèves.

Des modèles d'enseignement humaniste et transpersonnel (section 5.4)

♦ La pédagogie ouverte est un modèle d'enseignement qui intègre différentes stratégies d'inspiration humaniste et constructiviste, telles que l'apprentissage coopératif et l'apprentissage par découverte, et des outils de gestion, tels que le tableau de programmation.

♦ La pédagogie ouverte et interactive préconisée par Paquette met l'accent sur les interactions éducatives entre l'enseignant et les apprenants et entre les apprenants et leur environnement éducatif.

♦ L'activité d'apprentissage ouverte, choisie librement par les apprenants, fait appel à la créativité et à la résolution de problèmes, et favorise l'intégration des matières.

♦ L'éducation dans une perspective planétaire est un courant d'idées et d'action qui recouvre six volets : l'éducation aux droits humains et à la démocratie, l'éducation à la paix, l'éducation interculturelle, l'éducation relative à l'environnement,

l'éducation au développement et l'éducation à la solidarité locale et internationale.

♦ L'éducation dans une perspective planétaire touche à quatre dimensions, auxquelles sont associés différents contenus : une dimension intrapersonnelle (construction de soi comme sujet de sa propre existence), une dimension interpersonnelle et intergroupe (reconnaissance de l'autre en tant que sujet), une dimension sociale (conscience sociale et engagement solidaire) et une dimension environnementale (conscience planétaire et engagement responsable).

♦ La pédagogie de la conscientisation et de l'engagement préconisée par Ferrer et Allard, qui s'inspire de l'éducation dans une perspective planétaire, constitue un modèle à la fois humaniste, tenant compte des dimensions personnelle et sociale de l'apprenant, et transpersonnel, qui intègre les dimensions citoyenne et spirituelle.

LECTURES RECOMMANDÉES

BÉLAIR, F. (1996). *Pour le meilleur... jamais le pire. Prendre en main son devenir*, Montréal, Chenelière/McGraw-Hill.

CAOUETTE, C.E. (1992). *Si on parlait d'éducation. Pour un nouveau projet de société*, Montréal, VLB éditeur.

FERGUSON, M. (1981). « Chapitre IX : Apprendre à apprendre », *Les enfants du Verseau. Pour un nouveau paradigme*, Paris, Calmann-Lévy, p. 207-242.

FERRER, C. et R. ALLARD (2002a). « La pédagogie de la conscientisation et de l'engagement : pour une éducation à la citoyenneté démocratique dans une perspective planétaire. Première partie – Portrait de la réalité sociale et importance d'une éducation à la conscientisation critique et à l'engagement », *Éducation et francophonie*, vol. XXX, n° 2,), [en ligne]. [http://www.acelf.ca/revue/30-2/ articles/04-ferrer-1.html]

FERRER, C. et R. ALLARD (2002b). « La pédagogie de la conscientisation et de l'engagement : pour une éducation à la citoyenneté démocratique dans une perspective planétaire. Deuxième partie – La PCE : concepts de base, transversalité des objectifs, catégorisation des contenus, caractéristiques pédagogiques, obstacles et limites », *Éducation et francophonie*, vol. XXX, n° 2, [en ligne]. [http://www.acelf.ca/revue/30-2/articles/04-ferrer-2.html]

GERHARDT, H.-P. (1993). *Perspectives : revue trimestrielle d'éducation comparée*, vol. XXIII, n° 3-4, p. 445-465, [en ligne]. [http://www.ibe.unesco.org/International/Publications/Thinkers/ThinkersPdf/freire.pdf]

MASLOW, A.H. (1972). *Vers une psychologie de l'Être*, Paris, Fayard.

MEYOR, C. (1996). « Chapitre 11 : Rudolf Steiner et le courant spiritualiste », dans C. Gauthier et M. Tardif (dir.), *La pédagogie. Théories et pratiques de l'Antiquité à nos jours*, Montréal, Gaëtan Morin Éditeur, p. 239-258.

NDUWUMWAMI, L. (1991). *Krishnamurti et l'éducation*, Paris, Éditions du Rocher.

PAQUETTE, C. (1992a). *Une pédagogie ouverte et interactive. Tome 1 : L'approche*, Montréal, Québec/Amérique.

PAQUETTE, C. (1992b). *Une pédagogie ouverte et interactive. Tome 2 : Démarches et outils*, Montréal, Québec/Amérique.

SIMARD, D. (1996). « Chapitre 12 : Carl Rogers et la pédagogie ouverte », dans C. Gauthier et M. Tardif : *La pédagogie. Théories et pratiques de l'Antiquité à nos jours*, Montréal, Gaëtan Morin Éditeur, p. 259-284.

La lecture de ce livre nous aura permis de constater que l'apprentissage humain et son équivalent institutionnalisé, l'apprentissage scolaire, sont des phénomènes complexes et multidimensionnels. L'apprentissage scolaire, en particulier, donne lieu à diverses interprétations, selon le sens que l'on attribue au verbe d'action qui le désigne, selon qu'il est perçu comme un produit ou comme un processus, mais surtout selon le courant pédagogique dont on s'inspire pour définir ce qu'il *doit être* et pour choisir les moyens de le réaliser chez les apprenants (notre conception de l'enseignement). Ainsi, la définition traditionnelle de l'apprentissage, qui le présentait comme «un changement relativement permanent dans le potentiel de comportement dû à l'expérience», ne suffit plus. Elle a été remplacée par une définition plus dynamique, mettant résolument l'accent sur l'aspect «processus» du phénomène, cette définition ne s'inspirant plus uniquement du behaviorisme et du cognitivisme, mais puisant dans plusieurs autres courants pédagogiques: le courant constructiviste, le courant humaniste et le courant transpersonnel.

L'apprentissage en tant que processus de nature cognitive L'apprentissage scolaire ne se définit plus en fonction de produits, de bonnes réponses, de comportements observables et mesurables (la conception behaviorale). Il consiste plutôt dans un processus interne, non transmissible, qui se passe «entre les deux oreilles» de l'apprenant. L'apprentissage est tout d'abord une multitude d'opérations de traitement de l'information, qui se traduiront *éventuellement* par autant de nouvelles connaissances déclaratives, procédurales et conditionnelles venant enrichir la structure cognitive de l'apprenant. Le courant cognitif et son modèle théorique du traitement de l'information auront sans nul doute contribué à redéfinir l'apprentissage scolaire en tant que processus de nature cognitive, sur lequel l'enseignant peut intervenir indirectement, par exemple en tenant compte des styles cognitifs et des styles d'apprentissage de ses élèves, et directement, en adoptant des techniques favorisant notamment l'attention sélective, le traitement efficace de l'information dans la mémoire de travail et l'organisation de l'information devant être emmagasinée dans la mémoire à long terme.

L'apprentissage en tant que co-construction de sens Le traitement de l'information effectué de manière solitaire ne saurait garantir à lui seul la construction de savoirs solides, durables et transférables (d'où l'ajout de l'adverbe «éventuellement» dans le paragraphe précédent). En effet, l'apprentissage est également défini comme un processus continu, par lequel l'apprenant construit *avec l'autre* sa connaissance de soi et du monde. L'apprentissage scolaire est désormais conçu comme une véritable entreprise de construction, ou, pour être plus précis, de co-construction de sens. Sans la médiation habile d'un enseignant ou d'un apprenant expert, sachant exploiter sa zone proximale de développement, ou sans les interactions vécues avec ses pairs, pouvant lui fournir les stimulations cognitives et affectives nécessaires, l'élève laissé à lui-même ne sera pas toujours en mesure de donner un sens aux stimuli traités dans son environnement scolaire. Le courant constructiviste (associé au rôle d'apprenant actif) et plus particulièrement le socioconstructivisme (l'apprenant social) ont mis en lumière les dimensions sociale et culturelle de l'apprentissage en valorisant, par exemple, des stratégies d'enseignement faisant appel à la coopération (comme l'apprentissage coopératif) et aux interactions significatives dans le milieu, habituellement vécues en équipes (comme l'apprentissage par découverte et l'apprentissage par projets).

L'apprentissage en tant qu'actualisation de soi L'apprentissage est donc défini à la fois comme un processus de nature cognitive (le traitement de l'information) et comme un processus de nature sociale et culturelle (la co-construction de sens), mais il est également défini comme un processus multidimensionnel dans lequel toutes les dimensions de la personne sont mises à contribution. L'apprentissage scolaire, tout comme l'apprentissage humain, intègre donc les savoirs (les connaissances de toutes sortes), les savoir-faire et les savoir-agir (les habiletés intellectuelles, les habiletés sportives, etc.), les savoir-être (les attitudes et les valeurs), les savoir-vivre ensemble (les habiletés sociales, etc.) et même les savoir-devenir (la capacité à se donner un projet de vie, etc.). Puisque l'élève ne vient pas à l'école seulement avec sa tête, c'est à la personne entière de l'apprenant que l'enseignant doit s'adresser, à une personne animée de désirs, d'aspirations et de rêves, à une personne tentant de répondre, parfois maladroitement, à ses besoins de sécurité, d'appartenance, de pouvoir, de liberté et de plaisir. Le courant humaniste (dimensions personnelle et sociale) et le courant transpersonnel (dimensions citoyenne et spirituelle) nous rappellent qu'apprendre, c'est aussi, et peut-être surtout, s'actualiser en tant qu'« être humain total », et s'engager dans la construction d'un monde de paix, de justice et de solidarité.

En guise de conclusion à cette conclusion (!), voici une fable qui, lorsqu'elle fut rédigée il y a quelques années, se proposait comme la suite d'un texte fort connu dans le milieu de l'éducation, *L'école des animaux,* texte d'un auteur inconnu, cité par Caouette (1992). Cette fable, intitulée *L'école des animaux… la suite,* se veut l'apologie d'une école véritablement actualisante, tant pour les apprenants que pour les adultes qui l'habitent et qui la font vivre, l'école idéale qu'il nous reste à bâtir.

L'école des animaux (fable)

Un jour, les animaux décidèrent qu'ils devaient faire quelque chose d'héroïque pour faire face aux problèmes d'un monde nouveau. Alors ils organisèrent une école.

Ils mirent au point un programme d'activités incluant la course, la grimpée, la natation et le vol. Pour simplifier l'administration du programme, tous les animaux durent s'inscrire à toutes les disciplines.

Le canard excellait en natation ; il surpassait même l'enseignant. Mais il eut des notes à peine suffisantes en vol et se montra très médiocre en course. Il dut donc abandonner la natation et s'entraîner à la course après la classe. À ce régime, ses palmes s'usèrent à un point tel que d'excellent en natation, il devint moyen. Cependant, puisque sa moyenne à l'école était encore acceptable, personne ne s'en soucia vraiment… sauf le canard.

Le lapin, qui avait pourtant commencé bon premier de sa classe à la course, ne tarda pas à se sentir déprimé après quelques essais en natation. L'écureuil, bien qu'excellent grimpeur, devint très frustré dans les cours de vol parce que son enseignant l'obligeait à décoller du sol, l'empêchant de se laisser planer du haut d'un arbre. Plein de crampes et d'ankyloses, il écopa finalement de la note *C* en grimpée et de la note *D* en course.

L'aigle, un enfant-problème, fut très sévèrement réprimandé. Dans les cours de grimpée, il surpassait certes tous les autres, mais voilà, il avait une façon bien à lui d'atteindre le faîte de l'arbre, et il y tenait.

À la fin de l'année, une anguille anormale, capable de nager excessivement bien, de courir aussi, de grimper et de voler un peu, récolta les plus hautes notes et fut déclarée le phénix de la classe.

Toutefois, les chiens de prairie demeurèrent en dehors de l'école et combattirent le système en place en s'attaquant au régime de taxation. La raison de cela était que l'administration refusait d'ajouter des cours de creusage et de camouflage au programme de l'école. Ils mirent leurs enfants en apprentissage chez le blaireau et se joignirent plus tard aux hamsters et aux taupes pour fonder une école indépendante.

Auteur inconnu

L'école des animaux... la suite

Les premiers mois de l'école indépendante furent tout à fait paradisiaques. Les petits des chiens de prairie et des taupes se consacraient corps et pattes à leurs cours de creusage de galeries et de terriers, tandis que les hamsters et les blaireaux optaient pour la seule autre discipline inscrite au curriculum de l'école : le camouflage toute saison.

Un jour, une taupe encore plus myope que la moyenne entra en collision avec un chien de prairie qui courait en sens inverse. Après s'être excusée, elle demanda au chien de prairie où il allait ainsi, d'un pas aussi pressé. Le chien de prairie, à bout de souffle, lui expliqua que l'on venait tout juste d'ouvrir un terrain de golf dans le village voisin et que l'on était à la recherche d'une main-d'œuvre qualifiée pour le creusage d'une très longue galerie souterraine couvrant les neuf premiers trous de ce terrain de golf.

« Quelle fantastique occasion pour un creuseur spécialisé comme moi ! » de s'exclamer le chien de prairie, premier de sa classe au cours de *Creusage 1103* et bon deuxième au cours d'*Aménagement de terrier 1201*.

« En effet », répondit, songeuse, la taupe en pensant à ses propres prouesses en construction de galeries souterraines.

« Tu n'aurais pas d'objection à ce que je t'accompagne ? » demanda timidement la taupe à son camarade écolier.

« Pas du tout », répondit le chien de prairie, pas rancunier pour deux sous après avoir été bousculé par son amie myope.

Et c'est ainsi que le chien de prairie et la taupe se dirigèrent d'un pas joyeux vers le village voisin. Ils n'eurent aucun mal à trouver le contremaître du nouveau chantier, un blaireau à la mine sévère, qui trônait sur la souche d'un immense peuplier. Après avoir expliqué la raison de leur visite, le chien de prairie et la taupe demandèrent au blaireau à quel moment ils pouvaient se mettre au travail.

« Pas si vite, mes petits amis, répondit le contremaître d'un air supérieur. Vous avez un diplôme ? »

Les deux écoliers se regardèrent, surpris par cette étrange question.

« Que voulez-vous dire ? » demanda timidement la taupe, impressionnée par l'autorité du contremaître.

« Est-ce vraiment nécessaire ? » ajouta le chien de prairie, pas trop certain d'avoir compris le sens de cette demande.

Sur un ton un peu hargneux (c'est une chose bien connue : les blaireaux ne peuvent tout simplement pas blairer la contradiction), le contremaître leur expliqua que l'entreprise qui l'employait n'embauchait plus maintenant que des ouvriers diplômés.

« C'est quoi, exactement, ce diplôme ? » demanda courageusement la taupe, craignant de voir le blaireau se mettre carrément en colère.

« Eh bien, commença le contremaître d'un air docte, heureux d'étaler son nouveau savoir, c'est une attestation écrite de votre école confirmant que vous avez rempli les exigences d'un ensemble de matières composant un curriculum de formation. Voilà, c'est ça, un diplôme, crut-il bon de rappeler, et il vous en faut un pour travailler sur mon chantier. »

« Ah bon ! » s'exclama le chien de prairie content de comprendre, mais aussi perplexe qu'avant.

Les deux écoliers se regardèrent tristement, tout penauds parce qu'ils se découvraient subitement aussi ignorants. D'un pas pesant, ils s'en retournèrent chez eux.

La nouvelle fit rapidement le tour du village des animaux. On commença à interroger le fonctionnement de l'école nouvellement créée, qui non seulement ne décernait aucun diplôme et n'offrait que deux disciplines à son curriculum, mais où l'échec n'existait pas.

Les hamsters insistèrent tout d'abord pour que l'on y délivre des diplômes, dûment sanctionnés par la réussite aux examens du nouveau ministère de l'Instruction animale et citoyenne (le MIAC). Les chiens de prairie, qui, souvenez-vous, avaient été les premiers à contester l'ancien système, furent pourtant parmi ceux qui réclamèrent à grands cris que l'on remette de nouveau les disciplines de la course, de la grimpée, de la natation et du vol au programme de leur école. Les blaireaux n'en démordaient pas (c'est une chose bien connue : les blaireaux ne peuvent tout simplement pas blairer la contradiction), il fallait aussi adopter des critères de réussite très élevés, qui feraient l'envie de toutes les autres écoles de la région, du pays, et pourquoi pas du monde, ajoutaient les blaireaux, dont la folie des grandeurs est également bien connue dans la forêt. Enfin, les taupes, qui ne voulaient pas être en reste, défendirent l'idée d'un regroupement des élèves par âge à l'intérieur de classes, elles-mêmes regroupées en ordres d'enseignement. Pour simplifier l'administration du système, on proposa des critères et un programme d'études communs à tous les élèves de chacune des années menant à la remise d'un diplôme.

Ainsi fut dit, ainsi fut fait.

Dans l'euphorie du moment, on semblait avoir oublié les petits du village pour lesquels, jadis, on avait institué la première école. Aussi fut-on surpris, voire agacés, d'entendre un jour une petite voix s'élever pour demander :

« Excusez-moi, mais je ne suis plus très certain de vouloir aller à votre école, moi. » C'était un petit blaireau qui s'exprimait ainsi, en se rappelant les jours heureux et insouciants, alors qu'il fréquentait l'école indépendante créée par ses parents.

Les adultes se regardèrent d'un air consterné. Il n'était quand même pas question d'abandonner leur beau plan, échafaudé après tout pour le bien commun du village (s'il fallait tenir compte du point de vue des enfants, qui sait quel genre d'école cela pourrait nous donner ?)... Toutefois, les hamsters, les taupes, les chiens de prairie et même les blaireaux n'étaient pas des animaux sans cœur, loin de là, et ils se laissèrent interpeller par la déception qu'exprimait un de leurs petits.

La petite voix du blaireau leur rappelait un rêve ancien, qu'ils avaient eux-mêmes entretenu lorsqu'ils fréquentaient l'École des animaux. Le rêve d'une école qui concilierait les besoins des petits et ceux de la forêt ; d'une école où les petits des animaux pourraient assouvir leur soif naturelle de se connaître et de comprendre le monde tout en apprenant les disciplines inscrites à leur programme d'études ; d'une école où l'évaluation serait mise au service de l'apprentissage tout en répondant aux besoins du système mis en place pour mesurer leurs progrès ; d'une école qui reconnaîtrait les particularités de fonctionnement des différents groupes appelés à vivre ensemble dans ce milieu d'apprentissage ; enfin, d'une école qui reconnaîtrait le caractère unique de chacun tout en offrant des occasions de socialisation, de partage et de coopération...

Cette école idéale, aussi désirée par les petits que par les adultes du village, était-elle un simple rêve ou était-elle plutôt une utopie en marche ? Les animaux du village, éternels optimistes, choisirent la seconde option et se mirent au travail. D'après les dires d'un hibou qui est passé par là récemment, les animaux du village n'auraient pas cessé depuis de travailler à la réalisation de leur école idéale.

BIBLIOGRAPHIE

ALBERTINI, J. M. (1992). *La pédagogie n'est plus ce qu'elle sera,* Paris, Éditions du Seuil et Presses du CNRS.

ALBERTO, P. A. et TROUTMAN, P. A. (1986). *Applied Behavior Analysis for Teachers,* Columbus, Merrill.

AMEGAN, S. (1987). *Pour une pédagogie active et créative,* Sainte-Foy, Presses de l'Université du Québec.

ANDERSON, J. R. (1976). *Language, Memory and Thought,* Hillsdale, Erlbaum.

ANDERSON, J. R. (1983). *The Architecture of Cognition,* Cambridge, Harvard University Press.

ANDERSON, J. R. (1995). *Learning and Memory: An Integrated Approach,* New York, Wiley.

ARCHAMBAULT, G. (1998). *47 façons pratiques de conjuguer enseigner et apprendre,* Sainte-Foy, Les Presses de l'Université Laval.

ARCHAMBAULT, J. et CHOUINARD, R. (2003). *Vers une gestion éducative de la classe,* 2e édition, Montréal, Gaëtan Morin Éditeur.

ARMSTRONG, T. (1999). *Les intelligences multiples dans votre classe,* Montréal, Chenelière/McGraw-Hill.

ARPIN, L. et CAPRA, L. (2001). *L'apprentissage par projets,* Montréal, Chenelière/McGraw-Hill.

ASPY, D. et ROEBUCK, F. (1990). *On n'apprend pas d'un prof qu'on n'aime pas. Résultats de recherches sur l'éducation humaniste,* Montréal, Actualisation.

ASTOLFI, J. P. (1997). *L'erreur, un outil pour enseigner,* 3e édition, Paris, ESF.

ATKINSON, R. C. et SHIFFRIN, R. M. (1968). « Human memory: A proposed system and its component processes », K. Spence et J. Spence (sous la direction de), *The Psychology of Learning and Motivation,* vol. 2, New York, Academic Press.

AUDY, P., RUPH, F. et RICHARD, M. (1993). « La prévention des échecs et des abandons scolaires par l'actualisation du potentiel intellectuel » (A.P.I.), *Revue québécoise de psychologie,* vol. 14, n° 1.

AUSUBEL, D. P. (1967). *Learning Theory and Classroom Practice,* Toronto, Ontario Institute for Studies in Education (OISE).

AUSUBEL, D. P. (1968). *Educational Psychology: A Cognitive View,* New York, Holt, Rinehart & Winston.

AUSUBEL, D. P. et ROBINSON, F. G. (1969). *School Learning: An Introduction to Educational Psychology,* New York, Holt, Rinehart & Winston.

BACH, R. (1978). *Illusions ou les aventures d'un messie récalcitrant,* Paris, Les Éditions Flammarion.

BADDELEY, A. D. (1990). *Human Memory: Theory and Practice,* Boston, Allyn et Bacon.

BAILLARGEON, N. (2001). *La lueur d'une bougie: Citoyenneté et pensée critique* (Les grandes conférences), Montréal, Les Éditions Fides.

BANDURA, A. (1976). *L'apprentissage social,* Bruxelles, Pierre Mardaga.

BANDURA, A. (1986). *Social Foundation of Thought and Action: A Social Cognitive Theory,* Englewood Cliffs, Prentice-Hall.

BARLOW, D. L. (1985). *Educational Psychology. The Teaching-learning Process*, Chicago, Moody Press.

BARTH, B.-M. (1993). *Le savoir en construction. Former à une pédagogie de la compréhension*, Paris, Retz Nathan.

BAUMANN, J. F. (1986). *Teaching Main Idea Comprehension*, Newark, International Reading Association.

BEAUCHAMP, R. (1981). « Une histoire à succès : la pédagogie de la réussite », *Vie pédagogique*, vol. 14, p. 37-41.

BÉGIN, Y. (1978). *L'individualisation de l'enseignement : Pourquoi ?*, Québec, INRS-Éducation.

BÉLAIR, F. (1996). *Pour le meilleur... jamais le pire. Prendre en main son devenir*, Montréal, Chenelière/McGraw-Hill.

BERTRAND, Y. (1998). *Théories contemporaines de l'éducation*, 4ᵉ édition, Montréal, Éditions Nouvelles.

BERTRAND, Y. et VALOIS, P. (1992). *École et sociétés*, Laval, Éditions Agence d'Arc.

BIGGE, M. L. (1982). *Learning Theories for Teachers*, 4ᵉ édition, New York, Harper & Row Publishers.

BIGGE, M. L. et SHERMIS, S.S. (1999). *Learning Theories for Teachers*, 6ᵉ édition, Don Mills, Longman.

BLOOM, B. S. (1968). « Learning for mastery », *UCLA Evaluation Comment*, vol. 1, nᵒ 2, p. 1-12.

BLOOM, B. S. (1969). *Taxonomie des objectifs pédagogiques. Tome I : Domaine cognitif*, Montréal, Les Presses de l'Université du Québec.

BLOOM, B. S. (1973). *Handbook on Formative and Summative Evaluation of Student Learning*, 2ᵉ édition, New York, McGraw-Hill.

BLOOM, B. S. (1976). *Human Caracteristics and School Learning*, New York, McGraw-Hill.

BLOOM, B. S. (1984). « The search for methods of group instruction as effective as one-to-one tutoring », *Educational Leadership*, vol. 41, nᵒ 8, p. 4-18.

BLOOM, B. S., ENGELHART, M. D., FURST, E. J., HILL, W. H., et KRATHWOHL, D. R. (Éditeurs) (1956). *Taxonomy of Educational Objectives. The Classification of Educational Goals, Handbook I : Cognitive Domain*, New York, David McKay Company.

BONNAFONT, C., BONNOT, G., CHAGUIBOFF, J., GAUQUELIN, F., MAYNADIER, M., MOUSSEAU, J., CALVI, J. et STOLOWICKI, C. (1981). *La Psychologie par ses fondateurs : Les 10 grands de la psychologie*, Paris, Robert Laffont.

BONNOT, G. (1981). « Ivan Pavlov : le paradoxe de la psychologie », *La Psychologie par ses fondateurs : Les 10 grands de la psychologie*, Paris, Robert Laffont, p. 8-33.

BOULET, A. (1999). « Changements de paradigme en apprentissage : du behaviorisme au cognitivisme au constructivisme », *Apprentissage et socialisation*, vol. 19, nᵒ 2, p. 13-22.

BOURASSA, B., SERRE, F. et ROSS, D. (1999). *Apprendre de son expérience*, Québec, Les Presses de l'Université du Québec.

BOURDONCLE, R. (1991). « La professionnalisation des enseignants : analyses sociologiques anglaises et américaines »,

Revue française de pédagogie, vol. 94, p. 73-92.

BOWD, A., MCDOUGALL, D. et YEW-CHUK, C. (1998). *Educational Psychology for Canadian Teachers,* Toronto, Harcourt Brace Canada.

BOWER, G. H. et HILGARD, E. R. (1981). *Theories of Learning,* 5e édition, Englewood Cliffs, Prentice-Hall.

BRANDT, R. S. et PERKINS, D. N. (2000). « The evolving science of learning », R. S. Brandt (sous la direction de), *Education in a New Era,* Alexandria, ASCD, p. 159-183.

BRANSFORD, J. D. (1979). *Human Cognition: Learning, Understanding and Remembering,* Belmont, Wadsworth.

BRANSFORD, J. D. et STEIN, B. S. (1993). *The IDEAL Problem Solver: A Guide for Improving Thinking, Learning and Creativity,* 2e édition, New York, Freeman.

BRIEN, R. (1992). *Design pédagogique. Introduction à l'approche de Gagné et de Briggs,* Ottawa, Les Éditions Saint-Yves.

BRIEN, R. (1997). *Science cognitive et formation,* 3e édition, Québec, Presses de l'Université du Québec.

BROADBENT, D. E. (1958). *Perception and Communication,* London, Pergamon Press.

BROOKS, J. G. et BROOKS, M. G. (1993). *In Search of Understanding: The Case for Constructivist Classrooms,* Alexandria, ASCD.

BROWN, A. L. (1978). *Knowing What, When and How to Remember: A Problem of Metacognition* (Technical Report 47), Champaign, University of Illinois, Center for the Study of Reading.

BROWN, J. S., COLLINS, A. et DUGUID, P. (1989). « Situated cognition and the culture of learning », *Educational Researcher,* vol. 18, n° 1, p. 32-42.

BRUILLARD, E. (1997). *Les machines à enseigner,* Paris, Éditions HERMES.

BRUNER, J. S. (1960). *The Process of Education,* Cambridge, Harvard University Press.

BRUNER, J. S. (1966). *Toward a Theory of Instruction,* Cambridge, Harvard University Press.

BRUNER, J. S. (1991). « *...car la culture donne forme à l'esprit* », Paris, Esthel.

BRUNER, J. S. (1996). *L'éducation, entrée dans la culture. Les problèmes de l'école à la lumière de la psychologie culturelle,* Paris, Éditions Retz.

BRUNER, J. S., GOODNOW, J. J. et AUSTIN, G. A. (1956). *A study of Thinking,* New York, Wiley & Sons.

BUCKLEY, N. K. et WALKER, H. M. (1974). *Comment modifier les comportements en classe. Manuel de procédures pour les professeurs,* 2e édition, Sainte-Foy, Les Éditions Saint-Yves.

BUJOLD, N. (1997). *L'exposé oral en enseignement,* Sainte-Foy, Presses de l'Université du Québec.

BYRNES, J. P. (1996). *Cognitive Development and Learning in Instructional Context,* Boston, Allyn & Bacon.

BYRNES, J. P. et FOX, N. A. (1998). « The educational relevance of research in cognitive neuroscience », *Educational Psychology Review,* vol. 10, n° 3, p. 297-342.

CAINE, R. N. et CAINE, G. (1991). *Making Connections: Teaching and the Human Brain,* Alexandria, ASCD.

CAINE, R. N. et CAINE, G. (1997). *Education on the Edge of Possibility,* Alexandria, ASCD.

CALVI, J. (1981). « John Broadus Watson: le père du behaviorisme », *La Psychologie par ses fondateurs: Les 10 grands de la psychologie,* Paris, Robert Laffont, p. 34-61.

CAOUETTE, C. E. (1992). *Si on parlait d'éducation. Pour un nouveau projet de société,* Montréal, VLB Éditeur.

CARBONNEAU, M. et LEGENDRE, M.-F. (2002). « Pistes pour une relecture du programme de formation et de ses référents conceptuels », *Vie pédagogique,* vol. 123, p. 12-17.

CARDINET, A. (1995). *Pratiquer la médiation en pédagogie,* Paris, DUNOD.

CARON, J. (1994). *Quand revient septembre… Guide sur la gestion de classe paticipative,* vol. 1, Montréal, Les Édtions de la Chenelière.

CARON, J. (1997). *Quand revient septembre… Recueil d'outils organisationnels,* vol. 2, Montréal, Les Éditions de la Chenelière.

CARROLL, J. B. (1963). « A model of school learning », *Teachers' College Record,* vol. 64, p. 723-733.

CASE, R. (1978). « A developmentally based theory and technology of instruction », *Review of Educational Research,* vol. 48, p. 439-463.

CHAGUIBOFF, G. (1981). « Burrhus Frederic Skinner: l'enseignement programmé », *La Psychologie par ses fondateurs: Les 10 grands de la psychologie,* Paris, Robert Laffont, p. 62-88.

CHAMBERLAND, G., LAVOIE, L. et MARQUIS, D. (1995). *20 formules pédagogiques,* Sainte-Foy, Presses de l'Université du Québec.

CHAMBERLAND, G. et PROVOST, G. (1996). *Jeu, simulation et jeu de rôle,* Sainte-Foy, Presses de l'Université du Québec.

CHASE, W. G. (1973). *Visual information processing,* New York, Academic Press.

CHOMSKY, N. (1956). « Three models for the description of language », *IRE Transactions on Information Theory,* vol. 2, nᵒ 3 (sept. 1956), p. 113-124.

CLARK, J. M. et PAIVIO, A. (1991). « Dual coding theory and education », *Educational Psychology Review,* vol. 3, p. 149-210.

COMBS, A. W. (1979) (Éditeur). *Humanistic education: objectives and assessment,* Alexandria, ASCD.

COMBS, A. W. (1981). « Humanistic education: too tender for a tough world? », *Phi Delta Kappan,* vol. 62, p. 446-449.

CONSEIL ÉCONOMIQUE DU CANADA – CEC (1992). *Les chemins de la compétence: éducation et formation professionnelle au Canada. Un rapport de synthèse,* Ottawa.

CONSEIL SUPÉRIEUR DE L'ÉDUCATION DU QUÉBEC (1971). *L'activité éducative. Rapport annuel du Conseil supérieur de l'éducation du Québec 1969-1970* (mars 1971), 239 pages.

CÔTÉ, R. L. (1987). *Psychologie de l'apprentissage et enseignement. Une approche modulaire d'autoformation,* Boucherville, Gaëtan Morin Éditeur.

CÔTÉ, R. L. (1998). *Apprendre. Formation expérientielle stratégique,* Sainte-Foy, Presses de l'Université du Québec.

CÔTÉ, R. et PLANTE, J. (1976). *Analyse et modification du comportement,* Montréal, Librairie Beauchemin.

CRAHAY, M. (1999). *Psychologie de l'éducation,* Paris, Presses Universitaires de France.

CRAIK, F. I. et LOCKHART, R. S. (1972). « Levels of processing: A framework for memory research ». *Journal of Verbal Learning and Verbal Behavior,* vol. 11, p. 671-684.

DAIGNAULT, J., GAUTHIER, C., GAUVIN, L., PAQUETTE, C., PELLETIER, G. et ROY, J. A. (1984). *La pédagogie ouverte en question?,* Montréal, Éditions Québec/Amérique.

DALCEGGIO, P. (1991). *Qu'est-ce qu'apprendre?,* Montréal, Service d'aide à l'enseignement, Université de Montréal.

DE BONO, E. (1975). *CoRT Thinking Program,* Blandford, Direct Education Services.

DE GRANDMONT, N. (1995). *Pédagogie du jeu: jouer pour apprendre,* Montréal, Les Éditions LOGIQUES.

DE LA GARANDERIE, A. (1980). *Les profils pédagogiques,* Paris, Éditions Le Centurion.

DE LA GARANDERIE, A. (1993). *Les profils pédagogiques. Discerner les aptitudes scolaires,* Paris, Bayard Éditions.

DE LANDSHEERE, G. (1979). *Dictionnaire de l'évaluation et de la recherche en éducation,* Paris, PUF.

DE LANNOY, J.-D. et FEYEREISEN, P. (1999). *Qu'est-ce donc qu'apprendre?,* Lausanne (Suisse), Delachaux et Niestlé.

DELMINE, R. et DEMOULIN, R. (1994). *Introduction à la psychopédagogie,* 3e éd., Bruxelles, De Boeck Université.

DEMBO, M. H. (1994). *Applying educational psychology,* 5e éd., New York, Longman.

DEMPSTER, F. N. (1988). « The spacing effect: A case study in the failure to apply the results of psychological research », *American Psychologist,* vol. 43, p. 627-634.

DESROCHES, F. (1997). « Lexique de l'éducation dans une perspective planétaire », M. Hrimech et F. Jutras (sous la dir. de), *Défis et enjeux de l'éducation dans une perspective planétaire,* Sherbrooke, Éditions du CRP, p. 175-213.

DESROCHES, F. et LESSARD, C. (1997). « Organismes faisant la promotion de l'éducation dans une perspective planétaire », M. Hrimech et F. Jutras (sous la dir. de), *Défis et enjeux de l'éducation dans une perspective planétaire,* Sherbrooke, Éditions du CRP, p. 215-223.

DEWEY, J. (1916). *Democracy and Education,* New York, Macmillan [en ligne]. [http://www.ilt.columbia.edu/publications/dewey.html]

DEWEY, J. (1938). *Experience and education,* New York, Macmillan.

D'HAINAULT, L. (1980*). Des fins aux objectifs de l'éducation,* Paris, Nathan.

D'HAINAULT, L. et MICHEZ, N. (1979). *Une méthode récurrente pour enseigner la résolution de problèmes,* Bruxelles, Ministère de l'Éducation de la Belgique.

DORÉ, F. Y. (1986). *L'apprentissage. Une approche psycho-éthologique,* St-Hyacinthe, Edisem.

DORÉ, R., WAGNER, S. et BRUNET, J.-P. (1996). *Réussir l'intégration scolaire. La déficience intellectuelle*, Montréal, Les Éditions LOGIQUES.

DRISCOLL, M. P. (2000). *Psychology of Learning for Instruction*, 2ᵉ éd., Needham Heights, Allyn & Bacon.

DUBÉ, L. (1986). *Psychologie de l'apprentissage de 1880 à 1980*, Sillery, Presses de l'Université du Québec.

DUBLOIS, L. (1997) (rédactrice invitée). « L'apprentissage et l'enseignement des sciences et des mathématiques dans une perspective constructiviste », *Éducation et francophonie*, vol. 25, nᵒ 1 [en ligne]. [http://www.acelf.ca/revue/ xxv1/ index.html]

DUBOIS, N. (1987). *La psychologie du contrôle. Les croyances internes et externes*, Grenoble, Presses Universitaires de Grenoble.

DUFRESNE-TASSÉ, C. (1981). *L'apprentissage adulte, essai de définition*, Montréal, Éditions Vivantes.

DUNN, R., BEAUDRY, J. et KLAVAS, A. (1989). « Survey of research on learning styles », *Educational Leardership*, vol. 46, nᵒ 6, p. 50-58.

DUNN, R. et DUNN, K. (1978). *Teaching students through their individual learning style*, Englewood Cliffs, Prentice-Hall.

DUNN, R. et DUNN, K. (1998). *The complete guide to the learning style inservice*, New York, Pearson, Allyn & Bacon.

DUNN, R., DUNN, K. et PRICE, G. (1985). *Learning Style Inventory*, 4ᵉ éd., Lawrence, Price Systems.

DUNN, R. et GRIGGS, S. A. (1988). *Learning style : Quiet revolution in American secondary schools*, Reston, National Association of Secondary School Principals.

EBBINGHAUSS, H. (1885). « Veber das Gedächtnis » (traduit en anglais par H. A. Ruger et C. Bossinger, 1913), *On memory*, New York, Columbia University.

ÉCOLE RUDOLF STEINER DE MONTRÉAL (2003). *Pour vivre l'éducation autrement*, [en ligne]. [http ://www. ersm.org/]

EGGEN, P. D. et KAUCHAK, D. P. (1992). *Educational psychology : classroom connections*, Toronto, Maxwell Macmillan Canada.

EISNER, E. et VALLANCE, E. (1974). (Éditeurs). *Conflicting conceptions of curriculum*, California, McCutchan.

FACULTÉ DES SCIENCES DE L'ÉDUCATION - FSE (1999). *Vers une pédagogie actualisante : Mission de la Faculté des sciences de l'éducation et formation initiale à l'enseignement*, Moncton, Université de Moncton.

FARR, R. et TONE, B. (2002). *Le portfolio au service de l'apprentissage et de l'évaluation*, Montréal, Chenelière/ McGraw-Hill.

FAURE, E. (1972). *Apprendre à être*, Paris, Fayard-UNESCO.

FERGUSON, M. (1981). *Les enfants du Verseau : pour un nouveau paradigme*, Paris, Calmann-Lévy.

FERRER, C. (1997). « Vers un modèle d'intégration de l'éducation dans une perspective planétaire à la formation des enseignantes et des enseignants »,

Revue des sciences de l'éducation, vol. 23, n° 1, p. 17-48.

FERRER, C. et ALLARD, R. (2002a). «La pédagogie de la conscientisation et de l'engagement : pour une éducation à la citoyenneté démocratique dans une perspective planétaire. Première partie - Portrait de la réalité sociale et importance d'une éducation à la conscientisation critique et à l'engagement», *Éducation et francophonie,* vol. 30, n° 2 [en ligne].[http://www.acelf.ca/revue/30-2/articles/04-ferrer-1.html]

FERRER, C. et ALLARD, R. (2002b). «La pédagogie de la conscientisation et de l'engagement : pour une éducation à la citoyenneté démocratique dans une perspective planétaire. Deuxième partie - La PCE : concepts de base, transversalité des objectifs, catégorisation des contenus, caractéristiques pédagogiques, obstacles et limites», *Éducation et francophonie,* vol. 30, n° 2 [en ligne]. [http://www.acelf.ca/revue/30-2/articles/04-ferrer-2.html]

FERRER, C., GAMBLE, J. et LEBLANC-RAINVILLE, S. (1997). *L'éducation aux droits de la personne,* Halifax, Fondation d'Éducation des Provinces Atlantiques.

FEUERSTEIN, R. (1980). *Instrumental enrichment : an intervention program for cognitive modifiability,* Baltimore, University Park Press.

FEUERSTEIN, R., MILLER, R., HOFFMAN, M. B., RAND, Y., MINTZKER, Y. et JENSEN, M. J. (1981). «Cognitive modifiability in adolescence : Cognitive structure and the effects of intervention», *The Journal of Special Education,* vol. 15, n° 2, p. 269-287.

FLAVELL, J. H. (1979). «Metacognition and cognitive monitoring : A new area of cognitive development inquiry», *American Psychologist,* vol. 34, p. 906-911.

FOGARTY, R. (1999). «Architects of the Intellect», *Educational Leadership,* vol. 57, n° 3, p. 76-78.

FORGET, J., OTIS, R. et LEDUC, A. (1988). *Psychologie de l'apprentissage : théories et applications,* Brossard, Éditions Behaviora.

FORNESS, S. R. (1973). «The reinforcement hierarchy», *Psychology in the Schools,* vol. 2, p. 168-177.

FOWLER, R. D. (1990). «In memoriam : Burrhus Frederic Skinner, 1904-1990», *American Psychologist,* vol. 45, p. 1203.

FRANCOEUR, P. (1998). «Former les bons citoyens : est-ce l'affaire de l'école ?», *Vie pédagogique,* vol. 109, p. 12-15.

FRANCOEUR BELLAVANCE, S. (1997). *Le travail en projet : une stratégie pédagogique transdisciplinaire,* Longueil, Éditions Intégra.

FREIRE, P. (1977). *Pédagogie des opprimés, suivi de Conscientisation et révolution,* 2ᵉ éd., Paris, François Maspero.

FREIRE, P. (1978). *L'éducation : pratique de la liberté,* 4ᵉ éd., Paris, Les Éditions du Cerf.

FREIRE, P. (1997). *Pédagogie de l'autonomie : des savoirs nécessaires à la pratique éducative,* Paris, Les Éditions du Cerf.

FROMM, E. (1976). *Avoir ou être ?,* Paris, Laffont.

FUCHS, L. S., FUCHS, D., KARNS, K., HAMLETT, C. L., KATZAROFF, M. et DUTKA, S. (1997). «Effects of task-focused goals on low-achieving students without learning disabilities»,

American Educational Research Journal, vol. 34, n° 3, p. 513-543.

GAGE, N. L. et BERLINER, D. C. (1998). *Educational psychology,* 6ᵉ éd., Boston, Houghton Mifflin.

GAGNÉ, E. D. (1985). *The cognitive psychology of school learning,* Boston, Little, Brown and Company.

GAGNÉ, P.-P. (1999). *Pour apprendre à mieux penser. Trucs et astuces pour aider les élèves à gérer leur processus d'apprentissage,* Montréal, Les Éditions de la Chenelière.

GAGNÉ, R. M. (1968). « Learning hierarchies », *Educational Psychologist,* nov. 1968.

GAGNÉ, R. M. (1972). « Domains of learning », *Interchange,* vol. 3, p. 1-8.

GAGNÉ, R. M. (1974). *Essentials of learning for instruction,* Hinsdale, The Dryden Press.

GAGNÉ, R. M. (1976). *Les principes fondamentaux de l'apprentissage* (traduction de R. Brien et R. Paquin), Montréal, Les Éditions HRW.

GAGNÉ, R.M. (1977). *The conditions of learning,* 3ᵉ éd., New York, Holt, Rinehart and Winston.

GAGNÉ, R. M. et BRIGGS, L. J. (1979). *Principles of instructional design,* New York, Holt, Rinehart and Winston.

GAGNIÈRE, C. (2000). *Le bouquin des citations. 10 000 citations de A à Z,* Paris, Éditions France Loisirs.

GAMBLE, J. (2002). « Pour une pédagogie de la coopération ». *Éducation et francophonie,* vol. 30, n° 2, 23 pages [en ligne]. [http://www.acelf.ca/revue/30-2/articles/07-gamble.html]

GARDNER, H. (1983). *Frames of mind : The theory of multiple intelligences,* New York, Basic Books.

GARDNER, H. (1999*). Intelligence reframed*: *Multiple intelligences for the 21st century,* New York, Basic Books.

GAUDET, D. et collaborateurs (1998). *La coopération en classe. Guide pratique appliqué à l'enseignement quotidien,* Montréal, Chenelière/ McGraw-Hill.

GAUDET, J. d'A. et LAPOINTE, C. (2002). « L'équité en éducation et en pédagogie actualisante », *Éducation et francophonie,* vol. 30, n° 2 [en ligne]. [http://www.acelf.ca/revue/30-2/articles/ 11-gaudet.html]

GAUQUELIN, F. (1973). *Apprendre à apprendre,* Paris, La Bibliothèque du Centre d'étude et de promotion de la lecture.

GAUTHIER, C. et TARDIF, M. (1996). *La pédagogie. Théories et pratiques de l'Antiquité à nos jours,* Montréal, Gaëtan Morin Éditeur.

GAUTHIER, L. et POULIN, N. (1985). *Savoir apprendre. Avoir le vent dans les voiles sans toujours étudier à la planche,* 2ᵉ éd., Sherbrooke, Les Éditions de l'Université de Sherbrooke.

GERHARDT, H.-P. (1993). Paulo Freire (1921-1997). *Perspectives : revue trimestrielle d'éducation comparée,* vol. 23, n° 3-4, p. 445-465.

GIANESIN, F. (2001). *Mémoriser pour… comprendre, réfléchir, créer,* Montréal, Chenelière/McGraw-Hill.

GIBRAN, K. (1978). *Le prophète,* 21ᵉ éd., Paris, Casterman.

GIORDAN, A. (1998). *Apprendre !*, Paris, Éditions Belin.

GLASSER, W. (1969). *Schools without failure*, New York, Harper & Row.

GLASSER, W. (1973). *Des écoles sans déchets*, Paris, Fleurus.

GLASSER, W. (1984). *Take effective control of your life*, New York, Harper & Row.

GLASSER, W. (1996). *L'école qualité. Enseigner n'est pas contraindre*, Montréal, Les Éditions LOGIQUES.

GLYNN, E. L. (1970). « Classroom applications of self-determined reinforcement », *Journal of Applied Behavior Analysis*, vol. 3, p. 123-132.

GLOVER, J. A. et BRUNING, R. H. (1987). *Educational Psychology. Principles and applications*, 2e éd., Toronto, Little, Brown and Company.

GOETZ, E. T., ALEXANDER, P. A. et ASH, M. J. (1992). *Educational Psychology: A Classroom Perspective*, Toronto, Maxwell Macmillian Canada.

GOLEMAN, D. (1998). *L'intelligence émotionnelle. Comment transformer ses émotions en intelligence*, Montréal, Édition du Club Québec Loisirs.

GOOD, T. L. et BROPHY, J. E. (1986). *Educational psychology: a realistic approach*, 3e éd., New York, Longman Publishers.

GOOD, T. L. et BROPHY, J. E. (1995). *Contemporary Educational Psychology*, 5e éd., White Plains, New York, Longman Publishers.

GORDAN, T. (1974). *Teachers effectiveness training*, New York, Peter H. Wyden.

GOUPIL, G. et JEANRIE, A. (1978). *École et comportement*, Montréal, Lidec.

GOUPIL, G. et LUSIGNAN, G. (1993). *Apprentissage et enseignement en milieu scolaire*, Boucherville, Gaëtan Morin Éditeur.

GRAVEL, H. et VIENNEAU, R. (2002). « Au carrefour de l'actualisation de soi et de l'humanisation de la société : plaidoyer pour une pédagogie de la participation et de l'autonomie », *Éducation et francophonie*, vol. 30, n° 2 [en ligne]. [http://www.acelf.ca/revue/30-2/articles/05-gravel.html]

GREDLER, M. E. (1997). *Learning and Instruction. Theory Into Practice*, 3e éd., Upper Saddle River, Prentice-Hall.

GROLNICK, W. S. et RYAN, R. M. (1987). « Autonomy in children's learning: An experimental and individual difference investigation », *Journal of Personality and Social Psychology*, vol. 52, p. 890-898.

GUÉRIN, M.-A. (1998). *Dictionnaire des penseurs pédagogiques*, Montréal, Guérin, éditeur.

HARROW, A. J. (1977). *Taxonomie des objectifs pédagogiques. Tome 3 – domaine psychomoteur*, Montréal, Les Presses de l'Université du Québec.

HATTIE, J., BIBBS, J. et PURDIE, N. (1996). « Effects of learning skills interventions on student learning: A meta-analysis », *Review of Educational Research*, vol. 66, n° 2, p. 99-136.

HEMMINGS, R. (1981). *Cinquante ans de liberté avec Neill*, Paris, Hachette.

HERGENHAHN, B. R. et OLSON, M. H. (1997). *An introduction to theories of learning*, Englewood Cliffs, Prentice-Hall.

HOHN, R. L. (1995). *Classroom Learning & Teaching*, White Plains, Longman Publishers.

HOOPER, J. et TERESI, D. (1986). *The three pound universe : the brain, from chemistry of the mind to new frontiers of the soul,* New York, Dell Publishing.

HOWDEN, J. et KOPIEC, M. (2000). *Ajouter aux compétences. Enseigner, coopérer et apprendre au secondaire et au collégial,* Montréal, Chenelière/McGraw-Hill.

HOWDEN, J. et MARTIN, H. (1997). *La coopération au fil des jours. Des outils pour apprendre à coopérer,* Montréal, Chenelière/McGraw-Hill.

HRIMECH, M. et JUTRAS, F. (direction) (1997). *Défis et enjeux de l'éducation dans une perspective planétaire,* Sherbrooke, Éditions du CRP.

HUBERMAN, M. (1988). « La pédagogie de la maîtrise : idées, analyses, bilans » M. Huberman (sous la dir. de), *Assurer la réussite des apprentissages scolaires ? Les propositions de la pédagogie de la maîtrise,* Paris, Delachaux & Niestlé, p. 12-44.

HUTEAU, M. (1985). *Les conceptions cognitives de la personnalité,* Paris, PUF.

ISABELLE, C. (2002). *Regard critique et pédagogique sur les technologies de l'information et de la communication,* Montréal, Les Éditions de la Chenelière.

JACOBSEN, D., EGGEN, P. et KAUCHAK, D. (1989). *Methods for teaching. A skills approach,* Columbus, Merrill.

JASMIN, D. (1994). *Le conseil de coopération. Un outil pédagogique pour l'organisation de la vie de classe et la gestion des conflits,* Montréal, Les Éditions de la Chenelière.

JAMES, W. (1890). *The Principles of Psychology,* New York, Henry Holt and Co.

JENSEN, E. (2001). *Le cerveau et l'apprentissage. Mieux comprendre le fonctionnement du cerveau pour mieux enseigner,* Montréal, Chenelière/McGraw-Hill.

JOHNSON, D. W. et JOHNSON, R. T. (1987). *Learning together and alone. Cooperative, competitive and individualistic learning,* 2e éd., Englewood Cliffs, Prentice-Hall.

JONES, B. F., PALINCSAR, A S., OGLE, D. S. et CARR, E. G. (1987). *Strategic teaching and learning : Cognitive instruction in the content areas,* Alexandria, ASCD.

JOYCE, B. et WEIL, M. (1980). *Models of teaching,* 2e éd., Englewood Cliffs, Prentice-Hall.

JOYCE, B. et WEIL, M. (1996). *Models of teachning,* 5e éd., Boston, Allyn & Bacon.

KAGAN, J. (1966). « Impulsive and reflective children : significance of conceptual tempo », J. D. Krumboltz (sous la dir. de), *Learning and the educational process,* Chicago, Rand McNally, p. 133-161.

KAGAN, S. (1992). *Cooperative learning,* San Juan Capistrano, Kagan Cooperative Learning.

KESSLER, R. (2000). *The soul of education. Helping students find connection, compassion and character at school,* Alexandria, ASCD.

KINCHLA, R. A. (1992). « Attention », *Annual Review of Psychology,* vol. 43, p. 711-742.

KLATZKY, R. (1984). *Human memory : structures and processes,* 3e éd., San Francisco, Freeman.

KLEIN, J. (1998). « L'éducation primaire, secondaire et postsecondaire aux

États-Unis : vers l'unification du discours sur l'interdisciplinarité », *Revue des sciences de l'éducation,* vol. 24, nº 1, p. 51-75.

KOLB, D. A. (1985). *The Learning Style Inventory,* Boston, McBer & Co.

KOSMA, R. (1991). « Learning with media », *Review of Educational Research, vol. 61,* nº 2, p. 179-211.

KRATHWOHL, D. R., BLOOM, B. S., et MASIA, B. B. (1964). *Taxonomy of Educational Objectives. The Classification of Educational Goals, Handbook II : Affective Domain,* New York, David McKay Company.

KRECH, D., CRUTCHFIELD, R. S., LIVSON, N. et KRECH, H. (1979). *Psychologie,* 5ᵉ éd., Montréal, Éditions du Renouveau Pédagogique.

KRISHNAMURTI, J. (1975). *Aux étudiants,* Paris, Éditions Stock.

KRISHNAMURTI, J. (1980). *De l'éducation,* 7ᵉ éd., Paris, Delachaux et Niestlé.

KRISHNAMURTI, J. (1982). *Lettres aux écoles. Tome I,* Paris, Association culturelle Krishnamurti.

KRISHNAMURTI, J. (1991). *Réponses sur l'éducation,* Paris, Christian de Bartillat éditeur.

KRUMBOLTZ, J. D. et BRANDHORST KRUMBOLTZ, H. (1975). *Comment intervenir auprès des enfants,* Sainte-Foy, Éditions Saint-Yves.

LADOUCEUR, R., GRANGER, L. et BOUCHARD, M. A. (1977). *Principes et applications des thérapies behaviorales,* Saint-Hyacinthe, Edisem.

LAFORTUNE, L., JACOB, S. et HÉBERT, D. (2000). *Pour guider la métacognition,* Québec, Presses de l'Université du Québec.

LAFORTUNE, L. et ST-PIERRE, L. (1994). *Les processus mentaux et les émotions dans l'apprentissage,* Montréal, Les Éditions LOGIQUES.

LANDRY, M. C. (1992). *La créativité des enfants. Malgré ou grâce à l'éducation ?,* Montréal, Les Éditions LOGIQUES.

LANDRY, R. (2002a). « Pour une pleine réalisation du potentiel humain : la pédagogie actualisante », *Éducation et francophonie,* vol. 30, nº 2 [en ligne]. [http://www.acelf.ca/revue/ 30-2/articles/01-landry.html]

LANDRY, R. (2002b). « L'unicité de l'apprenant et la pédagogie actualisante », *Éducation et francophonie,* vol. 30, nº 2 [en ligne]. [http://www.acelf.ca/revue/ 30-2/articles/02-landry.html]

LANDRY, R., FERRER, C. et VIENNEAU, R. (2002) (rédacteurs invités). « La pédagogie actualisante », *Éducation et francophonie,* vol. 30, nº 2 [en ligne]. [http://www.acelf.ca/revue/30-2/]

LANDRY, R. et RICHARD, J.-F. (2002). « La pédagogie de la maîtrise des apprentissages : une invitation au dépassement de soi », *Éducation et francophonie,* vol. 30, nº 2 [en ligne]. [http://www.acelf.ca/revue/30-2/articles/06-richard.html]

LANDRY, R. et ROBICHAUD, O. (1985). « Un modèle heuristique pour l'individualisation de l'enseignement », *Revue des sciences de l'éducation,* vol. 11, nº 2, p. 295-317.

LANDRY, Y. (1983). *Créer, se créer. Vers une pratique méthodique de la créativité*, Sherbrooke, Québec/Amérique.

LEGENDRE, R. (1993). *Dictionnaire actuel de l'éducation,* 2ᵉ éd., Montréal, Guérin Éditeur.

LEGENDRE-BERGERON, M. F. (1980*). Lexique de la psychologie du développement de Jean Piaget*, Chicoutimi, Gaëtan Morin Éditeur.

LENOIR, Y. et SAUVÉ, L. (1998). « Introduction – L'interdisciplinarité et la formation à l'enseignement primaire et secondaire : quelle interdisciplinarité pour quelle formation ? », *Revue des sciences de l'éducation*, vol. 24, nᵒ 1, p. 621-646.

LE NY, J.-F. (1992). *Le grand dictionnaire de psychologie*, Paris, Larousse.

LESSARD, C., DESROCHES, F. et FERRER, C. (1997). « Pour un monde démocratique : l'éducation dans une perspective planétaire », *Revue des sciences de l'éducation,* vol. 23, nᵒ 1, p. 3-16.

LIEBERMAN, A. et MILLER, L. (2000). « Teaching and teacher development : A new synthesis for a new century », R. S. Brandt (sous la dir. de), *Education in a new era*, Alexandria, ASCD, p. 47-66.

LIEURY, A. (1998). *La mémoire de l'élève en 50 questions*, Paris, DUNOD.

LINDSAY, P. H. et NORMAN, D. A. (1977). *Human information processing : an introduction to psychology,* 2ᵉ éd., New York, Academic Press.

LINDSAY, P. H. et NORMAN, D. A. (1980). *Traitement de l'information et comportement humain. Une introduction à la psychologie*, Montréal, Éditions Études Vivantes.

LOWE, A. (1998). « L'intégration de la musique et du français au programme d'immersion française : avantages pour l'apprentissage de ces deux matières », *Revue des sciences de l'éducation*, vol. 24, nᵒ 3, p. 621-646.

LOWE, A. (2002). « La pédagogie actualisante ouvre ses portes à l'interdisciplinarité scolaire », *Éducation et francophonie*, vol. 30, nᵒ 2 [en ligne]. [http://www. acelf.ca/revue/30-2/articles/08-lowe.html]

LUSIGNAN, G. (2001). « La gestion de la classe : un survol historique », *Vie pédagogique,* vol. 119, p. 19-22.

LUSIGNAN, G. (2002). « Comment guider, accompagner et soutenir les élèves dans le développement de leurs compétences ? », *Vie pédagogique,* vol. 123, p. 28-33.

MAHONEY, M. J. (1974). *Cognition and behavior modification,* Cambridge, Ballinger Publications.

MALCUIT, G. et POMERLEAU, A. (1980). *Terminologie en conditionnement et apprentissage,* Québec, Presses de l'Université du Québec.

MALCUIT, G. et POMERLEAU, A. (1995). *Psychologie de l'apprentissage : termes et concepts*, Saint-Hyacinthe, Édisem.

MARQUIS, D. et LAVOIE, L. (1998). *Enseignement programmé, enseignement modulaire,* Sainte-Foy, Presses de l'Université du Québec.

MARTINEAU, R. (1998). « Utiliser la recherche ou enseigner pour faciliter le traitement de l'information », *Vie pédagogique,* vol. 108, p. 24-28.

MARZANO, R. J. (2000). « 20th century advances in instruction », R. S. Brandt (sous la dir. de), *Education in a New Era*, Alexandria, ASCD, p. 67-95.

MASLOW, A. H. (1954). *Motivation and personality*, New York, Harper & Row.

MASLOW, A. H. (1962). « Some basic propositions of a growth and self-actualization psychology », A. Combs (sous la dir. de), *Perceiving, behaving, becoming : A new focus for education*, Washington, ASCD.

MASLOW, A. H. (1968). « Some educational implications of the humanistic psychologies », *Harvard Educational Review*, vol. 38, nº 4, p. 685-696.

MASLOW, A. H. (1970). « Humanistic education vs professional education », *New Directions in Teaching*, vol. 2, p. 3-10.

MASLOW, A. H. (1972). *Vers une psychologie de l'Être*, Paris, Fayard.

MAYER, R. E. (1987). *Educational psychology. A cognitive approach*, Toronto, Little & Brown.

MAYER, R. E. (1996). « Learning strategies for making sense out of expository text : The SOI model for guiding three cognitive processes in knowledge construction », *Educational Psychology Review*, vol. 8, p. 357-371.

MAYER, R. E. et MORENO, R. (1998). « A split-attention effect in multimedia learning : Evidence for dual processing systems in working memory », *Journal of Educational Psychology*, vol. 90, nº 2, p. 312-320.

MEIRIEU, P. (1988). *Différencier la pédagogie. Pourquoi? Comment?*, Paris, ESF.

MEIRIEU, P. (1996). « Les grandes questions de la pédagogie et de la formation », dans J. C. Ruano-Borbalan, *Savoir former. Bilan et perspectives des recherches sur l'acquisition et la transmission des savoirs*, Baume-les-Dames, Les Éditions Demos/Sciences Humaines, p. 21-34.

MEYOR, C. (1996). « Rudolf Steiner et le courant spiritualiste », C. Gauthier et M. Tardif (sous la dir. de), *La pédagogie. Théories et pratiques de l'Antiquité à nos jours*, Montréal, Gaëtan Morin Éditeur, p. 239-258.

MICHAUD, C. (2002). « Pour une pédagogie de l'accueil et de l'appartenance : interprétation des savoirs et des pratiques », *Éducation et francophonie*, vol. 20, nº 2 [en ligne]. [http://www.acelf.ca/revue/30-2/articles/03-michaud.html]

MIKULAS, W. I. (1974). *Concepts in learning*, Philadelphie, Saunders.

MILLER, G. A. (1956). « The magical number seven, plus or minus two : Some limits on our capacity for processing information », *Psychological Review*, vol. 63, p. 81-97.

MINISTÈRE DE LA JEUNESSE, DE L'ÉDUCATION NATIONALE ET DE LA RECHERCHE - MJÉNR (2002). *Qu'apprend-on à l'école élémentaire? Les nouveaux programmes*, France, Éducation Nationale [en ligne]. [http://www.cndp.fr/ecole/quapprend/pdf/755A0212.pdf]

MINISTÈRE DE L'ÉDUCATION DE LA SASKATCHEWAN - MES (1993). *Approches pédagogiques : infrastructure pour la pratique de l'enseignement*, Régina, Gouvernement de la Saskatchewan.

MINISTÈRE DE L'ÉDUCATION DU NOUVEAU-BRUNSWICK - MENB (1992). *Projet d'éducation à la solidarité internationale. Interventions pédagogiques,* Fredericton, Direction des programmes d'études.

MINISTÈRE DE L'ÉDUCATION DU NOUVEAU-BRUNSWICK - MENB (1995). *Excellence en éducation. L'école primaire.* Fredericton, Direction des programmes d'études.

MINISTÈRE DE L'ÉDUCATION DU QUÉBEC - MEQ (2001). *Programme de formation de l'école québécoise. Éducation préscolaire. Enseignement primaire,* Québec, Gouvernement du Québec [en ligne]. [http://www.meq. gouv.qc.ca]

MINISTÈRE DE L'ÉDUCATION DU QUÉBEC – MEQ (2003). *Horizon 2005. Une école secondaire transformée. Pour la réussite des élèves du Québec.* Québec, Gouvernement du Québec [en ligne]. [http://www.meq. gouv.qc.ca]

MISHARA, N. et RIEDEL, R. (1985). *Le vieillissement,* Paris, PUF.

MORIN, P.-C. et BOUCHARD, S. (1992). *Introduction aux théories de la personnalité,* Boucherville, Gaëtan Morin Éditeur.

MOUSSEAU, J. (1981). « Jean Piaget : l'épistémologie génétique », *La Psychologie par ses fondateurs : Les 10 grands de la psychologie,* Paris, Éditions Robert Laffont, p. 186-209.

MYERS, D. G. (1995). *Psychologie,* 4ᵉ éd., Paris, Médecine-Sciences Flammarion.

MYERS BRIGGS, I. (1962). *Introduction to Type,* Palo Alto, Consulting Psychologists Press.

NAULT, T. et FIJALKOW, J. (1999). « La gestion de classe : d'hier à demain », *Revue des sciences de l'éducation,* vol. 25, nᵒ 3, p. 451-466.

NDUWUMWAMI, L. (1991). *Krishnamurti et l'éducation,* Paris, Éditions du Rocher.

NEILL, A. S. (1975). *Libres enfants de Summerhill,* Paris, François Maspero.

NEWELL, A. et SIMON, H. A. (1956). « The logic theory machine : A complex information processing system », *IRE Transactions on Information Theory,* p. 61-79.

NEWELL, A. et SIMON, H. A. (1972). *Human problem solving,* Englewood Cliffs, Prentice-Hall.

NOËL, B. (1997). *La métacognition,* 2ᵉ éd., Bruxelles, De Boeck Université.

NOISEUX, G. (1997). *Les compétences du médiateur pour réactualiser sa pratique professionnelle,* Sainte-Foy, M.T.S Éditeur.

NOYÉ, D. et PIVETEAU, J. (1985). *Guide pratique du formateur. Concevoir, animer et évaluer une formation,* Paris, INSEP.

NUTTIN, J. (1985). *Théories de la motivation humaine,* Paris, PUF.

ORMROD, J. E. (2000). *Educational psychology : developing learners,* 3ᵉ éd., Upper Saddle River, Merrill Publishers.

OTIS, R., FOREST-LINDEMANN, M. et FORGET, J. (1974). *L'analyse et la modification du comportement en milieu scolaire,* Montréal, La Commission des Écoles Catholiques de Montréal.

PALINCSAR, A. S. et BROWN, A. L. (1984). « Reciprocal teaching of comprehension-fostering and monitoring activities », *Cognition and Instruction*, vol. 1, p. 117-175.

PALLASCIO, R. et LEBLANC, D. (1993) (direction). *Apprendre différemment!*, Laval, Éditions Agence d'Arc.

PAPALIA, D. E. et OLDS, S. W. (1988). *Introduction à la psychologie* (adaptation française de Christiane Bégin), Montréal, McGraw-Hill.

PAQUETTE, C. (1976). *Vers une pratique de la pédagogie ouverte*, Victoriaville, Éditions NHP.

PAQUETTE, C. (1992a). *Une pédagogie ouverte et interactive. Tome 1: L'approche*, Montréal, Éditions Québec/Amérique.

PAQUETTE, C. (1992b). *Une pédagogie ouverte et interactive. Tome 2: Démarches et outils*, Montréal, Éditions Québec/Amérique.

PAQUETTE, C. (1995). *Vers une école primaire renouvelée. Référentiel de mise en œuvre*, Monographie 1, Fredericton, Direction des services pédagogiques, ministère de l'Éducation du Nouveau-Brunswick.

PECK, S. (1993). *La route de l'espoir: Pacifisme et communauté*, Paris, Les Éditions Flammarion.

PERKINS, D. (1992). « What constructivism demands of the learner », T. M. Duffy et D. H. Jonassen (sous la dir. de), *Constructivism and the technology of instruction*, Hillsdale, Earlbaum, p. 161-165.

PERKINS, D. (1999). « The many faces of constructivism », *Educational Leadership*, vol. 57, n° 3, p. 6-11.

PERRENOUD, P. (1990). *Curriculum caché: deux paradigmes possibles*, Genèves,

Université de Genève, Faculté de psychologie et des sciences sociales.

PHILLIPS, D. C. (1995). « The good, the bad and the ugly: The many faces of constructivism », *Educational Researcher*, vol. 24, n° 7, p. 5-12.

PIAGET, J. (1970). « Psychologie et épistémologie », Paris, PUF, collection *Que sais-je?*

PIAGET, J. (1979). « L'épistémologie génétique », Paris, PUF, collection *Que sais-je?*

POCZTAR, J. (1971). *Théories et pratique de l'enseignement programmé*, Paris, UNESCO.

POLIQUIN, L. (1998). *Notre fonction créatrice. Un atout pour la vie*, Montréal, Éditions du GAI SAVOIR.

PRESSLEY, M. (1990). *Cognitive strategy instruction that really improves children's academic performance*, Cambridge, Brookline Books.

PROULX, J. (1994). *Enseigner mieux. Stratégies d'enseignement*, 2e éd., Trois-Rivières, Cégep de Trois-Rivières.

PRUNEAU, D., BREAU, N. et CHOUINARD, O. (1997). « Un modèle d'éducation relative à l'environnement visant à modifier la représentation des écosystèmes biorégionaux », *Éducation et francophonie*, vol. 25, n° 1 [en ligne]. [http://www.acelf.ca/revue/XXV1/articles/rxxv1-09.html]

PRUNEAU, D. et LAPOINTE, C. (2002). « Un, deux, trois, nous irons aux bois... L'apprentissage expérientiel et ses applications en éducation relative à l'environnement », *Éducation et francophonie,* vol. 30, n° 2 [en ligne]. [http://www.acelf.ca/revue/30-2/articles/ 09-pruneau.html]

RAYNAL, F. et RIEUNIER, A. (1997). *Pédagogie: dictionnaire des concepts clés. Apprentissages, formation et psychologie cognitive,* Paris, ESF éditeur.

REBOUL, O. (1999). *Qu'est-ce qu'apprendre? Pour une philosophie de l'enseignement,* 8e éd., Paris, Presses Universitaires de France.

RESNICK, L. B. et KLOPFER, L. E. (1989). « Toward the thinking curriculum: An overview », L. B. Resnick et L. E. Klopfer (sous la dir. de), *Toward the thinking curriculum: Current cognitive research,* Alexandria, ASCD, p. 1-19.

RICHARD, J.-F. (1990). *Les activités mentales,* Paris, A. Colin.

RICHELLE, M. (1977). *B. F. Skinner ou le péril behavioriste,* Bruxelles, Pierre Mardaga.

RIEBEN, L. (1988). « Un point de vue constructiviste sur la pédagogie de maîtrise », M. Huberman (sous la dir. de), *Assurer la réussite des apprentissages scolaires? Les propositions de la pédagogie de la maîtrise,* Paris, Delachaux & Niestlé, p. 127-154.

ROBERTS, P. (2000). *Education, literacy and humanization. Exploring the work of Paulo Freire.* Wesport, Bergin & Garvey.

ROBICHAUD, O. et LANDRY, R. (1978). « Intégration et individualisation: modèle de développement de curriculum », *Apprentissage et Socialisation,* vol. 1, n° 4, p. 5-31.

ROBIDAS, G. (1989). *Psychologie de l'apprentissage: un système d'apprentissage-enseignement personnalisé,* Brossard, Éditions Behaviora.

ROBILLARD, C., GRAVEL, A. et ROBITAILLE, S. (1998). *Le métaguide. Un outil et des stratégies pour apprendre à apprendre,* Laval, Groupe Beauchemin.

ROGERS, C. (1939). *The clinical treatment of the problem child.* Boston, Houghton Mifflin.

ROGERS, C. (1951). *Client-centered therapy: Its current practice, implications and theory,* Boston, Houghton Mifflin.

ROGERS, C. (1959). « Signifiant learning: In therapy and in education ». *Educational Leadership,* vol. 16, p. 232-242.

ROGERS, C. (1961). *On becoming a person,* Boston, Houghton Mifflin.

ROGERS, C. (1969). *Freedom to learn: A view of what education might become,* Columbus, Merrill Publishers.

ROGERS, C. (1970). *La relation d'aide et la psychothérapie* (2 volumes), Paris, Éditions Sociales Françaises.

ROGERS, C. (1971). *Liberté pour apprendre,* Paris, Dunod.

ROGERS, C. (1976). *Le développement de la personne,* Montréal, Bordas Dunod Mtl Inc.

ROGERS, C. (1983*). Freedom to learn for the 80s,* Columbus, Merrill Publishers.

ROTTER, J. B. (1966). « Generalized expectancies for internal versus external control of reinforcement ». *Psychological Monographs: general and applied,* vol. 80, n° 1, numéro en entier, 28 pages.

RUNTZ-CHRISTAN, E. (2000*). Enseignant et comédien, un même métier?* Issy-les-Moulineaux, ESF.

SAINT-ARNAUD, Y. (1974). *La personne humaine*, Ottawa, Les Éditions de l'Homme.

SAINT-ARNAUD, Y. (1982). *La personne qui s'actualise. Traité de psychologie humaniste*, Montréal, Gaëtan Morin Éditeur.

SAVARD, L. (1999). « Les styles d'apprentissage », *Cégep de Chicoutimi, Reflets*, vol. 9, n° 2 [en ligne]. [http://www.cegep-chicoutimi.qc.ca/reflets/refletsv9n2/reflet05.htm]

SCALLON, G. (2000). *L'évaluation formative*, Saint-Laurent, Éditions du Renouveau Pédagogique.

SCHÖN, D. A. (1983). *The reflective practioner: how professionals think in action*, San Francisco, Jossey-Bass.

SCPC (1993). *Texte de mise en candidature de Paulo Freire pour le Prix Nobel de la Paix*, Recife, Brésil, Société brésilienne pour le progrès de la science (SBPC), 17 juillet 1993.

SCRUGGS, T. E. et MASTROPIERI, M. A. (1992). « Classroom applications of mnemonic instruction: Acquisition, maintenance and generalization », *Exceptional Children*, vol. 58, p. 219-229.

SEARLEMAN, A. et HERRMANN, D. (1994). *Memory from a broader perspective*, Toronto, McGraw-Hill.

SELIGMAN, M. E. P. (1975). *Helplessness: on depression, development and death*, San Francisco, Freeman.

SERON, X., LAMBERT, J.-L. et VAN DER LINDEN, M. (1977). *La modification du comportement: théorie-pratique-éthique*, Bruxelles, Dessart et Mardaga.

SHAFFER, J. B. P. (1978). *Humanistic psychology*, Englewood Cliffs, Prentice-Hall, Inc.

SHUELL, T. J. (1986). « Cognitive conceptions of learning », *Review of Educational Research*, vol. 56, p. 411-436.

SHOR, I. (1992). *Empowering education: Critical teaching for social change*, Chicago, University of Chicago Press.

SIX, J.-F. (1990). *Le temps des médiateurs*, Paris, Le Seuil.

SKINNER, B. F. (1948). *Walden Two*, New York, Macmillan.

SKINNER, B. F. (1969). *La révolution scientifique de l'enseignement*, 3e éd., Bruxelles, Dessart et Mardaga.

SKINNER, B. F. (1971). *L'analyse expérimentale du comportement*, 2e éd., Bruxelles, Dessart et Mardaga.

SKINNER, B. F. (1972). *Par-delà la liberté et la dignité*, Montréal, Éditions Hurtubise.

SKINNER, B. F. (1979*). Pour une science du comportement: le Behaviorisme*, Paris, Delachaux & Niestlé.

SLAVIN, R. E. (2000). *Educational Psychology. Theory and Practice*, 6e éd., Needham Heights, Allyn & Bacon.

SMEDT de, M. (1991) (direction). *L'enfant du possible. Pour une autre éducation*, Collection Question de, n° 88.

SMITH, F. (1979*). La compréhension et l'apprentissage*, Laval, Éditions HRW.

SNOWMAN, J. et BIEHLER, R. F. (2000). *Psychology applied to teaching*, 9e éd., Boston, Houghton Mifflin.

SNYDERS, G. (1975). *Pédagogie progressiste*, Paris, PUF.

SOLSO, R. L. (1998). *Cognitive psychology*, 5e éd., Boston, Allyn & Bacon.

SPERLING, G. A. (1960). « The information available in brief visual presentation », *Psychological Monographs*, vol. 74, nº 11, numéro entier.

SPRINTHALL, N. A., SPRINTHALL, R. C. et OJA, S. N. (1994). *Educational psychology. A developmental Approach*, Toronto, McGraw-Hill.

ST-YVES, A. (1986). *Psychologie de l'apprentissage-enseignement. Une approche individuelle ou de groupe*, Québec, Les Presses de l'Université du Québec.

STEINEBAKER, N. W. et BELL, M. R. (1979). *The experimental taxonomy : A new approach to teaching and learning*, New York, Academic Press.

STEINER, R. (1976). *Les bases spirituelles de l'éducation*, 2e éd., Paris, Centre Triades.

STEINER, R. (1978). *L'enfant et le cours de la vie. L'art de l'éducation*, 2e éd., Paris, Centre Triades.

STERNBERG, R. J. (1985). *Beyond IQ : A triarchic theory of human intelligence*, New York, Cambridge University Press.

STERNBERG, R. J. (1994). « Answering questions and questioning answers ». *Phi Delta Kappan*, vol. 76, nº 2, p. 136-138.

STERNBERG, R. J. et WILLIAMS, W. M. (2002). *Educational psychology*, Boston, Allyn & Bacon.

STRONGE, J. H. (2002). *Qualities of effective teachers*, Alexandria, ASCD.

TARDIF, J. (1992). *Pour un enseignement stratégique. L'apport de la psychologie cognitive*, Montréal, Les Éditions LOGIQUES.

TARDIF, J. (1998). *Intégrer les nouvelles technologies de l'information : quel cadre pédagogique ?*, Paris, ESF.

TARDIF, J. (1999). *Le transfert des apprentissages*, Montréal, Les Éditions LOGIQUES.

TESSMER, M. et JONASSEN, D. (1988). « Learning strategies : A new instructional technology », H. Duncan (sous la dir. de), *World Yearbook of Education : Education for the New Technologies*, London, Kogan Page, p. 29-47.

THORNDIKE, E. I. (1911). *Animal intelligence*, New York, Macmillan.

TIMPSON, W. M. et TOBIN, D. N. (1982). *Teaching as performing : A guide to energizing your public presentation*, Englewood Cliffs, Prentice-Hall.

TOURNIER, M. (1981). *Typologie des formules pédagogiques*, Sainte-Foy, Les Éditions Le Griffon d'Argile.

TULVING, E. (1993). « What is episodic memory ? », *Current Directions in Psychological Science*, vol. 2, p. 67-70.

VIENNEAU, R. (1987). *La modifiabilité cognitive… ou comment améliorer l'efficience cognitive de sujets démontrant une déficience intellectuelle*, Montréal, Université de Montréal, Faculté des sciences de l'éducation, 99 pages.

VIENNEAU, R. (1997). *Vers une école primaire renouvelée. Courants pédagogiques et stratégies d'enseignement*, Moncton, Université de Moncton, Faculté des sciences de l'éducation, 85 pages.

VIENNEAU, R. (2002). « Pédagogie de l'inclusion : fondements, définition, défis et perspectives », *Éducation et francophonie*, vol. 30, nº 2 [en ligne].

[http://www.acelf.ca/revue/30-2/articles/ 10-vienneau.html]

VIENNEAU, R. (2004). « Impacts de l'inclusion scolaire sur l'apprentissage et sur le développement social », N. Rousseau et S. Bélanger, *La pédagogie de l'inclusion scolaire*, Québec, Presses de l'Université du Québec, p. 125-152.

VIENNEAU, R. et FERRER, C. (1999). « En route vers une pédagogie actualisante : un projet intégré de formation initiale à l'enseignement », *Éducation et francophonie*, vol. 27, n° 1 [en ligne]. [http://www.acelf.ca/revue/XXVII/articles/Vienneau.html]

VON GLASERFELD, E. (1994). « Pourquoi le constructivisme doit-il être radical ? », *Revue des sciences de l'éducation,* vol. 20, n° 1, p. 21-27.

VYGOSTSKY, L. S. (1985). *Pensée et langage,* Paris, Messidor.

WATSON, J. B. (1913). « Psychology as the behaviorist views it », *Psychological Review*, vol. 20, p. 158-177.

WATSON, J.B. et RAYNER, R. (1920). « Conditioned emotional response », *Experimental Psychology*, vol. 3, p. 1-14.

WEINER, B. (1985). « An attributional theory of achievement motivation and emotion », *Psychological Review*, vol. 92, n° 4, p. 548-573.

WEINSTEIN, C. E. et MAYER, R. E. (1986). « The teaching of learning strategies », M. C. Wittrock (sous la dir. de), *Handbook of research on teaching,* 3e éd., New York, Macmillan, p. 315-327.

WITKIN, H. A. (1978). *Cognitive style in Personal and Cultural adaptation,* Clark University Press.

ZIMRING, F. (1994). « Carl Rogers » *Perspectives, Revue trimestrielle d'éducation comparée*, vol. 24, n° 3/4, p. 429-442 [en ligne]. [http://www.ibe.unesco.org/International/Publications/Thinkers/ThinkersPdf/rogersf.pdf]

ZIV, A. (1979). *L'humour en éducation : approche psychologique*, Paris, Éditions ESF.

339

Sources des photos